"La Callonne" 01090 Genouilleux
ISBN 978-2-84562-126-8

USINES

COMMUNE MÉMOIRE

Usines est le troisième titre d'une collection entièrement consacrée à l'histoire d'une ville qui a grandi avec le siècle écoulé : Villeurbanne. Cette publication, comme d'autres initiatives, prépare l'ouverture du Centre mémoires et société, l'équipement municipal destiné à accueillir et à valoriser la mémoire collective, qui ouvrira ses portes au public dès janvier 2008.

Aujourd'hui, *Usines*, après *Gratte-ciel* et *Cinépolis*, rend compte de la singulière aventure, culturelle et sociale de la cité. Demain, d'autres thèmes viendront enrichir le nécessaire souvenir d'une histoire plurielle forgée par les habitants d'hier et d'aujourd'hui, d'ici et d'ailleurs. Tous pourront ainsi accéder à cette mémoire commune. Dans la vie d'une ville, le monde se reflète.

villeurbanne

SOCIÉTÉS
EN MOUVEMENT
ET REPRÉSENTATIONS

USINES

Philippe Videlier

LA CITÉ DU TRAVAIL

C'était au temps où Jacques Prévert égrenait son inventaire et fredonnait la chanson des sardinières :

Tournez, tournez,
Petites filles,
Autour des fabriques,
Un jour vous serez dedans.

Entre les murs gris, sous les toits en dents de scie, se fabriquaient de la dentelle et du velours, de la dentelle connue jusqu'en Amérique, des confiseries et les belles histoires de Tobby l'Éléphant imprimées en quatre couleurs. S'y assemblaient des vêtements de bonne coupe, des souliers vernis, des chaussures à semelles de bois et, dans les moments difficiles, les automobiles électriques STELA. Puis les voitures en plastique pour les petits garçons et les side-cars Hurricane-67 pour les grands. Des articles en caoutchouc, des tractopelles, des bulldozers de 170 CV traçant des routes sur le sable du Sahara et un disjoncteur géant de 220 000 volts exposé une fois à New York. Et encore des accordéons sonores aux boutons de nacre qui faisaient tourner les couples, des fauteuils d'acajou et des armoires métalliques, des cuisines en *Célamine*, des services à café Louis XV en inox, des laveuses électriques à turbulence souple, sans frottement ni usure, et des soutiens-gorge de marque « dont la notoriété s'est affirmée depuis plusieurs années déjà ». À Villeurbanne, en vérité, il y eut tout cela, sorti des ateliers, des mains des ouvriers, des doigts des ouvrières. Se côtoyaient tant de cheminées, tant d'ateliers, qu'il s'avérait chimérique de les nommer tous. Tournez, tournez, enfants, autour des usines, un jour, pour longtemps, pour plus d'un siècle, vous serez dedans.

MANUFACTURE DE VEAUX BLANCS & CIRÉS
Couleurs & Fantaisies
CHÈVRES & CHEVREAUX
SPÉCIALITÉ DE TANNAGE AU CHROME

Télégrammes: GOPEDURI _ VILLEURBANNE
TÉLÉPHONE

ANCIENNES MAISONS
J. GOIFFON & CIE
A. PERRIN, RICOT & CIE
RÉUNIES

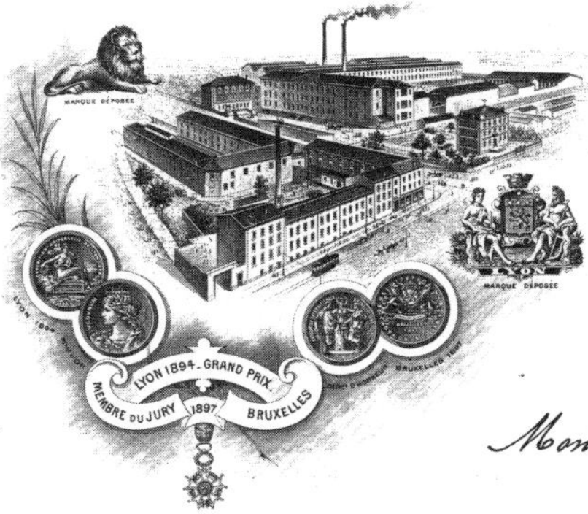

GOIFFON, PERRIN, DUNAND & RICOT

LYON - VILLEURBANNE

Le 25 Août 1899

MAISON A PARIS
26, Rue de l'Entrepôt
J. GAUTIER, Représentant

Monsieur le Maire
de Villeurbanne

Nous avons l'honneur de vous accuser réception de votre estimée du 24 ct et des médailles d'honneur accordées par M. le Ministre du Commerce à nos ouvriers Godet François et Petit Antoine, nous vous en remercions bien sincèrement.

En les leur remettant nous leur ferons part de nos chaleureuses félicitations ainsi que celles de la Municipalité, et nous vous remercions pour eux de cette marque de sympathie.

Veuillez agréer, Monsieur le Maire, l'assurance de nos meilleurs sentiments.

Goiffon Perrin Dunand & Ricot

[Chapitre 1]

UNE MODERNITÉ CONQUÉRANTE

Les chroniques établies au siècle dernier se plaisent à rattacher Villeurbanne, par-delà les brisures du temps, à un antique et brillant passé romain, quand toute la Gaule était occupée ou presque. Son nom viendrait des mots latins *Villa Urbana*. Ainsi l'affirme le livre de J. Perrier édité une première fois en 1905 par l'imprimerie Colombier, sise rue des Maisons-Neuves, et une seconde en 1928 par l'Association typographique lyonnaise de la rue Jean-Jaurès à Villeurbanne [1]. À l'origine, des demeures d'agrément édifiées « sur la hauteur de la commune et à l'abri des inondations qui, trop souvent, désolèrent la plaine [2] » auraient donc donné à l'endroit ce nom évoquant un domaine agricole proche de la ville, traduit en français par le pléonasme « Ville Urbaine » et devenu Villeurbanne par lente corruption du son. Une brochure plus ancienne rédigée et publiée sous le Second Empire par un certain Théodore Ogier, faisant œuvre de

1. La rue Jean-Jaurès est l'ancienne rue des Maisons-Neuves.

2. J. Perrier, *Villeurbanne historique et biographique*, Villeurbanne, Association typographique lyonnaise, 1928, p. 17. L'Associatoin typographique lyonnaise, société coopérative ouvrière créée en 1866 s'installa à Villeurbanne en 1919.

géographe autant que d'agréable littérateur, formulait une hypothèse nettement distincte : « Elle portait dans la langue gallo-celtique le nom de *Cusset*, qui signifie lieu retiré, lieu caché. Son unique titre à l'intérêt des antiquaires est d'avoir été le lieu où passait la *Via Urbana* ou *Via Bert*, et d'avoir contenu peut-être quelques *hôtelleries* destinées à servir de halte aux voyageurs, et même à ces caravanes que formaient les Celto-Gaulois, soit pour aller cueillir le gui sacré, soit pour aller vénérer les pierres *dolmens*, *menhirs* ou autres, telles que celle dont nous avons parlé dans notre aperçu, et que le vulgaire désigne sous la dénomination de *pierre frite*. » Mais assez justement, revenu à des propos assurés, le géographe soulignait la vanité de ces mythologies : « Bien que Villeurbanne soit d'une haute antiquité, son passé se confond avec les événements qui appartiennent à la grande cité, et il ne s'y trouve aucun monument qui puisse servir de guide dans la recherche des scènes politiques dont cette localité a pu être le théâtre. » – « Voilà, selon nos impressions, la biographie exacte de Villeurbanne ». Et il ajoutait avec raison, embrassant l'ensemble de son développement : « C'est aussi celle de bien des villes [3]. »

Avant d'être écrivain à compte d'auteur, Théodore Ogier avait été candidat malheureux à la députation, en 1848, suite à la révolution qui renversa Louis-Philippe, le roi bourgeois, et porta en Europe les idées de liberté et de droit au travail. C'est alors que fut planté solennellement, pour l'édification des générations futures, un arbre de la Liberté sur la place des Maisons-Neuves et que le Conseil municipal décida, en harmonie avec l'air du temps, d'ouvrir des ateliers, d'offrir de travaux d'intérêt public pour les ouvriers en chômage, destinés

3. Théodore Ogier, *La France par cantons et par communes — canton de Villeurbanne*, Lyon, Chez l'auteur à la Guillotière, s.d., p. 42.

notamment à l'assainissement des marécages. Villeurbanne, à cette époque, entrait à peine dans les transformations qui allaient fonder son essor. Elle n'était connue que pour ses bandits et ses militaires, regroupés au Grand-Camp. Contre un franc, avant cette révolution qui vit la troupe tirer sur le peuple et le peuple défaire la troupe, l'on pouvait acheter, place du Change à Lyon et chez tous les libraires, un *Guide du Camp de Villeurbanne* qui s'ouvrait ainsi : « Le Camp de Lyon est formé en avant du village de Villeurbanne, à cheval sur la route de Lyon à Crémieu, à 300 mètres en deçà des maisons appelées *Coupe-Gorge*, appuyant sa gauche au marais de Villeurbanne, et sa droite vers les hauteurs de Bron. » Le Guide conseillait aux curieux se rendant en omnibus à Villeurbanne de s'arrêter pour contempler « les belles serres et le joli jardin de M. Poizat, pépiniériste, et maire de la commune », de faire halte, éventuellement, à l'Hôtel du Midi, tenu par la veuve Lombard, « qui jouit à juste titre d'une bonne réputation culinaire », ou au Café de la Terrasse ombragé de tilleuls d'où l'on « découvre parfaitement Lyon et ses environs ». Il existait aussi, dans la proximité, un Café et Restaurant Parisien fréquenté par l'état-major. Arrivé aux abords du Camp se distinguait surtout, notait-on, « la colonie industrielle que Lyon vient de fonder à l'entrée de la belle plaine de Villeurbanne ». C'était ce que l'on affirmait en 1843, alors que Son Altesse Royale Monseigneur le duc de Nemours était attendue par toutes les armes et leurs officiers pour faire exécuter des mouvements « de grande tactique » : « car Lyon, au confluent du Rhône et de la Saône, nœud de routes de Paris en Suisse, en Italie et en Provence, offre une bonne position militaire et est un point stratégique de grande importance [4] ».

4. *Guide du Camp de Villeurbanne*, Lyon, Impr. Ch.-B. Perrin, 1843, pp. 6, 10, 12, 13, 2.

Lorsque régnait encore Charles X, frère de Louis XVI le guillotiné, parti pour l'étranger deux jours après la prise de la Bastille et revenu s'asseoir sur le trône quand celui-ci lui fut offert, Villeurbanne fut dotée d'un maire à son image qui fit un long discours pour son installation. Après s'être adressé au curé et au magistrat, il se tourna vers les « Respectables Chefs d'ateliers » venus « vivifier cette Commune par les beaux Établissements que vous y avez formés » : « Vous m'aiderez, continuait-il, à maintenir dans la nombreuse population industrielle qui suit vos Établissements, l'ordre, les bonnes mœurs et les principes qui les soutiennent. » Il s'essayait ensuite à une facile prophétie, convaincu que Villeurbanne deviendrait « un jour le Faubourg manufacturier » de sa grande voisine, avant de crier par trois fois : « Vive le Roi, vive le Roi, vive le Roi [5] . » Le roi fut renversé. Un autre vint que les caricaturistes représentaient en poire, Louis-Philippe, roi sympathique aux milieux d'affaires. Le maire nouveau de Villeurbanne, homme loyal au régime dont les annales gardent de maigres traces, présenta à son Conseil un rapport « remarquable par la lucidité et la sagesse de ses vues » (c'est ainsi qu'il est décrit dans le registre manuscrit des Délibérations). Le maire relevait que « de nombreux industriels » venaient se fixer dans la commune, notamment des fabriques « insalubres ou seulement incommodes [6] ». Il convenait, pensait-il, de s'informer au travers d'une commission appropriée sur la nature des produits de cette industrie, afin de les apprécier et, selon les cas, d'approuver ou de combattre l'installation de tels établissements. Cela fut décidé à l'été 1846. Vingt ans et deux régimes plus tard, à l'heure où il composait son étude géographique, sous

5. Délibération du Conseil municipal, 14 février 1826.
6. Délibération du Conseil municipal, 27 août 1846.

Napoléon III, Théodore Ogier donnait à la commune de Villeurbanne, chef-lieu de canton, une population de 6 600 habitants divisés, pour ceux qui avaient une occupation, entre 2 409 agriculteurs, 188 individus se livrant au commerce, 94 appartenant au clergé et 1 968 personnes attachées à l'industrie. Il avait le goût de la précision, utile à son ouvrage, et notait que les Villeurbannais adonnés à l'agriculture se divisaient en 1 176 du sexe masculin et 1 233 du sexe féminin, établissant par là que l'exploitation familiale mobilisait les femmes aussi bien que les hommes. Quant à l'industrie, il attribuait à ses métiers 1 038 hommes et 930 femmes, une proportion inférieure à la moitié mais suffisamment élevée pour être remarquable (47 %). Il relevait encore à Villeurbanne la présence d'un notaire, d'un huissier, d'un commissaire de police, de deux fanfares comprenant 52 exécutants et d'une chorale « qui en compte 25 ». On y trouvait également un bureau de poste, une justice de paix, une perception et une brigade de gendarmerie à pied. La commune s'étendait sur une superficie de 1 518 hectares et des poussières, dont 996 de terres labourables, 151 de prés, 33 de vignes, produisant un vin qui n'a pas laissé de souvenir, 55 de bois et 40 de vergers. « Cette commune, dont les débuts furent modestes, se contenta primitivement de la vie rustique et des labeurs qu'elle comporte. » Les transformations récentes, cependant, froissaient les convictions de l'observateur qui émettait, sur la période proche, un jugement sévère : « Nouvelle parvenue, elle a porté plus haut ses vues et son ambition. Elle a voulu se styler aux manières et aux habitudes du grand monde ; elle a préféré à sa simplicité naïve, le simulacre d'une prospérité factice, les apparences d'un bien-être de faux aloi ; ce qui, en effet, était plus en rapport avec son désir de briller. » Cela désignait la création du quartier des Maisons-Neuves,

« dame de cette famille rustique », et de la Cité-Napoléon, ainsi baptisée en l'honneur de l'Empereur, premier du nom. « *L'industrie*, proportion gardée, est peu répandue dans la commune de Villeurbanne. La section des *Charpennes* en est le plus largement dotée... Des établissements et des usines de certaine importance se sont donc ouverts aux Charpennes [7]. » Peu d'années après ce constat, les guides Joanne, ancêtres du *Guide bleu*, dressaient l'état des 89 départements français et, dans le département du Rhône, de ses 262 communes. À Villeurbanne, il consacrait cinq lignes de sa typographie minuscule : « Fabr. de produits chimiques, savon, cierges, bougies, toiles cirées ; filat. de soie, blanchisserie de toile [8]. »

Les inondations catastrophiques de mai 1856, qui ravagèrent les quartiers populaires des Charpennes aux Maisons-Neuves quand la digue appelée « levée de la Tête-d'Or » céda sous la poussée du fleuve, ne freinèrent pas durablement ce développement – peut-être même l'accélérèrent-elles en libérant des terrains autrement occupés. L'eau avait tout balayé, le 31 mai 1856, peu après une heure du matin, et il se dit que le spectacle du lendemain, vu de la Croix-Rousse, était des plus désolants par l'immensité de son étendue. « Que de misères parmi tous ces ouvriers et tous ces cultivateurs qui ont tout perdu sous les ruines de leurs habitations ! », se lamentait un chroniqueur [9]. Les dragons du Grand-Camp, racontait-on, poussèrent leurs chevaux dans le flot afin de sauver femmes et enfants de la noyade. Une barque « contenant six militaires » chavira et trois d'entre eux périrent noyés. On rapporta qu'un caniche poussait des hurlements lugubres en grattant les décombres de la maison de ses maîtres.

7. Théodore Ogier, *La France par cantons et par communes*, *op. cit.* p. 46.
8. Adolphe Joanne, *Département du Rhône*, Paris, Hachette, 1869, p. 94.
9. J. Perrier, *Villeurbanne historique et biographique*, *op. cit.*, p. 86.

« L'aspect des Charpennes est horrible, constatait le quotidien *Le Salut public* ; un tiers à peine de ce faubourg que la population lyonnaise aimait à visiter le dimanche, existe maintenant ; et sous ces ruines, que de victimes encore inconnues ! que de cadavres… Après les Charpennes, la Cité-Napoléon et le chemin du Sacré-Cœur offrent aussi aux regards un spectacle horrible de destruction : toutes ces délicieuses maisons de campagne qui bordaient la route ne sont plus aujourd'hui qu'un monceau de ruines [10]. » Le pays était ému. Napoléon III vint de sa capitale apporter aux malheureux sa compassion. Il arriva le 2 juin à dix heures par le train, descendit à l'Hôtel de l'Europe à Bellecour, et fit à cheval le trajet de la rue Impériale, du cours Morand et du cours Vitton jusqu'aux Charpennes pour prendre la mesure du sinistre. « Sa Majesté n'a pas descendu un seul instant de cheval ; c'est assez dire qu'Elle a eu à traverser des courants d'eau encore très élevés et très rapides [11]. » Sur son passage, d'après les journaux à sa dévotion, les gens criaient « vive l'Empereur ! ». Mais, avec le recul des ans et le rétablissement de la République, ils gardaient l'image ironique d'un souverain qui fit « *avec bravoure* piétiner son coursier [dans l'eau] jusqu'au-dessus des sabots de l'animal [12] ». De tristes remarques émaillent les pages du recensement de 1856, consigné le 1er septembre : « logeant sous un hangar », « malade depuis les inondations », « maison démolie par les inondations », « maison écroulée en partie », « maison détruite », « pavillon en partie tombé »… À côté du nom de la tannerie Koch, cours Lafayette, était portée la mention : « hangars détruits ». Depuis cette date, assure-t-on, il fut conseillé de construire « au moins

10. *Le Salut public*, 4 et 5 juin 1856.
11. *Ibid.*, 3 juin 1856.
12. *Le Journal de Villeurbanne*, 29 août 1897.

la base des maisons » en pierre afin de préserver leur solidité, et l'on envisagea sérieusement le creusement d'un canal régulateur près de Jonage, au pied des balmes viennoises. Le Rhône et la vie reprirent un cours plus calme. Villeurbanne pansa ses plaies. La période intercensitaire 1856-1861 accuse une croissance de la population de plus de six cents âmes, bien que pratiquement sans maisons supplémentaires. En 1866, par contre, on relève cent douze constructions nouvelles et un apport de six cent soixante habitants, en 1872, une centaine d'immeubles et sept cent soixante-dix citoyens de plus.

L'industrie arriva donc à Villeurbanne par la porte de Lyon, du côté des Brotteaux, et fort modestement. Les Charpennes accueillaient alors la vogue, une population de pauvre réputation et des habitations construites « suivant les dispositions qu'exigent les lieux affectés aux parties de plaisirs » (Théodore Ogier). Mais pour la population laborieuse le plaisir était plutôt rare. Les annuaires de l'agglomération lyonnaise qui commencent à être publiés de façon utile au dix-neuvième siècle, renseignent autant que possible sur le tableau élémentaire de l'industrie des origines. Ainsi existaient entre le quartier des Charpennes et les alentours de la place de la Cité, en 1862, une fabrique de savon, Imbert et Cie, une fabrique de tuyaux, Chameroy, les produits chimiques Monnier père et fils. On notait aussi la fabrique de tuiles Tavernier père et fils, et encore Dumas dans le même métier. Quelques années plus tard, lorsque fut conçu le guide Joanne, s'ajoutaient la fabrique de bougies Montaland, la manufacture de papiers peints A. Lafoy, un atelier de moulinage et passementerie à l'enseigne de Bonnamour aîné, les produits chimiques Manin jeune, la société Rambaud-Guelpa-Mulaton, produits chimiques à nouveau, Pitiot (E.) fils et Bugey, fourniture pour chapellerie, dont l'usine faisait l'angle du chemin de Baraban et de la rue Sainte-Anne, enfin les bronzes et orfèvrerie d'église Désir. La propriété dans laquelle avait élu domicile l'orfèvre en religion François-Frédéric Désir, au numéro 35 de la Grande Rue des Charpennes, avait appartenu auparavant, selon les mémorialistes, à un nommé Chrétien, exécuteur de haute justice, et c'est pourquoi on l'appela longtemps la maison du bourreau. Dans l'année 1870, qui vit la République proclamée sur les ruines de l'empire de Napoléon III, se trouvaient à Villeurbanne une trentaine d'établissements, dont cinq au moins de produits chimiques et trois tanneries-corroieries : Koch, Goiffon, Nugue. Goiffon père s'était installé « chemin du Sautin » en 1858 dans ce qui fut bien avant lui une caserne de cavalerie. Koch, du cours Lafayette prolongé, ajoutait fièrement à son nom : « usine à vapeur, manufacture de veaux cirés pour l'exportation ». Sur cette partie du cours Lafayette qui appartenait à Villeurbanne s'était fixé dès 1851 un Koch, Louis, ouvrier corroyeur âgé de 25 ans, et l'on y découvre aussi, tout près du couvent du Sacré-Cœur, qui refusait obstinément de se soumettre aux lois sur le recensement, la manufacture de cierges de M. Bolford rachetée bientôt par Montaland et dans laquelle travaillaient les mêmes « ouvriers ciriers » : Jean-François Frizon ou Alphonse Buscot. Les usines aspiraient une main-d'œuvre issue des campagnes, sur un rayon toujours plus large, et se l'attachaient dans des conditions dictées par la nécessité. Avec Adèle Buffet, cuisinière et domestique « chez M. Montaland », 40, cours Lafayette, étaient domiciliés en une solitude partagée les « ouvriers travaillant, vivant et logeant à la fabrique Montaland ». Au numéro 54 demeuraient treize femmes, de 13 ans et demi à 56 ans, des « ateliers de M. Bonnamour ».

Chemin de la Viabert, numéro 5, se trouvaient dix-neuf personnes, presque toutes des jeunes femmes du Rhône, de l'Isère, de la Drôme ou du Puy-de-Dôme, « vivant ensemble, logeant à l'usine » autour du contremaître ardéchois de la filature de soie Boffard. L'industrie transformait ainsi le paysage, attirait des gens neufs, mais elle n'avait pas que des avantages. Les édiles municipaux, parfois inquiets de ses effets, sommaient M. Mulaton, qui laissait sans précaution les eaux usées de son usine d'acide citrique et tartrique s'écouler dans la rue Neuve-des-Charpennes, de « faire cesser cet état de choses pouvant occasionner, par des miasmes dégagés, un véritable danger pour la salubrité publique [13] ». On ne sait s'il s'exécuta de bonne grâce.

La période qui suivit accentua ce développement avec l'implantation, notamment, des teinturiers liés à l'industrie lyonnaise du textile, associant leurs noms en autant de raisons sociales inscrites au registre du commerce, et faisant abondamment usage du sérieux « & » – « *et* » commercial : Cadgène & Cie, Renard, Villet & Bunand, Cité Lafayette ; Tardy & Duran, « spécialité de teinture du coton, noirs et couleurs », cours Vitton prolongé, aux Charpennes ; Marnas, Bonnet & Fils ; Berthet & Foussemagne ; les laines filées Lacroix & Sourd… Mais il y avait aussi une fabrique de chapeaux de paille (Drevet & Cie), des chaufferettes portatives « système Stocker » (Girodon, Montet & Cie), des ferblantiers-lampistes (Challiol ; Gossard ; Perroncel), et encore le mécanicien constructeur pour tulles Auguste Johnson, rue de l'Égalité, les vernis Nique & Déchandon, rue Neuve-des-Charpennes, et puis, égrenés sur le cours Lafayette prolongé, la fabrique de carton bitumé pour toiture Meillard,

13. Délibération du Conseil municipal, 27 mai 1872.

les mèches tressées pour bougies stéariques et lampes à pétrole Duparquet, l'apprêtage de coiffes et de chapeaux Lépine, transformé en apprêtage et collage d'étoffes au caoutchouc, et la tréfilerie d'or et d'argent Bocuze (A.) fils & Cie, dorure électrochimique sur filés, traits fins, souples pour broderie... Déjà, se distinguaient des noms inscrits dans la durée, à commencer par celui d'Antonin Perrin, à la biographie édifiante. « Il débuta le 1er mai 1865 dans un emploi des plus modestes. Ce fut une période difficile qu'il rappelait volontiers... En 1876, il devient chef d'industrie et s'installe dans cette commune de Villeurbanne qu'il ne devait plus quitter et à laquelle il rendra tant de services [14]. » On le trouve en effet, sous des raisons sociales mouvantes : Burnéry, Perrin & Cie, fabrique de peaux de chèvres, Perrin (A.) & Ricot, etc... Après lui viendront Goubert & Bizouard, tanneurs-corroyeurs, Lacourbat, lustreur en pelleterie, peaux de chèvres et peaux de lapins, et Lacollonge, fabrique de courroies, cuir et caoutchouc. Chemin Saint-Antoine [15] s'installa le tissage de soie Bergier, édifié non loin de l'endroit où avait vécu l'astronome Chacornac qui observait les astres au ciel clair de son jardin, découvrit plusieurs planètes et laissa un *Atlas écliptique* contenant toutes les étoiles jusqu'à la 13e magnitude [16]... L'industrie, les usines, les ateliers, envahissaient de nouveaux espaces, se glissant des Charpennes vers les Maisons-Neuves, colonisant le cours Lafayette et celui de la République. Rares étaient ceux qui se posaient à l'écart, telle la Compagnie anglaise de mèches de sûreté à mines (Hawke, Martin & Cie), route de Vaulx, dont le directeur britannique s'appelait

14. *À Antonin Perrin, ses amis*, Lyon imprimerie A. Rey, s.d. [1918], p. 3.
15. Devenu rue du Quatre-Août.
16. Le nom de Jean Chacornac (né à Lyon en 1823, mort à Villeurbanne en 1873) a été donné à un astéroïde et à un cratère de la Lune.

William Nash et s'était établi là avec sa famille après être passé par Vienne, en Isère.

La division du territoire s'avérait imprécise. Où s'arrêtaient les Charpennes, où commençaient les Maisons-Neuves ? Les limites variaient avec le temps ou les observateurs. Aux Maisons-Neuves et à la Cité, Bourjaillat fabriquait du chocolat et Ninot faisait des gâteaux, Brochu des pianos, Gerboz et Rosset des eaux gazeuses. Aux Charpennes, Laurent produisait des cristaux de soude, Sarrazin du cartonnage fin, Luminet des cordons en caoutchouc pour résilles. Vers la Cité, Isnard assemblait les jouets de marque *Mirliton*. Aux Charpennes, Salomon emballait son savon de toilette *Le Cygne*. Les deux principaux pôles industriels, l'un et l'autre limitrophes de Lyon, avaient tendance à se rejoindre, à s'interpénétrer pour présenter les mailles d'un tissu aussi dense que diversifié. Baleines et fourchettes pour parapluies, pointes de navettes, paille de fer, boutons de corne et de nacre, graisse pour voitures (à chevaux), brouettes et carrioles, enveloppes de bonbonnes, corsets, toile élastique pour chaussures : Villeurbanne produisait tant de choses encore. Si l'on excepte les métiers du bâtiment, maîtres maçons ou charpentiers (une vingtaine), et les marchands de vin en gros (une demi-douzaine), il se comptait environ cent trente affaires en 1885, de taille non mesurable, principalement dans le travail du métal, les produits chimiques, la tannerie, le cartonnage, et une dizaine de teintureries pour le tissu de soie, de coton ou de laine. À l'été 1889, un nouveau venu aux vastes desseins prit ses marques sur un immense terrain vague proche du ruisseau la Rize : la société Gillet & Fils, fondée en 1838 à Lyon et qui, « partie de très bas, a été portée au plus haut sommet de la prospérité commerciale, grâce à des qualités multiples qui se rencontrent bien rarement réunies chez des chefs d'industrie », soulignait le *Salut public*, jamais avare de compliments [17].

MANUFACTURE
DE
BRONZÉS & ORFÈVRERIE D'ÉGLISE

F. F. DÉSIR
AUX CHARPENNES-LES-LYON
Commune de Villeurbanne - Rhône

17. *Le Salut public*, 1er juillet 1888.

1125
Villeurbanne — Vue d'ensemble des Usines Gilet et Fils
Marcelle et Raymond
a leur ami
Léon
RHONE
B. F., PARIS

[Chapitre 2]

LA ROUE DE LA FORTUNE

Si l'industrie était venue à Villeurbanne, c'est qu'elle s'y sentait bien et y trouvait son compte. Ainsi se meut en effet « la main invisible », conjonction aléatoire des intérêts particuliers et des nécessités d'ensemble qui guide l'économie marchande d'après Adam Smith, auteur influent de *La Richesse des nations.* Les plus froids esprits penseront que les manufacturiers étaient essentiellement attirés par la modicité des charges comparées à celles de la grande ville limitrophe. Lorsqu'il prit à Lyon, une première fois, l'idée malheureuse de s'annexer Villeurbanne, les notables municipaux se réunirent avec « les plus forts imposés » pour protester officiellement contre cette intrusion. Les plus forts imposés, au prorata de leur richesse, constituaient alors une catégorie de droit privilégiée : on y trouvait Montaland, des bougies, Bonnamour aîné, des passementeries, Goiffon, le tanneur, Mulaton, de l'acide, Drevet, des chapeaux de paille, etc. Ils se réunirent donc le lundi 13 avril 1874, sous la présidence du maire Jean-Pierre Chambard, afin d'entendre le rapport confié à l'industriel Charles Montaland qu'ils approuvèrent à l'unanimité moins une voix. Loin de vanter les mérites de la cité, qui auraient pu exciter l'envie de l'avide voisin, le rapporteur cultivait à l'excès la modestie. « Le territoire de Villeurbanne est très étendu, avançait le fabricant de bougies, neuf dixièmes appartiennent à l'agriculture, un dixième seulement est occupé par les usines et les petites propriétés prises en locations par les nombreuses familles d'ouvriers et d'employés qui trouvent là leur salaire quotidien... Vainement dans cette commune, si près de Lyon, on chercherait les constructions élégantes et les belles villas que l'on admire sur la rive droite du Rhône et sur les bords de la Saône. La monotonie du sol, sa stérilité, peut-être aussi le voisinage des usines, ont toujours repoussé l'attention des habitants de la ville. » Ceci était exposé non point dans un but de dénigrement, mais au contraire d'autoprotection, en application du principe fonctionnel : pour vivre heureux, vivons cachés. Les notables et les plus forts imposés considéraient l'annexion comme un désastre qui verrait augmenter leurs fardeaux divers et par conséquent entraînerait le dépaysement, au sens premier, ou la délocalisation, pour employer un terme plus moderne, des usines : « L'industrie déserterait aussi et non sans raison, estimait la délibération. Elle trouve dès à présent sa situation mauvaise, et la lutte de plus en plus difficile avec l'étranger, et dès lors, il est certain que pour éviter de nouvelles charges, qu'elle ne saurait supporter sans ruine, elle n'hésitera pas à s'en affranchir et à transporter ses établissements en dehors des limites du nouvel octroi, entraînant avec elle les ouvriers qui forment plus des deux tiers de la population de la commune [18]. » Dans cette optique, le bien collectif s'identifiait

18. Rapport de l'industriel Charles Montaland, Registre des délibérations du Conseil municipal, 13 avril 1874.

au leur propre et d'aucuns diront qu'ils suivaient avant tout leur bénéfice.

Ceux qui voudraient agrémenter d'un grain de poésie la sécheresse des explications économiques soutiendront que les industriels furent attirés par la Rize. C'était le point de vue de Gustave Desgrandchamps, serviteur méritant de la fonction publique et essayiste à ses heures. « Au pied de la neuvième terrasse géologique de la vallée du Rhône coulait autrefois la Rize, charmant ruisseau... » La Rize surgissait à Décines et à Vaulx-en-Velin, serpentait gentiment à travers Villeurbanne, la Ferrandière, la Part-Dieu, pour venir se marier au fleuve entre la Guillotière et la Vitriolerie. Les « gones y pêchaient encore le vairon » dans les premières années du vingtième siècle. Ils n'étaient pas trop regardants. À l'orée du Second Empire, semble-t-il, c'est-à-dire assez tôt dans l'ère des grandes transformations, les industriels lyonnais de la soie trouvèrent aux eaux de la Rize une qualité bien supérieure, pour leurs usages, à celles du Rhône et de la Saône. La teinture en résultait excellente. « Les couleurs, dit un rapport du 20 novembre 1851, y acquièrent un éclat plus vif, et les commères des lavoirs de Cusset et de la Corne de Cerf assuraient que le blanchissage y était plus parfait que partout ailleurs. Ce fut un peu là l'origine de la prospérité industrielle de Villeurbanne, où vinrent se fixer les premières pelleteries, puis les teintureries. » Conscient des effets peu flatteurs pour le paysage de cette nouvelle destination, Gustave Desgrandchamps, fin observateur, concluait : « Dès lors, la Rize était condamnée. Les usines resserrèrent leur dur corselet autour de la petite rivière [19]. » Son insalubrité devint notoire et son destin passa entre les mains du service d'hygiène.

19. Gustave Desgrandchamps, *La Rize, secrète rivière*, Montluel, éditions du Solitaire, 1938, p. 6.

Les industriels du dix-neuvième siècle, partisans déclarés du libre-échange, étaient naturellement adeptes de la sélection naturelle qui ne rime pas forcément avec le respect de la nature. Bien que souvent conservateurs en matière de convictions, ils se trouvaient en phase avec les théories avancées de l'évolution et, à la manière dont Monsieur Jourdain faisait de la prose, ils pratiquaient prosaïquement les théories de Darwin. Dans leur univers impitoyable, les forts éliminaient les faibles. C'est pourquoi un certain nombre d'entreprises enregistrées par l'annuaire disparaissaient d'une année sur l'autre. Sur une trentaine recensées à la fin de l'époque Napoléon III, un tiers n'entra pas dans la décennie 1880. S'effacèrent ainsi des tablettes les tuyaux Chameroy et les savons Imbert, la tannerie Nugue, le moulinage Bonnamour, les papiers peints Lafoy et la fabrique de bougies Montaland. D'autres, à l'inverse, prospérèrent à leur aise. Selon une enquête préfectorale qui préfigurait l'Inspection du travail, le tissage de soie Bergier, chemin Saint-Antoine, concentrait une masse appréciable de travailleurs (et surtout de travailleuses) [20] : 115 femmes de plus de 16 ans, 50 hommes et 7 enfants ; Perrin & Cie occupait 194 ouvriers, la tannerie Goiffon, 128. Lorsque ayant gonflé encore, Jules Goiffon sentit le moment venu de postuler pour la Légion d'honneur, sa démarche se vit appuyée par une pétition de ses salariés unanimes, au nombre de 203 : « D'une sollicitude et d'une bienveillance extrêmes envers ses ouvriers, ne cherchant qu'à améliorer leur sort, il est en quelque sorte pour eux un père plus qu'un patron. » Craignant que le message ne soit pas assez net, ils expliquaient encore : « De là est né un profond respect

20. Enquête préfectorale sur les établissements soumis aux lois sur le travail des femmes et des enfants, 1888, Archives départementales du Rhône (ADR).

et un dévouement sans borne pour l'homme qui a toujours considéré ses ouvriers non pas comme des étrangers, mais comme ses enfants [21]. » Les conseillers municipaux et le maire abondaient en faveur de cet « homme de bien qui, par son travail et son affabilité s'attire l'estime de son personnel en entier et amène dans le pays le bonheur et la prospérité. » Le commissaire de police mettait sa propre note, dans une tonalité légèrement décalée : il « mène grand genre et passe pour être très riche ». (Jules Goiffon dut attendre quinze ans sa croix. Entre-temps il avait fusionné avec Perrin et fondé la plus grosse société de tanneries de la région, au chiffre d'affaires de douze millions l'an).

Les établissements se regroupèrent, se concentrèrent, trouvaient à constituer des sociétés en forme chaque fois plus compliquée et au nom à rallonge : la teinturerie Marnas des Charpennes, devenue Marnas, Bonnet & fils, fusionna en 1885 avec trois autres maisons sous la raison sociale Bonnet, Ramel, Savigny, Giraud & Marnas, société en commandite ; Renard Frères, élargie en Renard & Villet, puis Renard, Villet & Bunand, au 69, cours de la République, se fondit avec Vulliod Frères. En 1898, Vulliod-Ancel et Gillet & Fils se partageaient à elles deux le tiers des commandes dans leur branche. Quant à Bonnet, Ramel, etc., transformée en Société générale des teintures et produits chimiques de Lyon-les-Charpennes, elle s'éteignit finalement en 1903, victime de la concurrence [22]. La jungle industrielle imposait sa loi : s'adapter ou périr. Les marchés ont leurs exigences et il ne suffisait pas, pour durer, de compter sur la chance. Car l'expansion reposait également sur des connaissances, un savoir-

21. Pétition des ouvriers de la tannerie Goiffon, janvier 1894 (ADR).
22. Michel Laferrère, *Lyon, ville industrielle*, Paris, Presses universitaires de France, 1960, p. 199.

faire, sur l'aptitude à nouer et promouvoir des alliances, à domestiquer les mécanismes financiers, et sur la capacité enfin à innover. Avant la guerre de 1914-1918, un ingénieur des arts et métiers décrivit les ressources industrielles de la région lyonnaise en insistant comme il se doit sur sa tradition soyeuse. Dans le processus complexe qui portait loin la réputation de la Fabrique, la corporation des teinturiers bénéficiait, lui semblait-il, d'une supériorité « universellement reconnue » et c'est pourquoi elle avait pu s'attacher une clientèle internationale : en Suisse, en Angleterre, aux Amériques et dans la Russie des tsars. À l'artisanat, aux « tours de main, soigneusement tenus secrets », expliquait l'ingénieur, s'étaient substitués peu à peu des modes opératoires déterminés par la science : « La teinture actuelle est de la chimie appliquée [23]. » Aux couleurs traditionnelles, tirées de la cochenille, du rocou, du réséda, du quercitron, du curcuma, s'étaient substitués, depuis qu'Emmanuel Verguin avait ouvert la voie, les colorants artificiels. Phénol, benzine et anthracène, obtenus par distillation des goudrons de houille résiduels à la fabrication du gaz d'éclairage, offraient aux techniciens formés à La Martinière des possibilités insoupçonnées. Les découvertes, les inventions, les brevets assuraient l'avenir. La fortune sourit à ceux qui surent trouver et à ceux qui surent saisir ces opportunités.

En janvier 1869, François Gillet et son fils Joseph, « intéressé dans la maison de commerce de son père, 8, quai de Serin », formaient la société en nom collectif Gillet & Fils, faisant suite à la raison sociale Gillet-Pierron. L'acte fondateur stipule que les deux associés « devront à la société tout leur temps et tous leurs loisirs sans en pouvoir rien distraire et sans attributions

23. Victor Cambon, *La France au travail*, Lyon, Paris, P. Roger & Cie, 1911, p. 93.

spéciales et exclusives, s'interdisant formellement toutes opérations étrangères à l'objet de la présente société [24] ». Le 23 mars 1892, une nouvelle société, élargie, était constituée, ayant son siège chemin Sautin à Villeurbanne où elle possédait 93 190 m2 de terrain, une usine de teinture et apprêts, des habitations ouvrières « et constructions diverses ». On trouvait parmi les associés Henri Balaÿ, le gendre, et Lazare Drut, directeur de l'entité villeurbannaise (en 1893, Henri Balaÿ, habituellement domicilié quai de Serin, indiquait une adresse à Villeurbanne : 1, rue Sainte-Marie). La Rize apparaissait, courant le long de la parcelle acquise, sur le plan de l'usine que la firme Gillet & Fils déposa le 6 juin 1889 auprès des services compétents. Le commissaire de police exposait alors que le lieu où devait être édifiée l'usine de teinture d'une superficie de 16 000 m^2 était un terrain sans destination « en pleine campagne », qu'il n'y avait pas d'habitations dans un rayon de cent mètres, que les voisins ne s'opposaient pas à l'installation de ces ateliers et que l'eau pourrait être puisée en abondance. La Mairie se félicita de l'implantation nouvelle. L'exposé du Conseil d'hygiène publique et de salubrité ne se montrait pas particulièrement tatillon : « De l'étude des plans il résulte que, sous le rapport des conditions hygiéniques et du travail industriel, cet établissement sera un véritable modèle… Il n'y aura d'autres émanations que des émanations de chlore très dilué pour la fixation du noir d'aniline » dont une cheminée de cinquante mètres de haut assurera l'évacuation [25]. La presse regrettait que le Chinois Li Hongzhang, puissant vice-roi du Céleste Empire, de passage dans la ville de la Soie en 1896, n'ait pu visiter

24. Actes de constitution de sociétés (ADR).
25. Établissements Gillet & Fils de Villeurbanne, enquête de commodo et incommodo, 31 juillet 1889 (ADR).

« l'usine d'impression sur étoffe que MM. Gillet ont construite à Villeurbanne et qui est la plus complète des usines où se pratique cette industrie restée, jusqu'à ces derniers temps, le monopole de Mulhouse [26] ».

Au fil des gazettes s'impose une idée : les riches sont dotés de grandes qualités. Du moins ont-ils des amis en assez grand nombre pour le faire savoir [27]. Lorsqu'il fêtait en 1888 le cinquantenaire de l'entreprise, Joseph Gillet eut droit à son panégyrique : « M. Gillet père, que ses fils ont admirablement secondé dans la suite, a, par son énergie et son labeur constant, par son intelligence, sa probité, sa générosité envers ses collaborateurs à tous les degrés, créé une maison qui est un modèle de parfaite organisation [28]. » Joseph, héritier de son père François en 1865, avait porté l'affaire vers les sommets, aidés de ses trois fils : Edmond, Charles et Paul. La chambre de commerce de Lyon, qui établissait des fiches sur ses membres, le définit ainsi : M. Gillet (Joseph) « est à la tête de nombreuses usines de teinturerie, tant en France qu'à l'étranger (Russie, Autriche, Amérique, Italie). Le chiffre d'affaires de ces différentes maisons se monte à environ 80 millions, possède lui même une très grosse fortune (plus de 100 millions)… Consulté sur sa candidature à la croix d'officier de la Légion d'honneur en août 1912, nous avons donné un avis favorable [29]. » À la main, le rédacteur anonyme avait ajouté pour mémoire : « Opinions politiques cléricales et conservatrices. » Lorsque Joseph Gillet mourut après une vie bien remplie, en 1923, les journaux laissèrent parler leurs

---

26. *Le Salut public*, 26 juillet 1896.
27. À Lyon existe sur la rive gauche de la Saône le quai Joseph Gillet « industriel et philanthrope ».
28. *Le Salut public*, 1er juillet 1888.
29. Note de 1912, rapports et notes de la chambre de commerce de Lyon sur ses membres (ADR).

sentiments. Un périodique de Nancy compatissait à cette disparition sous la plume d'un membre éminent du Conseil supérieur du travail : « Oui, nous disons : Lyon en deuil ; un de ses meilleurs enfants n'est plus ! Joseph Gillet, grand patron, grand industriel, grand philanthrope, s'est éteint à quatre-vingts ans, en plein travail, dans cette ville de Paris qu'il touchait souvent, mais où il n'a jamais laissé son cœur de Lyonnais, aimant profondément sa cité, dont il était un des enfants les plus aimés... Sa grâce souriante vous pénétrait d'un mot... Ce fut un beau caractère... [30] » Lorsqu'un publiciste étourdi se laissait aller à un jugement par trop critique, il se trouvait toujours un homme investi d'autorité pour le rappeler à ses devoirs. Ainsi Jean Lépine, doyen de la faculté de médecine de Lyon, adressa-t-il une lettre de trois pages dactylographiées aux *Annales politiques et littéraires* qui s'étaient montrées irrespectueuses envers la mémoire du défunt : « La fortune de M. Gillet, que la légende a sans doute grossie, est représentée comme le produit infécond d'une avarice sordide. Si l'auteur de l'article avait fréquenté le monde des affaires, il eût connu la renommée mondiale de cet homme aux larges conceptions [31] . » Mais tout le monde n'avait pas, comme le doyen de médecine, cette agréable facilité. Il ne fut pas seul à faire preuve ainsi de piété fidèle. *Les Annales*, sous la pression amicale de plusieurs hautes personnalités, rectifièrent dans un numéro suivant : « Quelle avalanche de lettres a provoqué mon récent article sur le milliardaire discret !... Ces renseignements, je les avais puisés dans la grande presse parisienne. Mieux eût valu, assurément, consulter la grande presse lyonnaise... M. Isaac lui-même, ancien ministre du Commerce, a signalé au maire de Lyon les

30. *Le Trait d'Union*, Nancy, mai 1923.
31. Lettre du doyen Lépine, 23 août 1923 (ADR).

erreurs d'appréciation du Bonhomme Chrysale [*nom de plume du journaliste*]. Mon ami et collaborateur Édouard Herriot s'est empressé, et je l'en remercie, de me communiquer ces réflexions que je reproduis avec plaisir [32]. » Quand, peu après, en 1925, la famille fut frappée par le scandale, quand le fils d'un industriel moins fortuné de Villeurbanne, Louis Seux, des établissements de teinture et apprêts Seux & Charel, fut estropié par le personnel de maison, au cours d'une visite nocturne à la fille Gillet en son manoir planté dans l'immense parc de la montée de Champagne, l'affaire fut étouffée. L'épisode donna lieu à mille bruits et contes dans les milieux populaires [33], y compris des chansons qui se fredonnaient sur l'air d'*Au rendez-vous d'amour* :

« *Mais le malheureux, un soir de novembre*
Voulut s'introduire jusque dans sa chambre
Tout le monde accourt, criant au voleur.
Le jeune homme est pris pour un malfaiteur.
Mais alors quelqu'un commanda la horde
Il faut l'assommer sans miséricorde.
Les larbins féroces frappent sans répit
On veut l'achever d'un coup de fusil [34]. »

Le drame s'engloutit vite dans les trous de la mémoire, bientôt on n'en parla plus qu'en chuchotant car il n'était pas convenable d'en faire état dans la bonne société. À son tour, Edmond Gillet, fils de Joseph, eut de belles et édifiantes nécrologies lorsqu'il décéda inopinément en octobre 1931 : « Depuis la disparition de son père, M. Joseph Gillet, le défunt assurait, en compagnie de ses frères, Charles et Paul, la direction des établissements Gillet, qui avaient acquis une

32. *Les Annales politiques et littéraires*, 2 septembre 1923.
33. Il inspira un film de Christian-Jaque avec Louis Jouvet en 1946 : *Un revenant*.
34. *Le Drame de La Volontaire* [nom du manoir] – *Idylle tragique*, chanson, Lyon, novembre 1925.

renommée mondiale. Esprit audacieux et entreprenant, d'une inlassable activité, M. Edmond Gillet contrôlait, au prix d'un labeur acharné, de nombreuses affaires industrielles, tant en France qu'à l'étranger. La grande firme à laquelle était désormais attaché le nom de la famille constituait l'une des ascensions industrielles les plus prodigieuses de la fin du siècle dernier. Quelle merveilleuse évolution depuis le jour où le grand-père, M. François Gillet, arrivé à Lyon en sabots, avait créé, aux environs de 1860, un modeste atelier de teinture et apprêts quai de Serin [35]. La découverte d'un noir spécial devait assurer la plus belle prospérité à la maison. À sa mort, l'humble artisan avait acquis une fortune considérable, à laquelle son fils, M. Joseph Gillet, devait donner son essor définitif. À sa mort, quelques années après la guerre, le grand industriel lyonnais laissait l'une des plus grandes fortunes du monde. Depuis cette date, M. Edmond Gillet et ses frères ne cessèrent d'accroître le nombre de leurs usines [36]. » Le faire-part de décès d'Edmond Gillet, régent de la Banque de France, déclinait neuf lignes d'une parentèle éplorée, dont la famille Motte, des lainières de Roubaix et des mines de Lens, et la famille Balaÿ. Henri Balaÿ avait déjà une voie à son nom à Villeurbanne, donnant sur la rue Joseph-Gillet.

·TEINTURE·IMPRESSION·APPRÊT·

Gillet & Fils

VILLEURBANNE (RHÔNE)

35. En fait en 1838, rue Madame, puis rue d'Enghien, dans le quartier des Brotteaux, et ensuite rue du Puits-au-Sel dans celui de Bourgneuf. L'usine du quai de Serin ne sera installée qu'en 1853.
36. *Lyon républicain*, 16 octobre 1931.

Bobin looms at Villeurbanne

[Chapitre 3]

UNE SOCIÉTÉ EN MOUVEMENT

Pour l'Exposition universelle de 1889, à l'occasion du centenaire de la Grande Révolution qui fit naître la République, la maison Gillet & Fils de Lyon répondit à un questionnaire d'« économie sociale » destiné à propager l'image excellente de son industrie auprès d'un vaste public. L'imposante usine de Villeurbanne n'était pas encore en fonction, bien que Gillet disposât déjà d'ateliers sur la commune (on le trouve autour des années 1885 au 22, Grande Rue des Charpennes). Gillet exposait donc l'expérience acquise dans ses usines du quai de Serin, de Vaise et d'Izieux, dans la Loire. Il en ressortait que la durée moyenne du travail dans ces établissements était de dix à onze heures par jour, que le salaire horaire oscillait entre 41 et 55 centimes pour les ouvriers, 21 et 27 centimes pour les ouvrières, que les enfants employés étaient surtout recrutés « parmi les enfants d'ouvriers travaillant à l'usine ou dans les quartiers voisins », que c'était d'ailleurs « parmi les enfants entrés très jeunes » qu'étaient ensuite choisis les contremaîtres, que la stabilité du personnel était très grande, « la maison attachant beaucoup d'importance à occuper les mêmes personnes. Elle considère que cette pratique est, à la fois, dans l'intérêt de l'ouvrier et dans celui du patron. » La maison Gillet & Fils s'enorgueillissait de posséder dans chaque établissement une société musicale, de fournir une dot de 100 francs aux jeunes ouvrières lors de leur mariage et de distribuer chaque année des primes « suivant les résultats obtenus » : « Les chefs de la maison apprécient, parmi leur personnel, ceux qui rendent les plus grands services. Ils agissent sans règle absolue, mais décident suivant chaque cas particulier. » La firme prenait à l'embauche des « informations sur la moralité » et veillait à ce qu'il n'y ait pas d'absences le lundi, « suite des excès du dimanche ». Les « relations entre le capital et le travail », en résumé, lui paraissaient idéales : « Une marque certaine d'entente et d'union, c'est que depuis 1865, à Lyon, et depuis 1878, à Izieux, nulle grève n'est survenue, aucune réunion ou tentative quelconques ne se sont produites à cet effet [37]. » Les seuls rassemblements admis et encouragés étaient ceux qui agrégeaient le personnel en communion avec l'esprit d'entreprise. Le souvenir était encore frais de la messe solennelle ayant drainé, l'année précédente, les dix-huit cents employés en l'église de Serin, suivie d'un banquet servi dans les bâtiments de l'usine pour célébrer les cinquante ans de la maison : « Une parfaite cordialité a régné dans cette famille industrielle, groupée autour de son chef aimé [38]. »

L'affection si unanime dont semblait jouir Joseph Gillet le poussa à se présenter aux élections en 1876 sous l'étiquette conservatrice. Il fut battu par un candidat radical. « Mais glissons sur cette note discordante », commenta la presse avec sa grande délicatesse [39]. S'il avait pu se féliciter de n'avoir pas connu de conflit social à Lyon au long de sa prime expansion,

37. « Organisation du travail dans la maison Gillet & Fils de Lyon », *Exposition universelle de 1889, comité départemental du Rhône*, Lyon Mougin-Ruson, 1889, pp. 19-26.
38. *Le Salut public*, 1er juillet 1888.
39. *Ibid.*

Joseph Gillet dut ajouter cette épreuve à sa carrière de chef d'entreprise au tout début du vingtième siècle. À la fin de 1903, les ouvriers et les ouvrières du chemin Sautin, 725 hommes et 125 femmes, rejoignirent les travailleurs de la corporation dans une grève générale. La grève avait commencé à Villeurbanne le 10 novembre, dans la maison Pierron & Christophe, et s'était étendue en tache d'huile. Elle fut longue, difficile, et prit fin le jour de Noël. Plusieurs grévistes furent déférés en correctionnelle et condamnés à des peines de prison avec sursis. « Nous ne demandons qu'une chose, expliquaient les militants du syndicat, c'est de pouvoir revendiquer nos droits à l'existence [40]. » Mais la police avait une autre perception du déroulement des événements : « Encouragés par les militants révolutionnaires ou anarchistes, certains ouvriers se sont livrés à des voies de fait sur leurs camarades ayant repris le travail [41]. » *L'Express de Lyon* du 9 décembre 1903 relatait « qu'en prévision de troubles cette usine et plusieurs autres étaient gardées militairement et que toute tentative de violence serait certainement réprimée ». Les rapports révèlent qu'un escadron de cuirassiers et de nombreuses forces de police « protègent l'usine de Cusset ». *Le Progrès*, faisant preuve d'une rare ironie, contredisait les affirmations de la direction de l'usine selon lesquelles le personnel était entièrement libre de ses choix : « 130 ouvriers de l'usine Gillet, dont 40 contremaîtres, se sont rencontrés par hasard dans le local de la société de gymnastique L'Éclair. Ils en ont profité pour écouter une conférence contre la grève et des propositions de

40. *Le Progrès*, 26 octobre 1903.
41. Rapport de police, grève des teinturiers et apprêteurs, décembre 1903 (ADR).

rentrée à l'usine [42]. » *Le Nouvelliste*, clérical, rendait compte de l'issue le 24 décembre au matin : « La rentrée s'opère partout sans incidents. À l'usine Gillet, chemin Sautin, à Villeurbanne, nous assistons au long défilé des ouvriers et ouvrières qui presque tous portent à la main la petite marmite renfermant la soupe du matin. Beaucoup ont apporté des provisions pour le cas où des incidents les forceraient à ne pas sortir de l'usine. En franchissant la grille, tous saluent M. Gillet fils et son beau-frère M. Balaÿ [43]. » Ce fut un triste Noël pour les teinturiers et les apprêteurs si l'on en croit les conclusions auxquelles parvenait la police : « Sans parler des pertes subies par les usiniers, les salaires distribués par eux à leurs ouvriers et qui ont fait défaut pendant une vingtaine de jours représentent un chiffre important. Si l'on songe que ces salaires servent à l'entretien de familles ouvrières domiciliées surtout à Villeurbanne et dans les quartiers des Charpennes et des Brotteaux, on voit que cette perte a dû être assez sensible pour le commerce localisé dans ces quartiers [44]. »

Villeurbanne était entrée dans l'ère de la contestation sociale et cela effrayait grandement les actionnaires attentifs à la bonne marche des affaires, les autorités comptables du bon ordre de la société et l'administration soucieuse du bon fonctionnement de la collectivité. En avril 1895, les sept cents terrassiers occupés au percement du canal de Jonage, à Cusset, pour la Société des forces motrices du Rhône, cessèrent tout bonnement de creuser. C'étaient au dire de la maréchaussée, mise à contribution, des ouvriers « nomades », « souvent sans moralité » et « toujours sans crédit ». Ils gagnaient 33 centimes de l'heure à raison de douze heures de travail par jour et

42. *Le Progrès*, 15 décembre 1903.
43. *Le Nouvelliste*, 24 décembre 1903.
44. Rapport de police, grève des teinturiers et apprêteurs, décembre 1903 (ADR).

réclamaient une augmentation de salaire que leur refusaient les entrepreneurs. Mais, au terme de leurs investigations, les agents de la préfecture consignaient une interprétation plus sophistiquée du différend : « Les observations faites sur place et les renseignements recueillis établissent que la grève qui vient de se terminer a été fomentée par des révolutionnaires mandataires de la Bourse du Travail dans le but de la faire durer à l'état aigu jusqu'au 1er Mai pour jeter dans la manifestation projetée une masse de grévistes exaltés et violents qui auraient donné à cette manifestation un relief saisissant [45]. » La grève dura dix jours, les ouvriers obtinrent trois centimes supplémentaires et l'apocalypse fut évitée. L'année suivante, le 25 février, un atelier de tissage du Grand-Camp, les établissements Prunier Frères, employant quatre-vingt-cinq personnes, suspendit à son tour le travail. Il n'est pas aisé de savoir s'il s'agissait là de la première grève usinière de Villeurbanne mais, fait remarquable, il s'agissait d'une grève de femmes, dévideuses, tisseuses, ourdisseuses, pinceteuses, caneteuses : soixante-quinze femmes qui défiaient leur patron et adhérèrent à un syndicat. Trente-six d'entre elles ne furent pas reprises à l'usine ensuite ou refusèrent de rentrer aux conditions antérieures. La grève faisait école, malgré tout. En mai, elle touchait l'usine de teinture Pierron : soixante teinturiers, coloristes et manœuvres, tous des hommes. De temps à autre, ainsi, une catégorie de travailleurs arrêtait de produire pour faire valoir son point de vue, sans garantie de succès et toujours au prix de lourds sacrifices. Avril-mai 1898 : les tanneurs et corroyeurs de chez Goubert & Cie, chemin de la Rize, quittaient

45. Rapport de police, grève des terrassiers du canal de Jonage, avril 1895 (ADR).

leur poste et demandaient conseil à la Bourse du Travail de Lyon – M. Goubert leur ayant annoncé « son intention d'exiger d'eux à l'avenir une somme de travail supérieure à celle qu'ils avaient jusque-là produite », la reprise eut lieu aux conditions patronales. Septembre 1898 : les ouvriers repousseurs des établissements Giraudon, fabricant de chaufferettes en cuivre, chemin Germain, réclamaient le payement de leur travail à la journée et non aux pièces. En mars 1900, les tireurs de canne et les « choisisseuses » de la Société anonyme pour la fabrication de la perle de verre, 3, chemin de la Bouteille, non syndiqués, déclaraient la grève à leur tour afin d'obtenir la réduction de la journée de travail à dix heures au lieu de onze jusqu'alors. Les grévistes étaient principalement des femmes, les choisisseuses, et, plus mémorable encore, il s'agissait d'immigrés venus d'Italie, car La Perle française – le nom de l'usine – n'employait en réalité que des Italiens.

Cette usine singulière et industrie nouvelle avait été inaugurée en grande pompe, à l'automne 1899, dans le quartier perdu du Bon-Coin, derrière la voie ferrée. Le préfet du Rhône, son épouse, le président du tribunal de commerce, le consul d'Italie, le maire et le notaire de Villeurbanne ainsi qu'une kyrielle de journalistes avaient fait le déplacement et honoré de leur présence les travailleuses et les travailleurs fraîchement accueillis de leur province transalpine. La petite perle de verre, d'un usage très courant à l'époque, servait à orner les vêtements, confectionner les colifichets et, plus tristement, à réaliser les couronnes mortuaires. Mais la petite perle de verre, « à un sous la poignée », ne se fabriquait pas en France, ni même en Angleterre : elle ne se faisait qu'à Venise, « la ville des doges, des canaux et des rendez-vous d'Arton avec la Sûreté générale », rappelait un échotier cultivé [46]. Aussi quelques hommes d'affaires lyonnais se dirent qu'il était temps d'importer non plus le produit, mais la technique et les techniciens, comme jadis cela avait été le cas pour la soie. C'est pourquoi, M. Favre, président du Conseil d'administration, faisait visiter la nouvelle usine et ses fours à un aussi beau monde, offrant en spectacle un savoir-faire exceptionnel. « Un grand four qui fait la perle noire et la perle blanche, puis d'autres plus petits qui font la perle de couleur. L'ouvrier cueille la pâte de verre avec une canne, mais au lieu de souffler dedans il la promène sur des tables garnies de fer, et en fait un cylindre qu'il perfore, puis dans le trou qu'il a creusé au milieu de la masse incandescente il introduit une autre canne. Les deux cannes sont données à deux jeunes gens qui s'éloignent en se tournant le dos et en marchant d'un pas méthodique. Voilà cinquante mètres d'infiniment petits tubes de verre fabriqués... Ce tube de verre est cassé en morceaux d'environ un mètre ; les morceaux sont comptés par les sœurs, les filles, les mères, voire les grand-mères des ouvriers, puis ils sont envoyés au découpage. Dans l'atelier de découpage, des machines les hachent littéralement en petits morceaux de moins d'un millimètre. Une caisse reçoit les perles primitives, qu'un homme reportera dans les fours à seconde cuisson... Il ne reste plus qu'à enfiler toutes ces perles ; des femmes et des enfants sont actuellement occupés à ce travail, très intéressant à observer [47]. » Après l'instructive visite, les présents échangèrent des discours, quelques mots en italien pour les ouvriers et des toasts en français pour les autres. M. Favre loua

46. Émile Arton, courtier en cavale impliqué dans le scandale de Panama qui ébranla les débuts de la IIIe République, passa le réveillon de 1892 à Venise en compagnie du policier chargé de l'arrêter.
47. *Le Journal de Villeurbanne*, 19 novembre 1899.

ses collaborateurs : Béroud, le directeur commercial, Fournier l'ingénieur, Vizentini, « le premier verrier de France, technicien expert en perles », et développa « l'idée philanthropique de l'entreprise ». En famille, donc, un grand nombre d'Italiens s'étaient déplacés « volontiers dans la seconde patrie que notre belle France est pour tout être humain : Villeurbanne leur parut un pays tout aussi hospitalier que leur ville natale ; le canal de Jonage leur sembla aussi intéressant que ceux de Venise. Ils furent d'emblée verriers français, perliers de France. » Le préfet en rajouta dans les congratulations et but « à la prospérité de La Perle française qui, selon ses vœux et selon toutes probabilités, sera bientôt la première du monde ». Les invités rentrèrent à Lyon contents de ce qu'ils avaient vu, les ouvriers restèrent à Villeurbanne, route de Crémieu ou rue Bourgchanin où ils s'étaient fixés : Carlo Bello, 38 ans, né à Venise ; Attilio Toluzzo, 33 ans, né à Venise, sa femme Regina, ses enfants Giuseppe, Ida et Umberto (comme le roi de la maison de Savoie) ; Giovanni Bovolato, 25 ans, sa compagne Anna et leur bébé ; Séraphin Ongaro, 45 ans, né à Murano, son épouse Teresa, leurs six enfants et le prochain à venir ; et puis Pio Barbini, Giuseppe Tonietto, Francesco Busani ; et encore Eugenio, Auguista, Rosina, Luigia, verriers et enfileuses de perles… « L'usine de la perle de verre occupe 250 ouvriers actuellement tous d'origine italienne. » Ils étaient donc venus de Venise et de l'île minuscule de Murano, dans le lagon, où se travaillait savamment le verre depuis le treizième siècle. La tâche était plus agréable à observer qu'à accomplir et, poussées par la nécessité, les « chosisseuses » entrèrent dans la grève le 19 mars 1900. Le 26, le mouvement était terminé, trois hommes et deux femmes étaient « définitivement congédiés ayant été considérés comme les instigateurs du mouvement [48] ».

48. Rapport de police, grève de La Perle française, mars 1900 (ADR).

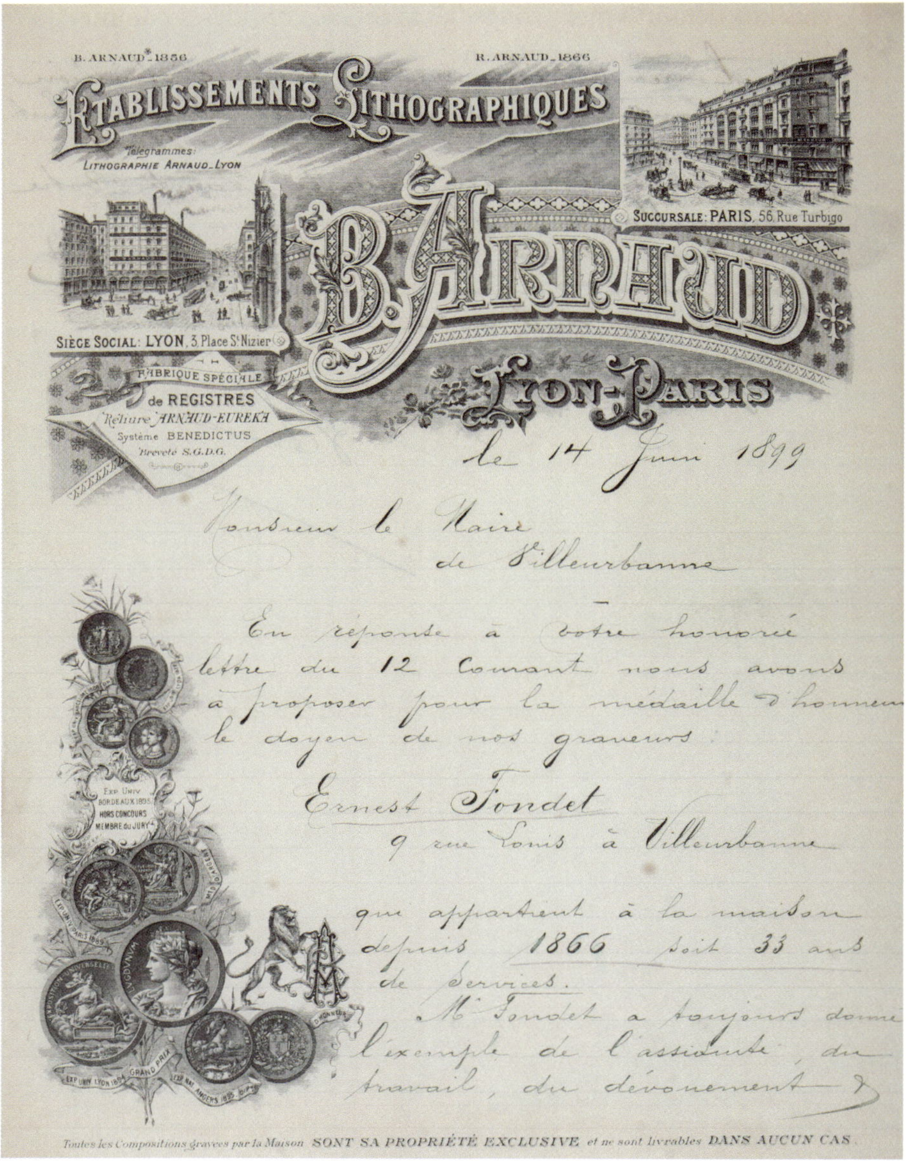

B. ARNAUD*_1856 R. ARNAUD_1866

ETABLISSEMENTS LITHOGRAPHIQUES

Télégrammes: LITHOGRAPHIE ARNAUD_LYON

B. ARNAUD

SUCCURSALE: PARIS, 56, Rue Turbigo

SIÈGE SOCIAL: LYON, 3, Place St Nizier

FABRIQUE SPÉCIALE de REGISTRES
Reliure ARNAUD-EUREKA
Système BENEDICTUS
Breveté S.G.D.G.

LYON-PARIS

le 14 Juin 1899

Monsieur le Maire
de Villeurbanne

En réponse à votre honorée lettre du 12 courant nous avons à proposer pour la médaille d'honneur le doyen de nos graveurs :

Ernest Fondet
9 rue Louis à Villeurbanne

qui appartient à la maison depuis 1866 soit 33 ans de services.

Mr Fondet a toujours donné l'exemple de l'assiduité, du travail, du dévouement &

Exp Univ BORDEAUX 1895 HORS CONCOURS MEMBRE du JURY

Toutes les Compositions gravées par la Maison SONT SA PROPRIÉTÉ EXCLUSIVE et ne sont livrables DANS AUCUN CAS.

[Chapitre 4]

DES IDÉES NEUVES

La Belle Époque, en réalité, ne l'était pas pour tout le monde et c'est pourquoi des idées nouvelles se faisaient jour, peu à peu, distinctes de celles que, avec leurs moyens, s'attachaient à propager Joseph Gillet et ses pairs. Il se disait que la fortune du maître de la teinture en flottes et en pièces « avoisinait le milliard de francs-or », chiffre fabuleux qui, s'il faisait rêver quelques-uns, heurtait le plus grand nombre par sa démesure. « Quand on arrive à ces zones astronomiques d'évaluation, on n'en est pas à cent millions près ! » remarquait un écrivain du cru [49]. Peut-être, mais les ouvriers coloristes à 4,50 F par jour, les ouvrières metteuses en main à 2,75 F avaient du mal à l'accepter, comme ils avaient du mal parfois à aller à la messe sur commande pour sauver leur âme. « Sa fortune, expliquaient les courtisans, lui servait à faire comprendre combien il serait fou que le capital fût disséminé pour être la chose de la masse, qui, le lendemain du partage des biens, par les passions et les tares, se reconstituerait au profit

49. Marcel E. Grancher, *La Soierie meurt*, Lyon, Les éditions Gutenberg, 1945 (première édition 1933), p. 209.

des moins bons de la société [50]. » Cet élitisme ploutocratique n'emportait pas partout l'adhésion. Ainsi, à côté de ceux qui l'approuvaient, vit-on apparaître des gens qui pensaient différemment de Joseph Gillet. Le sentiment que l'on pouvait avoir quelque valeur, être respectable sans rien posséder, faisait son chemin, surtout depuis qu'avait été proclamée la République. Un ouvrier délégué à la brillante Exposition universelle de Paris-1900, émerveillé par les prouesses techniques du temps et scandalisé par les inégalités qu'il avait sous les yeux, coucha sur le papier – non sans fautes excusables – ses conclusions : « Nos patrons, eux se vautre dans les privilège d'une fortune acquise par la main d'euvre ouvrière à laquelle ils doivent tout [51]. » Les temps changeaient et les puissances traditionnelles perdaient de leur légitimité et de leur influence.

Autour de 1880, l'association La Libre Pensée s'installait durablement à Villeurbanne afin de combattre le prosélytisme religieux et le cléricalisme jugés aussi archaïques que dangereux. La municipalité de ces années, conduite par Jean-Marie Dedieu, comprenait un certain nombre d'industriels influents : Jules Goiffon, des corroieries J. Goiffon & Cie, Louis Laurent, des produits chimiques Laurent, Jacques Cadgène, des teintureries Cadgène & Cie… Mais en 1880, un homme se présentait aux suffrages de Villeurbannais pour le Conseil général sur « un programme républicain avancé ». Il fut élu. En 1888, il se présenta au Conseil municipal sur le même « programme républicain avancé ». Il fut élu à nouveau. En 1892, il accéda à la fonction de maire et la conserva jusqu'à sa mort en 1903. Il s'appelait Frédéric Fays,

50. *Le Trait d'Union*, Nancy, mai 1923.

51. Rapport du syndicat des tanneurs et corroyeurs de Lyon-Villeurbanne, 31 décembre 1900, Archives municipales de Villeurbanne (AMV).

était né à Bourgoin en 1840, arborait le titre d'« officier d'Académie » et exerçait la profession de pharmacien, ce qui ne l'empêchait pas d'être l'élu de l'Union des forces républicaines et socialistes. Antonin Perrin qui visait également le fauteuil de maire dût s'effacer, « la fraction républicaine étant en minorité au sein du conseil et n'étant jamais d'accord avec la fraction socialiste qui était en majorité [52] » et préférait l'apothicaire réputé plus à gauche que le mégissier. Lorsque la maladie finalement emporta Frédéric Fays, à 63 ans, une foule de huit mille personnes suivit le corbillard recouvert du drapeau de la Société de secours mutualistes. Les Sapeurs-Pompiers lui rendirent les honneurs. Le préfet s'était déplacé. Le député bien connu Francis de Pressensé envoya un télégramme : « Impossible de quitter Chambre milieu discussion – Regrets ne pouvoir assister obsèques maire – Prière témoigner condoléances famille. » Au nom du Conseil municipal, l'adjoint Jean Joly retraça la carrière du défunt : « Dès l'âge de raison, Fays, épris d'idées généreuses et inspiré aussi par le souvenir des souffrances terribles qu'avait enduré son vieux père en luttant contre le coup d'État [de Louis Napoléon], Fays, dis-je, se jeta dans l'arène publique [53]. » Pierre Baratin, élu municipal, exprima de son côté le chagrin du « comité socialiste dont faisait partie le citoyen Fays » : « Libre penseur convaincu, notre ami est mort, dit-il, malgré tout, comme il a toujours vécu, c'est-à-dire en libre penseur, et, jusqu'à la fin, en dépit de toutes les démonstrations, il est resté fidèle aux principes auxquels il s'est toujours dévoué [54]. » Le Conseil municipal, en effet, s'était ému de voir la famille

52. Rapport de la Préfecture en vue de l'attribution de la Légion d'Honneur, 4 novembre 1894 (ADR).
53. Discours de Jean Joly au cimetière, 19 février 1903 (AMV).
54. Funérailles de M. Fays, compte rendu de presse, s.d. (AMV).

procéder à des funérailles religieuses « malgré la volonté du défunt à être enterré civilement » et avait décidé, en conséquence, de rester à la porte de l'église « en attendant que la cérémonie soit terminée [55] ». La Municipalité déposa sur la tombe une couronne d'immortelles rehaussée d'un nœud tricolore. Fays avait été, de l'avis de ses proches, un précurseur : « Il ne croyait pas qu'il y eût même des limites à la justice, parce qu'il avait eu trop souvent l'occasion de toucher du doigt, dans notre cité, déjà laborieuse et pauvre, les inégalités nombreuses et de toutes natures qui se rencontrent dans la société. » À l'inauguration de son buste, en 1910, le maire du moment, le docteur Grandclément, s'appesantissait ainsi sur les mérites du disparu : « La démocratie socialiste de Villeurbanne n'a jamais failli dans la voie que Fays lui avait ouverte. Après lui, a passé déjà une génération, qui a complété, continué son œuvre et posé de nouveaux jalons [56]. » Perrin, l'industriel de la peau de chèvre, président du syndicat patronal du cuir, titulaire de la Légion d'honneur et de la croix d'officier de Nichan Iftikar attribuée par le Bey de Tunis, conseiller municipal durant vingt-quatre ans, était de ceux-là : un proche du « grand dadais de Maire que l'état civil a affublé du nom pornographique de Fays », selon ses opposants peu distingués (car le patronyme Fays, sans tréma, se prononçait fesse). Ses amis prêtaient à Antonin Perrin cordialité, esprit de justice, bonté, droiture et franc-parler. La Caisse des Écoles laïques et le Bureau de Bienfaisance lui devaient beauoup, dit-on. Il était avéré que depuis 1876 et sans que la loi l'y oblige, Antonin Perrin avait créé une caisse de secours pour ses ouvriers, assurés « aux frais de sa maison » contre

55. Décision du Conseil municipal, 17 février 1903 (AMV).
56. *Discours de M. le docteur Grandclément, maire de Villeurbanne, à l'inauguration du buste de M. Fays*, Villeurbanne, Imprimerie nouvelle J. Dadol, 1910, pp. 5-6.

les accidents du travail. Tête ronde, barbe en pointe, moustache, il avait une allure sympathique et l'air modeste [57].

Les aspirations porteuses d'avenir touchaient bien au-delà des plus démunis. Un périodique, *Le Journal de Villeurbanne*, se définissait sur la fin du dix-neuvième siècle comme « organe de la Démocratie du Canton » puis organe des « Comités radicaux et socialistes du département du Rhône ». Le périodique du cours Lafayette prolongé [58] déplorait à l'été 1900 le décès de Henri Siméon Badin, directeur de la maison Goiffon, Perrin, Dunand & Ricot, « républicain sincère, convaincu, progressiste » : « Les idées que les véritables républicains d'aujourd'hui professent, les idées démocratiques et socialistes étaient celles de M. Badin. Il était socialiste avant que le mot socialisme ne fût entré dans le vocabulaire politique [59]. » Le mot était en effet inscrit dans l'actualité de l'époque. Il n'avait même que trop de chapelles où lui payer tribut : le Parti ouvrier français de Jules Guesde et Paul Lafargue, le Parti socialiste révolutionnaire d'Édouard Vaillant, le Parti ouvrier socialiste révolutionnaire de Jean Allemane, la Fédération des travailleurs socialistes de Paul Brousse, l'Alliance communiste révolutionnaire, et tous les socialistes indépendants, à commencer par Jean Jaurès, tribun de Carmaux, éditorialiste à *La Petite République*. Leurs idées s'exprimaient dans des cercles fermés et des associations ouvertes, des feuilles simples, des brochures modestes et des livres compliqués. Il existait à Lyon, et avait existé dans le passé, de telles sociétés et de telles publications, Société du progrès ou Société des droits de l'homme de jadis,

57. Mais il n'était pas forcément aimé de tous et recueillait, sur la liste municipale des élus de 1904, le plus faible nombre de voix.
58. Actuel cours Tolstoï.
59. *Le Journal de Villeurbanne*, 17 juin 1900.

L'Écho de la Fabrique ou *Le Nouveau Catéchisme républicain* « par un Prolétaire » [60]. Leurs idées remontaient à loin, elles se rattachaient, dans le fil du temps, aux épisodes de la Commune que les plus âgés avaient connue, à 1848, et aux deux insurrections lyonnaises des canuts de 1831-1834 dont le souvenir restait brûlant, aux traditions les plus avancées de la Révolution française transmises de génération en génération, et, avant encore, aux philosophes des Lumières que vénéraient l'école des humbles comme les hauts savants de l'Université. Ces idées, qui gagnaient en profondeur, se déclinaient en une large palette de rouges, du plus pâle au plus vif, depuis qu'en octobre 1876 un congrès ouvrier s'était réuni à Paris, qu'en janvier 1878 un deuxième s'était rassemblé à Lyon, et qu'en octobre 1879 un troisième s'était déroulé à Marseille, structurant un mouvement informe mais puissant. Le mot, les idées, furent portés notamment, quoique sur des registres différents, par le pharmacien Fays, les médecins Jules Grandclément et, plus tard encore, Lazare Goujon. Grandclément, homme massif, né dans le Jura, à Bouchoux, le 14 novembre 1868, entra en politique lors de l'affaire Dreyfus, vers 1896, et s'affichait comme partisan de Jean Jaurès. Il fut initié dans la franc-maçonnerie en décembre 1900 à la loge Bienfaisance et Amitié, comme Frédéric Fays l'avait été avant lui, en 1896, dans la loge Les Amis des Hommes, comme Émile Dunière le fut au Parfait Silence – les loges maçonniques portaient souvent de plaisants noms [61]. En 1883 fut installée la loge « Solidarité de Villeurbanne », dans l'obédience de la Grande Loge symbolique écossaise, se réclamant, sous le signe de l'équerre

60. Lyon, 1833.
61. André Combes, *Histoire de la franc-maçonnerie à Lyon des origines à nos jours*, Éditions des Traboules, Brignais, 2006, pp. 442, 397, 401.

et du compas, de la trilogie républicaine et du précepte positif « Bien Penser – Bien Dire – Bien Faire » [62]. Au nombre de ses membres figuraient l'industriel du cuir Antonin Perrin, le patron ferblantier Casimir Gossard, aussi bien qu'Hubert Dravet, propriétaire de l'Hôtel du Nord, place de la Mairie, ou le maître-plâtrier Louis Zénone, immigré italien des Maisons-Neuves. La loge, qui comptait une soixantaine de frères, combattait la peine de mort, dénonçait avec vigueur les « menées monarchiques, cléricales et césariennes », prônait la séparation des Églises et de l'État, réclamait l'abrogation de la loi Falloux favorisant l'enseignement confessionnel [63]. La Solidarité de Villeurbanne contribuait d'autre part au financement de l'École des sourds-muets et des aveugles que présidait Antonin Perrin – ce que ne manquait pas de faire également la loge Union et Liberté du cours Tolstoï qui apparaissait dans l'annuaire sous le titre de « Société philanthropique ». Ce n'était pas grand mérite car, parmi les donateurs de l'École des sourds-muets et aveugles, à l'excellente réputation, figurait tout ce que la ville comptait de notables convenablement nantis : de l'imprimeur Rodolphe Arnaud aux fabricants de chaussures Leplant et Camsat, du tanneur Goiffon aux médecins Goujon et Dolard, et jusqu'au plâtrier-peintre Zénone.

Le docteur Grandclément adhéra au socialisme, dit-on, « par sentimentalité et idéalisme [64] ». Conseiller municipal de Villeurbanne dès 1900, il prit sa carte au nouveau Parti socialiste qui, en 1905, unifia toutes les fractions et était connu

62. Éléments transmis par Michel Chomarat.
63. La loi Falloux fit couler beaucoup d'encre et de salive. À l'occasion du vote de cette loi, le 15 janvier 1850, Victor Hugo prononça à la tribune de l'Assemblée nationale un discours passionné en faveur de l'enseignement public.
64. Discours du docteur Georges Lévy à l'inauguration du buste du docteur Grandclément, octobre 1936 (AMV).

sous son sigle de SFIO (Section française de l'Internationale ouvrière). Jules Grandclément devint maire de la commune en 1908, succédant à Émile Dunière, et c'est lui qui d'une voix émue rendait hommage à son aîné, ami et patient, Frédéric Fays. Comme celle de Fays n'était rouge que pour ses adversaires, la pensée de Jules Grandclément était, à ses débuts, fort modérée. Il appartenait à la commission des Finances, parce qu'il était instruit, et à la commission scolaire, parce qu'il voulait instruire les autres. Il habitait place de la Mairie, au numéro 1, et pratiquait la médecine dans son cabinet « de 1 h à 3 h », ce qui lui laissait assez de temps pour s'occuper des affaires publiques. Grandclément était par ailleurs attaché au Bureau de bienfaisance. Il arrivait, sort de tout homme politique, qu'il fût injustement brocardé. C'est ainsi que *La Comédie politique*, publication lyonnaise, lui fit un mauvais procès en 1902 : « À notre époque, tout le monde se dit « socialiste ». L'étiquette est à la mode. Il serait à souhaiter qu'on abusât moins du mot et qu'on s'inquiétât plus de la chose. Il serait à souhaiter surtout que les « socialistes » missent leurs actes, politiques et privés, en conformité avec leurs déclarations et déclamations publiques. On va voir à l'œuvre un prétendu « socialiste » de Villeurbanne, qui, grâce à cette enseigne, a réussi à piper les suffrages des électeurs : le conseiller municipal Grandclément, docteur en médecine [65]. » Les idées de Jules Grandclément, conseiller municipal de 35 ans, n'allaient pas fracasser la société. Il proposait la création d'une école maternelle dans le quartier des Maisons-Neuves et d'un ouvroir aux Charpennes, où les jeunes filles, tous les jeudis, pourraient apprendre la couture. Il accordait des subventions à l'œuvre bénéfique des Enfants à la montagne

65. *La Comédie politique*, coupure de presse, 1902.

et réclamait, au nom de l'hygiène publique, la suppression des tueries particulières (environ deux cents à Villeurbanne) d'animaux d'élevage. Grandclément, devenu maire, veillait à ce que l'on ne se comportât point dans sa ville comme en un lieu rustique dépourvu de savoir-vivre et de tenue. « Madame, écrivait-il à l'une de ses administrées de la rue de la Bastille, une plainte m'est adressée au sujet des poules, lapins, pigeons, pintades que vous et votre locataire avez dans votre immeuble, lesquels font du bruit et gênent d'autres locataires [66]. » Grandclément avait le sens de la vie collective et des convenances. Il ordonnait aux particuliers d'enlever, sous peine de contravention, les immondices qui polluaient la vue et invitait une société de publicité à réparer ses kiosques délabrés qui « servent de buéno-rétiro » ou « à des actes que je ne puis exprimer dans la présente lettre » [67]. Grandclément réprimandait sans parti pris le chef de service qui secouait un de ses subalternes comme l'employé qui couvrait son supérieur de grossièretés. « J'estime qu'on ne doit employer aucune voie de fait, même serait-on insulté », considérait-il pour tous les problèmes de la vie courante [68]. Parfois, dans les grandes occasions, Jules Grandclément soumettait au vote de l'Assemblée communale des motions sur les sujets qui lui tenaient à cœur : « Le Conseil municipal de Villeurbanne, ennemi de tout dogme, partisan absolu de l'esprit laïque, répudiant toute idée religieuse et toute trace d'obscurantisme, envoie aux congressistes de la Libre Pensée, à Rome, l'expression de sa sympathie la plus vive » (adopté à l'unanimité) [69]. Il proférait ainsi quelques vœux politiques :

66. Lettre du maire de Villeurbanne, 28 avril 1909 (AMV).
67. Lettre du maire de Villeurbanne, 10 août 1910 (AMV).
68. Lettre du maire de Villeurbanne, 22 juillet 1909 (AMV).
69. Délibération du Conseil municipal, 11 août 1904.

son soutien à une « République véritablement laïque et sociale » et son dépit de voir Jaurès échouer à obtenir la charge de vice-président de la Chambre des députés en raison d'un « manque de discipline chez certains », et considérait que « dans la société capitaliste actuelle », la Mutualité était l'une des institutions « destinées à aider la prolétariat ». Lorsque l'on s'adressait à lui de loin, sur recommandation de « l'excellent ami Cachin », c'était pour « faciliter le placement des vins du Roussillon et de tout le midi dans votre région » [70].

De plus radicaux que lui s'étaient échinés à implanter le Parti ouvrier, « marxiste », devenu ensuite Parti ouvrier français, puis intégré à la SFIO. À l'été 1892, le noyau du parti de la Cité-Villeurbanne se réunissait cours Lafayette avec pour objet la « constitution définitive du groupe ». En septembre, rebaptisé « groupe l'Égalité », il donnait une « intéressante causerie » sur « l'évolution des peuples à travers les âges » et contre « la réaction opportuniste et cléricale ». Le même mois, alors que la grève des mineurs de Carmaux battait son plein pour le droit des ouvriers à élire librement leurs conseillers municipaux (la direction de la Compagnie des Mines ayant licencié les élus), Paul Lafargue, gendre de Karl Marx, vint salle Baraban, devant un nombreux public, stigmatiser au nom du parti « la férocité patronale et la complicité gouvernementale [71] ». Huit ans plus tard, en 1900, le Parti ouvrier « groupe de Villeurbanne-le-Haut et de Cusset » se réunissait au Café du Commerce du cours Lafayette

70. Lettre d'un citoyen des Pyrénées-Orientales à Jules Grandclément, 5 septembre 1911 (AMV). Le Midi viticole avait vécu une grande révolte en 1907 et avait la réputation d'être « rouge ». Marcel Cachin (1869-1958) était socialiste depuis 1891. Rallié à la politique d'Union sacrée pendant la Première Guerre mondiale, il effectua une mission pour le compte du gouvernement français afin de financer le journal interventionniste de Benito Mussolini en Italie. Après 1920, il devint cependant l'une des figures les plus populaires du Parti communiste français.
71. *Le Peuple*, 10 et 18 septembre 1892.

prolongé, tandis que le Comité républicain socialiste indépendant se voyait au Café Mazier, chemin Saint-Antoine, et que l'Union des travailleurs socialistes des Charpennes se retrouvait chez Boccon, rue Cité-Delassalle. Au jour anniversaire de la Commune de Paris, le 18 mars ou 28 ventôse An 108 – car les socialistes étaient encore attachés au calendrier républicain –, chacun organisait sa célébration. Le dimanche après-midi, le Parti ouvrier français déroulait ses festivités à la Maison du Peuple de la rue Magenta, n° 54, où existait « une coquette salle des fêtes » animée par une troupe de théâtre amateur. « La salle de spectacles de la Maison du Peuple était trop étroite pour contenir tous ceux qui étaient venus honorer la mémoire des héros du mouvement révolutionnaire de 1871. » Une conférence du « citoyen Rognon » éclaira les participants et, pour finir, le Petit Jules entonna *L'Internationale* du poète Eugène Pottier [72]. La foule heureuse reprit en chœur le refrain populaire : « *C'est la lutte finale, etc.* » – « Bonne journée pour la révolution » concluait le chroniqueur [73]. Mais la révolution devait attendre encore longtemps, même si de tous côtés bouillonnaient les initiatives. À l'orée du vingtième siècle, la « Jeune Garde socialiste du POF » voyait le jour à l'issue d'une conférence antimilitariste à la Maison du Peuple de la rue Magenta où se réunissaient également les syndicats, car l'action politique et la défense syndicale se nouaient alors en un unique foyer d'utopie libératrice. Tandis qu'un mouvement coopératif tentait, par l'exemple, de pallier les difficultés du quotidien (la Cuisine alimentaire des ouvriers corroyeurs, rue Persoz, vers 1877, la Boulangerie ménagère, rue des Maisons-Neuves,

72. Le Petit Jules : surnom, au début du siècle, de Jules-Marius Douchez, dit Julsam, auteur-compositeur enregistré à la Sacem en 1913, mort en 1963.
73. *Le Peuple*, 22 mars 1900.

en 1884, l'épicerie La Solidarité, rue Magenta, animée par le socialiste Buyat, la Vingtaine économique, devenue l'Union économique, ou encore l'Union des Travailleurs des Charpennes, fondée en 1900, et la Nouvelle Association ouvrière du chemin Sautin aux cent treize membres actifs [74]), la Chambre syndicale des tullistes et l'Union des travailleurs de la teinture recueillaient des adhésions dans les usines des Charpennes et des Maisons-Neuves. Les ouvriers du tissage mécanique organisaient une fête annuelle avec tombola, afin de récolter des fonds : concerts pour le délassement, conférence d'un élu du Parti ouvrier pour le sérieux, et en clôture une comédie-vaudeville en un acte : *L'homme n'est pas parfait* [75].

74. Jean Gaumont, *Le Mouvement ouvrier d'association et de coopération à Lyon*, Lyon, L'Avenir régional, 1921, p. 133, Fonds Louis-Maynard de la Bibliothèque municipale de Villeurbanne.
75. *Le Peuple*, 17 février 1901.

DOGNIN & Co

[Chapitre 5]

D'AILLEURS ET D'ICI

Dans les vingt-cinq années qui séparent l'après Second Empire du vingtième siècle, la population de Villeurbanne se trouva multipliée par quatre. La commune atteignit 28 000 habitants au tournant du siècle. D'un recensement à l'autre, le gain de peuplement qui s'appréciait en centaines du temps de Napoléon III se chiffrait maintenant par milliers. La ville s'accroissait de mille cinq cents, puis deux, trois, cinq, sept mille habitants par période de cinq années. L'industrie modifiait tout : les équilibres économiques, géographiques et humains. Des trois sections, la plus ancienne, Cusset, où se trouvaient l'église paroissiale de Saint-Julien et le vieux cimetière, fut reléguée au dernier rang par importance. En 1876, le quartier de Cusset comptait moins de cinq cents habitants tandis que les Maisons-Neuves et les Charpennes en totalisaient près de quatre mille pour l'un et trois mille pour l'autre. Environ neuf habitants sur dix demeuraient ainsi dans les nouveaux quartiers acquis aux fabriques. Au début des années 1890, le textile et ses annexes apparaissait nettement comme premier pourvoyeur d'emplois, suivi du cuir et du métal. Des statistiques collationnées alors, pour autant qu'elles soient exactes [76], estimaient à un millier, dont 40 % de femmes, le nombre de salariés occupés dans le textile par une trentaine d'entrepreneurs, salariés auxquels il convenait d'ajouter environ trois cents autres, pour la plupart des femmes, dispersés dans de nombreux ateliers relevant de l'industrie « de l'habillement et de la toilette ». Venaient ensuite, par ordre décroissant d'importance, le traitement du cuir et la fabrication d'objets en métal. On trouvait à Villeurbanne un peuple affairé de ferblantiers, de bronziers, de corroyeurs, de mégissiers, de caoutchoutiers, de teinturiers, de tullistes, de tisseuses, de dévideuses, d'ovalistes. Ces ouvrières, ces ouvriers, étaient rarement natifs du lieu. Ils venaient des contrées alentour, communes du Rhône, de l'Isère, de la Drôme, de l'Ardèche. D'aucuns voyaient dans ces migrations la cause d'un retard de la conscience sociale. De cette manière, le quotidien socialiste *Le Peuple* expliquait l'absence de syndicat dans les usines Gillet. « C'est bien simple, la moyenne partie du personnel est étrangère à la localité, on les recherche de préférence en Savoie ou au département de l'Ardèche. Ces régions sont malheureusement assujetties au cléricalisme, et MM. Gillet sont, on le sait, de fervents catholiques, ce doit être au double titre de millionnaires et de catholiques qu'ils pratiquent les pires abus [77]. » Cette diatribe valut au journal les protestations outrées des ouvriers ardéchois du syndicat. D'autres, cependant, avaient parcouru des distances bien plus grandes et certains, même, arrivaient de très loin.

En 1872 résidaient officiellement à Villeurbanne 181 étrangers – soit une proportion de 2,7 %. Il y avait parmi eux des

76. Il arrivait assez souvent que l'employé se trompât dans ses additions.
77. *Le Peuple*, 15 mars 1900.

Prussiens, catégorie que la guerre gagnée par Bismarck et la perte de l'Alsace-Lorraine avaient rendue vague et mal appréciée (le recensement dénombrait aussi des Allemands et des Autrichiens). Il y avait des Polonais, quelques Anglais, des Suisses en nombre plus significatif, et surtout, déjà, des Italiens qui accomplissaient des travaux du bâtiment. Leurs prénoms étaient francisés dans les actes officiels et c'est ainsi que Louis (Luigi) Zénone, maître-plâtrier de 29 ans, demeurant place des Maisons-Neuves, venait de la province de Novare, dans le Piémont, comme l'apprenti de 13 ans qu'il avait avec lui, Marco Botto. Laurent (Lorenzo) Donna, ouvrier plâtrier de 30 ans, arrivait aussi de la province de Novare. Joseph (Giuseppe) Parini, vitrier, était originaire du Tessin, c'est-à-dire que, tout en parlant italien, il avait la nationalité suisse, de même que cet autre vitrier, Charles (Carlo) Dellamonica. Joséphine Barbet, Suissesse de 44 ans, demeurait à l'usine Bonnamour en qualité d'ovaliste. Ladislas Dambski, né à Varsovie, était ouvrier tanneur, comme son compatriote Grégoire Jankowski, qui travaillait chez Koch et avait séjourné dans la Drôme avant de se poser à Villeurbanne. L'Allemand Charles Buff, âgé de 74 ans, exerçait encore le métier d'ouvrier parfumeur à l'usine Moreau de la rue Magenta. Les immigrés n'étaient pas tous ouvriers. Les quelques Britanniques qui se trouvaient là occupaient des situations souvent confortables : George Balaam fabriquait du crêpe anglais avec son fils Grande Rue des Charpennes ; Thomas Williams, veuf, demeurant seul avec sa fille, était ingénieur mécanicien dans l'ancienne firme Hawke, Martin & Cie, Compagnie anglaise de mèches de sûreté à mines et cartouches pour mineurs désormais gérée par William Nash. Quant à William Nash lui-même, il habitait route de Vaulx, dans l'usine située au nord du terrain des Sœurs de Saint-François-d'Assise, non loin de la digue insubmersible, séparé seulement de la poudrière par son jardin et de la chaudière à goudron par la cour. Tout comme les Italiens transportaient avec eux un savoir-faire, ces Anglais amenaient avec eux une tradition professionnelle. William Nash était originaire du comté de Cornwall, la Cornouailles, pays minier à l'extrême pointe occidentale de l'Angleterre. Il était, semble-t-il, né à Truro, bourg ancien où se fondait le métal, et, jeune homme, en 1851, habitait la ville de St Austell chez une logeuse d'Old Bridge pour exercer la profession de *clerk of iron mine*, employé d'une mine de fer. Il épousa Mary Genn, la jeune fille de Joseph Morcom, propriétaire de mines de fer vivant sur Sedgmoor Terrace. Et c'était ainsi qu'il s'était retrouvé directeur de la Compagnie anglaise de mèches de sûreté à mines de Villeurbanne pendant plus de vingt-cinq ans. L'usine cessa officiellement de produire ses mèches de mineurs le mardi 19 mai 1896 [78]. Mais William Nash, quoique patron, eut bien du malheur. Mary Genn Morcom, son épouse, s'était éteinte à l'âge de 46 ans, en novembre 1879, après avoir donné le jour à treize enfants dont neuf moururent à Villeurbanne pour la plupart en très bas âge et à raison d'un par an. Le taux de mortalité périnatale était très élevé et le nombre des enfants mort-nés dans la commune était de vingt-trois par an à la fin du dix-neuvième siècle.

Ce qui était vrai des ouvriers était vrai des patrons, presque tous étaient des importés, presque tous étaient des migrants, certains amenant leur savoir-faire régional, comme ces fabricants de tuiles établis très tôt vers Cusset : Michel Murat, dont la femme et les cinq ouvriers venaient, comme lui, de la Creuse, Jean Dejoux et ses six employés, tous creusois, et les

78. Lettre de William Nash au préfet du Rhône, 23 mai 1896 (AMV).

sept ouvriers de la tuilerie Dumas, de 16 à 50 ans, creusois également. Étienne Rambaud, fabricant de produits chimiques, était originaire des Hautes-Alpes, et Louis Laurent, son concurrent, des Bouches-du-Rhône ; François Piot, fabricant de vernis aux Charpennes, arrivait de l'Isère tandis que son confrère Victor de Beausobre venait de Suisse. Louis Drevet, le fabricant de chapeaux de paille, était de Savoie, François-Frédéric Désir, des ornements d'église, de Saône-et-Loire, et le soyeux Gabriel Bergier, de l'Ain, tout comme les tanneurs de la famille Goiffon, tandis qu'Antonin Perrin, spécialiste en peaux de chèvres, était né à Cessieu, dans l'Isère. C'était le lot commun que de venir d'ailleurs puisqu'à Villeurbanne l'industrie ne s'est pas faite toute seule. La cité en développement mobilisait, autour de ses atouts géographiques, des compétences et des capitaux cristallisés en d'autres endroits. À l'été 1898, Jean-Louis Villard, qui demeurait rue des Capucins à Lyon, établissait à Villeurbanne, au lieu dit des Poulettes, une usine de filature de schappe, c'est-à-dire de peignage et filature des bourres et déchets de soie, avec quatre associés, tous lyonnais et exerçant dans la banque ou le commerce. Des actions furent émises et l'industriel Auguste Lumière, co-inventeur du cinéma, souscrivit pour 10 000 francs. Villard mettait au pot commun l'usine qu'il possédait déjà à Artemare, dans le Bugey, et par laquelle il avait fait ses classes. Nombreuses étaient les entreprises dont la situation villeurbannaise n'était pas de pure création mais provenait d'un transfert lié aux mutations techniques du moment ou aux nécessités internes de la croissance. Nombreux étaient les entrepreneurs qui avaient commencé leur activité dans un environnement différent. Gillet, bien sûr, est de tous le plus éloquent, qui installa son établissement du chemin Sautin comme extension naturelle d'un domaine déjà grand. Mais c'était le cas également d'Étienne Marnas, inventeur de la *pourpre française* chérie de l'impératrice Eugénie, qui s'expatria un temps en Suisse, à Bâle, afin de faire fructifier ses connaissances, et revint fonder avec son associé Bonnet une usine de teinture aux Charpennes. Le teinturerie Pétrus Pierron & Bouchard (ancienne maison Pierron, Bouchard & Mouchon, future usine Pierron & Christophe, puis Pierron, Mercier & Fessy), rue Bonneterre, avait auparavant son atelier à Lyon, de même que l'imprimerie Ramboz. Avant que ne finisse le dix-neuvième siècle, Auguste Ramboz, deuxième d'une dynastie d'imprimeurs, construisit une usine moderne en place de l'atelier fondé par son père et son oncle quai Pierre-Scize, à Lyon, qui trouvait déjà son origine dans un plus petit encore, rue Sainte-Catherine-des-Terreaux. Le papier à en-tête très chargé de la firme, comme il se doit pour un imprimeur fier de ses caractères et de ses couleurs, indiquait dans un entrelacs de gravures et de graphies rococo : « Capital de 500.000 Francs – Siège social Villeurbanne, 17, chemin de la Rize – Maison fondée en 1836 – Usine bâtie en 1892 – Magasin 19, rue de la République à Lyon – D. Ramboz Fils aîné directeur-administrateur. » Les larges placards publicitaires que l'imprimeur confiait au *Journal de Villeurbanne* ne lésinaient pas sur ses mérites : « GRANDS ÉTABLISSEMENTS DE GRAVURE, LITHOGRAPHIE & TYPOGRAPHIE… La seule Maison qui, par son puissant outillage perfectionné, livre des IMPRESSIONS COMMERCIALES très soignées, à prix réduits. VUES D'USINES & MARQUES GRATIS... LETTRES DE DÉCÈS – Contrairement à ce que l'on croit généralement à Villeurbanne, LES HABITANTS de la commune sont libres de faire imprimer LEURS LETTRES DE DÉCÈS où ils veulent. L'IMPRIMERIE RAMBOZ livre les Lettres instantanément sur beaux papiers, jolis caractères ET PRIX RÉDUITS. »

Sur du papier à lettres spécialement imprimé, les industriels déclinaient leurs réalisations et leurs mérites de façon plus ou moins expansive, selon leur tempérament. Évidemment, les imprimeurs en faisaient beaucoup : c'était leur métier. Le lettrage et les couleurs des établissements lithographiques B. Arnaud occupaient plus de la moitié de la feuille : vues gravées du siège social de la place Saint-Nizier à Lyon (l'immeuble existe toujours) et de la succursale de Paris, rue Turbigo, médailles reçues aux expositions universelles de Lyon, Angers, Bordeaux ou Barcelone. Certains entrepreneurs offraient des graphismes plus modern' style, comme les tissages mécaniques G. Bergier, « Usines de la Joncière – Soieries & Nouveautés – Téléphone », chemin Saint-Antoine. D'autres représentaient leur usine en forme idéale, plus vaste et nette que nature : ainsi la tannerie Goiffon, Perrin & Cie aux deux cents fenêtres et aux cheminées fumantes : « Manufacture de Veaux Blancs & Cirés – Couleurs & Fantaisies – Chèvres & Chevreaux – Spécialité de Tannage au Chrome » ; ainsi la Manufacture française de chaussures modernes Gustave Leplant & Ed. Crès aux toits vitrés en shed, à la façade soulignée d'une horloge et aux jardins impeccablement taillés. Mais il en était qui préféraient la simplicité et la sécheresse de l'énumération. P. Lacourbat, sur un papier aux allures de faire-part, se bornait à exciper de sa qualité de lustreur en pelleterie. Eugène Martin & Cie – Manufacture de tôlerie – Fabrique spéciale de coudes cintrés unis – Usine à vapeur – 108, cours Lafayette prolongé, faisait le catalogue de ses productions en haut à gauche : tuyaux en tôle, cheminées et réservoirs, fumifuges aspirateurs brevetés SGDG, girouettes gueules de loup, sceaux et pelles à charbon, etc. P. Lacollonge se contentait d'indiquer ses principales spécialités : Fabrique lyonnaise de caoutchouc – Applications spéciales du caoutchouc durci (procédés brevetés) – Fabrique de courroies en cuir – Usine : Cité Lafayette. C'était aussi le choix d'Henry Pervilhac : Polissage mécanique – Finissage des Étoffes Soieries – Brevets en France et à l'Étranger – 15, chemin de la Doua (angle de la route de Vaulx). Déjà, tous possé-daient le téléphone et leurs numéros comportaient trois ou quatre chiffres.

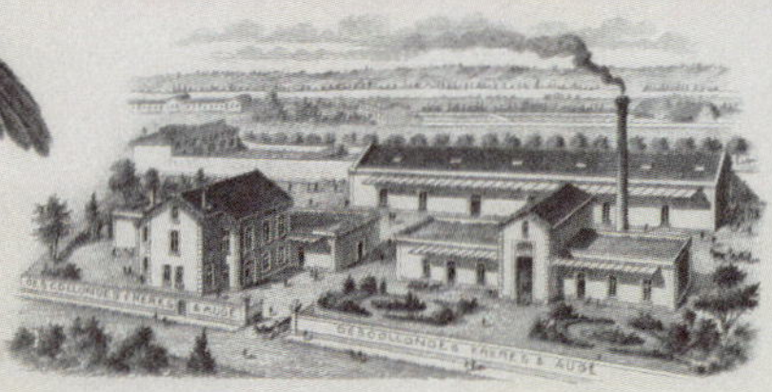

DESCOLLONGES FRÈRES & AUGÉ

TÉLÉPHONE 33.75

MATIÈRES PREMIÈRES POUR PARFUMERIE & SAVONNERIE

MARQUE DÉPOSÉE

Télégrammes: DESCOLLAUGÉ_LYON
A.B.C. CODE USED 5th ED.

LYON-VILLEURBANNE, le 8 Aout 1912
Place de Croix-Luizet

DESCOLLONGES FRÈRES

MAIRIE de
9 AOUT 1912
VILLEURBANNE (Rhône)

Monsieur le Maire

VILLEURBANNE

Monsieur le Maire

Nous avons l'avantage de vous informer que nous agrandissons notre Usine par la construction de deux corps de batiments contigus aux deux batiments existants déjà au Nord et au Levant. Les travaux sont en cours d'exécution
Nous demandons en conséquence l'exemption temporaire de l'Impot foncier. sur propriété bâtie
Espérant que vous voudrez réserver bon acceuil à notre demande, nous vous présentons, Monsieur le Maire l'assurance de notre considération très distinguée.

Descollonges fr

Art 1271 Case 0 Folio 1720

355. VILLEURBANNE. – Sortie des Usines Gillet.

[Chapitre 6]

DISTRACTIONS

L'espace autrefois écartelé s'emplissait, à la fois semblable et mouvant. Les quartiers de la Cité et des Charpennes, jouxtant Lyon, formaient désormais un ensemble homogène de rues perpendiculaires greffées sur les voies anciennes conduisant en éventail vers l'est : le vénérable chemin de Saint-Antoine, *vetus iter sancti Antonii*, comme disent ceux qui croient que tout livre savant doit comporter un peu de latin [79], le cours Lafayette prolongé, le petit chemin de la Viabert [80], la route de Vaulx et le cours Vitton prolongé [81]. Il y avait dans le mot *prolongé* une notion d'annexe à Lyon et Lyon tenta bien sûr d'en profiter. Le plan de 1891 laisse apparaître, aux Charpennes, en deçà de l'Hippodrome et du Grand-Camp, le damier bien tracé de la Cité Tête-d'Or, propriété des Hospices civils de Lyon, et le nom de ses rues issu des conquêtes coloniales d'Afrique – rue du Niger – et surtout d'Extrême-Orient : rue du Tonkin (conquis par les troupes de Jules Ferry en 1883-1885), rue Son-Tay (citadelle

79. Actuelle rue du Quatre-Août.
80. Actuelle rue Anatole-France.
81. Actuel cours Émile-Zola.

enlevée par l'amiral Courbet en 1883) et le beau quadrilatère de la place Commandant-Rivière (honoré en raison de sa participation aux combats d'Hanoi, car les Vietnamiens se défendaient si bien que le commandant Rivière fut occis [82]). Lyon, fixant sa limite à la voie ferrée Lyon-Genève, s'annexa en décembre 1894 une large superficie du parc de la Tête-d'Or. Villeurbanne devait recevoir en échange une indemnité de 25 000 francs et la promesse de terminer et empierrer le boulevard des Omnibus [83] afin d'y faire passer la cavalerie qui se rendait de la Part-Dieu au Grand-Camp pour l'inconfort des riverains.

À la Doua campèrent successivement le 2e régiment de lanciers et le 14e régiment d'artillerie. Et puis il y avait les cuirassiers sur leurs montures. « Il faut, comme nous, souffrir sans trêve des allées et venues de la cavalerie pour en connaître tous les embarras et les ennuis », se plaignaient les habitants des Charpennes : le martèlement des sabots ferrés, à l'aller, au retour, la chaussée défoncée, la poussière, le crottin. « Ces inconvénients déprécient nos immeubles d'une façon très sensible, gênent le commerce et arrêtent le développement du quartier [84]. » La réputation du camp et de ses alentours demeurait détestable. La ville portait en elle ses traditions et ses légendes. Dans les derniers mois du dix-neuvième siècle un hebdomadaire éphémère affichant de hautes ambitions, *L'Écho de Villeurbanne*, « organe de tous les travailleurs », « tribune où tous les déshérités pourront faire entendre leur voix », « seul organe indépendant de la 9e circonscription du Rhône », entreprit pour accroître sa

82. Il avait auparavant participé aux campagnes du Mexique contre Benito Juárez et de Nouvelle-Calédonie contre les insurgés canaques, face auxquels il eut, selon ses supérieurs, une attitude « énergique et modérée ».
83. Actuel boulevard de Stalingrad (auparavant boulevard Pommerol).
84. Pétition du 21 mai 1884 (AMV).

clientèle de publier un « grand feuilleton local ». « Un roman émouvant dû à la plume d'un écrivain lyonnais sera sûrement fort goûté de nos lecteurs », pensait à tort la rédaction. Le titre était incontestablement alléchant : « La Terreur des Charpennes » – premier épisode : « Le crime du Grand-Camp [85]. » Mais personne ne connaîtra jamais la fin de l'histoire, parce que le journal ne vécut pas assez longtemps pour la raconter. Toujours est-il que le personnage principal, qui avait donné son titre au feuilleton, était un bandit surnommé La Terreur des Charpennes « parce qu'il affectionnait particulièrement ce quartier désert et qui offrait toute facilité pour déjouer les recherches de la police après un coup de main hardi ou un vol fructueux ». Le récit débutait le 1er janvier 1830, au moment où un aristocrate trop bien mis « traversait les marais qui occupent le terrain où depuis ont été bâties les Charpennes » : il ne reviendra jamais de cette expédition, poignardé au cœur par un aubergiste assassin et voleur. Les mauvaises langues aiment à dire qu'il n'y a pas de fumée sans feu. Il est vrai que, le 26 février 1840, le Conseil municipal de Villeurbanne avait approuvé une délibération réclamant que la cité cesse d'être « le refuge d'une grande quantité d'individus sortant des maisons de correction ou du bagne ». Ceux qui échappaient ainsi à la police entretenaient toutes sortes de relations délictueuses et criminelles « avec d'anciens complices qu'ils peuvent avoir à Lyon [86] ». L'affaire des *endormeurs* défraya la chronique quelques années plus tard : « Virling, Duret et la fille Garos endormaient leurs victimes pour les voler, ainsi l'épicier Bonnerue à Villeurbanne. La femme Ayé, sa compagne, qui n'avait pas bu, a été étranglée. » Le principal coupable finit

85. *L'Écho de Villeurbanne*, n° 1, 23 avril 1899, et suivants.
86. Délibération du Conseil municipal, 26 février 1840.

sur l'échafaud en 1853. Encore à la fin du siècle, et après plusieurs décennies d'action policière, « un groupe de Villeurbannais » se plaignait amèrement de la « bande de voyous dont on ne connaît ni l'adresse, ni le nom, et encore moins le travail qui leur donne le pain pour vivre et les boissons pour s'abrutir. De toute la journée, vous n'en verrez aucun, mais à la tombée de la nuit, ils sortent par groupes et s'en vont à la maraude, et bien souvent, viennent jusque sur la place de la Mairie narguer les ouvriers qui prennent un moment de repos sous les platanes [87]. » Et de signaler l'agression dont fut victime, de la part de « ces escarpes », un ouvrier rentrant de sa partie de billard. Malgré cette réputation fâcheuse, Villeurbanne gardait cependant dans son patrimoine quelques jolis noms de rues et de chemins témoignant d'un quotidien plus sympathique : rue des Belles-Femmes, boulevard des Amoureux, rue de La-Poule-qui-Couve, Château-des-Grenouilles, et le « Territoire de Saint-Jean » ou les Grandes-Terres.

L'hippodrome du Grand-Camp fut inauguré officiellement le 9 juin 1867, du temps de Napoléon III, et c'est Ruy-Blas qui emporta le trophée du premier Grand Prix, dix mille francs de l'époque, sous les coups de cravache du jockey Watkins. Les Lyonnais disposaient auparavant de l'hippodrome de Sainte-Blandine à Perrache, peu présent dans les mémoires. À la tribune du Grand-Camp défila tout ce que l'agglomération comportait de hauts-de-forme, de melons, de képis galonnés et de vastes chapeaux à plumes, surmontant des cols en dentelle et des robes à faux culs. Longtemps, également, le parc de Bonneterre accueillit des courses de chevaux, de « riches toilettes et de riches équipages »,

87. *Le Journal de Villeurbanne*, 29 août 1897.

paraît-il, pour le Prix des Charpennes, où le jockey de Pétarade fit une chute sans gravité, pour le Prix de Meyzieu, ou le Prix de consolation qui vit Biscotte terminer seconde. C'est sur ce champ, d'un malencontreux accident, que périt en février 1888 le baron de Rochetaillée « sportsman bien connu ». Route de Genas, se déroulaient dans la joie des courses d'ânes ouvertes par la musique militaire du 52e de ligne et placées sous la présidence d'honneur du préfet du Rhône. Chaque épreuve recevait le nom d'un quartier de la ville : Prix des Charpennes (ânes attelés hauts de moins de 1 m 05), Prix de Cusset (ânes attelés hauts de plus de 1 m 05), Prix des Maisons-Neuves (ânes montés, moins de 1 m 05), Prix de la Cité-Tête-d'Or (montés, plus de 1 m 05), et deux courses de handicap : Prix de la Cité-Lafayette et Prix des Brosses avec obstacles. Elles étaient aussi réussies que celles de l'« asinodrome » de Charbonnières : « Aux courses plates viennent s'ajouter les courses de haies qui, chacun le sait, sont toujours d'une gaîté folle [88]. » Il arrivait donc à Villeurbanne de s'amuser. Les Villeurbannais fêtaient le 14 Juillet et la République après avoir célébré les rois et Napoléon quand il le fallait. Sous la dernière royauté, en effet, un bonapartiste notoire et fortuné demeurant à Lyon put acheter le rond-point de la place de la Cité pour y dresser une statue en pied de Napoléon Ier, copiée sur celle qui couronnait la colonne Vendôme de Paris. Les édiles n'étaient pas trop troublés par cette demande, « l'érection de ce Monument ne présentant rien de politique puisque celui qui en est l'objet [89] n'appartient plus qu'à l'Histoire », et ils agréaient la demande pour la raison que la statue ne leur coûtait rien et serait « un moyen

88. *La Banlieue de Lyon*, n° 5, 21 mai 1899.
89. Par prudence il n'était pas nommé !

d'embellissement pour ce quartier naissant [90] ». Les fonds étant limités et l'artiste de maigre renommée, la statue était en fer bronzé et, semble-t-il, peu avenante. Pour le jour de l'inauguration, un certain Joseph Seppe composa spécialement une chanson en l'honneur du *grand Napoléon*. La statue fut déboulonnée lorsque survint la chute du Second Empire, en 1870, et vendue pour 100 francs à un ferrailleur. C'est à cette statue, probablement, que la Cité édifiée en ce lieu devait son nom de « Cité-Napoléon », ainsi qu'il appert du plan de Villeurbanne daté du 18 octobre 1862, de même que le « chemin du cours Napoléon », perpendiculaire au cours Lafayette, qui débouchait sur le rond-point. Ce n'était donc pas, comme on aurait pu le penser, en référence au neveu qui régnait alors sous le nom de Napoléon III, mais à l'oncle, vaincu de Waterloo, que ce nom apparut. Après que Napoléon III, battu par les Prussiens à Sedan, eut laissé la place au régime républicain, la Cité-Napoléon devint Cité-Lafayette, ou tout simplement « la Cité », et le cours Napoléon, cours de la République, nom qu'il porte toujours présentement. Car Villeurbanne se convertit alors. À l'occasion du premier centenaire de la Révolution, en 1889, la Municipalité suivit les prescriptions du gouvernement et organisa des réjouissances, non pas le 14 Juillet, journée insurrectionnelle de la prise de la Bastille, mais le 5 mai, anniversaire de l'ouverture des États généraux qui ont posé « les bases de toutes les réformes d'où est sortie notre régénération politique et sociale ». La pâtisserie-confiserie de la place des Maisons-Neuves, spécialités de quenelles truffées, de pâtés froids, de bonbons, papillotes et liqueurs, proposa ses brioches pour ceux qui n'avaient pas de pain. Depuis la

90. Délibération du Conseil municipal, 20 mai 1839.

place de la Mairie, le matin, après un vin d'honneur servi à neuf heures (les cafetiers de la place fournirent 393 bouteilles de vin ordinaire rouge et blanc), les sociétés et associations diverses, partagées en trois groupes, défilèrent dans trois directions : le premier vers Cusset puis les Maisons-Neuves avec les Sapeurs-Pompiers et la Fanfare, le deuxième vers la place de la Cité et la rue des Charmettes avec les Touristes lyonnais, le troisième en direction des Charpennes et de la place de la Bascule avec la Jeune France (« société d'éducation militaire »), les Enfants du Rhône (« Fanfare des Charpennes ») et la fanfare de l'institution Latruffe. Le soir, un grand feu d'artifice fut tiré sur la place de la Mairie : « N'oublions pas que la République est la consécration définitive de l'œuvre entreprise par nos ancêtres et qu'en dehors d'Elle toutes les conquêtes pacifiques de la Révolution pourraient être remises en question », soulignait le maire, nommé Barnoud [91]. La maison Oudot-Arban, qui avait ses ateliers à la Cité-Tête-d'Or, rue du Tonkin, où elle fabriquait des feux de Bengale pour théâtres et des flammes asphyxiantes pour la destruction des renards, fournit des marrons d'air à double détonation, un soleil rose-italienne, un soleil-hélice rouge, une fontaine tournante à détonation et, pour le quatrième coup de feu, l'inoubliable Caprice des Dames. En 1892, pour le centenaire de la République, « aurore d'une ère nouvelle de Liberté, d'Égalité et de Fraternité », la fête eut lieu le 22 septembre sous l'autorité de Frédéric Fays et la foule assista à un concert, des exercices de gymnastique, un lâcher de pigeons par la société colombophile Le Messager et au départ du ballon *La Convention.*

91. Programme des fêtes du Centenaire de 1789 (AMV).

Pour les rituels du 14 Juillet, fête nationale depuis 1880, illuminations et feux d'artifice de la place de la Mairie, retraite aux flambeaux des Charpennes, défilé des fanfares et des sociétés sportives en costume, les Touristes, la Jeune France ou l'Épée de Roland, et, enfin, des bals, suffisaient au bonheur d'un soir. En août, le premier dimanche après la Saint-Augustin, il y avait la vogue, des illuminations, encore, et des bals, toujours, parce que le saint patron des chiffonniers était aussi, assurait-on, patron de la commune. « Il a toujours été d'usage, pour les Villeurbannais, depuis des siècles » d'organiser la vogue à cette date [92]. Il y avait mieux, toutefois, que le 14 Juillet et la vogue de la Saint-Augustin : il y avait le cirque Barnum. Celui-ci vint s'établir à Villeurbanne pour douze jours sur le terrain de Bonneterre, le 30 mars 1902 : « Le meilleur, le plus vaste et le plus grandiose ÉTABLISSEMENT DE RÉCRÉATION DU MONDE, depuis cinquante ans la gloire et l'orgueil de l'Amérique. » *Greatest Show in the World.* Ses attractions formidables déplaçaient les foules : Dame-à-barbe, Homme-chien, Homme-télescope, Albinos, Nains, Pygmées, Tatoués, Fille-aux-cheveux-moussus, Homme-mastodonte, trois troupeaux d'éléphants savants, tigres et lions « vifs, alertes et de belles robes », équilibristes japonais, cent *gymnasiarques* et acrobates... Le cirque Barnum eut davantage de succès que la revue militaire du Grand-Camp patronnée au même moment par le général Grasset : bataillon de zouaves, charge de dragons et cuirassiers face aux spectateurs, trompettes, clairons et tambours jouant *Sambre et Meuse.* Barnum fit autrement jaser que le crime tout frais *de la Croix-Luizet*, à proximité de « la manufacture de soierie de M. Villard » : l'assassinat

92. *Le Journal de Villeurbanne*, 29 août 1897.

de treize coups de couteau d'un charron sur un sentier « fort peu fréquenté, si ce n'est aux heures de sortie de l'usine Villard. Et encore, à la nuit tombée, les ouvriers redoutent-ils de le traverser. » Car la venue du cirque Barnum fut, en plus des numéros sur la piste, l'occasion d'un conflit majeur avec la métropole voisine. Le maire de Lyon Victor Augagneur qui, bientôt, à ses fonctions électives préféra le poste de gouverneur général de Madagascar, se chagrina de voir son illustre ville privée des ressources fiscales qu'amenait un si beau spectacle. Augagneur, lorsqu'on le contrariait, avait la menace facile : « Puisque Villeurbanne nous fait une concurrence déloyale, nous verrons à agir contre elle », s'emporta-t-il au Conseil municipal. Quoique médecin et chirurgien, le maire de Lyon n'était pas connu pour sa distinction : « Il tient, disaient ses critiques, du boucher de barrière avec des allures de toucheur de bœuf », et on le vit, plus tard, fréquenter l'hippodrome des Manguiers à Tananarive coiffé du casque colonial. Villeurbanne, cependant, s'offusqua des remarques blessantes venant de la grande cité : « Nous serions des parasites qui vivons à ses dépens. » « Si Barnum est venu à Villeurbanne, c'est de son plein gré, remarquait un adjoint. Je ne terminerai pas sans protester énergiquement contre les accusations de M. le Maire de Lyon. Nous ne sommes "pendus aux flancs de personne", pas plus à ceux de la ville de Lyon qu'à ceux de n'importe qui. Nous vivons de notre propre vie, de notre propre autonomie, comme nous l'entendons et sans rien demander à personne [93]. » Ce n'était pas d'une exactitude absolue puisque l'industrie devait beaucoup à la métropole. Mais il était juste et vrai de faire remarquer que, « en cette

93. Délibération du Conseil municipal, 18 avril 1902.

circonstance », le premier magistrat lyonnais n'avait guère montré de « magnanimité et de sentiments généreux envers sa faible voisine » et qu'il avait « trop facilement oublié la fable du Lion et du Rat », car La Fontaine avait le dernier mot :

Il faut, autant qu'on peut, obliger tout le monde :
On a souvent besoin d'un plus petit que soi.

Ésope avant lui, déjà du temps des Grecs, en avait fait l'incontournable constat.

Bien que cela parût difficile et même presque impossible, il y eut mieux encore que le Barnum à voir à Villeurbanne. Il y eut Buffalo Bill, le seul, le grand, le vrai Buffalo Bill en chair et en os, accompagné de ses innombrables cavaliers. Légende de l'Ouest américain, habile mythomane et excellent homme d'affaires, William Frederick Cody (1846-1917) avait commencé sa carrière comme chercheur d'or et la terminait en montreur de cirque international. Il avait acquis dans sa jeunesse une célébrité discutable en massacrant, disait-on, quatre mille bisons (d'où son surnom) et prétendait également avoir scalpé de ses mains un chef cheyenne pour venger Custer. Sa silhouette demeure bien connue : longs cheveux tombant en flots sur une veste frangée, barbiche, large chapeau et carabine Winchester à répétition. Buffalo Bill donna son spectacle à Villeurbanne durant l'été 1905, pour une dizaine de jours, dans le parc de Bonneterre. Trois trains spéciaux débarquèrent à la Part-Dieu cinq cents chevaux et huit cents hommes. Autour d'une arène ouverte, de vastes tentes s'élevèrent où afflua le public : « une foule énorme », entre huit et dix mille spectateurs à chaque représentation à raison de deux par jour, matinée et soirée, éclairage électrique la nuit, places assises de seconde série à 1 F 60, places réservées à 4 F 25, loges à 8 F 50, demi-tarif pour les enfants. La Compagnie des omnibus et tramways de

Lyon doubla son service entre les Cordeliers et Villeurbanne, et augmenta notablement le trafic de la ligne Bellecour-Bon-Coin. La presse enthousiaste relevait l'excellence de la prestation : « La direction de Buffalo Bill a fait planter des arbustes, des buissons et des fleurs tout autour des centaines de tentes de l'établissement, et Bonneterre s'est transformé en un petit parc du plus plaisant et agréable coup d'œil [94]. » Le cirque américain ne lésinait pas sur la réclame. « Jamais cette exhibition, ou toute autre similaire, ne reviendra visiter Lyon, parce que le colonel Cody, le dernier des grands éclaireurs et pionniers, va se retirer de la vie publique lorsqu'il aura terminé cette tournée en Europe [95]. » De larges publicités s'étalaient dans les quotidiens annonçant des attractions séduisantes : « 100 Indiens de l'Amérique du Nord – Scènes typiques de la vie des plaines de l'Ouest – La diligence de Deadwood – Attaque d'un convoi d'émigrants – Tableau à grand spectacle de la bataille de Little Big Horn – Anéantissement du 7e régiment de cavalerie des États-Unis – Un épisode terriblement tragique de l'histoire des États-Unis – 800 Indiens, soldats, éclaireurs et chevaux prennent part à la Défense Mémorable et Héroïque du DERNIER RETRANCHEMENT DE CUSTER – Reproduction émouvante de cette guerre de sauvages. » Ce fut le premier western que l'on vit à Villeurbanne. Ce ne fut pas le dernier [96].

94. *Le Nouvelliste*, 6 août 1905.

95. *Le Progrès*, 12 août 1905.

96. La bataille livrée en 1876 par le général George Armstrong Custer contre les Cheyennes et les Sioux de Sitting Bull et Crazy Horse a été l'un des grands mythes du western au cinéma depuis *On the Little Big Horn or Custer's Last Stand* (1909) et *Custer's Last Raid* (1912) jusqu'à *Little Big Man* (1970). Buffalo Bill devint également une vedette et tourna son propre personnage tout au début du cinéma dans *Buffalo Bill and Escort* (1897). Le premier *Buffalo Bill* en technicolor fut projeté à l'*Iris-Ciné* en juillet 1946. Pour Noël 1977, *Buffalo Bill et les Indiens*, de Robert Altman, avec Paul Newman était à l'affiche du Cinéma Bonneterre : au même endroit après soixante-dix ans mais cette fois sur grand écran.

UNION DES SYNDICATS DU TISSAGE
de la Région Lyonnaise

SECTION CENTRALE, LYON

SIÈGE : BOURSE DU TRAVAIL
39, Cours Morand, 39

CONFÉDÉRATION GÉNÉRALE DU TRAVAIL — BIEN-ÊTRE ET LIBERTÉ

Lyon, le 26 mai 1909.

Commission d'organisation du 11ème congrès national de l'industrie textile de France.

Monsieur le Maire de Villeurbanne

Monsieur le Maire,

J'ai l'avantage de porter à votre connaissance qu'un congrès national pour l'industrie textile doit se tenir à Lyon, les 15. 16. 17. et 18 août de cette année. Les syndicats du textile du département du Rhône ont constitué une commission pour l'organisation de ce congrès, et mandatée pour solliciter de la bienveillance des municipalités du département, les subventions qui devront couvrir les frais d'organisation.

Je serai désireux que Mr le Maire de Villeurbanne veuille bien fixer, à la Commission d'organisation du Congrès textile, une date pour l'entrevue que nous jugeons nécessaire, afin de connaître quelle serait la part financière que la municipalité de Villeurbanne serait disposée à prendre, dans l'ensemble des frais prévus pour l'organisation de ces grandes assises des travailleurs textiles de France.

Dans l'attente d'une réponse, agréez Monsieur le Maire nos civilités les plus distinguées.

Pour la Commission d'organisation
le Secrétaire R. Portier

[Chapitre 7]

EN GRÈVE

La première séance de cinéma à Villeurbanne en salle close eut lieu, croit-on, le 4 avril 1912 au Cinéma Populaire du 147, cours Tolstoï, afin de soutenir les grévistes d'une usine voisine, la fabrique de chaussures Leplant [97]. Le 19 février 1912, la totalité du personnel, 360 personnes dont un tiers de femmes, cessa le travail pour protester contre l'embauche d'une ouvrière non syndiquée, c'est-à-dire soumise aux conditions patronales. Un bras de fer incertain s'engagea. Les travailleurs se retrouvaient le matin aux aurores devant l'usine et les assemblées générales se concluaient aux cris de « Vive la grève à outrance ! », « Vive la semaine anglaise et la diminution des heures de travail ! », « Vive l'émancipation ouvrière ! ». Le patron ne cédait pas. L'entreprise Leplant fut mise à l'index par le syndicat : aucun ouvrier digne de ce nom ne devait y chercher de l'emploi tant que durerait la grève. Rien n'y fit. Les collectes organisées dans les ateliers des environs, tel l'« impôt de grève » levé à la maison Camsat, et les formidables séances de cinéma avec vues animées de chez Pathé Frères ne

97. Voir Philippe Videlier, *Cinépolis*, collection Commune Mémoire, n° 1, éditions La Passe du Vent, 2003.

suffirent pas à faire basculer le rapport des forces du côté des salariés. En juin, les grévistes épuisés et défaits se séparèrent sur le mot d'ordre « Vive la solidarité ouvrière ! ». Près de la moitié d'entre eux furent licenciés ou prirent leur compte. Afin d'éviter le renouvellement de pareille mésaventure, le patron Gustave Leplant délocalisa une partie de sa production à Morestel dans l'Isère.

La grève chez Leplant fut l'une des plus longues et des plus pénibles du début du vingtième siècle : elle dura cent onze jours et coïncida avec la réélection au fauteuil de maire de Jules Grandclément [98]. Même perdues, les grèves révélaient une transformation sensible des relations entre salariés et patronat. Désormais, avec des hauts et des bas, s'affirmaient comme normales l'expression d'un point de vue ouvrier et l'existence d'un pouvoir du salariat opposables à la puissance de l'entrepreneur. Pour des motifs très divers, la plupart du temps touchant aux conditions concrètes, matérielles et morales du travail, des conflits se déclaraient ici ou là, suivis de près par la police qui inscrivait régulièrement au bas de ses rapports une formule convenue : « En raison de son peu d'importance et de sa courte durée, cette grève n'a eu aucune influence par rapport à la situation locale… » Mais l'une après l'autre, de peu d'importance en peu d'importance, les grèves modifiaient les habitudes sociales. Le 23 octobre 1903, les tullistes de la maison Mathieu & Farge, impasse Vialatoux, protestaient contre le renvoi d'un contremaître apprécié : « Cette grève d'une durée de vingt-quatre heures à peine est passée inaperçue… » Le 25 janvier 1904, pour deux longues semaines, les ouvriers sur cuivre de chez Girodon, 39, rue Germain, ferblantiers-lampistes, polisseurs, repousseurs, plieuses, réclamaient

98. Les établissements Leplant et Crès avaient déjà connu une grève en juillet 1903.

au contraire le renvoi d'un contremaître abhorré. « La grève de la maison Girodon n'a eu aucune influence par rapport à la situation de l'industrie locale… » Le 15 février, pour trois jours, une moitié des salariés d'Osio & Cie – Société lyonnaise de caoutchouc simple et durci, chemin Saint-Antoine, payés aux pièces, cessèrent le travail et constituèrent un « syndicat des ouvriers caoutchoutiers de Lyon-Villeurbanne qui sera chargé de la défense de leurs intérêts ». La Société lyonnaise de caoutchouc ne manquait pas de surface : elle bénéficiait des marchés privilégiés de la Marine française, des arsenaux de Bizerte, en Tunisie, et de Saïgon, en Cochinchine. Charles Osio, son administrateur, était un Italien naturalisé qui, à trente-cinq ans, possédait « une certaine fortune » et des « opinions républicaines progressistes » (mais « effacées »). L'année suivante, les tullistes de la maison Éparvier refusaient la décision de leur patron d'infliger une amende d'un centime « pour tout fil qui n'aurait pas été rattaché après sa rupture et aurait occasionné dans la pièce un trou de dix centimètres de long ». Les salaires étant d'environ six francs par jour, chaque centime comptait. Mais tout se négocie et un protocole d'accord fixa l'amende à un quart ou un huitième de centime pour un trou de vingt centimètres. À la fonderie Berchoux, rue d'Inkermann, mouleurs et fondeurs arrêtèrent la production à la suite d'une remarque faite à quatre d'entre eux « qui avaient quitté l'atelier pendant une demi-journée sans autorisation ». Chez Bergier, l'atelier de tissage du chemin Saint-Antoine, une grève commencée à sept heures du matin le 18 octobre 1905 se termina à huit heures. « Ce conflit qui a duré une heure à peine est passé inaperçu » (sauf de la police qui avait l'œil à tout) [99].

99. Rapports de police, grèves 1903-1905 (ADR).

Il arrivait cependant que les grèves prennent de l'ampleur, qu'elles fassent parler d'elles, qu'elles aient une influence certaine sur la marche du commerce et l'état des affaires, que les élus et les notables s'en mêlent afin de leur donner une issue. Il arrivait que la revendication s'étende d'une usine à l'autre, d'une commune à l'autre, pour finir par englober toute une corporation. Ce fut le cas de la grève générale des teinturiers et apprêteurs de l'hiver 1903 qui avait affecté jusqu'à l'entreprise Gillet & Fils au passé si tranquille. Dans la douleur et au prix de gros sacrifices, elle permit d'obtenir pour l'ensemble de la branche professionnelle, « toutes les usines de Lyon et de la banlieue », un règlement unique, anticipation des conventions collectives : journée de dix heures, deux heures de pause pour le repas au printemps et en été, une heure et demie en automne et en hiver, grille de salaires selon la qualification, paie le samedi, trois jours de dédite réciproque (préavis) en cas de rupture de contrat, durée de l'apprentissage fixée à trois ans, le nombre des apprentis ne pouvant dépasser 10 % des ouvriers. Cela n'alla pas sans crispations, colère et rancœur. La médiation du maire de Lyon s'avéra nécessaire pour trouver un compromis. « La grève des teinturiers et apprêteurs a causé une assez grande perturbation dans l'industrie de la soie et a eu pour résultat de faire affluer à la campagne et dans certaines villes de la région les commandes qui n'ont pu être exécutées à Lyon. » Au même moment, comme bougent ensemble les maillons successifs d'une chaîne, s'étaient également mis en mouvement les apprêteurs de tulle et les tisseurs mécaniques de soierie. La police penchait rarement du côté des grévistes et ses commentaires utiles sont à apprécier à cette aune : « La grève du tissage mécanique a porté un assez grave préjudice à la soierie lyonnaise qui a dû faire exécuter au dehors ses commandes urgentes. Elle a contribué au développement du syndicat professionnel qui a pu obtenir de quelques patrons la reconnaissance effective. »

Par l'économie, par le travail, par les mille fils de l'espace social, Lyon et Villeurbanne demeuraient liés. C'était d'ailleurs la thèse que mettaient en avant les partisans d'une annexion à Lyon regroupés autour du maire Augagneur avant son départ impromptu pour Madagascar. À l'exception de la voie ferrée Lyon-Genève, frontière posée lors du rattachement du parc de la Tête-d'Or, les limites entre les deux villes, produit des hasards obscurs d'époques oubliées, n'avaient rien de « rationnel ». Il n'y avait pas d'avenues droites, nettes et repérables pour faire la différence, mais du zigzag en continu, du tracé aléatoire inextricable. « Cette division bizarre, évidemment antérieure aux constructions actuelles, a dû, en son temps, être établie sans plus d'embarras que s'il se fut agi d'un territoire à délimiter dans l'Afrique centrale », avançait le commissaire enquêteur acquis aux intérêts lyonnais [100]. Était-il normal qu'une habitation, un côté de rue, soient ici lyonnais et là villeurbannais ? Qu'au numéro 11 de la rue Sainte-Geneviève la boulangerie soit à Lyon et le débit de boissons à Villeurbanne ? Assurément non, à ses yeux. Gnafron devait appartenir tout entier à Lyon. Tous les arguments, cependant, n'étaient pas aussi spécieux. « Du matin au soir, en quelques minutes, poursuivait le rapporteur, moyennant le prix le plus modique [celui, alors, du ticket d'omnibus], Lyon et sa voisine échangent sans interruption leur population laborieuse. Ce double courant, qui est surtout industriel, fait peu de cas, lui aussi des vieilles limites. » Le partisan de l'annexion relevait que nombreux étaient les usiniers

100. Annexe au *Bulletin municipal officiel de la ville de Lyon*, 19 juillet 1903.

qui, pour des raisons pratiques de notoriété commerciale, de publicité et d'image de marque, portaient sur leur adresse la formule Lyon-Villeurbanne avec un trait d'union. La remarque, dans la pluralité de ses variantes, était tout à fait pertinente. Manufacture de peaux de chèvres A. Perrin, Ricot & Cie, Lyon-Villeurbanne. Manufacture pour bougies et allumettes Alexandre Duparquet, Villeurbanne-Lyon. Pétrus Pierron & Bouchard, 4, rue Bonneterre, Lyon-Villeurbanne. Doix-Mulaton & Wolf, Villeurbanne près Lyon. Teinture Bonnet, Ramel... Lyon Les Charpennes. Manufacture de bronzes et orfèvrerie d'église F. F. Désir, Aux Charpennes-lès-Lyon, Commune de Villeurbanne, Rhône (expédier les colis postaux en gare à Lyon-Brotteaux). Les Établissements Gillet, en raison de leur taille, ne craignaient pas qu'on puisse les ignorer et indiquaient tout bonnement : Teinture-Impression-Apprêt Gillet & Fils, Villeurbanne (Rhône) – Adresse télégraphique GILLETFILS-VILLEURBANNE.

En 1901, le premier recensement du siècle neuf faisait apparaître nettement l'ordre des principaux employeurs de Villeurbanne : Gillet, tout d'abord et de très loin, puis Goiffon-Perrin, Villard, Vulliod, Bergier, Dognin, Bonnet-Marnas, Leplant, La Perle française, la Société lyonnaise de caoutchouc, Kiemlé, Arnaud, Ramboz, Lacourbat, Lacollonge, Seux & Charel... C'étaient eux qui faisaient travailler tous les jours de l'année sauf dimanches et fêtes les teinturiers, les apprêteurs, les tullistes, les tanneurs, les mégissiers, les lustreurs de peaux, les piqueuses de bottes, les verriers, les imprimeurs, les caoutchoutiers, les ouvrières en soie, les manœuvres toutes catégories et les hommes de peine. Certains parmi ces chefs d'entreprise, ceux qui habitaient Villeurbanne, apparaissaient comme leurs ouvriers sur le registre et les renseignements collationnés disaient pour la postérité la place de chacun. Jules Goiffon, 56 ans, tanneur, patron, marié, enfants à la maison et domestique de 13 ans ; Gustave Leplant, 48 ans, industriel, marié, enfants, neveu et domestique ; Antonin Perrin, 51 ans, épouse, enfant, grand-mère, cuisinière et femme de chambre ; Auguste Ramboz, 50 ans, patron imprimeur, sa femme, deux filles, leur domestique ; Charles Bergier, 35 ans, héritier de son père, marié, quatre enfants et deux domestiques. À distance respectueuse, éloignée des précédents par le quotidien et ses contingences, Joséphine Gerboud, 40 ans, ouvrière en chaussures chez Leplant, vivait seule avec sa fille de 16 ans, ouvrière en chaussures chez Leplant. Léon Gaury, 50 ans, tanneur chez Goiffon, demeurait chemin Sautin avec sa femme à la maison et leurs cinq enfants, les aînés occupés chez Leplant, coupeur en chaussures à 15 ans et faiseuse de bottines à 19. Anastasie Vivaldi, Italienne sans mari, ouvrière chez Villard, habitait route de Vaulx avec ses quatre enfants de 15 à 22 ans, tous ouvriers en soie. Jean Richiardone, ouvrier chez Villard, logeait cité Villard, rue des Sauveteurs [101], avec son épouse, ses onze enfants, dont cinq travaillaient chez Villard, et un ami ouvrier également chez Villard. Ouvriers et patrons, séparés par leurs conditions et leurs objectifs, entraient nécessairement dans un rapport social qui les unissait pour le pire, le meilleur ou le banal, les uns vendant leur force de travail, les autres apportant le salaire en un échange inégal et léonin que codifiaient petit à petit, mais non sans mal, le droit, les institutions, la vie politique et la civilisation.

Il est admis comme un fait naturel que le pouvoir de l'État et celui de l'industrie marchent main dans la main, s'épaulent dans les moments délicats, que les riches et les puissants ont

101. Rue Édouard-Vaillant.

des intérêts communs qu'ils défendent bec et ongles quand le besoin s'en fait sentir. Ce n'était pas faux à lire les journaux. Georges Clemenceau, par ailleurs loué pour d'autres qualités, employa son passage au Ministère à écraser le syndicalisme autant qu'il le pouvait. À Villeneuve-Saint-Georges, près de Paris, en juillet 1908, la troupe tira contre les ouvriers grévistes des carrières : on releva quatre morts et plus de deux cents blessés. Le Conseil municipal de Villeurbanne fulmina, à l'initiative de Jean-Louis Rossiaud [102], un ordre du jour protestant « énergiquement contre l'attitude du ministère Clemenceau contre la classe ouvrière qui, non content de détenir comme ministre le record des massacres ouvriers, fait journellement emprisonner les militants des organisations syndicales, ne cédant en rien au régime tsariste » (la Russie impériale était considérée alors comme le pire des régimes aux marches de l'Europe). Le Conseil municipal, poursuivait la motion, « adresse ses sentiments de vive sympathie et d'encouragement aux vaillants camarades de la CGT, victimes de l'arbitraire, et les engage à continuer malgré tout la lutte pour l'affranchissement de la classe ouvrière [103] ». Les socialistes, portés à la Mairie par le suffrage universel, avaient fait vœu de défendre et soutenir les ouvriers. Le Conseil votait des subventions aux syndicats : aux tullistes pour l'envoi de représentants à un congrès tenu à Glasgow, en Écosse, aux apprêteurs et teinturiers pour le voyage de délégués à un congrès réuni à Milan, en Italie – car la classe ouvrière se concevait comme internationale et sans frontières [104]. Peut-être était-ce la raison pour laquelle eut tant de succès l'espéranto, langue nouvelle et universelle forgée par le docteur

102. Futur adjoint de Lazare Goujon.
103. Délibération du Conseil municipal, 28 août 1908.
104. Délibérations du Conseil municipal, 10 mai et 7 juillet 1905.

Zamenhof en Pologne, « *Lingvo Internacia de Doktoro Esperanto* » destinée à abolir les barrières entre les peuples. Le *Grupo esperantista* de Villeurbanne se réunissait, depuis 1909 au moins, avec la bénédiction de la municipalité.

Nombreux étaient les groupements à solliciter une aide qu'ils estimaient normale de la part de leurs élus. Le syndicat du tissage demandait du charbon et des denrées alimentaires pour les cantines de grève. Le syndicat de la teinture, qui avait imprimé sur son papier officiel : « Travailleurs ! À partir du 1er mai 1906, ne travaillez que 8 heures par jour », réclamait des subsides « pour parer aux misères des pères de famille ». Les verriers argumentaient leur demande, « connaissant l'esprit de solidarité qui vous unit à la classe ouvrière » [105]. Le syndicat des maçons et celui des terrassiers désiraient se rendre à Berlin pour une « véritable démonstration ouvrière contre les guerres, toujours possibles avec les agissements des capitalistes ». L'un revendiquait 250 adhérents sur la ville, et l'autre 190 : « C'est avec ce chiffre que nous venons solliciter le concours de la municipalité de Villeurbanne », car ils connaissaient leur force de citoyens et de relais d'opinion [106]. Quand l'argent faisait défaut dans les caisses municipales, le Conseil proposait en un geste généreux que chacun de ses membres mette la main à la poche et verse ses indemnités du trimestre aux grévistes nécessiteux. Dans ces périodes exceptionnelles, la Mairie organisait ce qu'elle appelait des « soupes communistes », repas gratuits distribués à ceux qui se trouvaient momentanément dans la gêne. Un registre bien tenu alignait le nom et l'adresse des ouvriers, le nombre des personnes à charge, le nom de l'usine où ils étaient employés [107]. Il arriva

105. Lettre du syndicat de la teinture, 6 mai 1906, et des verriers, 28 mars 1909 (AMV).
106. Lettre du syndicat des terrassiers, 30 juin 1911, et coupure de presse (AMV).
107. Registre *Cantines Communistes — Grève de la Teinture, le 19 novembre 1909* (AMV).

même qu'en un élan sublime de solidarité la Ville réduise le budget des réjouissances du 14 Juillet afin de répartir ces crédits entre les pauvres. « Avant de donner un peu de superflu à quelques-uns, s'enflammait le conseiller Hippolyte Kahn, il est plus pressant, je le crois, d'associer les misérables à notre allégresse en leur assurant, pour un jour tout au moins, l'indispensable... Nous devons nous efforcer de réaliser, au moins pour un jour, le triomphe de la belle devise gravée sur tous nos monuments publics dans son expression la plus belle : la Fraternité [108]. » Hippolyte Kahn était de ceux qui pensaient, non sans idéal, que les gens préféraient une bonne action aux feux d'artifice. Quant au reste, l'Assemblée municipale s'occupait d'administrer une commune dont le nombre d'habitants ne cessait d'augmenter. Elle organisait la voirie, l'instruction publique, l'assistance aux vieillards, construisait des écoles, un hôpital, agrandissait le cimetière, s'attachait à tous les moments de l'existence.

La politique a ses vicissitudes et les élus se plaignaient, lors des périodes électorales, de voir déversés sur eux par leurs adversaires « de véritables torrents de boue » : « Raillés sans esprit, caricaturés grotesquement, leurs personnes et l'intimité de leurs foyers sont l'objet d'une campagne que, tout en la méprisant souverainement, nous dénonçons aux honnêtes gens de tous les partis [109]. » Doués d'un sens marqué de l'emphase, ils justifiaient leur action avant que les citoyens ne glissent leur bulletin dans l'urne : « Les quelques heures de liberté que ne leur ravit pas l'exploitation capitaliste, ils les ont mises au service de l'intérêt communal avec le plus grand

---

108. Délibération du Conseil municipal, 25 juin 1906.
109. *L'œuvre d'une municipalité socialiste 1908-1912, brochure publiée sous les auspices de la Section de Villeurbanne du Parti socialiste, Section française de l'Internationale ouvrière*, Lyon, Imprimerie Nouvelle Lyonnaise, 1912, p. 9.

désintéressement. » Les élus se revendiquaient d'une appartenance « à la classe ouvrière » qui n'était pas toujours effective. Grandclément exerçait donc la médecine à moments perdus, Hippolyte Kahn était comptable de métier, Jean Rostaing épicier, Pierre Baratin agriculteur et Jean-Louis Rossiaud employé à l'OTL [110]. De scrutin en scrutin, ils étaient reconduits dans leurs fonctions par des administrés satisfaits ou routiniers et trouvaient parfois grâce au-delà de leur territoire d'élection. Audacieux, ils avaient appelé de leurs vœux le suffrage féminin à une époque où il n'existait pratiquement nulle part [111] et s'en voyaient remerciés par l'Union française pour le suffrage des femmes : « Si nous obtenons un jour gain de cause, nous n'oublierons pas que la municipalité actuelle de Villeurbanne a été une des premières à nous aider [112]. » La bienveillance du Conseil pour les justes causes semblait établie. C'est pourquoi il était mêlé aux débats majeurs de société et aux disputes mineures de quartier, pour autant qu'on les juge ainsi. Vers lui convergeaient quelquefois les félicitations, mais plus souvent, comme un recours, les requêtes, les plaintes et les réclamations. Quand un entrepreneur de pompes funèbres aux mœurs brutales boxait l'un de ses ouvriers au lieu de le payer, c'était vers cette municipalité que se tournaient les tailleurs de pierre pour faire valoir leurs doléances (« N'étant pas l'habitude à ce patron de payer le tarif, le régla à coup de poing sur la figure lui causant une hémorragie ») et pour changer la politique de concession du cimetière « où tous les nôtres reposent [113] ».

110. La Compagnie des omnibus et tramways de Lyon.
111. Sauf en Nouvelle-Zélande et en Finlande.
112. Lettre de l'Union française pour le Suffrage des Femmes, groupe lyonnais, 17 avril 1912 (AMV).
113. Lettre du syndicat des tailleurs de pierre, 18 mai 1911 (AMV).

Mais le travail et la vie n'étaient pas que conflits. L'argent des contribuables, le temps des élus et des citoyens servaient aussi à faire naître de l'agrégat mathématique des individus une communauté de destins. La ville encourageait de ses deniers les sociétés musicales, la Fanfare de Villeurbanne, la Fanfare de la Cité, celle des Brosses et le Cercle choral, l'amicale de gymnastique L'Éclair et ses concurrentes, La Jeune France et Les Touristes, les sociétés de tir, le Saint-Hubert-Club (trompes de chasse), les Sauveteurs des Charpennes et le comice agricole. L'usine elle-même pouvait devenir un lieu de convivialité, au-delà des fatigues, des tensions, des intérêts divergents. La médaille du travail, attribuée aux ouvriers dévoués, devint ainsi une tradition, l'occasion de célébrer la durée d'une relation entre un patron et ses salariés, la solidité du lien. Pour la promotion de la fin du siècle, Gustave Leplant, le fabricant de chaussures, proposait pour la médaille ses ouvriers Jean-François Aubert, vingt-huit ans de présence, Claude Pitiot et François Jacon, dix-sept ans de présence. Henry Pervilhac, polissage de soierie, spécialité pour parapluies, indiquait le nom d'Antonin Farge « que j'ai depuis quatorze ans dans mon usine et qui depuis dix ans occupe le poste de contremaître. Par son zèle, son assiduité, son dévouement et son intelligence, il mérite assurément une récompense. » P. Lacollonge, manufacturier de caoutchouc, désignait « le sieur » Aubriot François, « ce bon et loyal collaborateur... depuis plus de dix-huit ans à mon service ». Lacourbat, le lustreur en pelleteries, présentait François Pabiot, 47 ans d'âge et trente-six ans de maison. Bergier, patron du tissage, évoquait trois hommes et une femme qui « ont tous à peu près vingt-huit ans de présence dans mon usine et ce sont de très bons ouvriers ». La teinturerie Renard, Villet & Bunand désirait honorer trois femmes : deux veuves, Jeanne Barbier et Antoinette Rabatel, et une demoiselle, Marguerite Raymond. L'imprimerie Arnaud avançait le doyen de ses graveurs, Ernest Fondet, trente-trois ans de service. Gillet & Fils signalait pour les honneurs Pierre-Joseph Allex, né à Belmont, commune du Grand-Lemps (Isère), domicilié aux Charpennes, « lequel est employé dans nos ateliers » ou dans l'usine « acquise par nous de MM. Berthet & Foussemagne depuis le 15 juin 1869 sans discontinuité [114] ». Les premières photographies montraient davantage le côté lumineux que la part sombre du monde du travail, l'image de progrès plutôt que la peine quotidienne. L'usine, au cœur de la ville, était objet de fierté. Ainsi le déclinaient les cartes postales envoyées par les habitants à leurs connaissances. C'est vrai qu'elle était belle et imposante « l'Usine Électrique sur le Canal », aux puissants alternateurs, posés sur du carrelage décoré. Des promeneurs s'asseyaient sur les rambardes, jambes ballantes au-dessus de l'eau, un chien avançait son museau, un homme en chapeau melon regardait, mains dans les poches. « L'Usine Arnaud » du cours Tolstoï, à la façade monumentale surmontée d'une horloge : « Tu vois, je t'envoie la vue de notre imprimerie – elle ne paraît pas si jolie qu'en réalité – demande à Henriette qui la vue elle te dira sûrement que c'est plus jolie – je travaille à droite la première fenêtre – c'est ici que Nini s'amuse toute la journée – Ton amie qui t'aime Eugénie. » « Usine Villard », le cortège nonchalant des ouvriers, hommes tenant leur bicyclette au guidon, femmes en tablier et chignon, s'écoule entre les deux bâtiments symétriques qui forment encore l'entrée, sur l'actuelle rue du Pérou. « Vue d'ensemble des Usines Gillet », des toits en shed et cinq longues cheminées

114. Lettres pour l'obtention de médailles du travail, 1899 (AMV).).

éparpillées dans la profondeur du champ, des arbres, de la verdure au premier plan : « Marcelle et Raymond à leur ami Léon – 23 avril 1905 ». Autre angle, même légende, mêmes cheminées fuselées, en avant une maisonnette sur le chemin, épicerie-comptoir : « Tante Jenny me prie de vous rappeler qu'elle attend sa volaille pour samedi soir sans faute. » « Sortie des ouvriers des Usines Gillet », ils avancent sur la chaussée, coiffés d'un canotier ou d'une casquette, entourés d'enfants : « Cher Cousin, chère Cousine et chère Tante, cher André, je suis rentrer Dimanche matin sain et sauf, mais j'ai ramasser un bon Rhume qui me tient compagnie. » « Sortie des Usines Gillet », colorisée, 1907, ils posent pour la photographie, le canotier bien en place, la chaîne sur le gilet et la montre dans le gousset : « Une bonne poigne de main. » Rue des Tournelles [115], « Sortie de l'usine Vulliod », hommes en canotier, en casquette, femmes en tablier sur leur longue jupe : « Voilà l'usine ou le papa travaille indiquer par la croix. »

Villeurbanne gagnait encore en population, le flux ne tarissait pas. Les limites, la surface étaient intangibles depuis que s'était éloigné le spectre de l'annexion.. « Chaque jour, constatait le Maire, des usines nouvelles sont créées, des maisons d'habitation importantes s'édifient dans tous les quartiers. » Villeurbanne se densifiait donc. Elle comptait, en 1901, 28 581 habitants abrités dans 3 081 immeubles de toute nature, soit une moyenne de neuf habitants par maison. En 1911, la ville recensait 41 712 habitants logés dans 3 543 immeubles, ce qui portait le nombre d'habitants à douze par maison. La courbe de la population croissait plus vite que celle de la construction. Le maire Grandclément créa, conformément à la loi, un bureau d'hygiène. « Car, Messieurs,

115. À Lyon, en limite de Villeurbanne.

la santé est la base sur laquelle repose avant tout le bonheur du peuple. C'est la première richesse d'une ville, comme d'un pays, puisqu'elle a pour conséquence d'augmenter la puissance de production et de diminuer les charges de la collectivité. » Armé de ce point de vue et de ses fortes convictions, Jules Grandclément travaillait au bonheur du peuple.

TRAVAILLEURS !

A partir du 1er Mai 1906, ne travaillez que 8 heures par jour.

1109. - Aéroplane Zipfel
Etudié et construit par les ateliers d'aviation du Sud-Est, à Villeurbanne (Rhône)
Moteur 50 HP, surface portante 50 mc. J. H.

[Chapitre 8]

LE SIÈCLE DU PROGRÈS

Villeurbanne marchait donc d'un pas allègre vers le progrès. De ses usines sortaient de la *Bactérioline* à l'essence d'eucalyptus, approuvée par la Société d'hygiène de France, afin de garder la santé, des pneus souples et des carrosseries rutilantes pour l'automobile, et même des avions pour s'afficher à la pointe de la technique. Loin des miasmes d'autrefois, l'avenir était dans l'hygiène, le futur résidait dans l'innovation. Jules Goiffon, qui avait amassé quelque pécule dans la tannerie, s'aboucha avec des rentiers des bords du Rhône pour créer à côté de chez lui, à l'intersection du chemin Sautin et de la rue de Moscou, une société anonyme sentant meilleur : la Compagnie lyonnaise des glaces hygiéniques destinée à exploiter « tous procédés frigorifiques pour la fabrication et la vente de la glace ». Des wagons attelés spécialement aménagés venaient prendre livraison, rue de la Glacière, du précieux et transitoire matériau. Les tanneries Goiffon, Perrin & Cie, par concentration capitalistique et regroupement rationnel, se retrouvèrent à Oullins, sur la rive droite du Rhône, pour former par fusion avec d'autres les Tanneries lyonnaises. La naissance de ce « puissant cartel de l'industrie des cuirs et peaux » était, au dire de ses amis, l'œuvre d'Antonin Perrin qui, sous son allure avenante, avait « le tempérament américain [116] ». À peine transférés, en janvier 1903, les ouvriers venus de Villeurbanne s'aperçurent qu'ils seraient moins payés après la délocalisation et se mirent en grève. Jules Goiffon, au sommet de sa carrière et décoration à la boutonnière, quitta lui aussi son domicile, mais pour un secteur plus huppé dans le sixième arrondissement de Lyon, près du Parc. De nouveaux venus comblaient les vides. À Croix-Luizet, les frères Descollonges édifiaient dans un environnement champêtre une usine de parfums à l'enseigne de l'oiseau de paradis. Vers la rue des Fleurs, P. Burlaton concoctait son bleu d'outremer. Au Bon-Coin, les établissements Duchesne & Cie montaient avec précision balances et bascules et faisaient leur marque du Gaulois Brennus, celui qui avait mis Rome à sac et ajouté son épée au poids d'or à payer par les vaincus (l'épisode se trouvait dans tous les livres de classe). Rue Léon-Chomel s'installaient les Papeteries lyonnaises, papiers minces, pelures et mousselines, et route de Genas la Fabrique française de papiers gommés (avec importation directe des gommes du Sénégal) pour timbres, étiquettes d'eaux minérales gazeuses, décalcomanies, etc. Boissier jouait sur du velours rue des Belles-Femmes, Dognin faisait dans la dentelle rue Jean-Claude Dognin, comme il se doit, du nom du père fondateur, d'une génération très antérieure à ce temps trépidant de toutes les inventions.

Des pionniers en tout genre occupaient le terrain. Dès avant 1895, l'ingénieur-mécanicien Th. Klaus concevait au 27-29 avenue du Grand-Camp des véhicules automobiles

116. *À Antonin Perrin, ses amis, op. cit.*, p. 15-16.

propulsés par un moteur à pétrole. Il engagea ses voitures sur le Paris-Rouen du 23 juillet 1894, l'année suivante sur le Paris-Bordeaux-Paris (mais les deux fois déclara forfait), puis sur le Paris-Rambouillet d'octobre 1899 qu'il parcourut en cinq heures et onze minutes. À Paris, galerie Rapp au Champ-de-Mars, une voiture « système Klaus » à trois places style Victoria fut exposée une quinzaine de jours [117]. En 1900, il y avait en France 2 897 automobiles à moteur à explosion. Le marché s'installait. Pour longtemps. En 1901, Humbert et Sanlaville fabriquaient des pneus au Tonkin, rue Charles-Lyonnet, et il s'en façonnait également à la Société lyonnaise de caoutchouc de la rue du Quatre-Août. Les ouvriers se tenaient debout autour de plots, d'établis où la matière prenait sa forme de rondelle. Les cartes postales conservent trace d'une vaste usine de carrosseries. Vers le débouché du cours Émile-Zola, en effet, Gauthier & Cie réunissait tôliers, ferreurs, garnisseurs, peintres, menuisiers et charrons, 250 personnes en tout, pour habiller les véhicules du siècle, tandis que, Petite Rue Neuve-des-Charpennes, la société automobile Diederichs construisait ses nouvelles voitures « sans chaîne, sans cardan ; attaque directe ; tous les organes entièrement renfermés, fonctionnant dans l'huile ». Et elles étaient fort élégantes et luxueuses, « souples, rapides, silencieuses ». Cours Tolstoï, d'autres établissements Gauthier, Gauthier & Vicard-Gauthier, proposaient aux fous du volant joints et garnitures, phares, lanternes, économiseurs d'essence (déjà), produits brillants de nettoyage Faineuf et Faivite, Stop-Asbest pour les freins et cônes d'embrayage. Il y eut encore Burlat, Antoine et ses frères, brevet n° 304472 pour un moteur rotatif

117. Pierre-Lucien Pouzet, *La Grande Aventure automobile lyonnaise*, Châtillon-sur-Chalaronne, La Taillanderie, 2006, p. 44, et *Cahiers techniques de la Fondation de l'automobile Marius-Berliet*. Klaus quitta ensuite Villeurbanne pour Boulogne-Billancourt.

fondé sur le théorème de La Hire [118]. L'une des voitures de leur fabrication effectua la course de côte du Mont-Pilat de 1907 en trente-cinq minutes et trente-trois secondes. Burlat étudia ensuite des camions devant rouler à l'huile lourde ou à la naphtaline. Puis la Société des moteurs rotatifs Burlat, établie rue Poizat, se tourna vers les moteurs d'avion à huit et seize cylindres.

Ce n'était pas assez de rouler pour conquérir le monde. Il fallait s'élever encore. Le premier vol motorisé, dirigé, homologué, photographié d'un plus lourd que l'air, eut lieu à Kitty Hawk, en Amérique, le 17 décembre 1903, maigre vol de 259,68 m, tel qu'enregistré, à trois mètres d'altitude (auparavant, Clément Ader, en France, s'était élevé à vingt centimètres au-dessus du sol dans sa chauve-souris baptisée Éole). Mais ensuite, tout alla très vite car on n'arrête pas le progrès. Villeurbanne eut naturellement son héros du vol aérien. Armand Zipfel entreprit de construire ses propres avions au Tonkin (le quartier, bien sûr), rue de Bruxelles. Il apparaît sur une photographie, nœud papillon et moustache « brigades du Tigre », encadré de gendarmes à cheval et à bicyclette, menant son appareil au Grand-Camp pour des essais. De ses locaux pompeusement baptisés Ateliers d'aviation du Sud-Est sortit son aéroplane biplan, de toile et de bois, aux roues légères à rayons, et au moteur de 50 HP. Une première fois il voulut s'élancer, le 19 novembre 1908. Poussé hors du hangar, le *Zipfel* rejoignit le terrain militaire tout proche « escorté par un imposant cortège d'automobiles et d'habitants du quartier que la vue de cette immense *chose* avait précipités hors de chez eux ». L'envoyé spécial du *Lyon républicain* se faisait poète champêtre : « Tout nous rappelle

118. Philippe de La Hire, mathématicien, physicien et astronome (1640-1718).

l'oiseau et la Nature, en cet essai aéro-mécanique, jusqu'au Soleil qui veut bien, à ce moment, percer les brumes et luire brillamment pour saluer l'aurore de l'Aviation à Lyon [119]. » Armand Zipfel, en élégant costume de chasse, casquette de chauffeur et bas de cycliste, comme le relevaient les curieux, s'affairait autour de l'appareil avec ses aides, René Dumont, Colliex et Drevon. Dix heures du matin. « Crânement, il s'installe sur son perchoir, prend en main le volant de direction et frrr…, à son commandement, les hommes lâchent l'appareil. » Il roule, il roule puis s'arrête : le radiateur fuit. L'avionneur tempête : « Quelle guigne ! Un satané accident de rien qui va m'arrêter alors que cela marchait si bien ! » Le radiateur est emmené à l'usine Clerc-Renaud toute proche pour réparation immédiate. Midi. Le moteur repart. Les roues de l'appareil s'embourbent sur la piste cavalière de l'hippodrome. Troisième essai, l'appareil pique du nez. C'est fini pour la journée. Les journalistes sportifs, de bonne composition, concluent : « L'appareil est très exactement au point, sauf le moteur ». Armand Zipfel n'était pas homme à en rester là. Le 24 novembre, il récidivait. À la première tentative de décollage, l'avion faisait quelques bonds « relativement courts » et s'immobilisait devant la caserne de la Doua. Au second essai, il s'élevait à 1,50 m du sol et glissait sur une soixantaine de mètres. Trop de vent et le radiateur fuit de nouveau. Le mercredi 25 novembre, nouvelle sortie, par temps de brouillard. Hélice à 1 150 tours minute, le biplan lancé à 72 km/h parcourut cent cinquante mètres à une altitude de cinq mètres au-dessus de la pelouse, puis cent cinqante encore à sept mètres. Le vol avait duré quinze secondes chronométrées. Le lendemain, nouveau décollage

119. *Lyon républicain*, 20 novembre 1908.

« devant une galerie énorme de curieux et de photographes à l'affût du bon cliché à faire » : un parcours réussi de trois cents mètres à dix mètres du sol, mais à l'atterrissage Zipfel cassait du bois. C'était déjà un succès pour « le jeune et intrépide aviateur lyonnais ». Cependant, entre Mourmelon et Reims, Henri Farman effectuait à la même époque le premier vol de ville à ville : vingt-sept kilomètres en vingt minutes à quarante mètres d'altitude, et l'Américain Wilbur Wright faisait homologuer en France ses records de distance et de durée : un vol de 66,6 km en une heure, trente et une minutes et vingt-cinq secondes. « Peut-être pouvons-nous dire que le champ de manœuvre du Grand-Camp est trop exigü pour ces essais, commentaient les spécialistes : il faudrait pour tester de beaux vols et surtout des virages, avoir l'espace devant soi : cela est impossible à la Doua, mais le camp de la Valbonne nous semble remplir toutes les conditions voulues [120]. » Armand Zipfel réalisa l'année suivante la première démonstration aérienne de Berlin et le premier vol du Portugal, au-dessus de l'ancien hippodrome de Belém, juché sur un Voisin-Antoinette de quarante chevaux-vapeur à huit mètres d'altitude. Malgré cela, Zipfel n'eut pas le succès et la notoriété d'autres plus chanceux. Il quitta la scène. Au printemps 1910, Villeurbanne accueillait la « Grande Semaine de l'Aviation » sur le terrain de la Ferme de Bel-Air loué à des cultivateurs en lisière de la commune, vers la ligne de l'Est, la route de Genas et le chemin de la Poudrette. Mieux que Buffalo Bill, pensaient certains, et mieux même que les courses d'ânes. Une brochure programme imprimée en bleu et rouge dressait la liste des pilotes engagés, leur nationalité, les caractéristiques de leurs appareils : René Métrot,

120. *Lyon républicain*, 27 novembre 1908.

« Algérien », sur biplan Voisin de 470 kg ; Charles Van Den Born, « Hollandais » (il était belge) ancien champion cycliste, sur biplan Farman à moteur Gnome rotatif de 50 HP ; Géo Chavez, Péruvien, sur biplan Farman ; Hauvette-Michelin, Français, sur monoplan Antoinette… Et l'on vit Georges Legagneux sur biplan Sommer prendre pour passagère Mme Herriot, « première aviatrice lyonnaise ». On vit René Métrot, survoler les tribunes pavoisées, puis capoter lamentablement, son appareil en miettes. On vit enfin Hauvette-Michelin pilotant l'Antoinette heurter un pylône et mourir prématurément. Au lendemain de la fête, la Mairie faisait savoir que des indemnités seraient payées aux propriétaires des champs par ses soins et qu'une commission spéciale examinerait les « dégâts commis sur les terrains en bordure de l'aérodrome [121] ». La recette de la démonstration s'élevait à 40 981,62 F. Mais l'aviation avait de beaux jours devant elle. Antoine de Saint-Exupéry, enfant, fit son baptême de l'air en juillet 1912 sur le « Berthaud-W », monoplan métallique fabriqué à Villeurbanne, cours de la République, par l'industriel Joseph Berthaud et les frères Wroblewski, Paul et Gabriel, des Polonais qui, par commodité, s'étaient choisi le pseudonyme de Salvez [122]. Il existait encore la Coopérative lyonnaise d'aviation, rue du Niger, où en octobre 1912 « deux appareils sont sur le point d'être terminés (un biplan et un monoplan) [123] ». Les ateliers de la coopérative ouvrière d'aviation étaient un but de promenade dominicale, mais, en difficulté financière, elle ne dura pas.

121. Délibération du Conseil municipal, 27 mai 1910 (AMV).
122. Les frères Wroblewski-Salvez se tuèrent aux commandes de leur avion en 1914. Antoine de Saint-Exupéry, aviateur et écrivain, était né en 1900 à Lyon. Universellement connu pour *Le Petit Prince*, il disparut en vol en juillet 1944.
123. Lettre de la Coopérative lyonnaise d'aviation, 18 octobre 1912 (AMV).

Le mouvement coopératif, aux idéaux élevés, donnait parfois des résultats pérennes et enviables. Ainsi avait été fondée à l'automne 1906 la Société ouvrière des Verreries de Villeurbanne qui avait son siège rue Paul-Krüger (anciennement chemin du Vélodrome), derrière la voie de chemin de fer de la ligne de l'Est. Bien que les statuts en aient été déposés tout à fait bourgeoisement devant notaire, « elle a été fondée et reste administrée sur des bases parfaitement socialistes par des militants sages et énergiques, Joseph Rey et Pierre Genestoux ». Dans les pages du *Progrès* de 1911, Rey et Genestoux, allure populo, posaient pour la photo. Ils venaient tous deux de la Loire, de la vallée du Gier comme, du reste, nombre de leurs compagnons. Joseph Rey était auparavant chef de fabrication à la Verrerie des Vernes de Rive-de-Gier, une coopérative, déjà. Joseph Rey appartenait à l'association de la Libre Pensée et son frère Eugène avait été l'un des fondateurs du syndicat des verriers créé lors d'une grève de cent jours en 1886. Avec leur famille, ils avaient pataugé dans une misère noire et n'en étaient sortis que par la coopération. Depuis toujours, ils exerçaient le métier de verrier et en connaissaient tous les secrets. Dans la région, les verriers travaillaient par équipes de trois ou quatre par « place » : les souffleurs, les ouvreurs, et les moins qualifiés, appelés par les autres « relais » ou « nègres ». Les premiers soufflaient le verre brûlant au bout de la canne, les deuxièmes achevaient la bouteille, et les troisièmes préparaient le travail des premiers pour un moindre salaire. Dans toutes les verreries de la région, un conflit opposa les verriers qualifiés aux « nègres ». Partout sauf à Villeurbanne. « Ici, personne ne se plaint, commentait Joseph Rey. Sitôt qu'un mécontent réclame, nous réunissons tout le monde ; là chacun s'explique et l'assemblée décide… Tous nos camarades travaillent de bon cœur, car ils savent que c'est pour eux, pour le bien commun qu'ils travaillent… Nous vendons plus cher que nos concurrents capitalistes de la région et pourtant nous vendons davantage… C'est qu'ici les ouvriers travaillent en toute conscience et que la Société ouvrière tient à livrer un travail irréprochable. » « Mieux encore, ajoutait Pierre Genestoux, nous nous occupons, selon les principes socialistes, de modérer la production. À partir de l'an prochain, tous nos camarades auront un mois de congé payé – du 13 juillet au 16 août – pour se reposer eux et leur famille. » Un mois de congé payé ! Ces principes, il faut le reconnaître, étaient rares dans les esprits et plus rarement encore appliqués dans les faits. La verrerie de la rue Paul-Krüger employait alors cent cinquante ouvriers et se glorifiait de prometteuses perspectives d'embauche. Le journaliste en visite était favorablement impressionné : « Dans ses installations, rien n'a été ménagé pour assurer aux travailleurs le maximum d'hygiène et de bien-être… En un mot, la Verrerie ouvrière de Villeurbanne donne l'exemple de ce que peut la solidarité ouvrière [124]. » Voilà pourquoi, en 1911, toutes les verreries de l'agglomération, celles de Gerland, celles de Vénissieux, de La Mulatière furent en grève, à l'exception de celle de Villeurbanne qui embaucha les verriers licenciés ailleurs.

Les grèves, si fréquentes, avaient d'autres vertus que de faire progresser le pouvoir d'achat, les conditions de travail et le sort des travailleurs. Elles avaient pour effet secondaire d'aider à la connaissance du paysage social, de pourvoir à la construction des statistiques. Les dossiers méticuleusement constitués par les divers échelons de la hiérarchie policière comprenaient, à toutes fins utiles, le détail des effectifs autrement

124. *Le Progrès*, 29 août 1911

méconnus. Ainsi sait-on qu'en 1900 l'usine de tissage mécanique Bergier du chemin Saint-Antoine faisait vivre 245 salariés – 80 tisseuses et 70 tisseurs, 80 journalières et 15 gareurs ou employés – que les ateliers Girodon de la rue Germain abritaient 90 ouvriers et que la tannerie Goiffon du chemin Sautin salariait 400 personnes qui effectuaient une journée de dix heures. Ainsi apprend-on, grâce à la grève générale de la teinture de décembre 1903, qu'il se trouvait à Villeurbanne une quinzaine d'établissements dans cette branche d'activité, certains modestes, employant quelques dizaines d'ouvriers, mais d'autres d'une taille appréciable. Coron & Buirand, rue Magenta, occupaient 270 ouvriers, les établissements Vulliod, Ancel & Cie totalisaient 745 salariés dans leurs deux unités du cours de la République et du chemin des Tournelles, et Gillet en annonçait 900 que les rapports de police répartissaient ainsi : 300 hommes (à 5 F par jour), 200 femmes (à 2 F 50) et 400 enfants ou jeunes adolescents (plus payés que les femmes). Que les femmes figurent en grand nombre dans la main-d'œuvre ouvrière n'était pas une nouveauté et qu'elles soient mal payées non plus. Un professeur de la faculté de droit de Lyon consacra au sujet une étude documentée, après avoir abordé dans un précédent ouvrage *La Dépopulation en France* [125]. C'était pourquoi aussi, dans les usines, affluaient les étrangers qui n'étaient pas toujours accueillis avec des fleurs. Le 20 juin 1913, le commissaire de Villeurbanne établissait un rapport sur une échauffourée qui avait opposé la veille des ouvriers français à des manœuvres italiens. « Hier au soir vers 6 heures ½, des ouvriers que l'on croit travailler à la maison Leplant et à la maison Vulliod et Ancel, ont attendu dans la plaine de

125. R. Gonnard, *La Femme dans l'industrie*, Paris, Armand Colin, 1906.

Vaulx les Italiens travaillant à l'usine Gillet et les ont poursuivis à coups de pierres [126]. » Curieusement, le policier ajoutait : « Il n'y a eu aucune violence », voulant dire sans doute qu'il n'y avait pas eu de blessés. Néanmoins, le lendemain, une douzaine d'immigrés de chez Gillet, probablement découragés par les événements, manquaient à l'appel.

D'une année l'autre, le mouvement social dessinait les évolutions économiques. Alors qu'éclatait une nouvelle grève des teinturiers et apprêteurs en novembre 1909, la Préfecture du Rhône dressait un nouvel état des effectifs : Vulliod-Ancel avait, en six ans, notablement augmenté son personnel, atteignant le chiffre de 1 143 ouvriers. Quant à Gillet, domicilié désormais rue Flachet (nouveau nom du chemin Sautin), le total des employés de l'usine était de 993 mais répartis différemment : 770 hommes, 135 femmes et 88 enfants. Dans le même temps de modestes ateliers prenaient de l'ampleur à l'exemple de la teinturerie Seux & Charel qui avait doublé d'importance : 54 ouvriers en 1903 et 112 en 1909. Pierre Lacourbat, le lustreur en pelleterie, s'associait à Henri Claret, ingénieur-chimiste, et Joannès Confavreux pour former une société en nom collectif et édifier de nouveaux ateliers. Les imprimeurs aussi se développaient : Adrien Tallin, rue de Lorraine, au « matériel le plus complet, entièrement neuf », Arnaud avec sa cinquantaine d'employés, régleurs et papetières, et Ramboz, chemin de la Rize, à la « situation commerciale très prospère », avec sa centaine de professionnels, typographes, lithographes et graveurs, ou ses petites mains, femmes et enfants, et sa succursale à Tunis. À l'inverse, le tissage Bergier perdait un tiers de son personnel, ramené à 150 employés. Certaines

126. Rapport du commissaire de police de Villeurbanne, 20 juin 1913 (ADR).

entreprises fermaient tout à fait comme l'usine Marnas de l'avenue Galline, aux Charpennes. Les uns profitaient de la conjoncture quand d'autres en pâtissaient, les uns savaient saisir les opportunités quand d'autres les laissaient échapper. Tout était question d'un dosage inconnu de hardiesse et de prudence, d'énergie et de conservatisme, de savoir-faire et de chance.

D'un héritage du dix-neuvième siècle, le « tissage à vapeur Ponchon & Cie » aux Charpennes, et d'une technique, le velours de soie tissé en double pièce sur métiers Chavant, Pierre (Pétrus) Boissier fit une grande usine. Lorsqu'il se trouvait cours Émile-Zola, il employait 180 personnes sur environ cent vingt métiers. Ce ne fut pas le caractère essentiellement féminin de sa main-d'œuvre qui le convainquit de se transférer rue des Belles-Femmes, mais l'expansion de la demande et le besoin de renouveler ses machines afin de mettre les produits au goût de la mode : velours façonnés, couleurs et dessins. La nouvelle usine, plus grande, mieux bâtie, abritait deux cents métiers Béridot, des ateliers de canetage, d'ourdissage, de rasage du velours, d'emballage et d'expédition [127]. Pierre Boissier intégra son fils Joseph à la structure de la nouvelle maison « P. Boissier & Fils », avec la perspective de l'élargir à ses autres enfants et gendre ainsi que le voulait la tradition dans ce milieu. La maison de dentelles et tulles Dognin était déjà fort développée quand elle entreprit de transformer son atelier de Villeurbanne. « La maison fondée en 1805 s'est transmise régulièrement de père en fils et petit-fils avec associés », écrivait un ancien à la cursive régulière pour la section Dentelles de l'Exposition de 1878 : tissage à la Croix-Rousse, apprêt rue de Constantine, broderie à Condrieu avec, comme une toile tissée sur la région,

127. Mémoire dactylographié de Thierry Bosc, 2001, conservé aux Archives de Villeurbanne (AMV).

sous-traitance à La Verpillière, Saint-Jean-de-Bournay, Péage-de-Roussillon en Isère, Tain dans la Drôme. Les Établissements Dognin produisaient aussi à Calais et à Douai, au nord de la France. « Enfin la maison a trois sièges commerciaux » : à Lyon, à Paris, rue du Sentier, et à Londres, sur Newgate Street. Le fondateur, Jean-Claude, était arrivé de Savoie sous le Premier Empire. « Il est venu tranquillement à Lyon, de pieds, portant son baluchon à l'épaule et aboutissant à la Croix-Rousse [128] », expliquait en fin de vingtième siècle un descendant de la dynastie à l'écriture fort nette. Il n'est pas certain que le récit des origines soit des plus exacts. Il apparaît plutôt comme la marque symbolique d'une sorte de messianisme inscrit dans les gènes, le signe d'un grand destin. La légende voulait que le premier des Gillet fût arrivé de sa campagne beaujolaise en sabots, dénué de tout, et la légende voulait que le premier des Dognin vint à pied de bien plus loin, sans rien d'autre qu'un pauvre bagage. Jean-Claude Dognin emprunta aux Anglais leurs outils, conçut grâce à eux le « bobin grenadine », le « zéphyr », le « tulle illusion » de trois grammes au mètre carré qu'appréciaient les coquettes, et reçut de hautes distinctions pour ses produits sous Charles X. Son fils, envoyé à Calais, se mit en cheville avec Augustin Isaac, inventeur d'une imitation mécanique de la dentelle par application du procédé Jacquard. De l'association vint l'expansion. Ils importèrent avec succès les méthodes d'outre-Manche sans particulière inquiétude. « Avez-vous des brevets ? » leur demanda-t-on, du temps du second Napoléon. « Non, Monsieur le Président… Depuis longtemps nous y avons renoncé, parce que nous pensons que les prises de brevets ne servent qu'à mettre les moyens des inventeurs aux mains des

128. Lettre manuscrite de Laurent Issac, le 17 juillet 1993 (AMV).

contrefacteurs anglais ou autres [129]. » Les Établissements Dognin employaient pour leurs tulles et dentelles de la soie, cocons du Levant ou des Cévennes, et des poils de chèvre filés extrafins, montés « de manière spéciale » sur des métiers fabriqués pour eux en Angleterre. « La matière première ne joue pas le rôle principal dans l'industrie de la maison ; la presque totalité des débours est en main-d'œuvre », expliquait-on. « L'organisation du travail comporte une division aussi complète que possible, avec attribution de salaire proportionnelle au savoir-faire de l'ouvrier ou ouvrière, et de l'économie dans l'emploi du temps et des matières [130]. » Fabriquer le tulle et la dentelle était donc assez contraignant, dans un système à l'égard du personnel que ses promoteurs appelaient de « liberté bienveillante ». À cette époque, les ouvriers travaillaient douze heures par jour. « Les dix-huit vingtièmes de nos produits, se flattait la société, sont exportés dans toutes les contrées d'Europe et d'Amérique. » Les lourds métiers britanniques de Calais furent peu à peu transférés à la Croix-Rousse puis, lorsque la Croix-Rousse s'avéra peu commode, vers Villeurbanne où ils prirent leur place définitive. L'usine s'étendait toujours. Dognin, rue Dognin, s'agrandit en juin 1910, s'agrandit en juillet et en septembre 1911, s'agrandit en février 1912. Cinquante métiers à tulle, trente métiers à dentelles, quinze métiers à broder venus de Suisse. En 1914, la maison édita une brochure en anglais pour ses clients américains et sa filiale new-yorkaise Lace Net Importing C°. De jolies gravures, destinées à faire étalage de modernité, l'illustraient : « *Schiffli embroidery-looms at Villeurbanne* », « *Some of the plain net looms at Villeurbanne* »,

129. *Traité de Commerce avec l'Angleterre — Enquête — Industries textiles*, Paris, Imprimerie impériale, 1861, p. 456.
130. Note pour l'Exposition de 1878, Dognin & Cie, 27 juillet 1877 (AMV).

« *Bobin looms at Villeurbanne* », « *Machinery workshop at Villeurbanne* ». Villeurbanne était donc connue, pour ses usines au moins, jusqu'à New York et au-delà. Des dentelles représentant un palais des Mille et Une Nuits sont conservées dans le Midwest profond, au Museum of History d'Indianapolis, État d'Indiana. Dognin faisait le tour du monde. Milan, Barcelone, Vienne, Berlin... « Nous avions des bureaux à Londres, à New York, au Liban, dans d'autres villes. Nous avions un représentant qui visitait le monde arabe et Dieu sait si ce marché là était important [131]. » Les établissements Wyler, qui avaient construit leur usine de bonneterie cours Émile-Zola en 1911, exposaient à San Francisco. Le monde était devenu petit. Les étrangers aussi savaient exporter leurs techniques et leurs capitaux. Par un cheminement insolite, la SALT'S Textile Manufacturing C° d'Amérique, « société anonyme non syndiquée » propriétaire d'usines à Bridgeport dans le Connecticut et à Darby en Pennsylvanie, vint installer ses ateliers de velours et peluches au coin de la rue Flachet en janvier 1913. « Maison la plus importante du Monde », affichait-elle sans complexe.

Autour d'activités dominantes – la galaxie du textile (tulles, tissage, teinture et apprêts) –, le paysage industriel se densifiait et se diversifiait. À l'Est, l'Oxhydrique française s'occupait de gaz comprimé et les minoteries Bonnet de farine fine. L'en-tête des courriers aux vertus publicitaires suivait les évolutions : Les Grands Moulins électriques de Villeurbanne, « rue des Moulins électriques » [132], construits en 1900 et inaugurés l'été suivant exposaient leurs trois beaux bâtiments en U dont deux étaient reliés par une passerelle métallique couverte. Les Grands Moulins mus par l'invisible

131. Entretien avec M. Laurent Isaac conservé aux Archives de Villeurbanne, 27 avril 1995 (AMV).
132. Chemin de la Bouteille, ensuite rue Émile-Décorps.

courant avaient été visités par « tous les grands minotiers de France » et suscitaient l'admiration enthousiaste. Plus tard, la Grande Minoterie de Villeurbanne Henri Bonnet ajoutait à l'ensemble deux bâtiments d'entrée et une maison de maître, mais, miracle de la gravure, les minuscules personnages et chariots censés donner de la vie n'avaient, eux, pas bougé, pas plus que le train qui passait en fond sur la ligne de chemin de fer. Aux Charpennes, François Brunner élaborait son anti-rouille « Le Poulpe ». L'atelier Clerc-Renaud de machines pour la teinture et l'apprêt assemblait des suceuses, des lustreuses, des sécheuses à la continue, des flambeuses à une, deux et trois rampes, des polisseuses à tourteaux avec courroies en long et en travers, des dérompeuses à clous et à hélices, des doubles-fonds malaxeurs, des détrancaneuses simples et à pinces, des dérailleuses fixes et d'autres machines à cuire sans plis. Un plan dressé par les établissements métallurgiques Brondel dans le périmètre du cours Tolstoï, pour l'enquête de commodo et incommodo de création de l'usine [133], laisse apparaître en un cercle limité un nombre considérable de fabriques. Dans le voisinage de l'immeuble où le Crédit lyonnais entassait ses archives, chemin de la Rize, se trouvaient l'imprimerie Ramboz, l'Émaillerie lyonnaise, manufacture de plaques de rues, de plaques de chiens et de cœurs pour tombes, la teinturerie Picot, la fabrique de corsets Mille, la tannerie Goubert & Bizouard, la Société de cardage et filature, l'imprimerie Arnaud, sans parler de l'atelier des aveugles et malentendants. De même, un peu en arrière, dans un rayon de cent mètres, entre l'ancien clos du Sacré-Cœur et la place de la Cité, étaient concentrées la teinturerie Seux & Charel, l'usine métallurgique

133. Du latin *utile-nuisible* : enquête administrative sur les troubles éventuels pour le voisinage.

Baud, la fonderie de fonte Pollero, l'usine Gauthier & Vicard-Gauthier, etc. Et il en allait ainsi dans toute la ville où que le regard se porte.

ANTI-ROUILLE "LE POULPE"

Peinture de protection

MARQUE DÉPOSÉE

Peinture laquée

"L'ÉMAIL PÉTRIFIANT"

Onzième

BULLETIN DE GUERRE

du Personnel de l'Usine

GILLET et FILS

Villeurbanne

LYON
IMPRIMERIE ET LITHOGRAPHIE A. GENESTE
71, Rue Molière, 71
—
1916

[Chapitre 9]

EN GUERRE

La vie allait comme elle devait. Le grand cirque Napoléon Rancy se proposait, au printemps 1914, de donner ses représentations sous « tente américaine » au parc de Bonneterre. La Société d'encouragement aux Écoles laïques organisait sa douzième fête annuelle, « conformément à ses traditions », et l'association des Touristes lyonnais, section de Villeurbanne, préparait son vingt-neuvième concours de tir. La ville en était là de sa marche au progrès lorsque, sans prévenir, éclata la Grande Guerre. Un coup de feu tiré à Sarajevo sur un archiduc réveilla en Europe des passions nationalistes meurtrières. L'assassinat de Jean Jaurès par un fanatique le 31 juillet 1914 au Café du Croissant fit taire tout sentiment pacifiste. Le 1er août, débarrassé de ses soucis, le gouvernement décréta la mobilisation générale. Ils ne se firent pas prier ceux qui partirent les premiers, la fleur au fusil. Rares étaient ceux qui échappaient à la conscription. « Le nommé Chirac Marius, industriel dans la commune de Villeurbanne, rue Colin, 14, n'a pas été mobilisé, attendu qu'il a été réformé au début des hostilités [134]. » Il fallait

134. Lettre du 19 septembre 1916 (AMV). L'industriel mourut peu après.

pour cela, en principe, des raisons majeures. Bernaix & Bourdet, tullistes, furent tous deux appelés sous les drapeaux et, vers la fin de la guerre, ils l'étaient encore. Un registre consigne les engagements volontaires des premiers jours. Le 3 août 1914, à dix-huit heures, se présenta en mairie Fernand Andrin, âgé de 18 ans, forgeron, cheveux châtains, yeux gris, nez fort, ayant déclaré « vouloir s'engager pour servir dans le corps des équipages de la Flotte » avec le consentement de son père. Le 6 août à onze heures du matin, « le sieur » Kramel Venceslas, fourreur, 42 ans, né à Pohorsko en Bohême et demeurant chemin du Bon-Coin, proposa ses services « pour la durée de la guerre ». Une note du colonel chargé du recrutement, attachée au registre, tranche crûment : « Cet homme étant autrichien, il y a lieu de casser cet engagement [135] ». Ils étaient assez nombreux, en effet, les étrangers à vouloir rejoindre l'Armée française. Le quatrième engagé volontaire était italien, né à Turin, et habitait route de Vaulx. On l'orienta vers la Légion étrangère. Le cinquième était arménien et s'appelait Artin Tachdjian, chauffeur automobile âgé de 25 ans, né à Constantinople. Il signa son engagement d'une belle écriture, au contraire de son compagnon Antonio Druschovic, mécanicien ajusteur né à Andrinople et comme lui ressortissant de la Turquie ottomane. Les engagés de 1914 étaient très jeunes : Jean-Pierre Saint-Jal, apprêteur de tulles, volontaire « pour la durée de la guerre », avait 17 ans, comme Francis Merle, passementier, comme Jean-Marie Luminet, imprimeur sur étoffes, parti gaiement avec le consentement de sa mère. À la mi-août les armées s'affrontaient sur les frontières. Le gouvernement, prudent, se replia à Bordeaux. La guerre laissait

135. Registre des engagements volontaires (AMV).

dans les fossés des cadavres pour de vrai. Ils tombaient comme des mouches ceux qui étaient partis d'abord et ceux qui, par classes d'âge, avaient suivi. Henri Farge, 159e régiment d'infanterie, tué le 19 août 1914, notification cours Tolstoï ; Jean-Marie Chevret, 22e régiment d'infanterie coloniale, mort pour la France le 27 août 1914 lors d'un combat livré dans la forêt de Jaulnay près Pouilly (Marne), teinturier, rue du Tonkin ; Léon Balenayre, 75e d'infanterie, tombé au champ d'honneur le 28 août 1914 à l'ambulance 8.XX.c.a., inhumé par les soins des autorités allemandes, adresse : 57, rue Magenta ; et le gamin Jean-Marie Luminet, 35e régiment d'infanterie, 9e compagnie, numéro matricule 9919, décédé le 4 mars 1915, famille avisée, cours Tolstoï, n° 53… La guerre les emportait. À Villeurbanne, mille sept cent treize hommes périrent dans les combats : 4 % d'une population qui avoisinait les quarante-deux mille habitants, adultes et enfants, et dont seuls partaient les hommes valides, jeunes et parfois moins jeunes. Toute la durée de la guerre, le Conseil municipal se réunit sous la présidence d'Alexis Perroncel, adjoint délégué, en l'absence du maire mobilisé. Sur une carte postale représentant la « sortie des ouvriers des Usines Gillet », un Villeurbannais écrivait à des cousins : « Je vous souhaite une bonne année et une bonne santé et la fin de la guerre. Cher André, j'ai oublier de te demander l'adresse de Monsieur le Maire qui est sous-intendant. Il a le grade de lieutenant-colonel. » S'agissait-il de Jules Grandclément ? Sa biographie détaille peu ces années. Il rejoignit le camp de Sathonay à la déclaration de guerre et fut versé dans les zouaves en qualité de médecin-major [136]. Lazare Goujon, également docteur installé à Villeurbanne et lui aussi socialiste,

136. Cf. *Georges Lévy, une vie au service du peuple*, SEIC, Saint-Étienne, s.d.

fut nommé médecin aide-major de 1re classe à Briançon puis à Vienne avant de partir pour l'armée d'Orient. De toutes professions, mais pas tous à la même place, les appelés se retrouvaient sous l'uniforme.

Lorsque vint le temps, les statisticiens répartirent les morts dans leurs cases. À Villeurbanne, la grande majorité étaient ouvriers. Teinturiers : 173 ; tullistes : 99 ; apprêteurs : 73 ; métallurgistes : 36 ; menuisiers : 29 ; ouvriers en chaussures : 28 ; mécaniciens ajusteurs : 23 ; mécaniciens tourneurs : 17 ; corroyeurs : 16 ; imprimeurs : 14 ; manœuvres : 382... Tous étaient morts. Et les cultivateurs : 64 ; et les commerçants : 28 ; et les garçons de café : 6 ; et les tripiers : 3. La mort n'oubliait personne, pas même le lieutenant Joseph Boissier, le « & Fils » des velours P. Boissier, trépassé le 31 octobre 1914 aux Noires-Colas, commune de Bionville (Meurthe-et-Moselle), pas même son jeune frère Alexis, tué à l'ennemi le 29 mars 1918. Ainsi disparaissaient-ils dans toutes les armes et sur tous les théâtres d'opérations, du nord au sud et de toutes les façons. Henri Rautureau périt à Obvserskaïa, en Russie du Nord, avec le corps expéditionnaire contre les bolcheviks, et Jules Pierrot mourut à Colomb-Béchar, dans le Sud oranais, au 5e bataillon d'Afrique. La guerre était mondiale et mobilisait pour ses fins toutes les inventions en une fantastique pulsion destructrice. Jean-Hippolyte Broyer, caporal au 8e colonial mixte, tué entre le 7 et le 12 mai 1915 aux Dardanelles (Turquie) ; Henri Chamolay, 2e zouaves, décédé le 27 novembre 1916 à la cote 1050, au nord-est d'Oranovo (Serbie) ; Angelo Donadini, italien, régiment de marche de la Légion étrangère, fauché sur la Marne le 17 avril 1917, résidant à Villeurbanne rue des Poulettes ; Louis Bath, mécanicien, matelot « présent à bord du Danton disparu en mer le 19 mars 1917 lors de la perte de ce bâtiment » ;

Marcel-Antoine Bornet, caporal au 3e groupe d'aviation de bombardement, tué à Verdun, le 21 mars 1916 ; Eugène Wasner, dans le civil employé d'usine chez Villard, incorporé au 23e régiment d'artillerie, mort pour la France au cours d'un bombardement par avions le 22 juin 1918 à Trosly-Breuil (Oise). L'aviation, dans cette guerre, avait trouvé son rôle, tout comme l'automobile et les gaz.

La guerre ne se faisait pas qu'au front. L'industrie, le monde ouvrier, le pays entier étaient aspirés. La guerre s'éternisait et imposait son tempo à toute la société, aux manières d'être, de penser et de subsister. Les gens vivaient pour elle, les usines tournaient pour elle, et les animaux eux-mêmes n'étaient pas épargnés. La Société anonyme de filatures de schappe Villard & Cie réclamait une ristourne de 95 francs pour prix d'un cheval prélevé en 1914. « Je vous informe que mes trois chevaux et mes trois camions ont été réquisitionnés et qu'ils ne seront pas remplacés jusqu'à nouvel ordre », écrivait l'industriel François Brunner au maire afin de ne pas payer d'impôts sur ce qu'il ne possédait plus. « J'ai l'honneur de vous faire connaître que la jument inapte prêtée à la commune de Villeurbanne pourra être réintégrée au 14e escadron du Train », notifiait le préfet à la fin de l'hiver 1915. « La remise devra s'effectuer avec production du certificat affectant que cette jument a été malléinée et n'est atteinte d'aucune maladie contagieuse [137]. » Les usines trouvaient de nouvelles destinations. Les bâtiments religieux se voyaient convertis en hôpitaux, les champs de courses transformés en parcs à bestiaux. Le Verbe Incarné de la rue de la Reconnaissance et l'Immaculée Conception de la place de la Mairie servaient d'ambulances, comme les Sœurs de l'Assomption

137. Lettres au maire de Villeurbanne, 21 novembre 1914 et 2 mars 1915 (AMV).

de la route de Vaulx et l'Institut pour les sourds-muets et les aveugles du chemin de la Rize. Quatre-vingt-dix entreprises travaillaient pour l'armée. Julien & Prat, fabrique de moteurs cours Tolstoï, Johnson & Fils, mécanicien constructeur rue de l'Égalité, et Burlat rue Poizat fournissaient l'aviation. La Société lyonnaise de caoutchouc, *pneu Lugdunum*, de la rue du Quatre-Août, et les établissements Lacollonge du cours de la République garnissaient les automobiles. Depuis Liverpool, en Angleterre, un ingénieur s'inquiétait de savoir si à Villeurbanne se faisaient toujours les joints de cuivre rouge et le produit Asbest si utiles aux moteurs. La scierie mécanique Galien de la rue des Antonins clouait des caisses à munitions et taillait des piquets de tentes. Clerc-Renaud, route de Vaulx, Allard-Latour, rue Louis-Guérin, Pallero, impasse Poncet, tournaient des obus. Descollonges, essences pour parfums à l'oiseau de paradis, donnait dans les explosifs, l'Oxhydrique française poursuivait dans les gaz. Les usines désaffectées servaient de cantonnement aux troupes de passage. L'ancienne tannerie Goiffon et la société des Glaces hygiéniques abritaient la 28e compagnie du train.

Les usines Gillet, qui ne manquaient pas d'ouvrage, avaient entrepris d'éditer un *Bulletin de Guerre du Personnel de l'Usine* pour soutenir le moral des siens, donnant à chacun et à chacune des nouvelles de leurs connaissances, en respectant l'ordre hiérarchique. Le plus souvent, les cadres étaient officiers et les ouvriers soldats. M. Gillet Edmond, 51e régiment d'artillerie, « toujours mobilisé dans les usines pour le décapage et autres manipulations d'obus, ainsi que pour la fabrication d'explosifs et de divers produits chimiques pour le service de la guerre ». Le sous-lieutenant Gillet Charles, « toujours en mission pour le grand état-major à... Nous le savons en bonne santé ». Le sous-lieutenant

Gillet Paul « dirige un convoi sanitaire américain dans la région de V… et est en bonne santé ». Le sous-lieutenant Burtin, chef comptable, « nous dit qu'il espère bientôt venir en permission ». M. Fayolle, chimiste, « est venu nous voir le 2 juillet en permission de six jours, il était resplendissant de santé et a retrouvé son sourire ! ». Victor Tavernier, « quel nomade que cet ami ! Il lui arrive de changer souvent de résidence et chaque fois, bien sûr, il est en subsistance dans un nouveau régiment (histoire de connaître la cuisine variée !). Est venu nous voir fin juin, superbe d'allure et de mine ». Frédéric Dorion, caporal brancardier, « était en bonne santé ». Tardy, « nous annonce la naissance de son troisième bébé, un fils (classe 1936) ». Sur des pages et des pages, la litanie se poursuivait. Henri Pansu, « médaille militaire, croix de guerre avec palme ». Jean Venet, « prisonnier en Allemagne ». Émile Patay, « prisonnier en Allemagne ». Allégret, « toujours sans nouvelles de cet ami depuis novembre 1914 (signalé comme disparu) ». Car les nouvelles n'étaient pas toujours celles espérées. J.-M. Mermoz, « disparu dans le naufrage de la *Provence* ». Henri Giffon, « tombé face à l'ennemi ». Albert Dumoulin, « mort au champ d'honneur ». Antoine Burtin, passé lieutenant, « mort pour la France ». Lazare Balaÿ, chevalier de la Légion d'honneur, lieutenant au 175e régiment d'infanterie, frère de M. Henri Balaÿ, mort au champ d'honneur. Le *Bulletin* évoquait aussi les filiales étrangères « alliées », l'usine de Pouchkino, en Russie, et l'usine de Côme, en Italie. Pouchkino : le lieutenant Chamouton Claudius, officier observateur en aéroplane, « fait toujours de la bonne besogne ». Côme : le sous-lieutenant Umberto Walter « toujours solide au poste en attendant la victoire finale ». Les Italiens de l'usine de Villeurbanne, rappelés sous les drapeaux de leur pays, envoyaient des lettres de temps à autre :

Giovanni Tarditi « nous dit avoir été blessé deux fois peu gravement et doit retourner sous peu pour le front. Envoie ses amitiés à ses patrons et camarades de l'usine [138] ».

Les ouvriers étant sur les lignes, il en fallait trouver d'autres pour nourrir les ateliers. Un quelconque chef de bureau de la Mairie se faisait l'écho de cette déficience de main-d'œuvre. « Un de mes amis, M. Charles Blanc, industriel à Villeurbanne, rue Pascal 6, recherche du personnel pour les besoins de son industrie. Il tiendrait autant que possible à occuper des mutilés de guerre pour un travail très rémunérateur, à condition que ces mutilés, amputés d'une jambe si possible, aient leurs membres supérieurs suffisamment forts, pour faire un travail assis ou debout au besoin [139]. » Des établissements extérieurs, même, venaient prospecter. La fabrique de soie de Saint-Chamond, dans la Loire, demandait au préfet du Rhône, qui répercutait à Villeurbanne, de lui envoyer, « si toutefois la chose est possible, une dizaine d'ouvrières jeunes filles ou femmes. Nous manquons actuellement de personnel féminin, les établissements travaillant à la défense nationale en occupant un très grand nombre. » Les heureuses élues recevraient un salaire « raisonnable » qui pourrait être doublé par le travail aux pièces, elles seraient logées gratuitement dans un dortoir attenant à l'usine. À Villeurbanne, les femmes, déjà si nombreuses avant guerre devant les machines, payaient de leur personne. Elles étaient souvent seules à subvenir aux besoins d'une famille. Pour celles qui ne trouvaient pas d'emploi, la commune créa, en 1915, un ouvroir municipal, des travaux de couture à domicile pour confectionner des vêtements militaires,

138. *Onzième Bulletin de Guerre du Personnel de l'Usine Gillet et Fils Villeurbanne*, Lyon, imprimerie Geneste, 1916.
139. Lettre du 18 décembre 1917 (AMV).

vestes et pantalons de drap bleu ou kaki, des musettes, des couvre-casques, des calots, des poches à cartouches. Elles étaient près de trois cents à être ainsi employées [140]. Mais elles préféraient les usines, qui payaient mieux. « Depuis le 1er février, écrivait à une amie une ouvrière de santé fragile, je suis à travailler avec Bénoni à l'usine de la rue Poizat. Je m'ennuyais beaucoup, aussi je l'avais prié de demander à son patron de m'occuper, et comme le Monsieur qui était avec lui changeait d'emploi, M. Heinrich voulut bien me prendre à sa place. Nous avons beaucoup d'ouvrage [141]. » Ce n'était pas assez, cependant, cette mobilisation des femmes, pour combler les vides. Il fallut faire appel à la main-d'œuvre étrangère, aux ressortissants de pays accessibles et aux masses humaines des colonies. C'est ainsi qu'arrivèrent à Villeurbanne les premiers Espagnols. Ils organisèrent une *Sociedad Cooperativa*, une société coopérative, cours Tolstoï, qu'ils avaient baptisée *La Esperanza – L'Espérance*, dissoute en 1918. Son président s'appelait Torralba. Vinrent aussi des Grecs qui eurent le mauvais goût de réclamer. Ils fabriquaient des galoches, chaussures à semelles de bois, rue Jean-Claude-Vivant, et furent renvoyés quand on n'eut plus besoin d'eux. La police ne faisait pas dans la nuance. « Le nommé Dimitracopoulos, considéré comme meneur de la grève, a été refoulé le 6 mai sur le dépôt des ouvriers grecs à Marseille [142]. » Les besoins étaient sans fin, la demande inextinguible. Les ministères, l'armée et les industriels allaient prendre la main-d'œuvre aussi loin que le permettaient leurs moyens qui étaient grands. À l'usine métallurgique Bocuze de la rue Flachet étaient cantonnés quatre-vingts « Annamites » amenés du

---

140. Ouvroir municipal de Villeurbanne, juin 1915-juin 1916 (AMV).
141. Carte postale colorisée « Lyon – Place de Villeurbanne », envoyée le 12 février 1916.
142. Rapport de police, grève des galochiers chez Vincentelli, mars 1918 (ADR).

Tonkin [143], des Indochinois groupés militairement sous la conduite de l'adjudant Théodore Geoffray « colon lyonnais à Hanoï » et de deux sergents interprètes. Ils étaient arrivés courant 1917 et, près de leurs baraquements, avaient édifié une pagode – « la première élevée dans la région lyonnaise ». « La pagode, très simple, comporte les ornements et les inscriptions en usage chez les peuples d'Orient. » Un bonze venu de Marseille célébra la cérémonie d'inauguration. Devant l'industriel Bocuze et tout le personnel de l'usine, qui occupait trois cents ouvriers, le sergent Hien dit « l'amour des Annamites pour la France, leur protectrice [144] ». Le ministère de la Guerre, chargé des recrutements, désignait ces manœuvres coloniaux sous le vocable d'« exotiques » pour les différencier des « étrangers » (européens : Hélléniques, Monténégrins, Portugais, Espagnols, Suédois). Vers 1916 apparurent dans l'agglomération les premiers travailleurs algériens, déplacés sans leur accord des montagnes de Kabylie. Sur la liste des assimilés militaires inhumés à Villeurbanne figuraient Mohamed Ben Ali Manusi, travailleur algérien décédé le jour de Noël 1916, Lassen Ben Mohamed, travailleur marocain, et Joaquin Manoel, travailleur portugais. L'immigration, jusque-là presque exclusivement italienne, changeait de visage.

143. Le Viêtnam colonial était divisé entre le Tonkin au nord, l'Annam au centre et la Cochinchine au sud. Mais l'opinion et les journaux faisaient rarement le distinguo et confondait volontiers « Annamites » et « Tonkinois ».
144. *Le Progrès*, 18 février 1918.

LYON-CHARPENNES. — Ancienne Route de Vaulx (cité Garcin).
Edit. P. D.

SOCIÉTÉ LYONNAISE DE CAOUTCHOUC LYON-VILLEURBANNE
FABRICATION DES PNEUS D'AUTOS.

[Chapitre 10]

LES TEMPS DIFFICILES

Vers la fin de la guerre, des Allemands faits prisonniers furent « mis à la disposition » de la commune pour nettoyer les rues et creuser les fosses du cimetière. Ils étaient vingt. L'adjoint-délégué en réclamait de nouveaux, « en raison de la pénurie de main-d'œuvre et de l'importance qu'il y a à assurer l'hygiène dans une cité industrielle comme la nôtre [145] ». Il faisait appuyer sa demande par le député Voillot, l'un des anciens du Parti ouvrier. En dépit des proclamations patriotiques, la situation était pesante. La population manquait de tout. Une cruelle misère s'insinuait dans les foyers. « Mon mari Charles Benoît ayant été mobilisé le 2e jour de la mobilisation au 7e cuirassiers, j'ai dû seule et sans ressources quitter Lyon où nous habitions, avenue Galline, 20, et me rendre chez mes parents, mineurs à Rive-de-Gier, Loire », écrivait une jeune femme en octobre 1914 afin d'obtenir une allocation gouvernementale [146]. Certains industriels versaient une obole « en faveur des victimes nécessiteuses de la guerre ».

---

145. Lettre de l'adjoint-délégué au commandant militaire du département, 14 novembre 1918 (AMV).
146. Lettre au maire de Villeurbanne, 13 octobre 1914 (AMV).

Henry Pervilhac, chemin de la Doua, offrit cent francs à la Mairie « pour les pauvres » en deux billets de cinquante. L'abbé Liaud donna mille francs de la part de l'industriel Vicard-Gauthier, rue Poncet, bon catholique. « Au nom de tous les malheureux, je vous adresse mes remerciements les plus sincères pour votre geste généreux qui nous permettra de soulager plus efficacement les infortunes malheureusement trop grandes de l'heure présente », répondait l'adjoint-délégué pour le maire mobilisé [147]. Se chauffer, manger, se vêtir était, pour beaucoup, devenu un problème. Ceux qui le pouvaient cultivaient leur « jardin ouvrier », mais ils étaient privilégiés. On vit croître dans les champs les petits et gros larcins. Les paysans de la commune dénonçaient des vols « répétés » de récoltes commis la nuit. Durant l'année 1915, la municipalité distribua pour 16 486,25 F de charbon, 39 710,65 F de pain, 4 607,30 F de pommes de terre, 1 538,32 F de lait et 2 477 F de galoches. La consommation annuelle de combustible pour les ménages s'élevait dans la commune à 25 600 tonnes, une quantité très inférieure aux appétits de l'industrie et des usines à gaz – 120 563 tonnes – qui étaient régulièrement approvisionnées. Les Américains, qui ont pour habitude, peut-être en souvenir de La Fayette, de secourir les Français dans les moments difficiles, annoncèrent par voie de presse qu'ils allaient distribuer des secours. Les familles les plus éprouvées devaient recevoir chacune cent francs. Les nécessiteux étaient nombreux et les demandes affluaient. « Je me suis trouvée seule avec mon fils né un mois après la mort de son père. Me trouvant actuellement dans une situation assez critique avec mon enfant surtout par suite de maladie... » (rue d'Alsace).

147. Lettre de l'adjoint-délégué, 4 février 1918 (AMV).

« Restant avec un enfant âgé de 6 ans ½ cet enfant est presque toujours malade, je suis forcée de faire de grands sacrifices... » (cours Tolstoï). « Mon fils est disparu au début de la guerre. Il était employé à la maison Gillet et gagnait cinq francs par jour. Mon épouse, sa mère, est alitée depuis 1913 et je suis amputé du bras droit... » (cours Tolstoï). « Mon mari, qui était toute ma fortune, est mort en héros le 23 janvier 1917 au cours d'un combat aérien contre cinq appareils de chasse ennemis, et me laisse avec deux enfants âgés de 4 et 8 ans, et un petit commerce qui ne me rapporte plus rien... » (rue de la Convention). « Je suis veuve avec cinq enfants, mon mari étant mort le 15 juillet 1917 à Figeac où il travaillait dans une usine de guerre. J'ai un fils Émile de la classe 1916 actuellement sur le front, mon second fils de la classe 1917 actuellement sur le front aussi, mon troisième fils de la classe 1919 qui je crois ne veut pas tarder à partir, je resterai seule avec deux fillettes, Juliette âgée de 13 ans et Rose âgée de 10 ans... » (rue Neuve-des-Charpennes). Les dossiers s'accumulaient, présentant tous des cas dignes d'attention. Rue Flachet, une veuve de 38 ans ; cinq enfants de 3 à 14 ans, la plus âgée travaillait déjà chez Gillet. Avenue Thiers, une veuve employée à la Société lyonnaise de teinture (3 F par jour) ; son fils, Louis, classe 1912, tué le 24 août 1914 ; son fils, Joseph, classe 1918, métallurgiste, parti le 4 mai 1917 au 2e groupe d'aviation ; sa fille, Pauline, âgée de 14 ans, apprentie au pliage usine de Teinture (2,50 F par jour). Rue du Quatre-Août, une veuve de 48 ans, mari tué le 5 octobre 1915 au 414e de ligne, une fille employée chez Mille et l'autre chez Dognin, « par suite de manque de travail ne travaille que 2 ou 3 jours par semaine (3,50 F par jour) » [148]. La faim, la faim

148. Note de la Mairie, 27 octobre 1917 (AMV).

brute, se manifestait, tenaillait les estomacs, crispait les mâchoires, tournait les têtes. C'était si violent que, en janvier 1918, une boulangerie fut pillée. « J'exploite une petite boulangerie dans un quartier très ouvrier, aux Charpennes, se désolait la propriétaire. Malgré toute ma bonne volonté, pendant cette période de crise de pain, puisque je n'ai jamais diminué la fabrication, au contraire, ayant reçu des farines de la Préfecture, j'ai augmenté les fournées, mais étant seule, mon mari est mobilisé au secteur 23, je n'ai pu éviter l'invasion de ma boulangerie et même de mes appartements et particulièrement dimanche 6 janvier [149]. » Vitres cassées, portes enfoncées. Les signes inquiétants du désordre surgissaient dans les cœurs. On vit dans la région, à Roanne, deux mille manifestants « motivés par l'insuffisance de la vente de pain » incendier la maison d'un industriel en criant « À bas la guerre ! ». On vit la privation de vin provoquer la colère des mineurs et des métallurgistes de Saint-Étienne. Les districts de Firminy, Unieux, Le Chambon-Feugerolles et la vallée du Gier étaient en effervescence. Des mouvements sociaux touchaient toutes les usines de Saint-Chamond et Rive-de-Gier. Le préfet du Rhône craignait que les troubles de la Loire ne se répercutent sur la métallurgie lyonnaise et réclamait au Ministère la présence dissuasive de troupes. Le mécontentement grondait. L'enthousiasme guerrier des débuts avait fondu. En juin 1917, les fileurs de chez Villard, et surtout les fileuses, cessèrent le travail en totalité pour protester contre la cherté de la vie. 650 au total, 565 femmes (87 %). Au même moment, les transports en commun de toute l'agglomération étaient paralysés par une grève contre la hausse des prix et le travail précaire des mal nommés

149. Lettre au préfet du Rhône, 10 janvier 1918 (AMV).

« receveurs » et « *wattmen* » de l'OTL (alors qu'il s'agissait d'une majorité de femmes – 1 214 femmes et 605 hommes parmi les grévistes). À la coopérative ouvrière de verrerie, elle-même, le travail cessa, en 1918, pour obtenir une augmentation de salaire proportionnelle aux charges de famille. Après elle, la Société lyonnaise de caoutchouc fut affectée par un mouvement qui exigeait 40 % de plus et arrachait 20 %.

Les revenus familiaux se rétrécissaient. Veuves et orphelins étaient légion. Une loi institua l'œuvre des « pupilles de la Nation ». La Verrerie ouvrière proposa un certain nombre de ses membres pour siéger à l'office départemental : Barthélemy-Pierre Sornin, calibreur de tubes, 50 ans, André Douzet, chef expéditeur, 52 ans, Louis Curty, verrier, 51 ans. Le Casino de Villeurbanne, l'un des cinémas, organisa une « grande soirée de gala » au profit des pupilles de la Nation, avec le concours de la Fanfare et d'artistes : Mlle Xertia qui chantait *La Tosca*, et Dores « original comique » dans son répertoire. En fin de troisième partie le Casino jouait *Leur amour*, comédie en un acte. Deux cinémas fonctionnaient pendant la guerre dans le quartier des Charpennes : le Casino et les Variétés. Le troisième, le Modern', de la place de la Bascule, racheté en juin 1914 à un certain Sangoir par Étienne Viviant, avait été frappé de fermeture administrative en août 1915 sur requête de l'autorité militaire, avec l'assentiment de la municipalité et de l'adjoint Hippolyte Kahn qui habitait l'immeuble. Le tableau du quartier dressé pour la cause n'était guère flatteur. « Les jours de représentation, rapportait le commissaire de police, les clients se réunissent devant l'établissement et aux abords, au moment des entractes, ils sortent pour prendre l'air et se répandre sur le trottoir devant les magasins ; il existe en outre, tout à côté, deux bars très fréquentés par les interlopes des Charpennes [150]. » La presse, parfois, se faisait écho d'événements peu encourageants : « Une rixe où le couteau a vu le jour s'est produite, hier, à neuf heures du soir. » Une histoire confuse et partie de rien, comme souvent, mais pour finir il y avait du sang sur le carrelage. Dans l'un de ces cafés connus de la police, en quémandant une cigarette, une fille publique avait froissé la susceptibilité d'un Italien qui la gifla, son protecteur s'en mêla ainsi que les amis du Transalpin, « Italiens comme lui », qui sortirent leurs couteaux, puis les amis du souteneur entrèrent dans la danse, jusqu'au moment où arrivèrent les agents et où les participants couverts de sang affirmèrent qu'il ne s'était rien passé et qu'ils n'avaient rien vu. Les Italiens s'évanouirent dans la nature, les filles retournèrent à leurs activités et le proxénète fut conduit à l'hôpital dans un état sérieux. Mais il était naturel, disait-on, sinon normal, et en tout cas bien dans la tradition que cette place en lisière de Lyon, au carrefour de six rues et avenues, au croisement des tramways de Perrache à Cusset, des Cordeliers à Croix-Luizet et Vaulx-en-Velin, attire un public particulier. Le propriétaire du cinéma fermé, s'estimant l'objet d'une décision arbitraire, se défendit comme un beau diable. « Si ce n'était pas l'état de guerre, écrivait-il au ministre de l'Intérieur, et que j'ai arrêté par esprit de discipline actuellement nécessaire, les gens qui voulaient prendre ouvertement ma défense contre cette iniquité dont je suis victime, un scandale aurait publiquement éclaté dans cette commune qui est socialiste unifiée et que la population ne peut plus supporter les maladresses que commet son conseil municipal avec de tels adjoints en tête [151]. » Malgré ses charges

150. Rapport du commissaire de police des Charpennes, 29 juin 1915 (ADR).
151. Lettre au ministre de l'Intérieur, 28 janvier 1916 (ADR).

contre les socialistes et les francs-maçons, le propriétaire du cinéma reçut l'appui de la Ligue des droits de l'homme, peu regardante. « De tous temps, la place de la Bascule a été un lieu de rendez-vous de gens de mœurs douteuses », estimait l'association par la voix de son délégué, le député socialiste Marius Moutet, soucieux de défendre les « principes de la liberté du Commerce ». Après les hostilités, le cinéma put rouvrir ses portes et devint *L'Étoile*. Il y avait d'autres façons de se distraire que d'échanger des coups de surin au clair de lune. Avant son interdiction, le Modern' Cinéma projetait sur sa toile *Le professeur mystère* et *Roger la Honte*, d'après le roman de Jules Mary. Le cinématographe du cours Tolstoï, quant à lui, se prévalait de « beaux programmes » : *Esclave de Phidias*, une reprise de *Judex* et autres « films merveilleux ». La guerre n'effaçait pas tout à fait la vie.

La guerre, triste constatation, était bonne pour l'industrie. Le malheur des gens du commun n'était pas antinomique d'une vague de surchauffe économique. L'époque vit l'entreprise suisse Bally investir en France. Bally fabriquait des chaussures – produit de première nécessité – et absorba le manufacturier Camsat installé depuis 1908 au moins. Camsat avait déjà une certaine surface. Ses ouvriers étaient venus au secours des grévistes du concurrent Leplant en 1912 et Camsat avait été la dernière entreprise à fronder avant la déclaration de guerre. Au printemps 1914, la catégorie des cordonniers « cousu-main », sur un personnel qui ne comptait alors pas moins de deux cent cinquante personnes, exigeait la mise à pied d'un contremaître mal embouché. La fusion, dans cette période de grands besoins, fit faire un bond à la firme. Une grande et belle usine fut construite. Il était alors cousu à haute cadence deux cent cinquante paires de chaussures par jour. Un psychologue à la petite semaine expliquait la réussite de ce mariage d'affaires par l'harmonie des caractères lyonnais et helvétiques : « L'usine de la rue du Quatre-Août est l'un des prototypes de cette heureuse collaboration entre les gens du Rhône et ceux du Léman [152]. » La guerre faisait voir grand. Le tisseur Henry Bertrand qui avait pris pied peu avant sur le cours Émile-Zola [153], voulait ajouter à ses activités de soierie une filature de laine, mieux adaptée au temps. Les débouchés étaient largement ouverts. À une interrogation du préfet et de l'armée qui s'inquiétaient de savoir s'il existait des usines inoccupées pouvant être reconverties, le maire par intérim répondait « après recherches faites » qu'il n'y en avait aucune [154]. Au contraire, des agrandissements s'effectuaient, des transferts s'opéraient et sur les terrains libres s'édifiaient de nouvelles bâtisses, de nouveaux ateliers. La commission de la voirie qui, par souci d'économie ou de sécurité, faisait enlever des becs de gaz et poser des bouches d'incendie, parcourait la commune : rue du Quatre-Août, supprimer deux becs « vers les Américains » (l'usine SALT'S du Connecticut) et « chaussures Bally » ; rue Arago, poser une bouche d'incendie « face usine Matériel isolant ». Cela n'allait pas évidemment sans inconvénients. Un industriel du chemin de Cyprian, quartier excentré, s'en plaignait : « Ce chemin, à la suite de constructions d'usines à son extrémité, est des plus fréquentés, écrivait-il à l'automne 1916, il y passe dès à présent plus de monde que dans n'importe quelle voie de la commune, il serait donc plus qu'urgent que l'on puisse y voir clair, car à la sortie de ces usines il y fait tellement noir qu'on se heurte les uns les autres,

152. Georges-Paul Menais, *Géographie industrielle de Lyon*, Guides Bleus Hachette, Paris, 1958, vol 1, p.93.
153. À l'emplacement de l'actuel magasin *Carrefour*.
154. Lettre de l'adjoint-délégué, 13 juillet 1918.

c'est vous dire à quel point la nécessité s'impose de la réinstallation des becs qui existaient avant la guerre [155]. » C'était à cet endroit, en effet, que s'étaient installés sur un vaste tènement les Ateliers de construction électrique de Delle, un complexe de bâtiments de deux étages, cheminée, château d'eau, desservi par la voie ferrée et des camions automobiles ou hippomobiles, et c'est pourquoi le modeste chemin de Cyprian était devenu « chemin stratégique », de lourds chargements y transitaient, entrant et sortant de l'usine, défonçant la chaussée. Delle était née loin de là, dans le Territoire de Belfort, mais la guerre avait précipité son repli en zone protégée. Le chef de la Sûreté à la préfecture dressa au printemps 1918 un tableau saisissant des évolutions industrielles. « L'état de guerre, relevait-il, a modifié sensiblement la physionomie politique et sociale de Lyon et de son agglomération. À l'industrie locale d'avant guerre, constituée en majeure partie par les tissages, teintureries, produits chimiques et fabrications d'art, est venue s'adjoindre la métallurgie qui, en raison des circonstances, s'est développée au détriment des productions de luxe et a, en quelque sorte, monopolisé l'activité ouvrière et la main-d'œuvre… Nulle part, la guerre n'aura apporté autant de création d'usines et n'aura groupé en un espace restreint, possédant des ressources naturelles jusqu'alors inutilisées, un tel faisceau d'industries nouvelles, recueillant en quelque sorte l'activité du nord de la France et des centres industriels troublés par les fluctuations du front [156]. » De ce point de vue, la banlieue lyonnaise était parfaite : elle ne risquait pas de recevoir les obus de la Grosse Bertha.

155. Lettre au maire de Villeurbanne, 30 septembre 1916 (AMV).
156. Rapport du chef de la Sûreté de Lyon, 24 avril 1918 (ADR).

La section communiste de Villeurbanne.

[CHAPITRE 11]

LA VILLE ROUGE

Les gens, la ville, sortirent de la guerre transformés. Le lieutenant Ramboz, de l'imprimerie Ramboz, revint avec la Légion d'honneur. Le maire Grandclément, parti socialiste, rentra communiste, admirateur du bolchevisme. Las des privations, des souffrances sans nom, les moujiks russes vêtus de haillons avaient renversé leur tsar en février 1917 et remis le pouvoir, en octobre, aux « maximalistes », comme on disait alors, emmenés par Lénine et Trotsky, deux révolutionnaires qui avaient vécu en France dans l'émigration [157]. Sur la Hongrie, l'Allemagne et l'Italie soufflaient des vents d'insurrection. En France, de grandes tensions énervaient la société. Le chef de la Sûreté à la préfecture, fort renseigné, avait su distinguer les causes du malaise. « La fortune subite des patrons métallurgistes, notait-il, le succès inespéré de leur industrie, le besoin de profiter sans retard de bénéfices dépassant les conceptions les plus audacieuses, les ont entraînés

157. Léon Trotsky publiait pendant la guerre à Paris le journal russe d'opposition *Naché Slovo* (*Notre parole*). Il fut frappé d'interdiction de séjour, bien que parlant parfaitement le français et ayant des enfants scolarisés, et expulsé vers l'Espagne en 1916 sous escorte policière. En octobre 1922, Édouard Herriot, maire de Lyon, en voyage au Kremlin, rendit visite à l'indésirable devenu commissaire du Peuple (ministre) et chef de l'Armée rouge.

à des manifestations de luxe et de bien-être qui réagissent d'autant plus vivement sur l'esprit public qu'on était accoutumé à Lyon aux traditions d'économie et de simplicité qui distinguaient la vieille industrie de la soie [158]. » Les « bénéfices de guerre », profits monstrueux et indécents réalisés sur les fournitures de mort, alimentaient dans l'opinion une vague de ressentiment et de colère. Depuis l'armistice, le nombre des adhérents du socialisme dans le pays avait été multiplié par quatre et la CGT atteignit un million de membres, ce qui n'empêcha pas la Chambre de prendre une couleur « bleu horizon », celle des Poilus des tranchées que s'appropriait la droite victorieuse dans les urnes. Le Parti socialiste, tiraillé entre ses tendances, se brisa en deux et les syndicats en plusieurs tronçons. Le maire de Villeurbanne, en se prononçant pour une nouvelle Internationale ouvrière, la Troisième qui siégeait à Moscou, fit de sa ville la première municipalité communiste du département. Jules Grandclément n'était pas un théoricien, ni même un tacticien. Il pensait simplement ce qu'il pensait depuis qu'il était revenu de la guerre, comme l'Association républicaine des anciens combattants, l'ARAC, dont il était membre et qui voulait ne plus jamais revoir les années écoulées, les veuves, les orphelins, les morts, les mutilés. Jules Grandclément était discipliné et s'en remettait aux avis du parti pour ce qui était de la grande politique, tout comme son compagnon Georges Lévy, de la même génération et de mêmes convictions. Une photographie les montre en congrès sous la bannière écarlate « Parti SFIC – Section de Villeurbanne [159] », avec quelque soixante-dix camarades, la plupart moustachus à

158. Rapport du chef de la Sûreté de Lyon, 24 avril 1918 (ADR).
159. SFIC : Section française de l'Internationale communiste (par opposition à l'ancienne SFIO), photographie du 18 décembre 1921.

chapeau, deux ou trois femmes, pas plus, et au premier rang, invité d'honneur : Marcel Cachin.

Les communistes, le bolchevisme, effrayaient les possédants. Les usiniers craignaient de perdre leurs usines et les gouvernants craignaient de perdre leur gouvernement. Des rumeurs insensées s'imprimaient dans les pages de journaux réputés. « Il résulte d'autre part de renseignements concordants et autorisés qu'environ trois cents bolcheviks pour la plupart israélites, parlant tous le français, ont été expédiés par Lénine, abondamment munis de roubles pour agir en France [160]. » Le pays, tourmenté, jouait à se faire peur. L'année 1919 fut particulièrement agitée et l'année 1920 ne le fut pas moins. Les tensions accumulées pendant la guerre, les douleurs rentrées trouvaient soudain à s'extérioriser. Des grèves par dizaines, par grappes, par groupes, par imitation, en chapelet, cent cinquante peut-être, conflits particuliers et puissants mouvements d'ensemble, secouèrent l'agglomération dans les deux ans. En mai-juin 1919, 1 300 tullistes (dont 52 % de femmes) cessaient le travail durant plus d'un mois, suivis par 1 500 chemisiers et chemisières (75 % de femmes), tandis que 3 500 ouvriers et ouvrières (surtout ouvrières) de l'industrie de l'habillement du Grand Lyon, menés par une femme nommée Jeanne Chevenard, exigeaient la journée de huit heures et la reconnaissance des délégués d'ateliers. En juillet, sept cents moulineuses et dévideuses de soixante établissements arrêtaient le travail pour améliorer leur salaire. Le syndicat du cuir appela les deux mille tanneurs et corroyeurs de la corporation à réclamer des augmentations. Ceux de chez Bizouard, chemin de la Rize, en étaient. Dans les mêmes mois, à Villeurbanne, une grève

160. *Le Progrès*, 27 mars 1919.

partielle touchait la CAM – Compagnie d'applications mécaniques –, fabrique de roulements à billes du cours Émile-Zola où travaillaient trois cents salariés dont 60 % de femmes. Une autre grève, totale, affectait « l'usine américaine », The SALT'S Textile Manufacturing Co de la rue du Quatre-Août, tissage de velours, qui occupait également trois cents personnes dont 83 % de femmes. Une troisième perturbait l'entreprise Didier & Isaac du cours Tolstoï, atelier de cinquante ouvriers tôliers dont quatre furent renvoyés. Et une quatrième troublait la Société lyonnaise de caoutchouc de la rue du Quatre-Août – caoutchoutiers, caoutchoutières (36 %) et machinistes désireux d'obtenir une augmentation. À l'automne, les trois quarts des 325 ouvrières de l'usine Lobre, chemin de la Viabert, entrèrent en lutte, suivies par les 130 salariés de l'usine Marchand, apprêts et teintures, de la rue Charles-Montaland.

Pour finir l'année, trois mille tisseuses et dévideuses de cent soixante entreprises du Grand Lyon, cinq mille terrassiers et dix mille ouvriers du bâtiment éparpillés chez une multitude de patrons déclarèrent la grève. Les facteurs des PTT aussi, qui voulaient un repos hebdomadaire le dimanche par roulement. Les ouvriers boulangers, les cuisiniers et les garçons limonadiers se mirent de la partie. La trêve des confiseurs vint à point pour reprendre des forces. En février 1920, la métropole et ses banlieues frissonnèrent derechef. Le 7 février, après s'être réunis à la Bourse du Travail de Lyon sous la présidence du « sieur Bally, conseiller municipal de Villeurbanne [161] », les trois mille ouvriers en voitures de l'agglomération, parmi lesquels ceux de Letort, route de Crémieu, et Charles, cours Tolstoï, se lancèrent dans

161. Rapport du commissaire spécial, 7 février 1920 (ADR). Étienne Bally, peintre en voitures, était secrétaire du Parti socialiste à Villeurbanne.

une grève générale pour la journée de huit heures et l'augmentation des salaires. Ils furent rejoints le 9 par vingt mille métallurgistes, toute la branche à l'exception notable de Berliet qui, à Vénissieux, maintenait son usine dans un silence carcéral sous la surveillance du 9e hussard et du 2e dragons. Le 16 février, les sept mille teinturiers et apprêteurs de quatre-vingt-dix-huit usines entraient dans le mouvement : Coron, Bouillat, les Teintureries du Rhône, la Société lyonnaise de teinture du cours Émile-Zola... Puis, le 17, les huit cents employés du gaz et de l'électricité : Société des forces motrices du Rhône (Jonage), Société générale force et lumière, Compagnie du gaz... Le 23, les huit mille employés de la confection (95 % de femmes). Et des usines éparses, ici et là, des branches mineures, des branches majeures, les ramoneurs, les camionneurs, et jusqu'aux employés écervelés de la Banque Cox & Co de la rue de la République à Lyon (une dizaine furent congédiés). Des troupes étaient placées aux alentours des usines afin de prévenir on ne sait quel incident : vers l'usine de Delle, devant l'usine Gillet, chez Vulliot-Ancel, au dépôt de tramways de la rue Magenta. Pris d'une anxiété irrépressible, un industriel crut devoir couvrir les murs d'affiches alarmantes sur la situation en Union soviétique : « Les ouvriers seront amenés à réfléchir et à comparer ce qui existe en Russie avec ce qu'on leur fait demander en France [162]. » La grève dura jusqu'au 29 mars, en s'effilochant petit à petit. Les résultats étaient maigres et plusieurs condamnations furent prononcées par les tribunaux. Mais le 1er Mai, cinq mille ouvriers du PLM se croisaient les bras à leur tour pour réclamer la nationalisation des chemins de fer, suivis, en solidarité, par les employés du tramway, les

162. Lettre des établissements Grammont au préfet, 1er mars 1920 (ADR).

métallurgistes de nouveau, et, par pure contagion altruiste, les ouvriers en ameublement. Le bâtiment, si fractionné, se mit en branle pour trois mois : huit mille ouvriers employés par deux mille patrons. « La grève a eu pour conséquence la fermeture presque totale des chantiers de maçonnerie depuis mai », écrivait le secrétaire de police en août [163]. La vague refluait cependant. Avec soulagement, le préfet transmettait à l'échelon supérieur des chiffres de manifestants du 1er Mai en baisse radicale : 70 000 en 1919, 12 000 en 1920 et 5 000 en 1921. La courbe descendante rassurait les ministres.

De l'avis documenté des fonctionnaires de police, la fièvre qui s'était emparée du monde ouvrier n'était que passagère et le mal superficiel. « L'élément révolutionnaire est constitué à Lyon par une soixantaine d'individus pour lesquels des notices ont été établies. » Ces partisans de Lénine tant redoutés étaient, en sus, divisés en groupes rivaux : *Clarté*, une revue d'intellectuels, le Nid rouge, le Comité de défense sociale, le Comité de la 3e Internationale, le groupe communiste... Si les vigoureux mouvements syndicaux étaient sous l'influence de dirigeants « jouissant de la confiance des ouvriers », ceux-ci n'avaient « rien de commun avec les individus vraiment révolutionnaires », pas plus que leurs revendications n'avaient à voir « avec le programme des partisans d'une révolution » [164]. L'adhésion au communisme de la municipalité de Villeurbanne et de son maire conférait cependant à ce choix une dimension qu'il n'aurait pas eue autrement. Grandclément fut élu délégué de la Fédération du Rhône au congrès de Tours qui vota la naissance du Parti communiste en décembre 1920. Il apportait à la cause son

163. Rapport de police, août 1920 (ADR).
164. Rapport du commissaire spécial de Lyon, 8 mai 1920 (ADR).

aura et les moyens d'une grande ville. Ce que pouvait être, pour cet héritier du pharmacien Fays, le communisme de ces années reste incertain. Il en tira sans doute une raideur, plus qu'une rigueur, qui cadrait peu avec sa personnalité. « Au premier aspect et au premier abord, Grandclément paraissait rude, son visage reflétait cette expression », se souvenait son compagnon Georges Lévy. Sa carrure en imposait, malgré l'air bonasse que lui donnaient les photographies. « Il avait la parole brève, autoritaire, mais sous cette apparence brusque et brutale se dissimulait l'homme le plus sensible, le plus sentimental, le plus enclin aux émotions et aux faiblesses [165]. » C'était un homme généreux. Au nombre de ses qualités, « il ignorait la valeur de l'argent, il dépensait avec aisance et sans compter, il avait en somme le mépris de l'argent. » Ses adversaires le tenaient généralement en haute estime. « Il était animé de cette flamme intérieure qui conquiert les âmes », disait de lui Laurent Bonnevay, homme du centre, ministre garde des sceaux des premières années vingt [166]. Grandclément avait la foi aveugle des croyants. « Nous affirmons que nous avons la plus grande confiance dans les commissaires du Peuple russe », proclamait le maire alors que la famine ravageait l'Union soviétique. C'est pourquoi la Ville de Villeurbanne envoya dix mille francs de l'époque à la Russie communiste [167].

Conformément aux nouvelles tables révolutionnaires, Jules Grandclément dédaigna la franc-maçonnerie, jugée « bourgeoise » par l'Internationale de Moscou (il en fut radié le 7 janvier 1920). Il adhérait aux principes de la socialisation

165. Discours du docteur Georges Lévy à l'inauguration du monument du docteur Grandclément, octobre 1936 (AMV).

166. *Lyon républicain*, 19 mars 1935.

167. Voté à l'unanimité et affiché dans les rues, délibération du Conseil municipal, 6 septembre 1921.

des moyens de production et pensa appliquer à la commune, pour pallier une misère endémique, des solutions expérimentales. Grandclément entendait pourvoir à l'approvisionnement des habitants de Villeurbanne par les soins d'une boucherie, d'une charcuterie et d'une boulangerie municipales, étrangères aux spéculations du commerce privé. L'idée avait pris naissance pendant les hostilités, dans les services du ravitaillement. Des magasins municipaux s'étaient ouverts rue des Charmettes, cours Tolstoï, place des Maisons-Neuves et à proximité de la mairie, offrant de la viande fraîche à des prix inférieurs de 30 % à ceux des commerces de détail. Grandclément défendait ces initiatives : « N'était-ce pas notre devoir de chercher une progression constante dans la diminution du coût de la vie, pour cette classe ouvrière que nous représentons, qui nous a accordé sa confiance pour la défense de ses intérêts ou pour mieux dire de son modeste porte-monnaie, toujours convoité par le mercantilisme à la mode [168] ? » Chaque mois ses boucheries, animées par un personnel qualifié bénéficiant de la journée de huit heures, débitaient 55 bœufs, 140 veaux, 120 moutons. Il ajouta les porte-pots, Grande-Rue des Charpennes et rue Jean-Jaurès, où l'on tirait 20 hectolitres de vin par jour, un magasin général d'alimentation, beurre, œufs, fromages. Sur ce modèle, Grandclément envisageait de créer une boulangerie municipale. Il avait en vue la « Première usine lyonnaise de panification hygiénique » aux installations électriques modernes, installée en 1910 route de Vaulx, qui battait de l'aile. P. A. Panisset, le fondateur, était disposé à faire le pas de la socialisation. « Pain P.A.P. – Le meilleur marché », ses quatre grands fours « à foyer moderne » et ses quatre hautes

168. *Aux consommateurs !*, tract du Parti communiste SFIC, section de Villeurbanne, 1922 (AMV).

cheminées, ses pétrins Palix de 400 kilos et ses réservoirs mélangeurs, pour produire 3 200 kilos de pain par tranches de huit heures. « Tous les habitants en profiteraient, estimait le directeur potentiel, mais néanmoins l'esprit de solidarité avec l'Administration municipale entrerait certainement en ligne et sur les 6 000 électeurs connus du Parti, on peut parfaitement escompter que la moitié seront des clients assurés [169]. » De telles boulangeries militantes existaient déjà à Lille, dans le Nord, et outre-Manche, chez les travaillistes de Manchester. Mais cette concurrence ne plaisait guère aux boulangers, pas plus que les boucheries municipales ne plaisaient aux bouchers et la charcuterie municipale aux charcutiers. Il fallut se défendre. C'est ainsi que l'on vit circuler des tracts « Parti communiste SFIC [170] – Aux consommateurs ! – En réponse aux nombreuses et ridicules attaques dirigées par nos adversaires ». Le maire n'avait pas que des amis et le temps lui manqua pour mettre pleinement en pratique ses théories.

Une revue de Paris demanda quelques années plus tard au successeur de Grandclément, le socialiste Lazare Goujon, un article sur la ville « où peut-être vous pourriez insister sur les difficultés que vous avez rencontrées du côté communiste. Cet article serait, j'en suis sûr, très utile à la documentation de nos camarades au moment où s'ouvre la bataille électorale municipale [171]. » Lazare Goujon ne se fit pas prier. Il commençait direct, par « quelques miettes d'histoire » : « 1921 – séparation des Socialistes et des Bolchevistes au Congrès de Tours. Le maire passe au communisme avec la majorité du Conseil. » Le docteur Goujon contait ensuite comment un âpre combat s'était

169. Lettre de P. A. Panisset, 5 septembre 1921 (AMV).
170. Section française de l'Internationale communiste.
171. Lettre de l'hebdomadaire *La Vie socialiste* à Lazare Goujon, 24 janvier 1929 (AMV).

engagé au sein de l'assemblée municipale, comment le maire s'était fourvoyé « au sujet de l'achat de magasins de charcuterie par le Ravitaillement municipal » et comment la minorité lui avait savonné la planche. Lazare Goujon usait de mots cruels : « En novembre 1921, le maire – le Lénine villeurbannais – fait une apparition théâtrale à une réunion donnée par le Parti socialiste avec le concours de Mistral, maire de Grenoble. Il avait, avant la réunion, pris en secret, en collaboration avec d'autres éléments bolchevistes, mais à l'insu de l'adjoint socialiste, une décision grave [172]. » Bref, selon ses opposants, le maire conduisait la commune à la faillite. Le débat se durcissait. Le communiste Grandclément retira ses délégations à son adjoint socialiste. « Je le fais sans aucune acrimonie à votre égard, et j'exécute la volonté de la majorité du Conseil municipal. » La minorité ne l'entendait pas de cette oreille. Une guerre picrocholine s'ensuivit, dont Jules Grandclément ne tira pas bénéfice. Les communistes croyaient représenter de droit la classe ouvrière à laquelle ils dédiaient leur existence et, de ce fait, ils étaient convaincus que les ouvriers devaient s'unir autour d'eux et de leurs thèses. Mais les ouvriers n'étaient pas tous d'accord. En février 1922, Jules Grandclément, pensant bien faire, commit une erreur fatale. Il annonça aux représentants du personnel de mairie que dorénavant, puisque la classe ouvrière se devait d'être unie, il ne reconnaîtrait plus qu'un seul syndicat… la CGT-U, d'obédience communiste : « Le Syndicat unitaire auquel il leur ordonne d'adhérer tous », commente Lazare Goujon dans sa version de l'événement. Le résultat ne se fit pas attendre. La minorité socialiste du Conseil démissionna en bloc. Le quorum n'étant plus atteint, le maire remit son

172. Lazare Goujon, « Dans Villeurbanne la Rouge », texte dactylographié, 1929 (AMV).

mandat aux électeurs dans une élection partielle. La campagne ne fut pas tendre : « Citoyens, vous connaissez de quelle façon violente et brutale nos adversaires moscovites sabotent nos réunions… », s'indignaient les socialistes démissionnaires qui racontaient comment Grandclément avait promis de leur plonger un couteau dans le dos ! (métaphoriquement bien sûr). Mais, dans leurs communiqués, eux non plus n'y allaient pas de main morte : « Contre toutes les tyrannies ! Pour la liberté contre l'esclavage ! Aux urnes ! » Les électeurs désavouèrent leur maire et choisirent la liste socialiste. Le docteur Grandclément quittait la scène. Il accepta l'échec, disaient ses amis, « avec la même sérénité qu'il avait accueilli la victoire », et « n'exprima jamais ni rancune ni amertume ». Une municipalité de transition fut mise en place autour de Paul Bernard, mi-communiste, mi-socialiste, qui fut contraint à son tour à la démission à la suite d'un vote de défiance, en août 1924. L'heure du docteur Goujon était venue.

Le marché aux puces de la place Rivière.

[Chapitre 12]

BIGARRURES

La ville se développait furieusement, gagnant des fabriques, de la puissance et des gens. Sa réputation n'en était pas améliorée pour autant. « Dans la banlieue comme en ville, les agressions nocturnes se multiplient », s'inquiétait *Le Progrès*, quotidien du matin. « Les braves gens n'osent plus se risquer dans la rue la nuit venue. Il est grand temps que la police agisse sérieusement afin d'assurer la sécurité des habitants [173]. » Les autorités enregistraient les plaintes récurrentes de riverains inquiets. Le quartier des Charpennes, « peuplé d'individus cosmopolites et essentiellement ouvriers, nécessite plus que jamais que cette surveillance redouble de vigilance », écrivait l'un d'eux, « depuis fort longtemps industriel dans le quartier des Charpennes », qui s'alarmait de la baisse programmée des effectifs de police « pour un quartier tel que le nôtre où il se produit tant d'événements répréhensibles tant en cambriolages, agressions, qu'en scènes scandaleuses dues à l'ivrognerie [174] ». Les journaux se focalisaient volontiers sur les derniers venus, les populations

173. *Le Progrès*, 6 février 1919.
174. Lettre au maire de Villeurbanne, 17 décembre 1923 (AMV).

« exotiques » qu'avait apportées la guerre et dont ils parlaient de préférence à la rubrique des faits divers. « Un Sidi, Bony Acoub Ben Mohamed, s'était introduit hier après-midi dans l'usine Chirac, rue Colin, et dérobait trois pièces de soie valant 3 000 francs [175]. » Le mot *sidi*, « monsieur » en arabe, servait à désigner, dans une intention péjorative, les Algériens : les premiers que l'on voyait ici. Ce n'étaient pas des étrangers à proprement parler. Ils appartenaient à l'« Empire », à la colonie, aux trois départements d'outre-Méditerranée – Oran, Alger et Constantine – qui étaient français sans l'être. Dans cette relation inégalitaire, les Algériens n'avaient pas qualité de citoyens mais de « sujets » dépourvus de droits et regardés de haut. Sur le registre de recensement de 1921, l'employé aux écritures, au lieu d'une nationalité, avait inscrit « Arabe » en regard de la dizaine d'Algériens logés au 31, rue du Progrès. Mais le supplément lyonnais du journal *L'Humanité* n'était pas non plus exempt d'ambiguïté lorsqu'il évoquait les nouveaux arrivants : « C'est depuis quelque temps une formidable invasion des fils de Mahomet, qui viennent du pays du Soleil, chercher sur le terrain capitaliste un peu plus de bien-être et de liberté… du moins à ce qu'on leur a dit [176]. » Pour prendre la mesure du phénomène, la Préfecture fit effectuer en août 1923 un recensement des « indigènes originaires d'Algérie ». Les deux commissariats de Villeurbanne en dénombraient une quarantaine, « qui ont pu être découverts sur notre circonscription » et demeuraient en garnis, rue Bellecombe, chemin de la Gravière [177] ou rue du Progrès. La majorité étaient célibataires et aucun n'avait auprès de lui de compagne.

175. *Le Progrès*, 13 mai 1919.
176. *L'Humanité*, supplément lyonnais, 14 août 1923.
177. Actuelle rue du Docteur-Frappaz.

Parfois, dans la colonne spécialement prévue, était indiqué : « marié, femme indigène en Algérie », car le questionnaire spécifiait : « Indiquer si l'indigène vit en groupe ou séparément », « sa femme est-elle indigène, Française ou étrangère ? ». Beaucoup provenaient de la commune de Fort-National, en Kabylie. Le plus ancien immigré du groupe, Biri Ahmed Ben Saïd, avait débarqué en mars 1914. D'autres, dans une démarche singulière, avaient pu arriver plus tôt, comme Saïki Ben Mohamed Ben Amar, recensé dans le quartier des Brotteaux, qui était venu en France en 1908, à 17 ans, était resté à Marseille comme marchand ambulant jusqu'en 1916, date à laquelle il s'était établi à Lyon, pour se rendre ensuite à Bruxelles et revenir enfin s'employer comme manœuvre à l'usine Gillet de Villeurbanne. Exception notable, il vivait maritalement avec une Française. La majorité de ces Algériens, cependant, étaient arrivés dans les années 1922-1923. Le commissaire des Charpennes, qui avait rempli son formulaire avec plus d'application et de détails que son collègue de Villeurbanne-Ville, complétait chaque case d'une écriture assurée : « Gani Mohamed Ben Saïd, douar d'Azouza, commune de Fort-National ; en France depuis 1914, à Lyon depuis cette époque, actuellement 75, rue des Charmettes ; manœuvre chez M. Duparquet, 92, cours Tolstoï. » « Mouhoude Larbi Ben Ahmed, douar de Aïch, commune de Bougie ; Marseille, rue Bunon, Hôtel du Midi en 1916 (deux mois), Lyon, rue Voltaire 6 (six mois), Villeurbanne, 39, rue Alexandre-Boutin depuis cette époque ; débardeur à Marseille – actuellement teinturier chez Tardy, cours Émile-Zola ; 5-6 F à Marseille, actuellement 16 francs par jour ; vit seul – veuf, un enfant en Algérie chez sa grand-mère. » « Mezdad Mohamed Arezki, douar de Beni Zemenza, commune de Tizi-Ouzou ; a quitté l'Algérie en mars 1923 pour Lyon, demeure 25 bis rue Jean-Broquin ; manœuvre maison Gillet Villeurbanne ; 15 F 60 par jour ; marié en Algérie, pas d'enfant ; sa femme habite en Algérie. » Certains qui ne logeaient pas à Villeurbanne venaient y travailler : Fehrat Adjil à la SALT'S Textile Cie, Bouzid Amrioui chez Duparquet, Saïd Bouhïa Ben Chéry chez Bocuze. Au formulaire, le commissaire de police des Charpennes joignait ses commentaires : « En général, les Algériens sont embauchés comme manœuvres ; la mentalité d'un certain nombre d'entre eux laisse à désirer [178]. » Pour être sûr d'être complet, le fonctionnaire zélé avait intégré à la liste des « indigènes » l'un de ces « Français d'Algérie [179] » originaires d'Espagne qui peuplaient l'Oranie : François Castillo, commune d'Er Rahel, « en France depuis cinq mois, à Lyon », manœuvre chez Tivollet, cours Lafayette, « 20 francs par jour ».

Les communes du département d'Oran regorgeaient en effet d'Espagnols originaires du Levant et d'Andalousie, de Murcia, d'Almeria, de ces provinces du rivage méditerranéen, à quelques milles marins des côtes algériennes, qui envoyaient depuis peu leurs émigrés vers la région lyonnaise. Il s'en trouvait déjà en nombre du côté de la rue du Quatre-Août. Andres Molero, de Carthagène, peintre chez Brondel ; Antonio Rodriguez, de Murcia, manœuvre chez Gillet ; Juan Torres, de Lorca, manœuvre chez Gillet ; Francisco Caparoz, d'Almeria, manœuvre chez Gillet ; José Villalba, de Carthagène, interprète chez Gillet ; et José Mercader qui faisait épicerie. Ils provenaient d'une région sinistrée, une région minière aux terres rouges et ocre, une région ensoleillée, de fer et de plomb, dont les mines, divisées en quantité d'unités

178. Note du commissaire de police des Charpennes, 10 août 1923 (ADR). Le commissaire du quartier de la Bourse, à Lyon, rendait à l'inverse un rapport plutôt élogieux.
179. Le terme « Pied-Noir » est apparu dans les années cinquante.

lilliputiennes, avaient fermé les unes après les autres. En 1919, les quatre cinquièmes d'entre elles n'avaient plus d'activité et les gens, privés de leur gagne-pain, partaient tenter leur chance ailleurs. La population de Mazarrón se trouva amputée d'un tiers. Portmán, section de la commune de La Unión, passa en dix ans de plus de onze cents ménages à moins de cinq cents. Certain clerc de la municipalité dévastée de La Unión prétendit, en 1920, dresser les « causes de la crise de son industrie et les moyens qui pourraient être adoptés pour la solutionner ». Comme tous les économistes, il avait noté la baisse drastique des cours du minerai, l'archaïsme funeste des modes d'exploitation et les effets négatifs du conflit mondial sur l'exportation, mais il ajoutait à ces facteurs centraux des considérations bien à lui : « Il y a quelque chose d'épidémique dans l'émigration, mis à part l'aspiration légitime à une vie meilleure qu'elle signifie en principe... Le phénomène pourrait peut-être s'expliquer en tenant compte de la psychologie particulière des foules, si promptes aux décisions grégaires. » Ses talents lui permettaient d'en préciser les traits : le travail *andalou*, c'est-à-dire de peu d'allant, et le caractère *levantin*, « indolent par héritage musulman, exalté sous l'influence du soleil, et très difficile à corriger [180] ». Il ne paraît pas que cet érudit eût cherché la solution dans la bonne direction : la mine continua de crouler et les mineurs à s'expatrier. L'hémorragie ne cessa pas. Malgré la forte natalité qu'induisaient les conditions arriérées, la municipalité de Lorca (province de Murcia) perdait quatorze mille habitants entre 1920 et 1930, celle de Huércal Overa (province d'Almeria) cinq mille et Cuevas sept

180. Andres Cegarra Salgado, *La Union, ciudad minera — causas productoras de la crisis de su industria y medios que pudieran adoptarse para solucionarla*, editorial Levante, Cartagena, 1920, p. 48.

mille. *Le padrón del pueblo* – recensement – de Cuevas (province d'Almeria) pour l'année 1916 garde la destination et la condition de ceux qui, balançant entre le désespoir du présent et les espérances dans l'avenir, se dirigeaient vers d'autres cieux. Ils allaient en Californie, ils partaient pour Buenos Aires ou ils se rendaient en France. 5 % choisissaient l'Afrique, 41 % les Amériques et 54 % la France. On trouvait chez les émigrants des *panaderos* (boulangers), des *peluqueros* (coiffeurs), des *zapateros* (cordonniers), mais les trois quarts se déclaraient journaliers – *jornaleros* – et près de la moitié étaient illettrés [181]. Du village d'Alumbres, quatre mille âmes, dans l'aire de Carthagène, étaient partis pour la France, vers 1920, le mineur Andres Molero Leonte, 24 ans, né à Carthagène, ne sachant pas lire, fils d'Andres Molero Aguera, mineur de 44 ans ; Augustin Redre Redre, illettré, né à Grenade, 39 ans, mineur, et son fils José Redre Oseto, 18 ans, également mineur et illettré, né à Carthagène ; Juan Peragon Ros, manœuvre de 29 ans, et son frère Pedro, 26 ans, tous deux fils de mineur et sachant lire ; Ricardo Balaguer Martinez, *bracero* de 17 ans, et bien d'autres [182]. Il y avait sans doute quelque ironie à voir partir pour la France, privés de tout, les enfants faméliques des sierras qui avaient fait la fortune d'un Marseillais, Hilarion Roux, propriétaire du filon de Mazarrón, fait marquis d'Escombreras. Mais ils ne partaient pas sans expérience. La *Revue minière, métallurgique et d'ingénierie* de Madrid signalait dès août 1914 des troubles causés par le chômage, nécessitant l'envoi de la troupe dans le secteur de La Unión, et, en 1916, elle faisait écho à la grève de tous les ouvriers des mines et fonderies de fer et de plomb [183].

181. *Padrón vecinal*, 1916, Archives municipales de Cuevas del Almenzora.
182. *Padrón vecinal*, Alumbres, 1921, Archives municipales de Carthagène.
183. *Revista Minera Metalúrgica y de Ingeniera*, Madrid, août 1914 et mars 1916.

L'un puis l'autre, les uns entraînant les autres, poussés par le dénuement, les Espagnols empruntaient les chemins tortueux menant vers les brouillards du Rhône. Au tout début de 1920, le consulat de Lyon se déclarait impuissant à connaître l'ensemble des ressortissants de sa circonscription : « Il y a actuellement dans cette ville et alentour plus de trente mille Espagnols [184]. » Selon les sources françaises, le chiffre était nettement exagéré [185]. Mais il n'est jamais mauvais, pour un haut fonctionnaire, de dissimuler son incompétence derrière l'ampleur de sa tâche.

Il y avait alors à Villeurbanne 11 % d'étrangers. Beaucoup plus qu'avant guerre, en proportion (4,6 % en 1911) et en chiffres absolus : 1 906 en 1911, 5 990 en 1921. Selon le recensement de 1926, leur nombre atteignait 10 466 : 17 %, un habitant sur six. Il y avait là toutes sortes de gens, nés sous des ciels gris, nés sous des ciels bleus, des Russes, échappés de la révolution bolchevique, des Arméniens rescapés du génocide ottoman. C'est ainsi que Pierre Khartinoff et Fédor Mazanoff, de la province cosaque du Don, se retrouvaient au bas de l'échelle chez Gillet. C'est ainsi que Nicolas Sokoloff, ancien officier de l'armée du Tsar, passé par la Turquie et la Bulgarie, était devenu manœuvre aux usines Gillet de la rue Flachet pour 15 F par jour. C'est ainsi que l'ex-sous-lieutenant de l'armée Wrangel, Gorboff, né à Moscou, et dont la femme née à Saint-Pétersbourg servait d'interprète au Comité de secours aux réfugiés russes de Lyon, se vit employé à la fabrique de velours et peluches de la rue de Pressensé pour un salaire mensuel de 500 francs. C'est ainsi que les Blancs gagnaient leur vie de proscrits en banlieue rouge. C'est ainsi aussi que David Mouradian et

184. Lettre du consul d'Espagne à Lyon, 28 janvier 1920, Archives du ministère des Affaires extérieures, Madrid.
185. 7 900 Espagnols dans le Rhône en 1921.

Parantzène Haroutionnan, originaires de Kemakh, en Turquie, s'étaient posés aux Charpennes, lui cordonnier, son épouse manœuvre. Mais il se trouvait également des Tchécoslovaques, des Hongrois, des Grecs, un Canadien de Bécancour, sur le fleuve Saint-Laurent du Québec. La rubrique « nationalité » du registre de recensement distinguait jusqu'aux « Corses », ceux de Saint-Antonino, de Vico et de Sartène qui s'étaient établis rue Camille-Koechlin vers le début du siècle, les Casta, les Arrighi, teinturiers chez Gillet ou manœuvres chez Seux & Charel. Que les Corses aient pu être comptabilisés parmi les « étrangers » à une époque où l'Italie fasciste revendiquait la possession de l'île avait de quoi surprendre. C'était précisément la raison pour laquelle Lazare Goujon, devenu maire, refusa d'accorder le groupe scolaire de Croix-Luizet pour le cours d'italien dispensé par « une société privée » pour les petits immigrés : « J'avais été très choqué de voir entre les mains des enfants fréquentant cette école un manuel dont la couverture, reproduite d'ailleurs au cours de l'ouvrage, représente comme terres italiennes la Corse et la Tunisie au même titre que la Sardaigne… Que ces revendications soient fondées dans l'esprit de quelques-uns, c'est possible, commentait le maire ; il n'en est pas moins vrai que ces terres sont nôtres et ne peuvent être revendiquées par personne. Maire socialiste d'une des plus importantes communes de France, j'avais le droit et le devoir de le marquer. » Le docteur Goujon tirait la morale de sa politique : « Les enfants d'une même commune, Français ou Italiens, appelés à vivre ensemble, doivent rechercher ce qui les unit et non ce qui peut les diviser [186]. »

186. Lettre au préfet, 2 mai 1930 (AMV).

PRODUITS " PALMI "

MAISON FONDÉE EN 1908

ÉTABLISSEMENTS H. LEROUDIER

Société à responsabilité limitée au Capital de 1.200.000 Frs.

Tél. Villeurbanne : 95-79
C. Ch. Postaux. Lyon 437
Télégr : PALMI - LYON
Rég. du Comm. B.8.361

Diplôme d'honneur
Salon de la Patisserie
et de la Boulangerie
BRUXELLES 1924
Foire Culinaire et
Gastronomique
PARIS 1927

Chemin du Luizet
LYON-VILLEURBANNE

R.C. LYON B 9.201

Pâtes Alimentaires A L'ITALIENNE

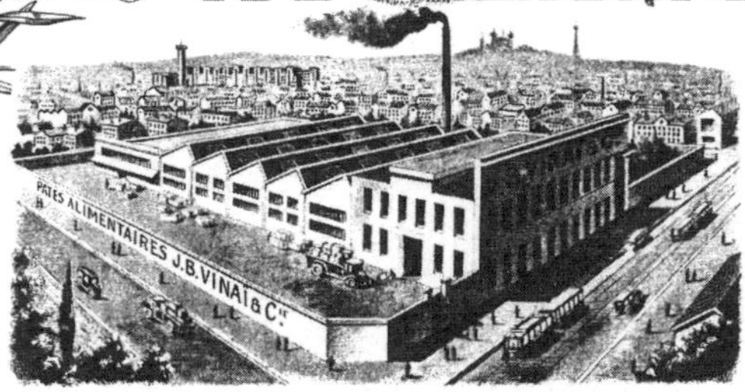

ANCIENS ETABLISSEMENTS

J. B. VINAI & Cie

SOCIÉTÉ ANONYME AU CAPITAL DE 2.000.000 DE FRS

260, Cours Emile-Zola, LYON - VILLEURBANNE

FABRICATION
ÉLECTRO-MODERNE

MAISON FONDÉE EN 1907

TÉLÉPHONE:
82-12 VILLEURBANNE

Télégrammes:
ALITALIENNE-LYON

le 27 FEVRIER 1936

27.2.936
634

CONSULAT D'ITALIE

12, Place Croix Paquet,

L Y O N

Messieurs,

Je vous accuse réception de votre honorée du 3 courant ainsi que du magnifique calendrier et je vous informe que je vous ai adressé ce jour par ch. postal la somme de Frs : 25[illegible]

Veuillez bien agréer, Messieurs, l'assurance de mes sentiments dévoués.

[illegible]

[illegible]

Les marchandises voyagent aux risques et périls du destinataire, toutes les réclamations après quinze jours date d'expédition, ne sont plus admises.

[Chapitre 13]

AUX BIENVENUS

De tous les étrangers, les Italiens étaient en effet les plus nombreux et ils étaient là depuis longtemps. En 1913, un « Comité des écoles italiennes de Villeurbanne » proposait, dans le groupe scolaire du cours Émile-Zola, des cours de langue : « *la Scuola Torino* », qui touchait plus de trois cents enfants les jeudis et dimanches. Ce n'était pas que tous les Italiens soient venus de Turin. Vers cette époque arrivaient par familles entières les déshérités des contrées déjà méridionales de la *Terra di Lavoro*, « Terre de Travail », la Ciociaria qui tire son nom de chaussures paysannes particulières, la région de Frosinone, les localités de Roccasecca, Castrocielo, Isola del Liri, au sud de Rome, dans le Latium. Des Italiens, il y en avait à Villeurbanne depuis que la cité était devenue industrielle et peut-être avant même qu'elle ne le devienne. De façon sûre, quoique imparfaite, il est possible d'observer leur présence à travers les registres de recensement des années soixante-dix et quatre-vingt du dix-neuvième siècle. En 1886, la majorité du demi-millier d'étrangers étaient Transalpins. Concentrés surtout aux Charpennes et, dans une moindre mesure, aux Maisons-Neuves, ils effectuaient tous les métiers, dans la modestie, journaliers ou manœuvres, mais aussi marchands d'herbes, ou cochers avant que n'existent les voitures à pétrole. Philippe Castagna, cordonnier rue d'Alsace, était de Feletto, province de Turin, mais Charles Bobba, marchand de vins Grande Rue des Charpennes, venait d'Asti. Il y avait eu les plâtriers de Novare et les verriers de Venise, ceux de La Perle française disparue. Mais aucun, pour lors, ne venait des alentours de Frosinone. Les archives de l'égalité parfaite, celles de l'état civil qui enregistrent pour tout un chacun la naissance et la mort, cernent les parcours en précisant de façon complète l'origine et la parenté. En 1910, on repère ainsi, au numéro 13 de la rue des Poulettes, une famille Capezzone : Honoré Capezzone, manœuvre de 42 ans natif de Roccasecca. Un Abbate (orthographié Abbatto) et son épouse née Tanzilli (orthographié Tansil), tous deux originaires de « *Rocasetta* », vivaient également rue des Poulettes. En 1911, un Di Piro, originaire d'Isola del Liri, et son épouse née Di Rienzo, elle aussi venant d'Isola del Liri, habitaient route de Vaulx. Il serait vain de prétendre identifier avec certitude la première famille à avoir fait le voyage, et découvrir pourquoi précisément elle s'était arrêtée là. Toujours est-il que le recensement de 1911 comptabilisait une cinquantaine de personnes de la province de Frosinone [187]. Une famille nombreuse, les Terenzio, dont le père était né à

187. La province de Frosinone a été administrativement créée en 1927 et comprenait quatre-vingt-neuf communes. Roccasecca appartenait auparavant à la province de Caserta.

Cassino, les premiers enfants à Isola del Liri, les suivants à Rio de Janeiro au Brésil entre 1901 et 1904, et le dernier à nouveau à Isola del Liri en 1907, s'était établie finalement Petit Chemin de la Doua, après son détour par l'Amérique du Sud. Francesco Paglia venait de San Vittore del Lazio comme Clemente Bonaventura. Baptista Fraioli arrivait de Rocca d'Arce. Ces immigrants habitaient à poximité les uns des autres, rue du Colonel-Klobb, rue des Sauveteurs ou Ancienne Route de Vaulx [188], dans le quartier dit des Poulettes, ou plus largement de Croix-Luizet, qui allait accueillir la grande masse des nouveaux arrivants des années vingt. Tous étaient employés chez Villard, à la filature de schappe : manœuvre, tisseuse, fileuse, rattacheuse, car les épouses et les filles de 15, 16 ans, travaillaient évidemment aussi. Les uns faisaient venir les autres, par nécessité et capillarité. Ainsi se forgea la chaîne qui reliait le sud de Rome à la banlieue de Lyon. En 1926, rue des Poulettes et Petite Rue des Poulettes, il n'y avait pas moins de cent soixante et un originaires de Roccasecca et Castrocielo, deux villages distants de quatre kilomètres l'un de l'autre [189], accrochés à la colline surplombant une plaine où passait la ligne de chemin de fer.

« C'est presque tout de Roccasecca, encore maintenant, il y en a beaucoup de Roccasecca », s'exclamait une vieille dame qui en venait et avait passé sa vie dans le quartier. « Holà ! renchérissait son mari. De Roccasecca, tu sais tout ce que je connais, moi, par là ! Il y en a qui sont morts et compagnie [190] ! ». En 1931, les originaires de la province de Frosinone surpassaient en nombre ceux de la province de Turin. Ils étaient

188. La rue des Sauveteurs est devenue la rue Édouard-Vaillant, l'Ancienne Route de Vaulx la rue Georges-Courteline.
189. La rue des Poulettes est devenue la rue Alexis-Perroncel.
190. Entretien, couple italien des Poulettes.

à Villeurbanne près de mille quatre cents : 30,3 % des Italiens de la cité, presque autant que l'ensemble des Piémontais (39,8 %), alors que le Piémont agrège huit provinces. Six cent quatre-vingt-onze de ces immigrés étaient nés a Roccasecca, un tiers de plus que dans la métropole turinoise (quatre cent soixante et un). Deux cent vingt-sept étaient nés à Castrocielo et cent soixante-huit à Isola del Liri. Quatre-vingt-douze venaient de Rocca d'Arce et Colle San Magno. Les chiffres, prenant en compte le seul lieu de naissance, donnent une représentation édulcorée de la réalité, puisque nombreux sont les jeunes de familles immigrées natifs du Rhône (plus de deux mille enfants d'Italiens sont alors nés à Villeurbanne ou Lyon). L'émigration de la province de Frosinone fut plus tardive que dans d'autres régions d'Italie. Pour ainsi dire, elle était inconnue à l'aube du vingtième siècle. L'ISTAT, l'Institut italien de la statistique, avance un taux d'émigration de 0,5 % pour la région du Latium dans le dernier quart du dix-neuvième siècle contre 13,5 % pour le Piémont, l'Italie du Nord. La moyenne annuelle d'émigration dans la décennie 1886-1895 était de 30 466 au Piémont contre… 96 dans le Latium [191]. Mais dans la décennie suivante (1896-1905) elle s'élève soudain à 6 209, puis à 13 155 pour les dix années qui suivent (1906-1915). Les gens, sédentaires depuis toujours, furent pris d'une frénésie de départ. *La Terre de Travail* était pauvre. Trop pauvre. La terre disponible chère. Trop chère. La vie difficile. Trop difficile. L'ignorance était générale et l'analphabétisme commun. 20 % de la population seulement savaient lire et le taux était beaucoup plus élevé pour les femmes. Roccasecca était alors

191. Gianfausto Rosoli (dir.), *Un secolo di emigrazione italiana* : 1876-1976, Roma, Centro Studi Migrazioni, 1978.

un territoire malsain où sévissait la malaria. Pour ajouter à cette misère, les tremblements de terre affectaient parfois la région et l'un d'eux d'eux, en janvier 1915, détruisit la ville de Sora, ébranla Arce, Isola del Liri et Roccasecca.

Un observateur contemporain de la fièvre migratoire expliquait comment l'émigration « inconnue il y a une quinzaine d'années » (vers 1890) avait gagné tous les villages, en commençant par ceux de la montagne, envoyant la population vers les États-Unis d'Amérique et, dans une moindre mesure, vers le Brésil et l'Argentine [192]. Sur Ellis Island, porte d'entrée du Nouveau Monde, à quelques encablures de New York, les immigrants devaient se conformer aux conditions sanitaires et administratives draconiennes mises en place. Ceux qui plus tard voulaient acquérir la nationalité américaine remplissaient une déclaration d'intention précise : « Fraioli, Erasimo, 25 ans, manœuvre, blanc, teint sombre, taille 5 pieds 73 pouces, poids 153 livres, cheveux noirs, yeux marron foncé, né à Rocca Secca, Caserta, Italy, le 14 octobre 1881, résidant actuellement à White Plains, N.Y., émigré aux États-Unis depuis Naples sur le navire *Sicilia*, domicile à l'étranger Rocca Secca, Caserta, Italy : J'ai l'intention de bonne foi de renoncer pour toujours à toute allégeance et fidélité à quelque prince, puissance, État ou souverain, en particulier le Roi d'Italie de qui je suis aujourd'hui sujet ; je suis arrivé au port de New York le 25 mai 1903 ; je ne suis pas anarchiste ; je ne suis pas polygame ; et il est dans mon intention de bonne foi de devenir citoyen des États-Unis d'Amérique et d'y résider de façon permanente – Ainsi soit-il [193]. » Signé et juré devant un

192. Giovani Del Nero, *L'Économia agraria e l'agricoltura nel circondario di Frosinone,* Veroli, Tipografia Reali, 1907, p. 38.
193. Déclaration d'intention, Bureau de l'immigration et de la naturalisation, Archives du Westchester County, NY, USA.

magistrat. Antonio Gallinelli, « blanc au teint sombre », né à Roccasecca le 12 octobre 1878, entré aux USA le 7 janvier 1900, débarquant du *Nastrobruzio*, manœuvre résidant à Mamaroneck, comté de Westchester, État de New York, fit semblable déclaration. Pareillement, Filippo Di Nota, 31 ans, manœuvre à Mamaroneck, né à Roccasecca, arrivé le 4 mai 1901 sur le *Britannia*, en provenance de Naples. Et encore Antonio Pirtruccio, de Roccasecca, descendu du *Gallia* le 16 mai 1900, qui ne sachant pas écrire signa sa déclaration d'une croix. Roccasecca, Roccasecca… Mamaroneck, Mamaroneck… « Mon père est venu ici en 1900. Après deux ans, il a fait venir la famille. Et nous sommes arrivés ici. C'était à peu près… Je suis né en 1898 et j'avais quatre ou cinq ans [194]. » C'est pourquoi dans la petite localité de Mamaroneck où le grand D. W. Griffith installa un temps ses studios de cinéma [195], au nord de New York, dans le comté de Westchester, sur le Long Island Sound, se trouvent des Américains d'ascendance italienne qui sont de même origine que nombre de Français des Poulettes à Villeurbanne.

À un certain moment, sans que l'on sache vraiment ni pourquoi ni comment, ceux qui, à Roccasecca, à Castrocielo, à Isola del Liri, à Sora, dans la Terra di Lavoro, rêvaient des Amériques s'arrêtèrent en France, à Saint-Romain-le-Puy, à Rive-de-Gier, dans la Loire, à Givors, à Vénissieux et à Villeurbanne. « Mes parents sont venus en France en… Je ne me rappelle pas si c'est en 1904 ou 1906, au début du siècle, essayait de se souvenir une dame. Il y avait des parents, un cousin à mon père, c'est par lui que nous sommes venus, que nous sommes arrivés à Givors. J'avais un frère qui a travaillé

194. Entretien, habitant de Mamaroneck (USA), originaire d'un hameau de Roccasecca.
195. C'est là que furent tournés *À travers l'orage et Les deux orphelines*, avec Lillian Gish, en 1920-1921.

à la verrerie, là-bas, parce que c'est la verrerie qui marche à Givors. Et puis il avait été très malade, et maman n'a pas voulu qu'il reprenne son travail là-bas, parce que c'était dur. Ça fait que de là, ce cousin à mon père qui était à Lyon, alors il nous avait indiqué pour venir à Lyon, à Villeurbanne, quoi, et nous sommes venus nous installer à Croix-Luizet [196]. » Près d'un demi-millier d'Italiens habitaient rue des Poulettes en 1931, un peu moins de quatre cents rue Édouard-Vaillant, cent quatre-vingts rue des Alliés, un peu plus de cent rue du Colonel-Klobb et autant rue de Fontanières. 62 % des natifs de Roccasecca et 54 % des originaires de Castrocielo habitaient les Poulettes ou les Antonins. « C'était en 1916 que je suis venue en France, on était en Italie… On était encore assez pauvres… Je suis de Roccasecca, ma maman aussi. Non, mais moi, je suis née au Brésil, hein ! Mon papa et ma maman, ils se sont mariés à Roccasecca, ils sont partis de Roccasecca, ils ont été en Amérique, au Brésil. Mon papa, il est resté encore six ans là-bas… Et puis il est parti en Italie, il nous a ramenés tous [197]. » De Cerro Azul ou Sao Paulo, ils étaient retournés à Roccasecca pour repartir, cette fois vers Villeurbanne pendant la Première Guerre mondiale, lorsque les usines absorbaient tel un Moloch toute la main-d'œuvre disponible. « En France, on est venus comme *migrés*. Mon papa, il a fait une demande ici. On demandait des ouvriers, et ça lui a été accepté, ça fait qu'il est venu comme *migré*. Pendant trois ans, il a dû travailler chez Villard, juste là-derrière… Avant c'était du textile, alors pendant trois ans, il ne pouvait pas quitter l'usine de ce patron qui l'a fait venir en France avec toute la famille… Ma sœur, qui était plus grande,

196. Entretien, femme italienne, née en 1900.
197. Entretien, femme italienne, née en 1905, arrivée à Villeurbanne en 1916.

a commencé à aller travailler, parce qu'avant, à douze ans, on travaillait déjà, il y avait les papiers... Et là, moi, quand j'ai eu quatorze ans, je me suis embauchée chez Villard aussi. Toute la famille était chez Villard, oui, ma sœur, mon frère, on a tous travaillé là-bas. » En ces années, le premier employeur de main-d'œuvre italienne n'était pas la plus grande usine de la ville. Ce n'était pas Gillet de la rue Flachet, mais Villard, filature de schappe de la rue de la Filature. Trois cent deux Italiens y étaient recensés (6,8 % de la main-d'œuvre italienne) et près de la moitié de ces ouvriers italiens étaient originaires du Frosinone. 15,5 % des gens nés à Roccasecca et 22,5 % de ceux nés à Isola des Liri étaient employés chez Villard. « Ils sont restés à Givors deux-trois ans, racontait un homme parlant de son père, et puis mon père a travaillé à la verrerie... Après on a habité rue... et il a travaillé à la filature, là, chez Villard. » – « Et moi, je travaillais chez Villard », coupait un autre homme, né en 1901 à Roccasecca. – « Comme ma mère.. », ajoutait le premier. – « Avec ma femme, on a travaillé à la Schappe », précisait le second [198]. Une entreprise moyenne pouvait ainsi jouer un rôle cardinal dans la physionomie de la ville, acquérir une fonction stucturante essentielle pour un courant migratoire, devenir le point d'ancrage d'une communauté. « Chez Villard, quand j'ai été, tout de suite on m'a mise sur une machine, racontait une ouvrière. J'ai resté un mois sur cette machine, il m'en a donné qu'une. Et ces machines, ça fait au moins plus de trois mètres de long. Il y avait une bobine en bas et puis une autre en haut, et puis il y avait le rouleau. Puis, au bout d'un mois, il voit que je marchais bien, il vous en donne une autre. Je suis arrivée à porter cinq machines de trois mètres de longueur...

198. Entretien, Italiens du quartier des Poulettes, le premier né en 1920 à Villeurbanne, père né en 1893 à Roccasecca, le second né en 1901 à Roccasecca.

J'allais sur cette machine, je retournais là, et j'allais sur cette machine, je retournais là, et sur cette machine : j'en ai porté cinq… J'étais bobineuse, j'étais au textile, je faisais des bobines de fil à la filature. C'était des flottes comme ça… Et puis on choisissait des bouts de fils, on les roulait après les canettes, et puis ça marchait, et quand la canette était pleine, on l'enlevait, on mettait l'autre. J'ai travaillé sept ans chez Villard [199]. » Loin derrière la Schappe, pour l'emploi des Italiens, venaient Gillet (cent quatre-vingt-douze), Bouillat, la teinture de l'avenue Galline (cent quinze), La Soie artificielle de Vaulx-en-Velin (quatre-vingt-quinze), Pervilhac (soixante-dix). Les quatre à cinq mille ouvriers italiens se répartissaient ensuite, en grappes moins importantes, dans les centaines d'entreprises de la ville : Bally-Camsat, Guicher & Coste, Bertrand, Denis & Chenevière, Bourgeois, Seux & Charel, Delle, Brondel ou Lacourbat…

Ceux qui arrivaient dépourvus de contrat, sans papiers, avec leur seul maigre bagage, n'avaient aucune peine à trouver où s'employer. « Avant, tu te rappelles, il n'y avait que des usines à Villeurbanne. Des usines toutes les cinq minutes. Il y avait la queue pour demander du boulot [200]… » Il suffisait alors de se présenter à la porte. Les usines, aux carnets de commandes remplis, recrutaient à tour de bras. « Moi, j'ai été m'embaucher, racontait une immigrée des Poulettes… J'ai travaillé huit ans chez Lacourbat… Il y avait beaucoup d'Italiens là-bas, chez Lacourbat, aussi, il y avait une colonie, pour ainsi dire. Et puis, moi je suis été là-bas et je lui ai dit au directeur : "Moi voilà, j'ai trois enfants, mon mari a une petite paye, est-ce que vous pouvez m'embaucher ? Mais j'ai pas de papiers." Alors il m'a dit : "Oui, je vous embauche. Si

199. Entretien, ouvrière italienne de la Schappe-Villard.
200. Entretien, Italien des Poulettes.

ça marche, je vous ferai des papiers." J'ai travaillé là-bas, ç'a été très bien, ils m'ont pris vraiment à cœur, ils m'ont fait faire les papiers. Au bout de deux mois, j'avais mes papiers de travail… Il est mort, le directeur, mais que le Bon Dieu le bénisse, il faisait beaucoup de bien aux étrangers. C'est-à-dire que les étrangers travaillaient. Faut dire qu'on travaille… Moi, j'ai travaillé là-bas… Dans l'odeur, la mauvaise odeur, couper les peaux de lapins, tout ça. Vous savez, c'est pas venu tout seul… On était dans la fourrure, les peaux de lapins. On tannait, si vous voulez. On a tanné des rats d'Amérique, on a tanné des écureuils, on a tanné beaucoup de choses. L'entrée était rue des Peupliers, derrière, impasse des Peupliers… Mon père, il travaillait dans la teinture, dans la teinturerie. Il était chez Gillet, rue Flachet. Il n'était pas loin de chez Lacourbat. Il travaillait chez Gillet, le Pépé, oui, et il emmenait son casse-croûte [201]. » En certaines circonstances, pour obtenir une place, une recommandation pouvait s'avérer utile. Ce fut le cas pour cet Italien de Roccasecca qu'avait appuyé d'un mot le curé de l'église de Croix-Luizet : « Je crois qu'il est rentré chez Gendron, à 1 F 35 de l'heure. il était manœuvre, quoi, il ne savait rien faire [202]. »

Les Italiens intéressaient au premier chef leur consulat. Dans ces années, en effet, Mussolini avait établi sa dictature, et sa police comme ses idéologues veillaient à garder autant que possible les compatriotes expatriés dans l'orbite du régime. Le consul à Lyon mobilisait les partisans du fascisme dans des organisations « *dopolavoro* » (d'après travail) pour les hommes, les femmes et les enfants. Il existait donc à Croix-

201. Entretien, ouvrière italienne.
202. Entretien, fils d'un Italien des Poulettes.

Luizet un cours d'italien fréquenté par les petits du quartier, dans lequel on faisait des dictées « orthographiques et idéologiques » à la gloire de la Patrie et du « sang italien ». L'institutrice, particulièrement convaincue (et considérée comme passablement exaltée par ses supérieurs), écrivait en marge des feuilles de notes « *Viva il Duce !* ». Place de la Mairie [203], un *Asilo*, géré par les bonnes sœurs, recevait les *Balilla* et les *Piccole Italiane*, enfants embrigadés dans les jeunesses fascistes. D'autres Italiens émigrés n'étaient pas d'accord et se situaient même aux antipodes. Ceux-là tenaient pour le Parti communiste, les socialistes « maximalistes », le courant anarchiste, ou se disaient simplement républicains. Giovanni Mariani, métallurgiste de Piovera, fréquentait le cercle anarchiste Sacco et Vanzetti. Tomaso Magnapera, paysan de Castrocielo, avait sa carte au Parti communiste. Giuseppe Di Litta de Roccasecca et de la rue du Colonel-Klobb était comme lui communiste. Primo Lastrucci, rue de la Gare, était à la fois franc-maçon, secrétaitre de la section du Parti socialiste italien et de la LIDU, la Ligue italienne des droits de l'homme, et il animait la société *Cultura operaia*, de culture ouvrière. Le nombre d'Italiens autour de Lyon au lendemain de la Grande Guerre s'élevait à plusieurs dizaines de milliers et le journal révolutionnaire *Travail*, qui ne pouvait manquer de le remarquer, posait une question à laquelle il avait immédiatement réponse : « *E di questi, quanti proletari autentici ? Quasi tutti* [204]. » D'un point de vue éloigné, la banlieue était terre d'évangélisation. L'écrivain de luxe Paul Claudel, ambassadeur de France à Washington, préfaça dans la collection Ars et Fides, le livre d'un prêtre : *La Conquête*

203. Actuelle place Grandclément.
204. « Et parmi ceux-ci, combien de prolétaires authentiques ? Presque tous » – « *Ai proletari italiani* », *Travail*, 20 mai 1922.

d'une banlieue : Croix-Luizet. « Mon cher Père, écrivait-il depuis la capitale américaine, je recommande la lecture de votre livre à tous les lecteurs de la lugubre littérature d'imagination qui sévit en France depuis plusieurs dizaines d'années, depuis Balzac et Émile Zola jusqu'à Marcel Proust [205]. » Au tableau de « décomposition » de la société, de la famille et des âmes que donnaient à voir ces littérateurs qui n'avaient pas son agrément, il préférait la prose du jésuite présentant « un groupe humain qui s'organise au soleil de Dieu ». Le bon père aimablement préfacé évoquait la croix de pierre érigée en 1714 qui donna son nom au quartier et dont les chroniques disent qu'elle fut plantée sur le lieu « d'un accident, d'un assassinat ou d'un crime quelconque [206] ». Il décrivait la route grossièrement pavée, les maisons de deux étages qui la bordaient, le tramway vieillot : « Au terminus, des bistrots et des jeux de boules tout à fait lyonnais. » Il dépeignait les immigrants, les nouveaux venus de l'Italie qui « déverse chaque jour chez nous le trop-plein de sa puissante natalité ». Il racontait la paroisse de la Sainte-Famille, le cathéchisme, le patronage, les enfants pour qui « la montagne, la mer étaient des mythes », le cinéma du jeudi aux films « si drôles » projetés par un Pathé-Baby. L'église de la Sainte-Famille, consacrée en 1927, est de facture particulière. Elle a été construite en béton et briques dans un style résolument moderne et recèle à l'intérieur un saint Roch rouge sculpté par Georges Salendre [207]. Mais les Italiens qui vénéraient San Rocco ne l'ont pas reconnu pour leur : « *Non e un vero santo* »,

205. Raymond Jouve S. J., *La Conquête d'une banlieue : Croix-Luizet*, préface de Paul Claudel, Paris, Librairie Bloud et Gay, collection Ars et Fides, 1931 (Raymond Jouve fut l'auteur en 1945 d'un livre : *Comment lire Paul Claudel*).

206. J. Perrier, *Villeurbanne historique et biographique*, *op. cit.*, p. 134.

207. Georges Salendre (1890-1985), sculpteur lyonnais à l'œuvre abondante, était notamment l'auteur de monuments aux frères Lumière, à Édouard Herriot, et du *Veilleur de pierre*

se récriaient-ils, car ce n'était pas un saint comme chez eux. Pour dissiper le malentendu, on en fit venir un autre de la Péninsule, grandeur nature et peint, figure rose et bottes jaunes, accompagné de son chien fidèle. C'était le saint que l'on promenait en août pour sa fête. « Le long ruban humain se déroula dans le soleil, les chants, la couleur éclatante des soies brodées qu'on ne voyait que ce jour-là et les toilettes claires des enfants », se réjouissait le père dévôt. Le consul était pareillement heureux de voir les immigrés de Croix-Luizet le recevoir, accompagné du commissaire du Fascio, aux accents de l'officielle *Marcia Reale*, la Marche royale. Et les missionnaires diffusaient allègrement auprès de leurs ouailles un bulletin intitulé *La Buona Parola* : la Bonne parole.

Le catholicisme n'était pas simplement répandu comme religion ordinaire du plus grand nombre, portée par les habitudes et les années, mais aussi comme conception militante, promue par le clergé, les notables attachés à la tradition et certains patrons engagés, tels que Pierre Boissier (fondateur des velours P. Boissier au capital de 2 500 000 F), les fabricants de dentelles Dognin ou les fondateurs de la firme Gillet. Pierre (Pétrus) Boissier fut honoré de l'ordre pontifical de Saint-Grégoire-le-Grand, conféré aux bienfaiteurs de l'Église, distinction que reçurent également ses deux fils, Marius et Charles, ainsi que son gendre, Paul. Boissier assistait à la messe chaque matin avec son épouse et finançait la paroisse Sainte-Madeleine-des-Charpennes qui cultivait une conception rigoureuse de la religion. La paroisse Sainte-Madeleine diffusait ses journaux hebdomadaires, *Le Pèlerin*

... de la place Bellecour. Il affichera à partir de l'époque du Front populaire des sympathies communistes (Maurice Thorez conservait la photo d'une de ses sculptures avec la dédicace : « Vive la Paix, Vive Nikita Krouchtchev »). C'est lui qui réalisa la statue de la Libération de Villeurbanne, place Lazare-Goujon.

(75 exemplaires), *Bernadette* (40 exemplaires), *La Croix du dimanche* (80 exemplaires), et déconseillait aux femmes qu'elle avait dans son giron la lecture des « journaux dangereux » : *Fémina, Les Dernières Modes de Paris*... Elle entretenait une bibliothèque, rue de l'Égalité, « ouverte à tous » et prêtant cent livres par semaine, à l'exclusion de ceux mis à l'Index [208]. « L'Église catholique, soucieuse de préserver les consciences des fidèles, expliquait le règlement, a dressé un catalogue des livres qu'on n'a pas le droit de lire sans péché... Il est défendu de les lire, de les prêter, de les garder » : dans cette liste figuraient Balzac (« tous les romans d'amour impur »), Alexandre Dumas (sauf, « avec précaution », *Les Trois Mousquetaires* et *Monte-Christo*), et Victor Hugo (« *N. D. de Paris* et *Les Misérables* sont à l'Index ») [209]. Auguste Isaac, héritier des Établissements Dognin et modérément républicain, se plaisait à prier dans les églises de la Croix-Rousse et pestait contre les lois de laïcité. Quant aux Gillet, leur attachement à l'Église était notoire depuis le premier industriel du nom. À peine est-il besoin de préciser que le grand-père, François, arborait déjà l'ordre pontifical de Saint-Grégoire-le-Grand, était membre de l'Association catholique des patrons et, selon les journaux admiratifs, inspiré par « l'esprit chrétien à l'effet de maintenir la bonne harmonie entre patrons et ouvriers » [210] ! Lorsqu'à la troisième génération mourut Edmond Gillet, « muni des sacrements de l'Église », les mêmes journaux, ou d'autres de semblable penchant, insistaient sur sa profonde charité, son « parfait libéralisme paré de libéralités aussi nombreuses que discrètes », et louangeaient

208. *Index librorum prohibitorum* (Index des livres interdits).
209. *Bulletin du Comité de presse des Charpennes*, paroisse Sainte-Madeleine, mars 1924 (*Monte-Cristo* est écrit avec la faute).
210. *Le Salut public*, 1er juillet 1888.

les œuvres sociales qu'il stimulait. Les résultats espérés n'étaient pas toujours à la hauteur des efforts dépoyés. Maniant l'ironie, les syndicalistes trouvaient à se plaindre des « Seigneurs pieux de la boîte confite » et de leur « conseilleur en robe : le curé de Villeurbanne ». Ils avançaient que les services de « Messieurs les patrons de droit divin, Gillet et Cie », monnayaient « le marché d'esclaves de langues étrangères », l'embauche des travailleurs immigrés, et ils interrogeaient sur ce point et bien d'autres la conscience du « rapiat cagot », sans trop d'espoir de le toucher au cœur [211]. Il existait bien un Cercle catholique de la Sainte-Famille de Croix-Luizet dont le but était « l'adhésion spontanée de l'esprit, du cœur, de la conduite à la doctrine de l'Évangile, donnée au monde par N.-S. J.-C. [212] ». Mais il se trouvait aussi, et en plus grand nombre, des sociétés de boules et des cafés à tonnelles accueillants. Pour pittoresque et instructive qu'elle puisse être, la liste en serait trop longue à dresser. La Boule d'Or des Poulettes, rue des Bienvenus ; la Boule joyeuse de Croix-Luizet, route de Vaulx ; la Boule-Charpennoise et la Boule des Amochés, rue Francis-de-Pressensé ; la Boule tonkinoise et la Boule anamite, avenue Thiers ; la Boule piémontaise, place Wilson ; les Disciples de la Fanny, cours Émile-Zola ; les Philosophes villeurbannais, la Boule du Progrès et celle des Amis de la Gaieté, cours Tolstoï ; la Boule fraternelle du Pré-Fleuri, rue Flachet, etc. Pas moins de cent dix sociétés homologuées, reconnues par la Fédération lyonnaise et régionale. Sans compter l'Union bouliste prolétarienne qui organisait son challenge de classe, et sans parler du Théâtre de verdure où l'on célébrait Jean Jaurès en jouant la *Marche du Couronnement de la Muse du Peuple*.

211. *Travail*, 28 juin 1930.
212. N.-S. J.-C : Notre-Seigneur Jésus-Christ. Cercle catholique de la Sainte-Famille de Croix-Luizet, Lyon-Villeurbanne, s.d.

La ville croissait, croissait toujours et croissait encore « avec un énorme apport de main-d'œuvre étrangère appelé par la grande industrie de la commune ou des environs ». Le recensement de 1921 enregistrait une population de 54 912 habitants (soit en dix ans, depuis l'avant-guerre, une augmentation de 30 %). Le recensement de 1926 portait 62 366. Celui de 1931 : 80 163 habitants (soit, en dix ans encore, une augmentation de 46 %). Villeurbanne était passée « au rang de grande cité de la France, la douzième, a-t-on estimé [213] ». Cela étonnait et était discuté jusque dans les amphithéâtres de l'Université.

FINISSAGE DES ETOFFES DE SOIERIES
TEINTURE • APPRÊT • IMPRESSION • GAUFRAGE
ornementation des tissus
ETABLISSEMENTS
Hy. PERVILHAC & Cie
SOCIÉTÉ ANONYME. CAPITAL 1.000.000 FRS

213. Albert Montfouilloux, *Le Plat Pays lyonnais-dauphinois de la rive gauche du Rhône*, thèse pour le doctorat de droit, Lyon, Imprimerie Express, 1929.

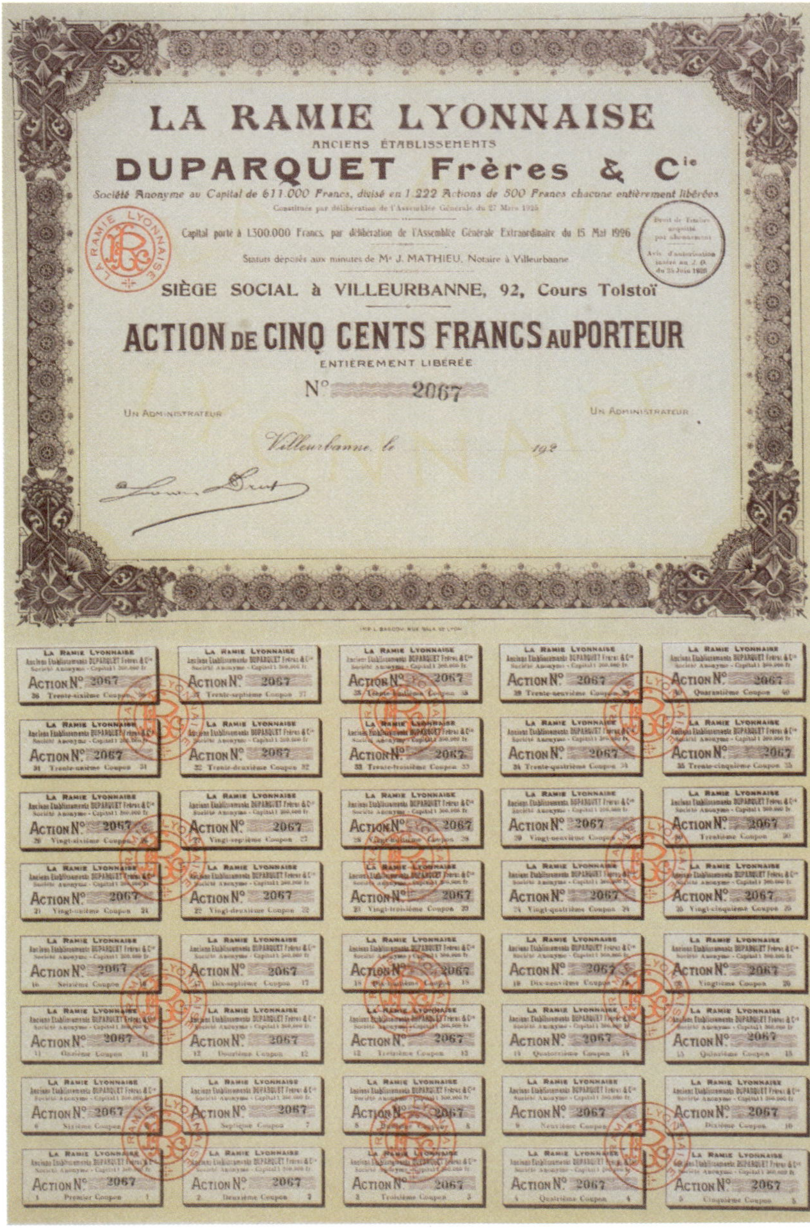
LA RAMIE LYONNAISE

ANCIENS ÉTABLISSEMENTS

DUPARQUET Frères & Cie

Société Anonyme au Capital de 611.000 Francs, divisé en 1.222 Actions de 500 Francs chacune entièrement libérées

Constituée par délibération de l'Assemblée Générale du 27 Mars 1925

Capital porté à 1.300.000 Francs, par délibération de l'Assemblée Générale Extraordinaire du 15 Mai 1926

Statuts déposés aux minutes de Me J. MATHIEU, Notaire à Villeurbanne

LA RAMIE LYONNAISE

Droit de Timbre acquitté par abonnement

Avis d'autorisation inséré au J. O. du 25 Juin 1926

SIÈGE SOCIAL à VILLEURBANNE, 92, Cours Tolstoï

ACTION DE CINQ CENTS FRANCS AU PORTEUR

ENTIÈREMENT LIBÉRÉE

N° 2067

UN ADMINISTRATEUR | UN ADMINISTRATEUR

Villeurbanne, le 192

Imp. L. Bascou, Rue Sala 32 Lyon

LA RAMIE LYONNAISE – Anciens Établissements DUPARQUET Frères & Cie – Société Anonyme - Capital 1 300.000 fr

Action N° 2067 – 36 Trente-sixième Coupon 36
Action N° 2067 – 37 Trente-septième Coupon 37
Action N° 2067 – 38 Trente-huitième Coupon 38
Action N° 2067 – 39 Trente-neuvième Coupon 39
Action N° 2067 – 40 Quarantième Coupon 40
Action N° 2067 – 31 Trente-unième Coupon 31
Action N° 2067 – 32 Trente-deuxième Coupon 32
Action N° 2067 – 33 Trente-troisième Coupon 33
Action N° 2067 – 34 Trente-quatrième Coupon 34
Action N° 2067 – 35 Trente-cinquième Coupon 35
Action N° 2067 – 26 Vingt-sixième Coupon 26
Action N° 2067 – 27 Vingt-septième Coupon 27
Action N° 2067 – 28 Vingt-huitième Coupon 28
Action N° 2067 – 29 Vingt-neuvième Coupon 29
Action N° 2067 – 30 Trentième Coupon 30
Action N° 2067 – 21 Vingt-unième Coupon 21
Action N° 2067 – 22 Vingt-deuxième Coupon 22
Action N° 2067 – 23 Vingt-troisième Coupon 23
Action N° 2067 – 24 Vingt-quatrième Coupon 24
Action N° 2067 – 25 Vingt-cinquième Coupon 25
Action N° 2067 – 16 Seizième Coupon 16
Action N° 2067 – 17 Dix-septième Coupon 17
Action N° 2067 – 18 Dix-huitième Coupon 18
Action N° 2067 – 19 Dix-neuvième Coupon 19
Action N° 2067 – 20 Vingtième Coupon 20
Action N° 2067 – 11 Onzième Coupon 11
Action N° 2067 – 12 Douzième Coupon 12
Action N° 2067 – 13 Treizième Coupon 13
Action N° 2067 – 14 Quatorzième Coupon 14
Action N° 2067 – 15 Quinzième Coupon 15
Action N° 2067 – 6 Sixième Coupon 6
Action N° 2067 – 7 Septième Coupon 7
Action N° 2067 – 8 Huitième Coupon 8
Action N° 2067 – 9 Neuvième Coupon 9
Action N° 2067 – 10 Dixième Coupon 10
Action N° 2067 – 1 Premier Coupon 1
Action N° 2067 – 2 Deuxième Coupon 2
Action N° 2067 – 3 Troisième Coupon 3
Action N° 2067 – 4 Quatrième Coupon 4
Action N° 2067 – 5 Cinquième Coupon 5

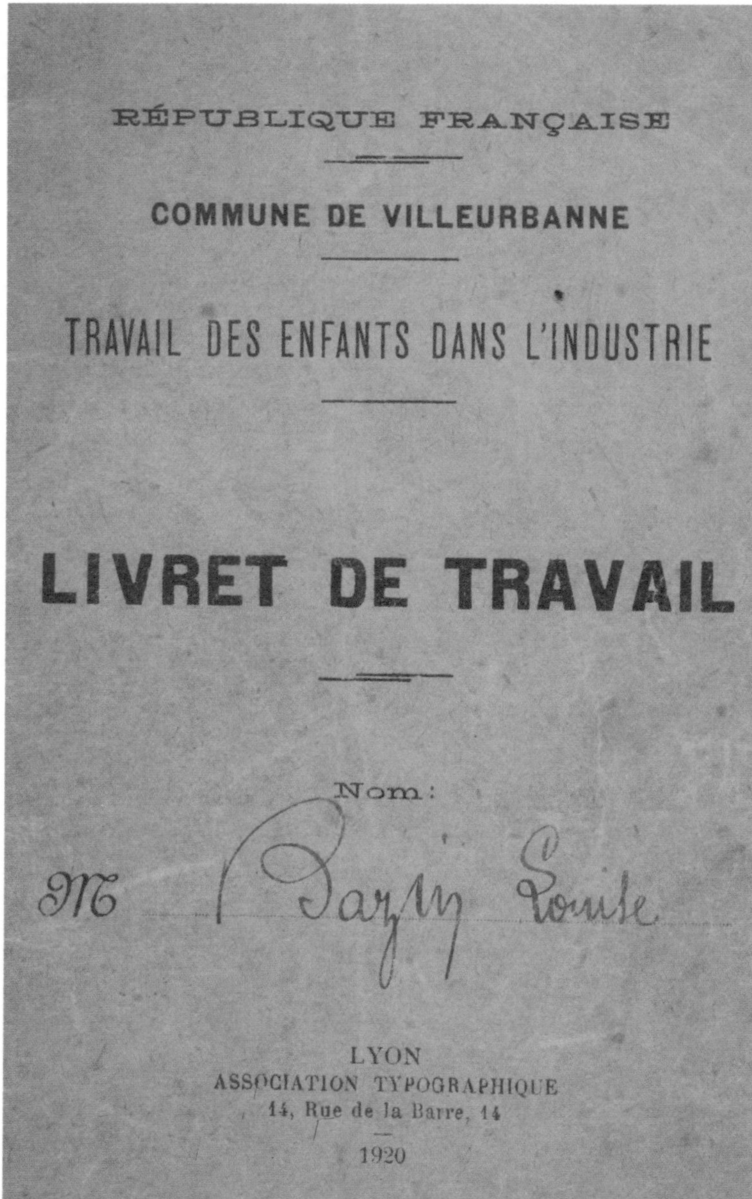

RÉPUBLIQUE FRANÇAISE

COMMUNE DE VILLEURBANNE

TRAVAIL DES ENFANTS DANS L'INDUSTRIE

LIVRET DE TRAVAIL

Nom :

M Bazy Louise

LYON
ASSOCIATION TYPOGRAPHIQUE
14, Rue de la Barre, 14

1920

[Chapitre 14]

DES HAUTS ET DES BAS

En dépit de leurs choix politiques divergents, les docteurs Jules Grandclément et Lazare Goujon avaient en commune préoccupation le sort de la classe ouvrière, par penchant humaniste, l'hygiène et le bien-être des populations, par inclination scientifique. Au sortir de la guerre, dans son dernier mandat municipal, Grandclément consacra un long rapport au besoin trivial de ravaler les façades tous les dix ans, conformément à un règlement sanitaire adopté au début du siècle [214]. Ville industrielle « riche en taudis et en usines », argumentait-il, Villeurbanne ne pouvait éluder une telle obligation sous le double aspect de l'assainissement et de l'esthétique. « Les fumées et les poussières salissent très rapidement l'extérieur des immeubles ; les maisons qui logent pour la plupart des ouvriers sont laissées par les propriétaires dans un état de dégradation et de saleté repoussantes, contribuant à donner une physionomie particulièrement sinistre et lugubre à ces quartiers habités par les travailleurs. » Il fallait éviter un « contraste choquant » avec la métropole

214. Règlement sanitaire de 1905.

voisine dont le paraître était de qualité supérieure : « Il est inadmissible qu'en deçà d'une limite toute artificielle les immeubles soient gais et propres, alors qu'au-delà les maisons seront noires, souillées de fumées et patinées de crasse [215]. » C'était, à ses yeux, l'un des problèmes qui distinguaient en négatif la banlieue de la ville. Mais le surmonter nécessitait un investissement sans rentabilité apparente, autre que celle du bien-vivre commun. Le maire relevait la contradiction de fait entre l'intérêt public au progrès, à la civilisation, et l'intérêt privé à la stagnation ou à la médiocrité de ceux qui préféraient la rente à l'investissement. Il pensait être « armé contre les propriétaires qui tiennent à conserver des façades sales » par un décret remontant à 1852 et applicable à Paris puis à Lyon, car le souci « pressant » de la propreté et la salubrité se diluait dans le temps long. Le rapport fut adopté à l'unanimité. Il ne semble pas cependant qu'il fût appliqué.

Lorsqu'il était encore en poste, le docteur Grandclément reçut d'Oran, en Algérie, la lettre d'un jeune médecin de 27 ans, diplômé de la Faculté de Lyon, qui étalait non sans pédanterie son ignorance : « Si la commune de Croix-Luizet manque de médecins et qu'elle soit assez peuplée, c'est avec plaisir que j'irais m'installer parmi vous. » Un tantinet vexé, le maire lui répondait : « Je dois d'abord vous signaler que la commune de Croix-Luizet n'existe pas, ce n'est qu'un quartier de Villeurbanne, commune de 42 526 habitants, située aux portes de Lyon. De nombreux docteurs y sont déjà installés, et actuellement, d'après l'Office municipal de logement, il n'y a aucun appartement vacant. Veuillez agréer [216] … » La requête du médecin oranais partait pourtant d'un bon sentiment. Il fallait la vocation plus que l'appât du

215. Délibération du Conseil municipal, 12 avril 1921.
216. Lettre au docteur Grandclément et réponse, 6 et 13 septembre 1920 (AMV).

gain pour s'installer dans une banlieue laborieuse. Qu'il fût en outre fort ardu de s'y loger était indiscutable. Le diagnostic était unanimement partagé. Lazare Goujon, quand il prit les rênes, constatait que le développement de Villeurbanne était dû « presque exclusivement à l'augmen- tation du nombre des ouvriers » : « Les travailleurs viennent habiter notre cité, attirés par la création d'usines puissantes tous les jours plus nombreuses, et par l'espoir de trouver des logements au hasard de lotissements ou de constructions élevées de divers côtés. Ils parviennent même à fonder un peu partout des foyers modestes qu'ils édifient de leurs propres mains sur les points les plus éloignés de notre ville [217]. » Dans ce contexte, le docteur Goujon entreprit son grand œuvre : une transformation intrépide et magnifique, la création magistrale d'un centre, la construction superbe des Gratte-Ciel. Comme on sait, il commença par son Palais du Travail et, poussé par la nécessité, soutenu par une volonté, parvint à ses fins inégalées [218]. Il choisit un espace mathématiquement déterminé et, d'abord sur les terrains cédés par la Compagnie d'applications mécaniques, bientôt sur les ruines de l'usine elle-même, édifia deux tours majestueuses, six longs blocs d'appartements en terrasses, un hôtel de ville à colonnes, une place avec bassins et pergolas, un théâtre d'envergure, deux jardins précieux, square des Roses, square des Dahlias, et une statue inspirée : *Le Répit du Travailleur*. Il ajouta, dans le beffroi de sa mairie, un *musée industriel*, « sorte d'exposition permanente des produits les plus parfaits des industries villeurbannaises ».

217. But, développement & utilité publique de l'Association « *Le Palais du Travail* », s.d. [1927] (AMV).
218. Voir Philippe Videlier, *Gratte-Ciel*, collection Commune Mémoire n° 2, éditions La Passe du Vent, 2004.

Lazare Goujon avait une confiance louable, peut-être excessive, dans les sentiments philanthropiques de ses concitoyens les plus aisés. Pour récolter les fonds nécessaires à ses projets, il s'adressa aux industriels répertoriés par ses services sur une liste de neuf pages. Ils étaient ainsi plus de cinq cents, des plus petits aux plus grands, les anciens, les nouveaux, ceux qui étaient là depuis des lustres et ceux qui venaient d'ouvrir leurs ateliers. Fibre & Mica sur la rue Frédéric-Fays et les constructions métalliques Schwartz-Hautmont sur le cours Émile-Zola, Le Fil Dynamo sur la rue du Quatre-Août et la Lyonnaise de Ventilation sur la rue de Pressensé, les mouchoirs Hoepli rue Léon-Fabre et les cravates, cache-cols, cache-nez Ballaz boulevard de l'Hippodrome, Lamy producteur de confiseries cours de la République et La Ramie cours Tolstoï, L'Ébénoïd de la rue des Fleurs qui donnait dans la matière plastique et l'Oyonnithe du boulevard Pommerol qui fabriquait faux-cols et manchettes de celluloïd, Bouillet & Bourdelle orfèvre en services de table et J.-F. Boccard spécialiste en tuyaux. Les efforts de communication du docteur Goujon se virent récompensés de quelques chèques utiles, mais sur cinq cents entreprises contactées, la collecte semblait bien maigre. La Société lyonnaise de ventilation industrielle au capital de 1 750 000 F offrait 200 F, comme François Brunner de l'antirouille « Le Poulpe ». La Société lyonnaise de teinture impression apprêts gaufrage (TIAG) versait à son tour 200 F puis en rajoutait 1 000, ce qui ne ruinait pas une entreprise au capital de 5 850 000 F. La fabrique de pâtisseries Leroudier, « produits Palmi », mettait 100 F comme l'avait fait la fabrique de confiseries Lamy à la production de dix tonnes journalières. La manufacture de cravates J. Ballaz & Cie envoyait ses 100 F et les isolants de L'Ébénoïd, cinq fois plus généreux, 500, « que nous souhaitons voir affectés à l'édification du Palais du Travail ». D'autres encore apportaient leur obole : Adolphe Lafont, tissage, rue du Docteur-Dolard, dont l'épouse était bienfaitrice, et les Savons de luxe SNO de la rue du Gaz, aux œufs, au citron et à l'origan.

Il importait aux industriels, d'abord, de satisfaire à leur mission. Les machines tournaient, mues par la vapeur, l'électricité et la sueur des corps au travail. Les usines absorbaient le labeur vivant, en tiraient des produits négociables et rejetaient des fumées grasses par leurs hautes cheminées. Le maire exhortait les usiniers à réduire la diffusion des émanations nocives. « C'est d'ailleurs leur intérêt bien compris... L'industriel ne se désintéresse plus aujourd'hui de la santé publique. En dehors de toutes considérations morales, qui ont aussi leur valeur, il sait qu'il a intérêt à recruter sa main-d'œuvre dans une population saine et forte [219]. » Mais le raisonnement social du médecin ne coïncidait pas forcément avec celui de l'entrepreneur privé. « Au numéro 36 de la rue du Docteur-Rollet existe une usine d'impression sur étoffes... Tout un quartier est infesté au point de ne pouvoir laisser ouvertes portes et fenêtres. Ceci de six heures du matin à dix heures du soir, l'usine travaillant par équipes de huit heures » (20 août 1930). « Nous serions heureux que vous puissiez faire cesser les fumées de l'usine de teinture 5, rue Jean-Claude-Vivant qui empoisonnent les locataires à côté... Les locataires de la rue Alexandre-Boutin en face le derrière de l'usine sont infectés aussi par ces fumées » (21 septembre 1930). « La cheminée de l'usine S.I.S.T.I. [220]

219. Appel « Indice de gaspillage et cause d'insalubrité, les fumées doivent disparaître », s.d. [1930] (AMV).
220. Société anonyme d'impression sur tous tissus.

fume énormément et gêne les voisins de la rue J.-B.-Clément » (9 octobre 1930). Pour la plupart, les usines estimaient être injustement mises en cause ou ne pouvoir agir que très peu sur les conditions de leur activité. Elles se justifiaient le plus souvent par le déni. La société anonyme des filatures de schappe « ne produit pas de fumées », les Dorures L. Mathieu possèdent des « fours à gazogène – ne produit plus que très peu de fumées », les établissements Brondel « brûlent du coke, ne produisent des fumées qu'au moment de l'allumage », les établissements Bouillat « sont en pourparlers avec des spécialistes de la fumivorité », la Manufacture lyonnaise de caoutchouc « étudie la question ». Le Poulpe François Brunner tentait d'exposer sa façon de voir et ses contraintes, « notre activité s'exerçant sur trois branches différentes » : entrepôt de produits chimiques, fabrication de peintures industrielles et de farine alimentaire pour bétail. « Nous respectons scrupuleusement les règles de l'hygiène, et nous sommes certains de ne porter aucune atteinte à la santé des habitants du voisinage… Parmi les nombreuses opérations, quelques-unes seulement dégagent, d'une façon intermittente, une odeur d'huile chaude. Ces vapeurs d'huile, purement végétales, ne sont en aucune façon nocives et ce qui le prouve, c'est que la santé des ouvriers qui procèdent à cette cuisson n'est point compromise. Les arbres situés contre le mur même de l'atelier restent parfaitement verts tout l'été et le terrain qui nous reste disponible est utilisé par un jardinier-fleuriste [221]. »

Si certaines usines n'étaient tournées que vers la productivité, d'autres soignaient par surcroît leur image, sachant que cela, en définitive, influait sur leur réussite. Bally-

221. Lettre des Établissements François Brunner, 9 novembre 1926 (AMV).

Camsat avait bâti sur 8 000 m², en lisière de l'avenue du Parc-de-Bonneterre et de la rue du Quatre-Août, un solide ensemble aux façades vitrées, laissant abondamment pénétrer la lumière, qui contrastait singulièrement avec les constructions alentour. Aux Charpennes, Guicher & Coste, épaulés par un ingénieur-architecte lyonnais, établirent une manufacture de vêtements au dessin moderne. « L'alignement à suivre est déterminé par une ligne droite parallèle et distante de 20 m des façades des immeubles et des murs de clôture situés du côté opposé du chemin. À l'angle de la rue de l'Abîme, il sera établi un pan coupé formant la base d'un triangle isocèle... » Symétrie parfaite, perron avenant, entrée joliment découpée surmontée de deux sphères décoratives : dans cet environnement devait naître la griffe Bayard et son logo, la silhouette, d'abord, puis le heaume stylisé du preux chevalier sans peur et sans reproche. L'on vit fleurir par gerbes toutes sortes d'ateliers. Marcel-Narcisse Viratelle montait rue Jean-Bourgey une usine de motocyclettes de sa conception, allant à 80 km/h et portant naturellement son nom. Moto 3 HP, 1 cylindre 350 cm³, side-car une place ; moto 6 HP, 2 cylindres verticaux monoblocs 700 cm³, side-car deux places côte à côte. Louis Mathieu, au capital de 5 000 000 de francs, produisait rue Son-Tay ses lamés et filés d'or et d'argent « Louisor ». Rue Émile-Décorps, non loin de la Société ouvrière coopérative, une seconde verrerie s'installait : la Verrerie mécanique du Sud-Est. À deux pas, Ch.-A. Dellamonica, astiquait ses glaces « Soleil », marque déposée, dans lesquelles un lion assis se mirait. De « vitriers » qu'ils étaient au départ et qu'étaient avant eux leurs aïeux, les Dellamonica, sujets suisses originaires de Claro dans le canton du Tessin d'influence italienne, s'étaient mués en « fabricants de mastic » et « miroitiers » avant de se convertir aux « comptoirs vitrés réfrigérés » de magasins. La migration portait avec elle ses spécialités. Les Italiens avaient amené Domenico Cavagnolo, joueur, accordeur et fabricant d'accordéons de Vercelli qui montait impasse du Casino, à côté du cinéma dans lequel il se produisait parfois, ses pianos à bretelles aux boutons de nacre, inscrivant, avec la faute, sa marque en lettres dorées : « *Villurbanne Lyon France* ».

Alors que l'économie se portait au mieux, que ne manquaient ni le travail ni l'embauche, une frange de la population restait pourtant en marge et se caractérisait par sa fragilité. Effet de conditions d'hygiène et de vie désastreuses, soixante cas de fièvre typhoïde furent déclarés en 1923 et il mourut dans la cité 135 personnes de tuberculose pulmonaire en 1924, 147 en 1925, et 127 en 1926. La municipalité prévoyait que le nombre de malades traités par le dispensaire pourrait atteindre deux mille. Le *Bulletin municipal* reproduisait les avis des associations de prévention : « Danger des crachats – tous les crachats contiennent des germes nuisibles… Il ne faut pas cracher sur le sol… » Pour illustrer ses campagnes d'« hygiène sociale » la municipalité publiait une photographie extraordinaire, une scène digne des films de Chaplin, Renoir ou Duvivier : ruelle de terre battue, masures sans étages d'où émergent des tuyaux de poêle branlants, cordes à linge et clôtures de bois, et, dans la ruelle, un gamin en casquette tenant son chien corniaud au collier, une petite en béret poussant la carriole qui contient des miches de pain, son petit frère à ses côtés, au premier plan un jeune juché sur son vélo, puis, en fond, des enfants en pèlerine et culottes courtes fixant le photographe. La légende portait : « Un exemple des taudis qu'il faut vaincre. » Les déshérités tentaient leur chance parfois, comptant sur la providence municipale. « Ne trouvent pas d'appartement suffisant comme oû j'abite est un androit desabitable, et le patron veut démolir on m'a renseignet de vous écrire une lêttre pour qu'il me soit plus facile d'ant trouver une », écrivait un père de famille nombreuse de la rue Léon-Fabre – « nous somme cepte, les parents trois homme et deux jeunes filles ». À un autre solliciteur, le maire expliquait qu'il ne connaissait aucun appartement vacant, « la crise de logements sévissant à Villeurbanne plus que partout ailleurs », mais que peut-être, en excipant de sa situation de famille, il pourrait décrocher une location dans les nouveaux logements HBM [222]. Dès avant la Première Guerre mondiale, la municipalité s'était préoccupée de mettre en œuvre un programme d'« Habitations à bon marché », et bien que le projet fût différé par les événements, les premiers du genre virent finalement le jour rue Colin, dans une conception assez banale de l'architecte Michut (1926), puis cours Émile-Zola, par des ensembles collectifs à l'esthétique avenante et soignée sous le crayon de l'architecte Pin (1928), aux Buers, en une configuration moins ambitieuse de l'architecte Desvignes (1930), et pour finir rue Michel-Servet. À l'automne 1930, six cent soixante-quinze demandes de logement étaient encore en attente auprès de l'Office des HBM. Un peu moins de mille deux cents personnes, nettement privilégiées, bénéficiaient de ces appartements de un à quatre pièces pourvus de W.-C. et parfois de douches, et d'un garage à bicyclettes. Il existait aussi, mais en nombre très limité, des habitations ouvrières conçues par les industriels pour leur personnel. Les établissements Gillet, qui donnaient l'exemple déjà avant guerre avec leurs immeubles du cours Émile-Zola, firent édifier une cité en 1924 : deux cent dix logements, maisons et immeubles

222. Lettre au maire de Villeurbanne, 8 octobre 1929, et lettre du maire, 11 septembre 1926 (AMV).

typés, coquets et fonctionnels, sur la rue Flachet, la rue Francis-de-Pressensé et le chemin de Château-Gaillard. La peausserie Lacourbat, Claret & Confavreux disposait de son propre immeuble de cinq étages avenue Auguste-Blanqui et les Filatures de schappe construisirent deux groupes de trois maisons ouvrières à cinq étages rue Édouard-Vaillant. Le soyeux Henry Bertrand déposa en 1920 un projet de quatre habitations ouvrières : « Il demande que cet immeuble destiné à être occupé par des personnes peu fortunées soit admis à bénéficier de l'exonération d'impôts accordée aux habitations à bon marché [223]. » L'effort rationnel se portait également vers la coopération. La Mairie encourageait les ouvriers à s'associer pour bâtir ensemble, le dimanche et les jours fériés, des maisonnettes solides et « hygiéniques » sur plans préétablis : le *Cottage social*, « œuvre philanthropique de relèvement social par la possession du foyer familial » promu par l'extravagant Gëorgia Knap [224]. « Je compte sur vous pour enthousiasmer les ouvriers en faveur du procédé que vous avez imaginé », lui écrivait Lazare Goujon en l'invitant à prononcer une conférence dans sa commune [225]. L'enthousiasme fut, semble-t-il au rendez-vous puisque quatre cents ouvriers s'inscrivirent pour faire sortir du sol leur maison de quatre ou cinq pièces sur deux étages, « brut de décoffrage ». Mais beaucoup se perdirent en route. Les « cottagistes » étaient réunis par usine ou corps de profession sous la houlette d'un ou deux ouvriers du bâtiment et devaient

223. Registre des constructions nouvelles (AMV).
224. Gëorgia Knap (1866-1946) fut chanteur d'opéra, constructeur d'automobiles et motocyclettes, inventeur du « moule Goliath » pour la construction de cottages sociaux et auteur de l'ouvrage *Pour Vaincre la Décrépitude du Corps et du Visage et reculer l'échéance de la Mort*, dans une collection « Médecine naturelle et culture humaine ». Paré du titre de « Docteur » dans les documents municipaux villeurbannais, Gëorgia Knap fut décrit par son biographe comme « le plus grand marchand de miracles et d'espérance des temps modernes ».
225. Lettre du maire de Villeurbanne, 31 août 1929 (AMV).

adopter le même modèle de maison. Les cottages poussèrent à Bel-Air, sur un champ de blé du quartier des Brosses. Il y avait aussi les « Jardins et Foyers » de la Cité Paul-Strauss, aux Buers, qui voisinaient avec des constructions précaires et réclamaient plus de police « pour permettre une surveillance active nécessitée par une certaine catégorie de gens qui résident dans les logements en bois » à qui étaient imputés « vols, attaques, déprédations de toutes sortes, aujourd'hui chose courante [226] ». Car les logements insalubres proliféraient, soulignant crûment l'insuffisance des efforts réalisés en faveur du logement social et l'ampleur colossale des besoins insatisfaits : baraques du chemin des Buers, de la rue Anatole-France, du quartier Cyprian, du quartier des Poulettes. La doctoresse chargée du Bureau d'hygiène pointait du doigt, parmi d'autres, les constructions « affectées à usage d'habitation » de la rue des Poulettes dont le propriétaire se répandait en menaces et injures à l'encontre des inspecteurs et continuait sans vergogne à louer ses taudis aux nécessiteux : un rez-de-chaussée divisé en onze pièces, « chacune de ces pièces est occupée par un ménage d'Italiens, et abrite de cinq à huit personnes. Aucune règle d'hygiène n'existe dans cet immeuble, qui a d'ailleurs été édifié sans aucune autorisation préalable. Les parquets et les plafonds sont crevés. Il n'y a pas d'éviers. Les chéneaux sont en très mauvais état… Les W.-C. sont impraticables ; les locataires déposent leurs ordures un peu partout dans la cour et dans la rue. La fosse déborde [227]. » Le médecin évoquait les « constructions infectes » de ces quartiers, abritant les populations nouvelles, « qui d'un bout de l'année à l'autre sont de véritables cloaques ». En dessous des mal-logés se trouvaient encore les sans-logis. Les procédures

226. Lettre au maire de Villeurbanne, 26 mai 1924 (AMV).
227. Rapport du médecin-directeur du Bureau d'hygiène, s.d. [1927] (AMV).

d'expulsion mettaient en lumière la situation délicate des ménages les plus démunis face à la vie. Il arrivait que le préfet appelât la « bienveillante attention » du maire sur les cas dignes de compassion, souvent des familles déstructurées. Les femmes faisaient, plus que les hommes, les frais des mœurs et d'une morale sociale rudes. Cours Tolstoï, une femme de 36 ans séparée de son mari ne parvenait pas à payer le loyer de la seule pièce où elle vivait avec ses deux enfants de 3 ans et 18 mois. Mais les pouvoirs publics n'avaient pas de solution. « En ce qui concerne les enfants de l'intéressée, le plus jeune pourrait être placé au Centre de placement familial surveillé de Poncin et l'aîné hospitalisé momentanément à l'hôpital Saint-Pothin [228]. » Petite Rue Pasteur, sept personnes occupant un logement de trois pièces risquaient d'être mises à la rue : une femme de 42 ans, séparée de son mari, « bonne réputation », vivant de ménages et des salaires de trois enfants et d'un neveu pupille de la Nation, âgés de 15 à 22 ans et tous ouvriers d'usine. Les rentrées ne permettaient pas de subvenir aux besoins d'une famille à laquelle s'ajoutaient deux petits-fils, l'un de 6 ans, rejeton du garçon de 22 ans, et l'autre de 5 ans, qu'avait la « fille-mère » de 20 ans. Route de Vaulx, un couple d'une cinquantaine d'années, vivant avec leur fille « maladive, fille mère de trois enfants âgés de 5 ans, 2 ans et 1 an » – « cette famille n'aurait comme ressources que le produit du travail du père », mécanicien [229]. Rue Alexandre-Boutin, un couple, mari accidenté ne pouvant « se livrer à aucun travail » et leurs trois enfants de 7 ans, 5 ans, 10 mois ; cours de la République, une divorcée, ouvière d'usine, mère de trois enfants de 4 à

228. Lettre du maire de Villeurbanne, 27 octobre 1928 (AMV).
229. Note de la préfecture du Rhône, mai 1928 (AMV).

16 ans... Il suffisait d'un événement malheureux pour perdre l'équilibre et déchoir.

Parce que la croissance était au rendez-vous de la première après-guerre et que certains en profitèrent abondamment, les années vingt furent appelées les « années folles ». Mais elles furent évidemment de grand contraste. Aux misères des uns faisait pendant la prospérité des autres. Le directeur de la maison Jallade & Gendre se plaignait d'avoir été renversé par un cycliste imprudent sur le trottoir du cours Émile-Zola : « Aux heures de sortie et de rentrée des usines la circulation y est tout à fait dangereuse pour les piétons », relevait-il, essayant un conseil : « Quelques contraventions placées à propos auraient le plus heureux effet car ce sont toujours les mêmes personnes qui circulent pour aller ou revenir de leur travail [230]. » La remarque était judicieuse : c'était toujours les mêmes qui allaient en vélo. Pierre Bouillat, qui possédait une usine de teinture avenue Galline et habitait boulevard des Belges, roulait en Voisin, 4 places, 9 CV ; Émile Giscard, usine rue Pressensé et domicile boulevard des Belges, disposait d'une Renault 10 CV ; Albert Pervilhac, ateliers chemin de la Doua et résidence boulevard des Belges, conduisait une Willis 16 CV immatriculée 105 C 16. Proche géographiquement mais infiniment distant socialement de Villeurbanne, le boulevard des Belges, donnant sur le parc de la Tête-d'Or à Lyon, se distinguait par sa densité exceptionnelle d'industriels. L'adresse marquait au mieux et c'était une mode bien agréable pour qui ne manquait pas d'argent, une manière de mettre en évidence sa réussite. On y trouvait encore Julien Guicher des vêtements Bayard, Descollonges des parfums à l'oiseau de paradis et le propriétaire

230. Lettre au maire de Villeurbanne, 3 mai 1927 (AMV).

des velours Boissier. Quand ils n'habitaient pas sur le boulevard, les industriels demeuraient dans le périmètre chic de l'arrondissement : avenue de Noailles (Henry Bertrand), rue de Sully (Seux), rue Vendôme (Clerc-Renaud), rue Masséna (Joannès Villard). « Les voitures personnelles de M. Villard Joannès... ne fréquentent pas l'usine de Villeurbanne où M. Villard Georges, son fils, est Directeur ; ladite usine possède des voitures au service du haut personnel. M. Villard Georges utilise les voitures de l'usine pour les besoins de sa fonction [231]. » Pour des raisons fiscales (une partie de la taxe revenant à la commune de résidence), les propriétaires d'automobiles étaient tenus de déclarer très exactement l'usage – personnel ou professionnel – qu'ils comptaient en faire. Ainsi sait-on que Bally-Camsat disposait d'une Talbot, que Brunner possédait une Delage, qu'Antoine Nombret et Henry Gaillard, des établissements Nombret & Gaillard, préféraient les Panhard. Ainsi sait-on que roulaient à Villeurbanne, en nombre limité, des Luc-Court, des Cottin-Desgouttes, des Donnet-Zédel, des Lorraine-Dietrich, des Pierce-Arrow, des Packard, des Hispano-Suiza, des Chenard & Walker. En nombre plus important, des camions Berliet, Ford, Peugeot, des camionnettes Citroën ou Fiat, entraient et sortaient des portails d'usines chargés de marchandises en un ballet incessant, tandis que, matin et soir, s'agglutinaient sur les trottoirs des myriades de bicyclettes.

231. Taxe municipale sur les automobiles – recette Lyon-Vitton, 1er trimestre 1930 (AMV).

FABRIQUE DE CONFISERIE FINE
PRODUCTION JOURNALIÈRE 12.000 KILOGS
Produits de 1er Choix - Spécialité d'Articles enveloppés fourrés et non fourrés
E. Lamy
TÉLÉGRAMMES
LAMETOILE-LYON
TÉLÉPHONE
Villeurbanne 84-15 - 84-16
COMPTE CH. POSTAUX
LYON 99-67
Villeurbanne Lyon
3 et 5, Cours de la République
CODES ABC 6 H EDITION
LIEBER
R. C. LYON A, 23.010
Avis de Passage de M

La Compagnie d'applications mécaniques désaffectée.

[Chapitre 15]

LA CRISE

La crise brisa net la croissance. La grande crise, profonde, durable, dévastatrice, celle que l'on dit « de 1929 » car elle s'était ouverte par un krach boursier à New York le jeudi 25 octobre de cette année-là. L'acteur burlesque Groucho Marx s'en souvenait parfaitement, qui avait perdu toutes ses économies investies dans la finance. Partie de Wall Street, la crise se propagea inexorablement sur le globe. Elle atteignit la France insouciante et la mécanique industrielle se grippa d'un coup. Les commandes se tarirent, la production s'affaissa, les usines débauchèrent, les files de chômeurs s'allongèrent, la misère pénétra dans des foyers qui avaient acquis par l'effort un semblant de sécurité. « La crise économique semble se poursuivre selon un rythme de progression continu. Les pronostics font, en majorité prévoir qu'elle s'accentuera [232]. » Des informations déprimantes remontaient par la voie hiérarchique à la tête de l'État centralisé sans que le gouvernement trouve de remède efficace. Le directeur de l'Office départemental de placement et le commissaire spécial

232. Rapport du directeur de l'Office départemental de placement, 19 janvier 1931 (ADR).

adressaient leurs rapports au préfet, le préfet du Rhône synthétisait, modifiait la syntaxe et renvoyait aux ministres et au président du Conseil. Le préfet éprouvait l'état de l'économie et de l'opinion dans sa région. « À Villeurbanne, l'administration municipale envisage l'ouverture d'un nouveau et important chantier pour la construction du nouvel Hôtel de Ville. Un bon nombre d'ouvriers valides y seront employés [233]. » Le nombre de chômeurs enregistré dans la commune, de 222 en décembre 1930, s'éleva à 612 en mars 1931 et grimpa à 1 843 en décembre 1931 pour atteindre 2 383 en janvier 1932. La crise, brutale, s'installait dans les faits et dans les têtes. Les industriels incriminaient la surproduction, la lourde charge des impôts, la loi sur les assurances sociales et les méfaits de la concurrence étrangère. Sous la pression des événements, les comportements se modifiaient. « L'état d'esprit des milieux patronaux se ressent du marasme actuel des affaires et un courant tendant à la baisse des salaires semble s'affirmer, remarquait le préfet. Les ouvriers se rendent compte de la mauvaise situation des affaires et évitent de manifester de crainte de licenciements en masse [234]. » Les usines réduisaient de façon drastique les heures travaillées, comprimaient leur effectif, diminuaient les coûts salariaux. Les ouvriers courbaient l'échine. Sans mot dire, tétanisés, ils se voyaient ravir ce qu'ils avaient péniblement conquis.

Les protestations syndicales, désordonnées, restaient à peu près sans effet. Les organisations les plus marquées à gauche, autour de la CGT-U – dite « unitaire » alors que régnait la division –, accumulaient échecs et déception. Leurs « journées d'action » ne mobilisaient que les convaincus et le nombre

233. Rapport du préfet du Rhône, 21 janvier 1931 (ADR).
234. Rapport du préfet du Rhône, 2 février 1931 (ADR).

de leurs adhérents fondait comme neige au soleil au point que les indicateurs préfectoraux estimaient que les communistes avaient perdu toute « liaison effective » avec la classe ouvrière, « du fait que tout le travail des organisations unitaires repose sur des permanents appointés et non sur les militants du rang [235] ». Les grèves, si nombreuses dans l'immédiat après-guerre et souvent victorieuses, n'étaient plus qu'épisodiques : les trois cent cinquante teinturiers et apprêteurs de Seux & Charel, en août 1930, pour s'opposer au renvoi de deux compagnons, une faible partie du personnel de l'entreprise de plâtrerie Rey, en mai 1932, afin d'empêcher – sans succès – le renvoi d'un délégué, les terrassiers de la maison Deluermoz, dans le but de faire obstacle à une tentative de diminution de salaire et les charpentiers de la petite entreprise Grepat pour les mêmes raisons (l'entreprise déposa son bilan à l'issue de la grève – « grève sans importance », concluaient les autorités). Le dernier mouvement d'ampleur avait été la grève de trois semaines des employés de Bally-Camsat (six cents grévistes – moitié d'hommes, moitié de femmes – sur neuf cents salariés) contre le licenciement d'un syndicaliste. Ce fut, au dire de la police, un échec cuisant pour la CGT-U qui « n'a pu obtenir la réintégration de l'ouvrier congédié, lequel était secrétaire de la cellule de la maison », la cellule communiste, évidemment. Car entre le Parti communiste et la CGT-U la différence se faisait peu, l'un dirigeant l'autre. Les deux organisations menaient une politique activiste, s'agitaient beaucoup, mais le plus souvent dans un entre-soi cultivé. La lutte des classes allait se nicher jusque dans la banalité des loisirs. Le parti organisait à Cusset le championnat du Sud-

235. Rapport du commissaire spécial de Lyon, 15 mars 1932 (ADR).

Est de l'Union bouliste prolétarienne – « les quadrettes doivent être formées exclusivement avec quatre joueurs appartenant à la même société et affiliée à la FST [236] » – Fédération sportive du travail. Dans sa logique de « révolution prolétarienne internationale », le Parti communiste visait à gagner à lui les ouvriers du rang, français ou immigrés, et à étendre son influence dans les usines où ses informateurs, les « *rabcors* » (diminutif soviétique pour « correspondants ouvriers »), rapportaient la dureté de la condition prolétaire et où ses partisans saisissaient toute occasion de s'insurger. L'hebdomadaire régional du parti s'intitulait *Travail*, bien que le travail commençât à se faire rare, et il n'était tendre avec personne : ni avec ses adversaires traditionnels, patrons, curés ou militaires, ni avec ses concurrents en politique et surtout pas avec les militants peu formés à l'orthodoxie. « Luttons contre les déviations dans notre Parti – Le Bureau régional, par l'intermédiaire de la Sous-Section régionale de langue italienne, apprenant que des militants communistes adhérents à la *Societa Operaia* de Villeurbanne (société soi-disant politique) ont prêté leur concours à une fête bourgeoise, présidée par un politicien socialiste, le 15 juin dernier, les condamne publiquement [237]. » On ne transigeait pas avec la ligne. Mais la ligne engendrait beaucoup de déçus. Les manifestations du 1er Mai, qui n'était pas un jour férié, déclinaient : 5 000 personnes à Lyon en 1926 (dont 400 étrangers) ; 2 000 personnes en 1927, défilant à l'appel de la seule CGT-U entre le quai Jules-Courmont et l'avenue de Saxe, et une réunion nettement plus modeste à Villeurbanne, au Cercle syndicaliste de la CGT-SR (syndicaliste

236. *Travail*, 10 août 1929.
237. *Travail*, 28 juin 1930.

révolutionnaire) [238], rue du Quatre-Août ; 2 000 participants en 1928 au meeting de la CGT-U du parc de Bonneterre où l'Harmonie des anciens combattants de l'ARAC joua *L'Internationale* et où prirent la parole Jules Grandclément et Edmond Chambon, secrétaire de la métallurgie, 400 autres à la réunion de la CGT-SR. La CGT tout court, proche des socialistes et aux orientations modérées, n'organisait pas de manifestations. Le cortège CGT-U de 1930, estimé à 1 500 manifestants par la police, se rendit, drapeaux en tête, de la Bourse du Travail de Lyon, place Guichard, jusqu'au parc de Bonneterre, par le cours Lafayette et le cours Tolstoï. Au terme de ce long parcours, cinq orateurs se succédèrent à la tribune : « Ils ont critiqué le régime bourgeois, le capitalisme, la rationalisation [239]. » Mais la rationalisation s'appliquait, le capitalisme n'avait pas l'intention de céder la place et le régime bourgeois était inébranlable. Le Parti communiste suivait sa ligne : « classe contre classe » et lui contre tous. « Vous manifesterez le Premier Mai contre le fascisme et le social-fascisme... Vous manifesterez le Premier Mai contre les chefs socialistes et contre le régime pourri de Oustric [240], de Péret, de Blum [241] », exhortait l'éditorial de *Travail* en 1931. L'année 1932, quand le chômage était au plus haut, la manifestation de la CGT-U ne regroupa que quatre cents personnes « au maximum » et « en raison du mauvais temps le cortège n'a pas pris le départ ». Il semblait loin le temps où le maire accordait à la CGT-U la jouissance de la place Rivière, au Tonkin, pour

238. La CGT-SR, fondée à Lyon en 1926 sur une base anarchisante, constituait le troisième tronçon de la CGT éclatée. Á son programme figuraient les 35 heures.
239. Rapport du commissaire spécial, Lyon, 1er mai 1930 (ADR).
240. Le krach de la Banque Oustric fut un scandale financier majeur, avant l'affaire Stavisky. L'implication du ministre garde des sceaux Raoul Péret, convaincu de corruption, causa la chute du gouvernement Tardieu en décembre 1930.
241. *Travail*, 2 mai 1931.

tenir des rassemblements « où les orateurs d'avant-garde seront appelés à exposer les revendications du prolétariat ». « Comme les années précédentes, l'Union des syndicats unitaires du Rhône s'apprête à célébrer dignement la journée du 1er Mai », expliquait le secrétaire au « citoyen Grandclément » et le maire Grandclément acquiesçait en adressant au « camarade » ses « salutations communistes » [242]. Autour de la personnalité populaire de Jules Grandclément, le Parti communiste avait conservé la confiance de plus du tiers de l'électorat jusqu'à la fin des années vingt. Alors qu'aux élections municipales de 1929 le Parti communiste talonnait la SFIO – 4 330 voix au docteur Grandclément et 4 402 au docteur Goujon – qu'il distançait très largement la droite du docteur Gautheron, autre médecin, qui recueillait 1 780 suffrages, et le Parti radical de Michel Bressat aux 1 880 voix, alors qu'au deuxième tour le PC à lui seul recueillait 40 % des suffrages contre 47,7 % à la coalition socialiste-radicale et 12,3 % à la droite, les élections législatives de 1932 traduisirent dans les urnes une perte de crédit massive. Au premier tour, le Parti communiste, représenté par Chambon, le syndicaliste de la métallurgie, s'effondrait à moins de 20 %, loin derrière le Parti radical, et au deuxième tour, alors qu'il s'était maintenu face à Lazare Goujon, il obtenait un score inférieur à la droite et tombait à 17 %. Le docteur Goujon était élu député avec plus de 62 % des voix. La ligne « classe contre classe » et nous contre tous ne convainquait pas ceux qui craignaient de perdre leur emploi et ceux qui pointaient au bureau de chômage.

Au fil des mois, des fiches de plus en plus nombreuses s'accumulaient au Bureau de placement, des centaines, des

242. Lettre au maire Grandclément et réponse, 13 et 14 avril 1922 (AMV).

milliers de fiches cartonnées, imprimés beiges classés par ordre alphabétique : le chômage de A à Z. Abbate Thomasine, marqueuse de rouleaux papiers peints, moins de 16 ans ; Abdelfetah Abderrahman, manœuvre, inscrit depuis le 9 juin 1931 ; Blanchard Louise, repasseuse, inscrite le 23 janvier 1931 ; Di Litta Ange, manœuvre maçon, inscrit le 23 décembre 1930 ; Dupont André, ajusteur, inscrit le 9 juin 1931... Haïrabedian Eglisapet, ouvrière en soie ; Lopez Dolores, journalière (fileuse)... Zaborovsky Dimitry, manœuvre ; Zak Fransciska, biscuitière... La crise frappait partout et tous, sans distinction d'origine ni de profession. Métallurgie, bâtiment, teintures et apprêts, textile. « La situation devient de plus en plus angoissante car l'augmentation du chômage complet est générale dans toutes les corporations... À Villeurbanne, le nombre des chômeurs est en progression depuis plus d'un mois et, relativement à l'importance de la population, la proportion de chômeurs est plus grande qu'à Lyon [243]. » La crise s'insinuait dans le quotidien des gens. Certains peinaient à conserver un mode de vie acceptable, à garder un quotidien normal. « Depuis quelques jours à Villeurbanne, 139, rue des Poulettes, au café Viola, les sans travail peuvent bénéficier de la "soupe populaire" qui y a été organisée pour le prix de 2 francs [244]. » Les autorités, devant l'accroissement vertigineux des besoins, organisèrent sur une vaste échelle le secours aux nouveaux pauvres, à ceux qui basculaient dans le manque véritable. À Lyon, la « soupe populaire » se composait d'un litre de soupe, 10 grammes de pain et 0,50 F de fromage de gruyère. À Villeurbanne, les repas comprenaient une soupe, bouillon

243. Rapports du commissaire spécial de Lyon, 29 décembre 1931 et 30 janvier 1932 (ADR).
244. Rapport du commissaire spécial de Lyon, 28 novembre 1931 (ADR).

gras ou soupe de légumes, un plat de viande de 120 grammes par personne, accompagné de lentilles, haricots, riz ou pommes de terre. Le nombre de repas servis était d'environ cinq cents. Les chômeurs mangeaient sur place – dans ce cas on leur prêtait assiette et couverts en échange de la carte de chômeur – ou, s'ils le désiraient, emportaient leurs victuailles. « Beaucoup de chômeurs ont renoncé aux repas sur place, relevait un rapport, préférant bénéficier de la distribution de provisions alimentaires qu'ils emportent pour consommer chez eux [245]. » Pour ceux qui n'avaient rien, le repas était gratuit, pour ceux qui touchaient les secours du Fonds de chômage, il coûtait 2 F aux hommes, 1,50 F aux femmes et 1,25 F aux enfants – puisque les secours, comme la paye, étaient moindres. À Villeurbanne, les « soupes populaires » se voyaient servies dans le grand hall de la CAM, la Compagnie d'applications mécaniques désaffectée, 162, cours Émile-Zola, où devaient s'élever bientôt les deux grandes tours des Gratte-Ciel. C'est là qu'à Noël 1931 un millier d'enfants d'ouvriers sans travail reçurent des friandises et des jouets à l'initiative de la Mairie et d'un Comité des chômeurs.

Les charges, pour la commune, s'avéraient lourdes et allaient s'alourdissant. Le Bureau de bienfaisance, d'abord, puis le Fonds municipal de chômage, répartissaient allocations et secours en nature. Le montant à la charge de la Ville s'élevait à deux millions cinq cent mille francs pour les deux premières années, plus les subventions allouées au Bureau de bienfaisance, plus l'Assistance médicale gratuite, parce que les chômeurs perdaient leurs droits aux assurances sociales qui équivalaient à un million de francs. Les industriels

245. Rapport du commissaire spécial de Lyon, 15 février 1932 (ADR).

et la Mairie tenaient des réunions pour évaluer la situation et envisager des solutions. Tout au début de la crise, à l'initiative de quelques-uns (Gillet, Schwartz-Hautmont, Lafond…), ils proposèrent un versement exceptionnel de solidarité au fonds de chômage municipal – « versement unique », car ils étaient optimistes – de 5 F par salarié pour chacune des entreprises sollicitées, le prix d'une heure de travail d'un ouvrier, de deux heures d'une ouvrière, le prix de deux repas et demi pris à la soupe populaire, afin de « montrer une fois de plus l'affection que le patronat ne cesse de porter en toutes occasions à la masse de ses collaborateurs salariés [246] ». Une quarantaine de maisons participèrent à la rencontre qui, le 16 janvier 1931, devait en débattre : les gros établissements Gillet et Vulliod-Ancel, les soieries H. Bertrand et les dentelles Dognin, les corsets Mille et les parfums Descollonges, les Filatures de schappe de la route de Vaulx et les tissages Coudurier-Fructus de la route de Crémieu, les confiseries Lamy et les pâtisseries Palmi-Leroudier, la teinturerie Chirac et les machines pour teinture Giscard…

246. Lettre du Comité patronal de chômage, 11 février 1931 (AMV).

[Chapitre 16]

DÉTRESSES

Alors que le travail sombrait, il fut décidé d'inaugurer dans les hauteurs du beffroi majestueux du nouvel Hôtel de Ville un musée de l'Industrie. L'initiative de réunir les matériaux fut prise par le fabricant de Soieries « Haute nouveauté » Coudurier-Fructus-Descher, dont les rapports confraternels avec François Balaÿ, du groupe Gillet, Jean Martin, administrateur de la SALTS Textile, et Henry Bertrand, des soieries du même nom, étaient excellents. Les dons « magnifiques » de la Maison Henry Bertrand et de Gillet & Fils, permirent de concrétiser, sur une surface réduite et sans frais excessifs, ce projet didactique. S'y adjoignaient, aux autres niveaux, une salle d'art classique et une salle coloniale faite des objets accumulés avec amour par le mari disparu d'une généreuse donatrice : petits crocodiles empaillés, oiseaux-mouches des Antilles, tam-tams de Madagascar, chéchias d'Algérie. Le secrétaire de police Azario, chargé de la surveillance des Algériens de l'agglomération, avait promis un tableau et une « piécette sculptée ». L'exposition des produits industriels, exclusivement textiles, dans la petite salle du « donjon » se composait de quelques vitrines où étaient arrangés tissu écru, tissu blanchi, « impressions destinées à la consommation algérienne », carrés imprimés « destinés à Madagascar », tissu « imprimé en dorure ramages », tissu « imprimé dessin fleurs multicolores », satin Liberty, crêpe marocain, mousseline de soie, velours poil viscose, et autres échantillons… Du point de vue du maire, c'était une manière d'aider les industriels « à lutter contre la crise économique actuelle » qui frappait si douloureusement et universellement. Chacun entendait y porter remède selon ses convictions.

Lors d'une solennelle remise de médaille à une employée fidèle de la Maison Ramboz, soixante et un ans de présence, le président de la chambre des maîtres-imprimeurs de Lyon fit l'éloge d'une « conception paternelle du patronat ». « Ses ouvriers étaient pour lui, disait-il du père Auguste Ramboz, une extension de la famille » et à cet exemple il croyait sage d'ajouter : « On comprend mieux le vieux dicton "Les bons maîtres font les bons serviteurs". » Ne voulant pas laisser hors de ses louanges Mme Ramboz Mère, l'orateur rappela que l'épouse de l'industriel avait elle-même reçu la médaille de vermeil de la Société d'encouragement au bien (promotion Poincaré) [247]. Le patron remercia à son tour ses contremaîtres, papetiers, papetières, graveurs, conducteurs rotos auprès desquels il s'honorait d'avoir appris le métier. « À eux, comme à tous, je demande de conserver cet esprit d'équipe si particulier chez nous, et qui fait la force de notre maison » : une « grande famille ». Tous, dans les milieux d'affaires, n'avaient pas de la famille et du travail semblable idée. Le patriarche des dentelles Dognin, Auguste Isaac, qui avait fait ses humanités sous l'Empire et vivait entouré de domestiques

247. Cent ans d'imprimerie, Imrimerie Ramboz, 1937.

prévenants, consignait dans son Journal ses pensées sur la crise : « J'ai toujours cru, et crois encore, que c'est un mauvais service à rendre à la masse, que de la dispenser de tout effort et de l'assurer contre tous les risques de la vie, en dépit de sa négligence à s'aider d'elle même. » Les indigents devaient à son point de vue être privés du droit de vote. « À force de faire payer les riches, on les rend pauvres, et l'État se ruine, concluait-il, se sentant prophète. Si l'on ne met pas un terme à la démagogie actuelle, la faillite de l'État est inévitable [248] » (il maudissait le protectionnisme, les charges et le trop-plein de fonctionnaires – sans parler du changement de la mode qui rognait ses bénéfices). En octobre 1935, le nombre de chômeurs à Villeurbanne dépassait les trois mille, en janvier 1936 il approchait les quatre mille. Des demandes d'emploi, souvent pathétiques, affluaient à l'Hôtel de Ville. « Il est bien triste de penser qu'un homme en France, pays civilisé, puisse y mourir de faim », concluait l'une de ces suppliques. Le maire ne pouvait que confesser son impuissance : « Malheureusement, pour aucune place de libre j'ai au moins 60 demandes journalières [249]. » Un service municipal du chômage fut installé dans une ancienne usine de Bonneterre : les teintures Mercier & Fessy, car les usines fermaient. Le mouvement de l'économie qui les avait portées les faisait maintenant choir. La Compagnie d'applications mécaniques ferma. Sur ses décombres s'élevaient les Gratte-Ciel. Les ateliers métallurgiques Schwartz-Hautmont fermèrent. Sur leurs ruines commençait à s'édifier le Stadium. Au beau milieu du terrain des Établissement Ratignier, ci-devant société anonyme de teinture et apprêts au capital de un million

248. Auguste Isaac, *Journal d'un notable lyonnais 1906-1933*, Lyon, éditions BGA Permezel, 2002, pp. 535 et 561.
249. Lettre au maire de Villeurbanne et réponse, 7 juillet et 12 juillet 1934 (AMV).

de francs, campaient des « Romanichels » qui causaient bien des soucis au propriétaire (ils y restèrent au moins un an). Un brigadier envoyé sur les lieux signalait que la destruction des clôtures de l'usine abandonnée n'était pas forcément imputable aux nomades mais pouvait être le fait « des voisins miséreux qui sont assez nombreux dans ce quartier [250] » et en faisaient du bois de chauffage. Un ingénieur suisse allemand de Bâle s'intéressait à l'Industrielle française de papiers à cigarettes S.A. et s'inquiéta de sa santé auprès du maire. Le docteur Goujon lui répondit qu'il s'agissait de l'usine de papier située rue Léon-Chomel, « fermée depuis plusieurs années ». Une femme de Londres adressa curieusement la même demande quelques mois plus tard, à laquelle le maire fit la même réponse, ajoutant que « les bâtiments sont actuellement à moitié démolis ». La correspondante londonienne insista : elle avait investi et se présentait comme « une victime de leurs escroqueries [251] ». Les usines entraînaient dans leur chute les petits épargnants et les sous-traitants en plus de leur personnel. Du Pas-de-Calais, un client s'enquit de la situation de La Lyonite, manufacture de cols au numéro 10 de l'avenue Paul-Krüger qui avait malheureusement mis la clé sous la porte. L'Inoxi française, entreprise d'encollage d'une centaine d'ouvriers dont les locaux, rue Poizat, avaient brûlé par accident, recherchait une solution de remplacement et envisageait d'occuper l'usine désaffectée H. Genin père & P. Chaîne, cette fois au numéro 12, avenue Paul-Krüger. Le vide se faisait dans les anciens ateliers. À l'activité se substituait le désœuvrement. Un industriel de l'Isère en manque d'ouvrières pour son tissage de velours prit le parti

250. Rapport du poste de gardien de la paix des Charpennes, 13 février 1935 (AMV).
251. Lettres au maire de Villeurbanne, 16 décembre 1933, 7 mars 1934, 4 novembre 1935, et réponse, 22 décembre 1933, 10 mars 1934 (AMV).

judicieux de venir à la main-d'œuvre puisque la main-d'œuvre ne venait pas à lui et, comme il avait entendu dire qu'à Villeurbanne « il y a du chômage », il s'enquit d'« un local industriel de 250 à 300 m² en shed, sol béton d'un prix de location abordable et à proximité des voies de communication pour la main-d'œuvre (tram et autobus) ». En sept jours, le maire lui trouva ce qu'il cherchait : « Un local pouvant peut-être faire votre affaire [252]. » Les unes après les autres, les diverses branches de l'industrie ployaient sous le choc et certaines se brisaient. La Verrerie mécanique du Sud-Est avait cessé son activité. En 1935, la Société ouvrière des verreries de Villeurbanne, bouteilles et flacons en tous genres, lança un appel au secours eu égard à sa situation périlleuse : « L'introduction de la machine, par sa surproduction et ses prix de vente, a mis les verreries à la canne, telle est la nôtre, à l'infériorité commerciale », et faute de modernisation de son outillage elle devrait déposer son bilan [253]. Ce qu'elle fit. Les entreprises qui survivaient réduisaient de façon draconienne leurs effectifs ou leurs horaires.

Un tableau détaillé du fonds de chômage de Villeurbanne permet de dresser un profil des sans-travail : 61 % des chômeurs déclarés avaient plus de 40 ans, 81 % étaient des hommes. Ce n'était pas pourtant que les femmes fussent épargnées. Simplement, elles n'étaient pas comptabilisées pareillement et, hors de l'usine, redevenaient femmes au foyer. Le préfet, dans ses synthèses de conjoncture, ne s'embarrassait d'ailleurs pas de précautions pour en rendre compte tant cela paraissait naturel : « Dans les ménages où l'homme et la femme travaillent, les femmes ont été licenciées

252. Lettre au maire de Villeurbanne et réponse, 23 juin et 2 juillet 1934 (AMV).
253. Lettre de la Société ouvrière des verreries de Villeurbanne au maire, 4 juin 1935 (AMV).

de préférence [254]. » Il n'y avait rien pour elles sur le marché et à celles qui espéraient un emploi public il était invariablement répondu : « J'ai l'honneur de vous faire connaître que, conformément au Règlement du Personnel, les femmes ne sont pas admises dans les emplois de bureau de la Mairie, sauf pour ceux de sténographes-dactylographes. Actuellement, aucun de ces derniers postes n'est disponible [255]. » C'est ce que l'on fit savoir à une jeune femme de 22 ans, native de Villeurbanne, employée quatre années aux Établissements Gauthier & Vicard-Gauthier de joints pour automobiles, marine et aviation, dont elle assurait « tout le courrier ». C'est le refus qu'essuya telle autre, de 23 ans, dactylo-facturière pendant cinq ans chez Seux & Charel, à la rue « par suite de compression de personnel ». Dans un passé proche, toute personne licenciée ne manquait pas de retrouver du travail, sinon dans l'heure, du moins dès le lendemain. Une très jeune fille, embauchée à la confiserie Lamy à l'âge de 13 ans, le 19 avril 1923, trois jours après son anniversaire, se vit remerciée le 17 mai pour avoir chipé quelques bonbons, et entrait le 18 mai à l'usine Bouillat de teinture et apprêts [256]. Mais l'atmosphère, depuis, avait changé. Dix ans plus tard, la même jeune fille, employée à la TIAG des Charpennes [257] jusqu'au 30 janvier 1934, s'en fut chez Seux & Charel, vers la place de la Cité, pour n'y rester qu'à peine trois mois. Le travail se faisait rare, le travail se faisait précaire. Cela entraînait de fortes tensions. On vit, par exemple « un groupe d'ouvrières qui vous salue respectueusement » (pour seule signature) se plaindre au maire de la main-d'œuvre

254. Rapport du préfet, 2 février 1931 (ADR).
255. Lettre du maire de Villeurbanne, 4 juillet 1933 (AMV).
256. Travail des enfants dans l'industrie, Livret de travail de Louise Bazin, née en 1910 (Archives privées).
257. Société lyonnaise de teinture, impression, apprêts & gauffrage, 25, cours Émile-Zola.

immigrée : « Nombreuses sont les usines où l'on nous congédie pour garder des ouvrières étrangères [258] », prétendaient-elles. Un conseiller prud'hommes, bizarrement, signalait à la municipalité le trop grand nombre d'étrangers employés selon lui dans certaines usines, citant en vrac Gillet, Bouillat, la TIAG, ou la maison Bourgeois de la rue de Pressensé qui avait repris l'une des usines Boissier [259]. Il jugeait cette situation « vraiment regrettable ». L'élu Lazare Goujon n'était pas insensible à ce genre de sirènes et, de fait, se rangeait à cette opinion. Tel Russe désespéré, engagé à son arrivée en France dans la Légion étrangère, « juste en 1920-1926 pandant la guerre de Riffains en Maroc », et qui croyait pouvoir bénéficier d'une bienveillance particulière en raison de ses états de service, « pour mon audace dans les plusieurs battails j'était recompensé avec une médaille de guerre », reçut du maire cinq lignes sèches : « Malgré mon désir de vous être agréable, il ne m'est pas possible d'intervenir en votre faveur étant donné la tendance bien marquée et tout à fait justifiée à défendre la main-d'œuvre nationale [260]. » Lazare Goujon avait adressé en septembre 1931 une circulaire aux industriels de la commune les priant, « au cas où vous seriez dans l'obligation d'effectuer des compressions d'effectif dans votre personnel, de renvoyer en premier lieu les étrangers [261] » (comme il était d'appartenance socialiste, il atténuait la brutalité de sa requête par une formule de principe : « Sans méconnaître les droits à l'existence de tout individu, de quelque nationalité qu'il soit... »). En règle générale et à quelques nuances près, les employeurs allaient dans le même sens. Les

258. Lettre anonyme d'un groupe d' « ouvrières françaises », 1er octobre 1931 (AMV).
259. Dont il ne reste que la cheminée, transformée en monument.
260. Lettre au maire de Villeurbanne et réponse, 28 septembre et 5 octobre 1931 (AMV).
261. Circulaire du maire de Villeurbanne aux industriels, 10 septembre 1931, et réponses (AMV).

Ateliers de constructions électriques de Delle acquiesçaient : « Nous sommes entièrement d'accord avec les idées que vous nous exposez. Les licenciements auxquels nous avons été amenés à procéder ont été faits dans l'esprit de votre lettre. » Les établissements François Brunner, au Poulpe antirouille, s'avéraient aussi « parfaitement d'accord avec tous ses termes, notre sieur Brunner étant ancien combattant et blessé de guerre ». Fibre & Mica assurait avoir « toujours agi dans l'esprit qui inspire le vœu de l'Administration municipale ». « Depuis plusieurs mois déjà, nous appliquons les mesures que vous préconisez », renchérissait Le Fil Dynamo. « Nous avons toujours favorisé les éléments français dans nos ateliers, appuyait L'Ébénoïd, à la marque de l'Éléphant. Nous continuerons à l'avenir de ne pas nous écarter de cette ligne de conduite. » Il se trouva jusqu'aux saucissons de Lyon et jambons de régime V. Brigault, fabricant de salaison en gros route de Vaulx, pour soutenir la démarche : « Je me suis toujours inspiré et m'inspirerai à l'avenir de cette façon de procéder. » Seule la filature de schappe Villard, celle qui employait des Italiens depuis toujours, s'inscrivit en faux, argumentant précisément, avec pugnacité et une pointe d'ironie, à l'encontre de la circulaire de Lazare Goujon. « Il n'est pas étonnant que l'administration municipale reçoive très souvent des protestations sur la préférence donnée dans les usines et ateliers à la main-d'œuvre étrangère au détriment de la main-d'œuvre française : c'est là un lieu commun, qui se répète facilement. Quant à constater cette préférence, cela a dû être donné moins souvent à l'administration municipale. » Le directeur mettait au défi quiconque de citer un favoritisme de cet ordre. Il ressortait au contraire de toutes les enquêtes officielles et de la compilation des chiffres, que les immigrés faisaient en premier lieu les frais de la crise, qu'ils étaient loin de « prendre le travail aux Français ». Un groupe d'Arméniens du quartier des Buers détaillait la situation hasardeuse dans laquelle ils devaient vivre « n'ayant pas un source – ni d'économies ». Au bas de la lettre, l'administration inscrivit pour chacun les secours dont ils disposaient de la part du Bureau de bienfaisance : Agop A., 32 ans, épouse malade, un fils – 9 kilos de pain, 14 kilos de pommes de terre, 2 kilos de riz... ; Diran H., 28 ans, trois enfants, épouse enceinte : 11 kilos de pain, 15 de pommes de terre... ; Yacoub S. : deux enfants, femme enceinte, parents à charge : 15 kilos de pain, 22 de pommes de terre ; etc.

Sur les quelque quatre mille chômeurs que comptait Villeurbanne, plus d'un tiers étaient étrangers (mais alors on leur reprochait non plus de voler le travail, mais d'encombrer les fonds de chômage). Comme pour les femmes, les autorités préfectorales n'avaient pas scrupule à justifier cette situation : « Les ouvriers licenciés ont été choisis souvent parmi les étrangers célibataires et les Nord-Africains. » La proportion d'étrangers parmi les chômeurs s'élevait donc à 34 % alors que la proportion des étrangers au sein de la population municipale était inférieure à 17 %. Embauchés selon les besoins et premiers licenciés, telle était leur véritable situation, et tels étaient les souvenirs de ceux qui vécurent les temps difficiles : « La loi d'avant, le patron qui avait cent personnes, il avait droit à dix '*trangères*. Bon, s'il y en avait un de plus de onze, il paye une amende. Alors *quando te presentava*, ils te disent "Oh, '*trangère* ?" J'ai dit "oui" : ils faisaient le signe de non [pas de travail]. Et puis, *quando* te présentais ici : "*Lavoro*" ? – " '*trangère* ?" – "oui" ... et le signe de non. Bande de saloperies que sont, hein [262] ? » Avec l'humour

262. Entretien, ouvrier italien ayant travaillé à l'Émaillerie du Rhône, chez Pervilhac, chez Seux & Charel, etc.

involontaire qui caractérise parfois l'administration, le commissaire spécial de la Préfecture notait, à l'usage de ses supérieurs, que « les ouvriers étrangers, notamment ceux qui sont licenciés, font preuve d'un mauvais esprit [263]. » Il n'y avait pas, cependant, que les étrangers pour être mécontents. La société tout entière enregistrait de forts craquements.

263. Rapport du commissaire spécial, 16 décembre 1931 (ADR).

Le maire Camille Joly entouré de ses adjoints Edmond Chambon et Marcel Dutartre.

[Chapitre 17]

FRONT POPULAIRE

Huit jours avant l'accession d'Adolf Hitler à la fonction de chancelier du Reich le 30 janvier 1933, *Le Nouvelliste*, quotidien lyonnais catholique de la rue de la Charité, dénonçait violemment Léon Blum « qui, par son origine juive, n'a été et ne sera jamais qu'un démolisseur [264] ». La situation politique en France se dégradait singulièrement. À la crise s'ajoutait la crainte. Crainte du fascisme pour les gens de gauche, qui voyaient la croix gammée écraser l'Allemagne et leurs camarades d'outre-Rhin incarcérés dans des camps de concentration. Crainte du socialisme, pour les gens de droite qui regardaient avec inquiétude la colère monter des usines. En 1934, l'affaire Stavisky, mêlant scandales financiers, complicités politiques et défaillance de l'État, porta les esprits échauffés à ébullition. Le gouvernement tomba. Des groupements d'extrême droite crurent le moment venu de tordre le cou à la République. Le 6 février au soir, une manifestation vers le pont de la Concorde, à Paris, dégénéra en émeute et laissa des morts sur le pavé. À Lyon, pendant

264. *Le Nouvelliste*, 23 janvier 1933.

plusieurs jours, des manifestants de droite s'assemblèrent entre Bellecour et la rue de la République sur l'air de : « Ça ira, les députés on les pendra ! » La gauche, soudain, vit poindre le danger de la dictature, le spectre d'un régime copié sur l'Allemagne ou l'Italie. Elle organisa, en ordre dispersé, des contre-manifestations. Ses partis, séparés par de lourdes divergences et une longue pratique d'animosité réciproque, se regardaient en chiens de faïence. Le 9 février, dans la capitale, les communistes affrontèrent la police et les gardes mobiles. D'autres morts. La CGT lança un mot d'ordre de grève générale dans le pays « contre les menaces du fascisme et pour la défense des libertés politiques », suivi par la CGT-U. Le 12 février, le travail cessa dans les usines. Le Parti socialiste appela à manifester, le Parti communiste se rallia. Place de la Nation, les deux cortèges fusionnèrent en un élan d'enthousiasme inégalé, renvoyant sans délai dans un autre univers les invectives de la veille. Quinze à vingt mille personnes défilèrent à Lyon « pour la République du Travail ». L'unité venait à l'ordre du jour. Sur les terrains de l'ancien parc de Bonneterre, à proximité de l'usine Gillet de Villeurbanne, la police aux ordres du commissaire Romeyer intervint contre un meeting en plein air, « aucun cortège ne devant être toléré sur la voie publique ». Les agents cyclistes et les gardes mobiles, dans l'exercice de leur charge, furent bombardés de boulons et de bouteilles. On entendit des coups de revolver. Des reporters au style incertain concluaient sentencieusement : « Cette bagarre a eu un caractère de gravité et de violence extrêmement grave [265]. » Les communistes dénonçaient « les brutes policières avinées », les « bourriques saoules » qui se ruaient sur les passants [266], tandis

265. *Lyon républicain*, 13 février 1934.
266. *La Voix du Peuple*, 10 novembre 1934.

que *Le Nouvelliste* discernait parmi les manifestants « beaucoup d'étrangers et sans doute beaucoup de chômeurs [267] ». Mais il s'agissait de pures spéculations.

Pour atténuer l'effet des calamités économiques qui poussaient au désespoir s'étaient constitués des comités de chômeurs de diverses sensibilités. Le Comité central des chômeurs – Front unique des Travailleurs, pouvait aisément être identifié, à son nom et à son adresse, pour ses sympathies communistes. Le Comité des chômeurs de la rue Francis-de-Pressensé « formé d'anciens ou non Combattants français » voyait le monde différemment et se mua bientôt en Comité des chômeurs français. Certains industriels cotisaient volontiers auprès de cet organisme. Le tissage mécanique de soieries Coudurier-Fructus-Descher lui versait 50 francs chaque mois tandis que la fabrique de confiserie Lamy préférait les dons en nature : des bonbons pour les sans emploi. Un Comité général et indépendant des chômeurs, sis rue du Quatre-Août, entretenait de son côté les meilleures relations avec la municipalité. En octobre 1933, dans un café du cours Tolstoï, une assemblée générale orageuse proposa la liquidation du Comité des chômeurs français, « considérant que la misère n'a ni nationalité, ni tendance politique ou syndicale » pour instituer à sa place un Groupement de défense des chômeurs de Villeurbanne, qui soumit aussitôt ses revendications à la Mairie : pointer trois fois par semaine au lieu d'une signature journalière (réponse manuscrite en marge : « non »), une contre-enquête impartiale avant toute radiation (réponse manuscrite en marge : « non »). Quant aux rapports avec la Mairie du Comité central des chômeurs – Section de Villeurbanne, ils n'étaient pas au beau fixe. L'affiche

267. *Le Nouvelliste*, 13 février 1934.

du Comité concernant une Italienne des Poulettes, sur le point d'accoucher, prise de malaise au bureau de pointage, avait fortement déplu aux autorités. Un « groupe de vieux travailleurs » ne relevant d'aucun comité demanda qu'en hiver les chômeurs âgés des deux sexes puissent être dispensés du contrôle quotidien « afin de ne pas contraindre de pauvres gens, affligés déjà par un manque d'alimentation, à subir les rigueurs du froid par un trop long parcours ». On réduisit à trois fois par semaine, pour le temps des grandes gelées, le rituel obligé de la signature.

Pendant que certains chômaient, peinaient à trouver de quoi vivre, d'autres travaillaient plus, par contrainte, et cela avait le don d'exaspérer la gauche. Le docteur Goujon, qui n'avait rien d'un extrémiste, n'appréciait pas de voir des entreprises distribuer les heures supplémentaires tandis que les queues s'allongeaient au bureau de chômage. Heures supplémentaires à l'imprimerie Arnaud, aux Grands Moulins de Strasbourg [268] : le maire demandait à l'Inspection du travail de faire « cesser ces abus qui provoquent des réclamations justifiées ». Avec leur langue rude, les communistes, qui s'étaient donné pour mission d'être la voix du peuple et des prolétaires, faisaient écho dans les colonnes de leur hebdomadaire aux événements petits et grands qui émaillaient la vie accablante des ateliers. « Chez Bally-Camsat – Des informations nous parviennent sur cette boîte qui nous font obligation de la remettre sur la sellette. Les ouvriers, nous dit-on, sont mis à pied ou renvoyés (4 au finissage, 6 au montage), alors que des heures supplémentaires sont effectuées, comme au finissage, 4e section [269]. » Ce langage

268. Auparavant Grandes Minoteries lyonnaises, auparavant Grande Minoterie de Villeurbanne Henri Bonnet.
269. *La Voix du Peuple*, 21 juillet 1934.

précis était sinon toujours apprécié, du moins souvent écouté. Les communistes, autrefois ignorés, commençaient à avoir l'oreille de leurs compagnons de chaîne. Ils stigmatisaient les conditions de travail, s'en prenaient aux chefs tyranniques, et répétaient en leitmotiv qu'il n'y avait de salut que dans le syndicat. « Chez Bally-Camsat – Un Juteux – Cette semaine, nous voulons épingler le sieur L..., ancien ouvrier, actuellement directeur au finissage, qui oublie ses origines et se conduit d'une manière inqualifiable envers les travailleurs qu'il a sous sa coupe [270]. » À L'Ébénoïd, rue des Fleurs : « L'ingénieur qui dirige cette boîte déclara au personnel que dorénavant il faudrait marcher à la baguette. Il ferait bien de réfléchir, Villeurbanne n'est pas sous le régime d'Hitler dont il doit être, sans doute, un fervent admirateur, et les prolétaires sauront lui fermer son bec [271]. » L'histoire ne dit pas ce qu'il en fut de ce point. Mais, chaque semaine, le journal socialisait le quotidien des usines, faisait partager leur bruissement à ses lecteurs en casquette ou en béret, boulistes ou cyclistes, amateurs les fins de semaine de boxe, de danse ou de cinéma, fumeurs de cigarettes ou habitués au zinc, et, à la longue, assemblait les éléments d'un contre-pouvoir, jouait le rôle d'organisateur collectif. Teintures, ressorts, plats argentés ou biscuits : la recette ne variait pas : « Camarades de chez Nombret et Gaillard, unissez-vous dans la lutte contre ce garde-chiourme et ses patrons. » – « Camarades de chez Guillotte, groupez-vous dans votre syndicat unitaire des métaux pour exiger le départ de ce cheffaillon et réclamer dix minutes pour le lavage des mains. » – Bouillet-Bourdelle : « Vous devez former votre section syndicale. » – « Travailleurs de chez

270. *La Voix du Peuple*, 25 avril 1934.
271. *La Voix du Peuple*, 8 décembre 1934.

Ninot, prenez conscience de votre responsabilité dans la lutte antifasciste et dans la lutte pour améliorer vos conditions de vie qui sont misérables, organisez-vous. » Ces conseils répétés inlassablement affectaient, en définitive, les comportements. Les femmes de chez Bally emportaient, disait-on, du travail à domicile pour prolonger leur journée et gagner un peu plus : « Là n'est pas votre devoir de classe, morigénaient les militants. Refusez tout travail après votre journée, vous enlevez le pain à une chômeuse [272]. » À la Manufacture lyonnaise du caoutchouc, les hommes gagnaient 3 francs de l'heure, les femmes 1,75 franc : « Ouvriers et ouvrières du caoutchouc qu'attendez-vous pour vous grouper et former une section syndicale puissante ? » La persévérance finissait par porter ses fruits. Dans l'usine de balances Duchesne, les syndiqués étaient au nombre de quarante. À l'usine Delle, autrement plus vaste, un « comité antifasciste » groupait, paraît-il, deux cent cinquante adhérents.

Car, dans le contexte, la situation des usines et la politique s'entrecroisaient. Du marasme et des incertitudes, des soubresauts et des angoisses naissait dans les profondeurs le Front populaire, c'est-à-dire, d'abord, la conscience que le sort des travailleurs allait se jouer sur le terrain social et dans l'arène publique. Alors que les grèves avaient été peu nombreuses les dernières années et d'influence restreinte, le mouvement effleura d'un coup des salariés atones. Alors que chez Bouillet-Bourdelle, entreprise modeste, les repousseurs sur métaux grévistes (quinze sur cent ouvriers) avaient dû aller se faire voir ailleurs sans autre forme de procès, que les teinturiers et apprêteurs de Seux & Charel, entreprise moyenne, avaient tenté sans succès, au nombre de trois cent

272. *La Voix du Peuple*, 16 mars 1935.

cinquante, d'empêcher le renvoi de deux d'entre eux, les mille huit cents ouvriers de la grande usine Gillet modifièrent le climat en trois jours de février 1935. Gillet & Fils entendait amputer les salaires de 12 %, en raison, selon la direction, de la mauvaise conjoncture économique. La grève ne fut pas victorieuse. Elle limita les coupes salariales à 6 %. Mais les ouvriers, qui jusque-là étaient indifférents à tout, semblaient, au diagnostic de la police, « vouloir rejoindre en plus grand nombre leurs organisations professionnelles ». En fait, les sections syndicales poussaient comme des champignons après la pluie. Un Comité de lutte antifasciste agglutinait sur la ville les deux partis socialiste et communiste, leurs organisations de jeunesse respectives, les syndicats des métaux, du textile, de l'enseignement, les comités de chômeurs, la Fédération sportive du travail, le Secours rouge [273] et jusqu'à la Libre Pensée, groupe de l'athéisme. Ce comité protestait contre la situation tragique de l'Allemagne, commémorait l'assassinat du député Matteotti par Mussolini, mais surtout, il réunissait les gens et leur insufflait l'espoir au cœur bien que la période fût assez désespérante. « Quarante-sept usines ont fermé leurs portes en moins de quatre ans entraînant au chômage plus de quatre mille cinq cents travailleurs, déplorait Lazare Goujon, qui tenait tribune dans le *Lyon républicain*. Près de soixante usines ont diminué leur activité productive dans des proportions considérables, certaines ne conservant que la dixième partie de leurs effectifs normaux, la plupart travaillant au ralenti et mettant leurs personnels au chômage partiel. Voilà donc une population rationnée et réduite à la portion congrue [274]. » « Il faut tuer la crise », assenait le dévoué docteur, mais il ne semblait guère

273. Ancêtre du Secours populaire.
274. *Lyon républicain*, 20 novembre 1934.

en avoir les moyens. L'hebomadaire du Parti communiste faisait ses propres comptes : « En 1929, 176 usines occupaient encore pendant 48 heures chaque semaine 19 800 ouvriers. En 1934, sur ces 176 usines, 115 seulement fonctionnent encore employant 10 400 ouvriers et cela pendant 42 heures, en moyenne, par semaine [275]. » La dégringolade s'avérait, de toute manière, incontestable et dramatique. L'unité ouvrière récente ne profitait en rien au député-maire dont les réalisations étaient pourtant d'envergure, à commencer par ses Gratte-Ciel. De fait, la politisation ambiante bénéficiait aux communistes qui se montraient plus proches des humbles et dont les militants partageaient le sort commun.

La société des ouvriers, de ceux qui se levaient tôt et brûlaient leur énergie sur les machines, la société des sacrifiés de la crise frémissait et commençait à croire que l'heure de sa rédemption approchait. Des comités antifascistes surgissaient dans les quartiers Cyprian, Cusset, Cité, Gratte-Ciel et Croix-Luizet… Les patronages laïques de Château-Gaillard, des Buers, des Charpennes organisaient matches, challenges, bals ou kermesses familiales. Le Parti socialiste entretenait ses groupes au Café Rollet, au Café Maron, au Café des Sports, au Café Moiret, au Café Collet… Le Parti communiste convoquait ses cellules au Café Duffaud, au Café Lyonnais, au Café de l'Étoile, à la Boule du Coq, à la Brasserie du Théâtre… Le Comité radical et radical-socialiste envoyait ses « sympathiques élus » causer avec les commerçants au Café Pionchon. Les immigrés eux-mêmes ne craignaient plus de se montrer, de participer à la vie civique. Le menuisier Stefano Dell'Amore, représentant du Parti républicain italien en exil,

275. *La Voix du Peuple*, 19 janvier 1935.

sollicitait une salle pour tenir congrès. Un Comité de défense des immigrés espagnols ouvrait ses permanences. Des Arméniens ajoutaient leur obole à la liste de souscription en faveur des mineurs des Asturies victimes de la répression. Les moins attendus, même, se prenaient à parler, à afficher leurs convictions, à livrer leurs espérances. Un meeting d'importance entendait ainsi rassembler au Palais du Travail la « population nord-africaine, Musulmans et Européens » autour du « Camarade Messali Hadj », père du mouvement national algérien, très actif alors en métropole [276]. Cette réunion extraordinaire se voyait parrainée par deux associations : celle, en quelque sorte, des « Indigènes » – l'Étoile nord-africaine, section de Villeurbanne, d'orientation nationaliste et partie prenante du Front populaire –, et celle des « Pieds-Noirs » – L'Oranaise, qui groupait des Européens d'origine espagnole émigrés en Algérie et dont un certain nombre étaient arrivés en banlieue lyonnaise dans le sillage de leurs parents de Murcia ou Carthagène. L'Oranaise avait vocation d'aider ses sociétaires dans les grands moments de la vie (naissance, deuil). Pour en être membre il fallait « être algérien », et ces Européens d'Algérie se considéraient comme tels. L'association, proche du Parti communiste, était animée par Joseph Valverde, Indalecio De Cruz et François Maldonado, demeurant aux Charpennes et aux Buers. Dans les milieux algériens, le Parti communiste comptait une recrue de choix : le cafetier Ouadfel Saïd, du cours Tolstoï : « Où aller casser la croûte ?... Où aller pour boire une bonne bouteille ?... Et bien chez Ouadfel-Saïd – 84, cours Tolstoï. » Car les manœuvres algériens déroulaient comme ils pouvaient leur

276. Tract de L'Étoile nord-africaine et de L'Oranaise, septembre 1935 (ADR).

existence d'ouvriers et se préoccupaient d'autant moins de suivre à la lettre les préceptes rigoureux du Coran que l'imam officiel de l'agglomération était connu pour être un indicateur de police et le fournisseur des ligues d'extrême droite en hommes de main. Les immigrés algériens vivaient dans des conditions inchangées depuis leur arrivée. Une trentaine d'entre eux étaient logés misérablement au numéro 31 de la rue du Progrès, originaires des mêmes douars et employés chez Gillet ou à l'usine Bocuze de la rue Flachet. Mais l'on trouvait encore dans la presse la mieux établie des entrefilets comme celui-ci : « *La colère de l'Arabe lui coûte cher.* – S'étant pris de discussion, hier soir, avec sa propriétaire, Ali Bey, 32 ans, logeant en garni, 31, rue du Progrès, entra dans une violente colère et brisa une vitre d'un coup de poing. Mais il fut puni, car il se coupa profondément le bras droit. Sur ce, Ali Bey prit la fuite et tomba sans connaissance rue du Docteur-Frappaz. Comme le blessé perdait abondamment son sang, les gardes, prévenus, le firent transporter à l'hôpital Édouard-Herriot [277]. »

Un étudiant en droit préparait alors une thèse sur *La Main-d'œuvre étrangère dans la région lyonnaise* qui fit date parce qu'elle fut longtemps la seule [278]. Il y parlait en termes choisis de toutes les nationalités et de toutes les origines, formulant sur chacune d'elles des jugements définitifs. « L'Arabe, disait-il, est particulièrement économe et habitué de longue date à vivre à très peu de frais. » L'Italien du Sud est « très indolent par sa nature même ». « L'ouvrier espagnol est beaucoup plus fruste que l'ouvrier italien. » « Du point de vue ethnique, les Arméniens sont très éloignés de nous. » Ces considérations

277. *Lyon républicain*, 27 décembre 1935.
278. Henri Baroin, *La Main-d'œuvre étrangère dans la région lyonnaise*, Lyon, Bosc & Riou, 1935.

tranchantes suffisaient à contenter ses maîtres. Comme il trouvait fastidieux de procéder lui-même à de pesantes recherches dans les archives, l'étudiant se faisait adresser les chiffres nécessaires à sa rédaction par les services municipaux. C'est ainsi que le secrétaire général de la mairie lui fit savoir qu'en 1934 les écoles de Villeurbanne recevaient 15 à 20 % d'enfants étrangers, que la proportion des immigrés parmi les assistés de la commune se montait à 21 % (14 % d'Italiens, 4,7 % d'Espagnols et des chiffres infimes pour les Nord-Africains, les Arméniens ou les Polonais), que les mariages entre Français et Italiens étaient deux fois et demie plus nombreux qu'entre Italiens seuls, mais que c'était l'inverse pour les Espagnols (ce qui devait vraisemblablement être ramené à l'antériorité de l'installation). À quelques variations près, ces éléments reflétaient la structure de l'immigration et son inscription dans l'espace et le temps. Les étrangers se construisaient des maisons, souvent modestes : Marciono Loretto, rue des Poulettes, « habitation en bois », Pedro Martinez, rue du Quatre-Août, « habitation en bois ». Certains, à force d'épargne, purent ouvrir un commerce : Antonio Mendez, de Mazarrón, était coiffeur chemin des Buers ; Boghos Sarkissian, de Malgara en Thrace orientale, cordonnier rue des Alliés ; Ernestine Quaglieri, d'Isola del Liri, tenait un accueillant café-restaurant avenue Thiers (son mari restait ouvrier) : portes ouvertes sur la rue, rideaux bonne-femme aux fenêtres, guéridons et chaises de rotin en terrasse, store dépliant pour faire ombrage, et la chienne de la maison couchée sur le trottoir, des gens assis, parlant de choses et d'autres autour d'un verre : la simplicité populaire et sa fraternité.

La société ouvrière, qui s'était agglomérée les quinze dernières années dans et autour des ateliers, bascula à ce moment. Le Parti communiste gagna les élections cantonales et son candidat Grandclément, de retour, distança aisément le candidat socialiste avec presque le double de voix. La campagne des municipales s'annonçait vive. Le mercredi 6 mars 1935, le Parti communiste, rayon [279] de Villeurbanne, tint un « GRAND MEETING » au Palais du Travail, pour la Paix, le Pain et la Liberté, les mots d'ordre du Front populaire, avec comme principal orateur « notre camarade GRANDCLÉMENT, conseiller général ». Cependant, le vendredi 15 à 11 heures, le docteur Jules Grandclément mourait. Son enterrement fit impression. « Toute la population laborieuse de Villeurbanne et de la région lyonnaise perd en lui le plus vieux et le plus estimé des militants [280]. » Les enfants de la cité défilaient en tête du cortège funèbre, foulard rouge au cou. Au son de *L'Internationale*, les ouvriers, les citoyens, les passants, saluaient du poing levé. Son vieil adversaire le docteur Lazare Goujon suivait le corbillard avec ses adjoints. Il espérait bien encore l'emporter aux prochaines élections, grâce à son bilan, à ses dix ans d'administration, à ses Gratte-Ciel sans pareils, au Stadium en construction, mais il voyait la ville lui échapper. Les municipales donnèrent la victoire au parti de Grandclément et portèrent à la Mairie l'instituteur Camille Joly, le métallurgiste Edmond Chambon, le toupilleur Jean-Marcel Dutartre et leurs camarades. Une photographie montre les vainqueurs triomphants et graves derrière le bureau de Lazare Goujon et, sur la table, trônait une statuette de Lénine, les mains dans les poches (la photographie ne cadre pas le buste de Jaurès louchant, posé au-dessus de l'horloge). Le Parti socialiste sortit de l'épreuve pulvérisé. Goujon en fut exclu pour avoir refusé le désistement à gauche. L'un des derniers

279. Le « rayon » était la forme d'organisation territoriale du Parti communiste, copiée du modèle bolchevik.
280. *Lyon républicain*, 16 mars 1935.

actes politiques du docteur avait été de faire élire quatre femmes à la Mairie, quatre « conseillères privées », puisque les femmes n'étaient légalement ni électrices ni éligibles. L'initiative eut un large écho bien qu'elle ne fût pas la toute première en France [281]. L'hebdomadaire mondain *La Vie lyonnaise* en un lapsus, ou une coquille, comme on voudra, dont il s'excusa, écrivit : « Nous voyons dans cette expérience ce qu'elle a d'infiniment *spécieux* [282] » (au lieu de précieux). Le scrutin passé, la revue récidiva sous une photographie légendée : « L'élection des conseillères privées de Villeurbanne – Un bureau de vote féminin n'était-il pas tout-à-fait à sa place dans une cuisine ? » Mais Lazare Goujon reçut les félicitations de nombre d'associations suffragettes : « Grâce à vous, la femme française reçoit enfin le droit d'être officiellement utile », s'enflammait le Comité de réalisation féminine. La Ligue pour le droit des femmes de Lannemezan déclara son « enthousiasme ». On écrivit d'Alger pour savoir comment suivre l'exemple. On écrivit de Saint-Denis, la grande cité ouvrière [283]. Un adjoint au maire de Dordogne se fendit d'une lettre familière constellée de fautes : « Je viens de lire sur *Guignol* que vous éfrontier la lute avec 4 Brave dame comme électrice. Moi je crie Bravo pour une foie enfin ça commence à venir. Et bien Brave Goujon j'ai u la même idée [284]. » Mais de plus sérieux compliments lui vinrent d'une tisseuse villeurbannaise à l'écriture nette et à la langue déliée : « La question si brûlante de l'égalité des droits pour tous est certainement de très grande envergure, et l'étude que vous avez faite est un magnifique témoignage à l'adresse des femmes qui donnent

281. À la suite de la grève des sardinières de Douarnenez de 1924, la militante Joséphine Pencalet fut élue conseillère municipale (puis démise).
282. Lettre au maire de Villeurbanne, 15 avril 1935 (AMV).
283. Le maire Jacques Doriot, qui n'était déjà plus communiste mais pas encore fasciste.
284. Lettre au maire de villeurbanne, 27 avril 1935 (AMV).

depuis longtemps des preuves de leur valeur que leur conteste encore trop de vanité masculine [285]. » Plusieurs listes se présentèrent. Des réunions de l'Union française pour le suffrage des femmes se déroulèrent au Régence-Cinéma et au Palais du Travail : « Il y eut à la fin de cette soirée une chose bien curieuse à observer : l'effarement d'un certain nombre de femmes au spectacle de leurs maris braillant et vociférants, incapables de garder leur sang-froid [286]. » Les municipales féminines donnèrent, comme les masculines, la victoire aux communistes, puisque le corps électoral était identique. L'une des premières décisions de la nouvelle « municipalité ouvrière rouge » fut d'attribuer le nom de Jules Grandclément à l'ancienne place de la Mairie, et un comité se constitua afin d'ériger là un buste du disparu.

La municipalité s'installa en mai. En juillet, l'usine Gillet repartait en grève. La réputation de l'usine n'était pas excellente. Certains l'appelaient « le bagne » et ses contremaîtres des « gardes-chiourmes », tel le surnommé « Lieutenant de Vaisseau ». Les conditions de travail n'étaient pas des meilleures. Récemment, un homme avait trouvé la mort au service crêpe-charge, happé par une essoreuse, un *diable* tournant à pleine vitesse. « Nous l'avons ramassé le bras brisé et le thorax affreusement déchiqueté », expliquaient ses camarades. Une fin de semaine, le secrétaire du syndicat fut licencié sans motif. Le lundi les ouvriers se croisèrent les bras et les motifs, pour cela, ne manquaient pas. Ils réclamèrent la réintégration de leur représentant, le payement hebdomadaire des salaires et l'institution de délégués à l'hygiène et à la sécurité. Ils se rassemblèrent devant l'Hôtel de Ville, autour des bassins, organisèrent des piquets de grève, chantèrent

285. Lettre au maire de Villeurbanne, 27 avril 1935 (AMV).
286. *La Vie lyonnaise*, 4 mai 1935.

L'Internationale, donnèrent un bal à la Brasserie du Théâtre. « Les femmes et les jeunes font preuve d'un entrain admirable », relevaient les militants. Le syndicaliste ne fut pas repris, mais les ouvriers obtinrent satisfaction sur les autres points. Le journal des socialistes se réjouissait du recul du « rapace patron de la boîte » et, pas rancunier, saluait au passage le soutien de « la municipalité prolétarienne de Villeurbanne » [287]. La ville entière semblait virer à gauche toute. Pour le 14 Juillet, elle fut le théâtre d'une manifestation de plusieurs milliers d'ouvriers qui rejoignirent le grand cortège lyonnais, et d'une boucle cycliste entre les deux villes rouges de Villeurbanne et d'Oyonnax : quatre-vingt-dix-huit coureurs s'alignaient au départ du Prix de *La Voix du Peuple* – Scola, De Paoli, Merlin, Pedzeweck... Vainqueur, Guillot en 6 heures et 13 minutes. Le soir, il y eut bal dans tous les quartiers. Les Italiens proches des Chemises noires se faisaient moins voyants. Le maire les privait de défilé musical et envoyait sur les roses le marquis de Coligny, protecteur de la Sainte-Famille et ami du consulat. « Comme tous les ans nous avons une fête le 18/8 en l'honneur de St Roch, et à cette occasion nous devons avoir la musique italienne de Lyon qui prête son concours. » – « J'ai l'honneur de vous faire connaître que l'Administration municipale refuse l'autorisation que vous sollicitez », répondait sans façon le maire au marquis [288]. L'usine de pâtes alimentaires « à l'italienne » J. B. Vinai & Cie du cours Émile-Zola, « fabrication électro-moderne », se sentait toujours obligée d'allonger des chèques en échange du « magnifique calendrier » que le consulat mussolinien lui

287. *L'Avenir socialiste*, 6 et 13 juillet 1935. Après la défaite aux élections municipales, la section socialiste SFIO de Villeurbanne avait été reconstituée sur une base favorable au Front populaire avec les éléments hostiles au Dr Goujon et « restés fidèles à la discipline ».
288. Lettre au maire de Villeurbanne et réponse, 5 août et 10 août 1935 (AMV).

faisait parvenir. La fonderie Gallone, chemin du Vinatier, produisait encore gracieusement cent soixante médailles de bronze à l'effigie du Duce. C'était le prix à payer pour figurer en publicité sur les programmes du *Dopolavoro*, avec une espérance de clientèle du côté de Croix-Luizet. *La Buona Parola* de la Mission catholique italienne se réjouissait assurément de la fête « grandiose, monumentale » de San Rocco à la Sainte-Famille, « *perchè S. Rocco è il loro santo. Perquè fa onore all'Italia* » : « Les gens de chez nous, notre langue, notre façon d'être bruyants, notre populaire et aristocratissime sensibilité religieuse et patriotique, notre subtile fierté de nous faire sentir comme "Nous" » ... « la Rome de l'Empire » ... « la Rome du Christ » ... « la jeunesse admirable » ... « l'origine » ... « *Mira il tuo popolo* » ... « *Noi vogliam Dio* » ... [289]. Les missionnaires n'étaient pas pingres en superlatifs. Mais les gens alentour, ceux qui n'étaient pas de leur chapelle, les regardaient d'un œil soupçonneux. Au Théâtre de verdure, route de Genas, la Municipalité préparait sa grande fête populaire à elle et offrait à la foule ouvrière endimanchée *Qui veut la Guerre* ? un spectacle du Théâtre prolétarien de Genève.

En quelques mois, l'atmosphère changea. L'année 36 commença fort. Par 11 buts à 0, devant dix mille spectateurs, le Spartak de Moscou gagna au stade de Villeurbanne son match contre la sélection lyonnaise de la Fédération sportive générale du travail : soit que les jeunes ouvriers lyonnais avaient des progrès à faire en matière de football, soit qu'ils voulaient voir triompher sans conteste les joueurs de la Patrie du Prolétariat. Les commentateurs s'en donnaient à cœur joie : « Staroskine, servi par son demi-centre, plaçait un shoot si

289. « A Croix-Luizet », *La Buona Parola*, septembre 1935.

puissant que Martinez ne pouvait bloquer la balle », « Nikiforov, l'inter gauche russe, vient de shooter très sec et ras terre, et Martinez sera battu ». Martinez était le gardien de Villeurbanne, chaussettes rayées, casquette sur la tête, il encaissait les buts – « Mais quel beau jeu classique, fin et racé, et le qualificatif revient encore : discipliné. » « Modestie, correction et courtoisie », les joueurs soviétiques « représentants d'une nation neuve », se voyaient « parés de toutes les qualités sportives ». Les joueurs du Spartak furent accueillis avec faste dans la cité des Gratte-Ciel, à l'Hôtel de Ville, par Camille Joly, et le soir au Théâtre pour un grand bal. Un déjeuner leur fut offert dans la capitale de la gastronomie : jambonneau et saucisson chaud, matelote Mère Guy, gratin dauphinois, poularde de Bresse truffée rôtie, salade au foie gras, fromages, glace pralinée, corbeille de fruits, le tout arrosé de beaujolais, pouilly et châteauneuf-du-pape – les prolétaires de Russie n'en avaient jamais vu autant et le menu fut dédicacé par l'équipe soviétique et les « ouvriers de Villeurbanne ». Au Régence-Cinéma se réunissait l'Association des amis de l'URSS du quartier Cyprian : questions-réponses, entrée gratuite. Toutes les nuances de rouge trouvaient à s'inscrire dans le paysage urbain : le Comité mondial des femmes contre la guerre et le fascisme, le Parti d'unité prolétarienne, le Front social, le Groupe bolchevik-léniniste, professant le trotskysme pur et dur autour de l'étudiant Henri Colliard [290]. Le Groupe espérantiste ouvrier dispensait des cours gratuits dans sa langue universelle « au service du prolétariat avec le principe de lutte

---

290. Henri Colliard, né à Lyon en 1915, suivit à la faculté de droit les cours d'André Philip et adhéra au Parti socialiste avant de se tourner vers le trotskysme dont il fut le principal dirigeant à Lyon. Devenu avocat, il défendit les militants communistes persécutés par le régime de Vichy. Arrêté en juin 1942 et déporté, il mourut en camp de concentration près de Dora, le 8 avril 1945. « Si tu reviens en France, dis comment ils nous ont traités » furent ses dernières paroles.

de classe [291] ». Au Palais du Travail se tenaient régulièrement les sessions d'une « Université prolétarienne ». D'anciens proches de Lazare Goujon, ralliés provisoirement au drapeau rouge, Dupeuble, secrétaire général de la Mairie, et Fleury, responsable des services techniques, y discouraient. Louis Maynard, archiviste compétent et bibliothécaire insurpassable, consacrait une exposition en patchwork au livre et à la presse du Front populaire dans la salle des séances de l'Hôtel de Ville, où il montrait à côté de revues contemporaines, des gravures sur la France d'avant 1789 et des brochures de la Commune de Paris : « Belle occasion pour les travailleurs de Villeurbanne de toucher du doigt quelques-uns des documents utilisés par les historiens [292]. » Longtemps restreinte, la bibliothèque ne dépassa guère les cinq mille volumes jusqu'en 1930. Puis elle se gonfla de brochures et d'ouvrages amoureusement reliés par Louis Maynard qui établissait un catalogue raisonné sur des fiches roses et jaunes. « Simple bibliothèque de lecture et de vulgarisation, on décida, tout en lui conservant ce caractère, d'en faire également une bibliothèque d'études [293] » : philosophie, histoire, géographie, voyages, arts et sciences. Elle portait le nom officiel de *Bibliothèque populaire municipale.* Par goût et par conviction, Louis Maynard était porté vers le social. Il enregistrait d'une écriture appliquée les acquisitions qui faisaient de sa bibliothèque un joyau unique dans la région : Jaurès Jean, *Pages choisies* ; Leroy Maxime, *Vers une république heureuse* ; Kropotkine Pierre, *Champs, usines et ateliers* ; Bonneff L. et M. Leroy : *La Vie tragique des travailleurs* ; Deville Gabriel,

291. Lettre au maire de Villeurbanne, 27 août 1935 (AMV).
292. *La Voix du Peuple*, 25 avril 1936.
293. *Villeurbanne 1924-1934, Dix ans d'administration*, Association typographique lyonnaise, 1934, p. 112.

Le Capital de Karl Marx... Mais il choisissait aussi les classiques de la littérature et du théâtre : Balzac, Hugo, Zola, Maupassant, Rabelais, Molière, Shakespeare... Et puis l'évasion, l'aventure, le mystère... *La Reine Margot, Les Trois Mousquetaires, Vingt ans après, Le Crime d'Orcival, Le Corsaire rouge, Sacramento*... La vie, enfin, les *Contemplations scientifiques* de Camille Flammarion et le *Catalogue des fruits adopté par le Congrès pomologique*. Commencé sous Lazare Goujon, l'enrichissement de la bibliothèque s'accéléra avec Camille Joly. De 4 800 livres en 1933, elle atteignait 18 500 à la fin 1936, 22 500 l'année suivante. Le docteur Goujon n'était pas insensible aux humanités. Il avait créé les Amitiés artistiques et littéraires de Villeurbanne et en avait confié la présidence d'honneur au soyeux Henry Bertrand, également promu « conseiller artistique ». L'aimable Michèle Dupeuble, fille du secrétaire de mairie et cantatrice, y donnait de la voix. De cette initiative le magazine parisien *Les Nouvelles littéraires* déduisait que Villeurbanne possédait son Académie des belles-lettres, qu'elle cessait donc d'être une banlieue et que, pour cela, son maire pouvait être déclaré « Athénien », c'est-à-dire sage. Les communistes ne comprenaient sans doute pas l'antique de la même façon, mais ils avaient le désir, toujours manifesté, de hausser le monde ouvrier au-dessus de sa condition.

Depuis son centre parisien, le Parti communiste résolut de tenir son congrès national à Villeurbanne en janvier 1936. Après le Bal des Rois, le Bal des Roses, le Bal de la Reine de Lyon (« superbe attraction ») et le Bal du Ping-Pong, le Palais d'Hiver, salle prisée des frères Lamour, dont l'entrée majestueuse était surmontée d'une enseigne lumineuse, accueillait boulevard Pommerol, face au parc de la Tête-d'Or, les délégués du 8ᵉ Congrès national du Parti communiste de France sous une banderole « Vive le Parti unique du

Prolétariat ». En marge des assises, pour la propagande, se déroula un grand meeting. « Six mille travailleurs au Théâtre de Villeurbanne commémorent Lénine et l'œuvre des bolcheviks. » De prestigieux dirigeants parlèrent tour à tour : Marcel Cachin, « notre vénéré leader », Benoît Frachon, artisan de l'unité syndicale, André Marty, ancien mutin de la mer Noire, héros de l'Internationale communiste, et enfin Maurice Thorez, le secrétaire général, le « fils du peuple », qui remit à « la meilleure cellule de Villeurbannne » (celle des municipaux) le drapeau du Rayon à faucille et marteau. Le meeting du Théâtre fut placé sous la présidence d'honneur de Staline, de Thaelmann (communiste emprisonné en Allemagne), de Gramsci (emprisonné en Italie) et de Jules Grandclément. Les intervenants n'économisaient pas la pompe et ne craignaient nullement l'exagération. « Combien Lénine aurait aimé et admiré ces ouvriers, ces militants de l'usine Gillet, de Villeurbanne, qui ont persévéré, malgré toutes les difficultés pendant des années et sont arrivés à constituer un syndicat de 2 000 membres », saluait Frachon [294]. Pour ne pas être en reste, la grande usine de soie artificielle de Vaulx-en-Velin, propriété du groupe Gillet en lisière de Villeurbanne, se mit en grève, afin d'obtenir une augmentation, l'intégration des primes aux salaires, la suppression des heures supplémentaires et la reconnaissance de leur section syndicale. La grève dura plus de deux mois pleins. Il fallait remonter loin pour en trouver de si longues, de si âpres. Le 13 mai 1936, à sept heures du matin sur la place Grandclément, de sérieux incidents opposèrent les forces de l'ordre aux grévistes qui tentaient de bloquer les autobus de ramassage des « jaunes » (les non-grévistes)

294. *La Voix du Peuple*, 25 janvier 1936.

qu'escortaient des camions de gardes mobiles et des pelotons d'agents cyclistes. Des femmes et des enfants se couchèrent sur la chaussée, devant les cars. Le commissaire Romeyer les fit charger et, dans la bagarre générale, le maire ne fut pas épargné. « J'ai vu une femme qui a reçu en plein visage un coup de poing qui lui a fendu la lèvre », témoignait Camille Joly. Lui-même fut frappé derrière la nuque par un agent cycliste: « Je suis en droit de me demander, ajoutait-il, si l'on n'a pas sciemment frappé le maire de Villeurbanne pour créer des troubles plus graves [295]. » Par la suite, le conseiller général Georges Lévy (qui avait succédé à Grandclément) se plaignit au préfet de la conduite du commissaire de police, le « fameux Romeyer », qui lançait ses ordres : « Allez, tapez dans le tas ! » Mais la France était un pays démocratique et, derrière les municipales, se profilaient les législatives et la perspective d'un sérieux changement.

295. *Lyon républicain*, 14 mai 1936.

les fils de c. pardon

S.A.R.L. CAP. 250.000 FR

17 AVENUE CONDORCET
LYON-VILLEURBANNE

TÉLÉPHONE
LALANDE 15-58
CH. P. LYON 314-32
RC LYON B. 1158

menuiserie
FONDÉE EN 1885

RECOMMANDEE

Monsieur le MAIRE

de VILLEURBANNE

'Rhône'

19-6-36

Monsieur,

Nous vous informons que notre usine est occupée depuis ce jour 19 Juin à 7 heures)

Nous vous prions de la faire évacuer.

Dans le cas de non évacuation nous vous laissons responsable des dégradations éventuelles et tous préjudices que cette occupation pourra nous causer.

Recevez, Monsieur, nos salutations distinguées.

[signature]

En cas de contestations les juridictions civiles et commerciales de Lyon seront seules compétentes. Nos traites ou nos acceptations n'opèrent ni novation, ni dérogation [illegible]ette clause attributive de juridiction.

FINITION
MODERNE
DU MEUBLE
AU VERNIS

DUCO

[Chapitre 18]

L'ÉTÉ 1936

Il advint ce que redoutaient les journalistes du *Nouvelliste* : le Front populaire gagna les élections. Pour ceux qui vivaient bien ce fut considéré comme un désastre, pour ceux qui vivaient mal, comme un triomphe. Car à Villeurbanne, d'après les communistes, quinze mille personnes ne mangeaient pas à leur faim. Au premier tour, avec un taux de participation de 83 %, le docteur communiste Georges Lévy, obtenant 52 % des suffrages, fut élu député. Le docteur de droite Gautheron, membre de la Ligue des familles nombreuses, se tenait péniblement à 18 % et le candidat socialiste était descendu à moins de 11 %. Lévy arrivait en tête dans tous les bureaux de vote. Dans le bureau de la rue Condorcet, à portée des Établissements Bayard, il atteignait 65 %. Un grand bal animé par l'orchestre Fantasqu'Jazz, à la mode américaine, fut donné à la Brasserie du Théâtre afin de célébrer l'événement comme il convenait. Pour la première fois, le Parti communiste entrait au Parlement avec un groupe de soixante-douze élus. Ce mois de juin fut unique et trépidant. Léon Blum, dans les règles, fut pressenti pour former le gouvernement, et Édouard Herriot, maire de Lyon, porté à la présidence de la Chambre des députés. Les gens, on ne sait exactement pourquoi, peut-être parce qu'il faisait beau, mais sûrement à cause des calamités endurées, se saisirent du moment pour imprimer à leur vie un cours différent. Ils se rendirent à l'usine non pas pour y travailler, comme tous les jours, mais pour l'occuper à compte personnel et collectif, y faire valoir leurs revendications, parler ensemble, taper le carton ou faire de la musique. Cela prit comme une traînée de poudre. Dans les premiers jours de juin, en région parisienne, cent mille ouvriers occupaient plus de deux cents usines. À Lyon, le mouvement débuta inopinément, le mardi 2 juin, dans une petite fabrique d'un coin perdu, la fonderie de bronze et d'aluminium Rivolier, au numéro 45 de la route d'Heyrieux, parce que deux ouvriers, Dumarchey père et fils, avaient été renvoyés sans raison valable. « Le mouvement se poursuit dans le calme et la dignité, dans la bonne humeur, mais aussi la fermeté. Ouvriers et patrons vivent côte à côte dans l'usine et font assaut de courtoisie et d'amabilité. Les ouvriers, qui surveillent avec soin le matériel, s'éclairent la nuit avec des bougies pour ne pas se servir de l'électricité patronale. S'il fait beau, on joue aux boules dans la cour. S'il pleut, on joue à la belote en buvant du beaujolais ou du mâconnais. On a apporté des instruments de musique : un violon, un banjo, un accordéon et l'on passe le temps en chantant [296]. » Camille Joly, maire de Villeurbanne, et Edmond Chambon, son premier adjoint, vinrent rendre visite aux occupants, par solidarité, sur ces terres lyonnaises qui n'étaient pas les leurs. Mais ils allaient bientôt connaître chez eux de pareilles émotions. Lorsque, le 5 juin à 12 h 30, Léon Blum annonça dans une

296. *Lyon républicain*, 4 juin 1936.

allocution radiodiffusée la semaine de quarante heures, les contrats collectifs et les congés payés, il y avait trente mille grévistes à Lille, vingt-cinq mille à Valenciennes et deux cent dix mille à Paris. Les automobilistes dépités faisaient la queue aux pompes à essence. Le 9 juin, à la première heure, *Le Nouvelliste* se réjouissait de voir Lyon « jusqu'à présent » épargné par la contagion des grèves et des occupations « à quelques exceptions près ». Le 9 juin à 11 heures, les ouvrières de la Société lyonnaise de cardage et filature de la Petite Rue de la Rize occupaient leur usine à plus de trois cents pour décrocher une modeste augmentation, améliorer l'hygiène et avoir des délégués. À 22 heures elles avaient obtenu satisfaction. Le 10 juin au matin, les salariés de la Manufacture de velours et peluches de la rue Baraban occupaient leurs ateliers ; le soir les ouvriers de chez Gillet se réunissaient en assemblée générale au Palais du Travail. Chez Lacourbat, Claret & Confavreux, établissement de fourrures, la grève débuta à huit heures le matin, dans l'après-midi elle était terminée. Chambon, adjoint de Villeurbanne, se rendait à Vénissieux, pour haranguer les ouvriers de chez Berliet et prôner l'occupation. Le 11 juin, la grève était déclarée aux usines Gillet : Villeurbanne d'abord, Gerland et quai de Serin ensuite. Les quelque trois cent cinquante ouvriers des dorures Mathieu et les trois cents de chez Seux & Charel occupaient déjà leurs établissements. Soucieux de l'intérêt général, les grévistes exigeaient que leurs augmentations de salaires ne soient pas répercutées sur le prix des marchandises. La presse de droite était outrée par cette lèse-majesté : « Pourquoi les ouvriers n'ont-ils pas réclamé tout de suite la direction de l'usine ? Ils décideraient alors des taux de salaires, de la passation des marchés, de la fixation des prix de vente, etc.

Mais ils ne tarderont pas à le faire [297]. » Certains y songeaient, en effet, et appelaient cela la « socialisation des moyens de production ». Au Grolée de Lyon passait *La fugue de Mariette*, au Tivoli, *Le Sultan rouge*, « film grandiose », et tout le monde s'en fichait, les entrées étaient médiocres. Les gens avaient d'autres intérêts. La grève s'amplifiait. « La grève continue à l'usine Gillet de Villeurbanne dont les ateliers sont toujours occupés par les ouvriers et les ouvrières. Seules les femmes sont autorisées à sortir le soir, mais elles doivent revenir le lendemain matin. » « Le mouvement continue aux établissements Vulliod-Ancel dont le personnel occupe toujours les ateliers en attendant d'avoir obtenu satisfaction. » « La journée d'hier n'a apporté aucune solution au conflit qui a éclaté à la Manufacture lyonnaise de caoutchouc – Société chimique de Gerland, 69, rue du Quatre-Août à Villeurbanne. Les ateliers demeurent occupés par les ouvriers qui continuent la grève sur le tas. » « Nous sommes heureux de porter à la connaissance du personnel des établissements Bally-Camsat que le projet de contrat collectif présenté à la direction a été… adopté définitivement et sera appliqué immédiatement [298]. » Les ouvriers de la SALTS, l'ancienne « usine américaine », se mettaient au diapason. Dans les locaux de la Teinturerie de la Doua, où les hommes touchaient 2,70 F de l'heure et les femmes 1,80 F, la grève se poursuivait « avec une admirable bonne humeur » et le temps passait en danses et en chansons. À l'usine de soieries, jerseys et linons H. Bertrand « où la majorité des grévistes sont des femmes, décidées à résister jusqu'au bout et à maintenir l'occupation, les employés payés au mois et les chefs de service ne durent de

297. *Le Nouvelliste*, 11 juin 1936.
298. *Lyon républicain*, 14 juin 1936.

pouvoir se retirer qu'aux efforts du commissaire de police [299] ». Chez Gillet également le fonctionnaire eut à intervenir pour faire relâcher deux directeurs de l'usine retenus par les grévistes. *Le Nouvelliste*, dont la morale était stricte, voyait se passer des choses abominables dans les usines. À la Manufacture de caoutchouc, s'effarait-il, « les grévistes se sont opposés à ce que les femmes quittent l'usine pour passer la nuit chez elles [300] ». L'extraordinaire de la situation ne manquait pas de frapper tout un chacun : « Alors la nuit, les femmes pas mariées, les filles pas mariées qui avaient 18 ans, les femmes mariées qui n'avaient pas d'enfant, elles couchaient à l'usine avec nous. Villard, il a marqué la date de la grève : le 12 juin 1936 [301]. » Le quotidien, les habitudes, les comportements se voyaient soudain bouleversés. La ville vivait, sans savoir bien de quoi il retournait, l'exceptionnel moment du grand brassage des gens.

Sur la place Albert-Thomas, entre l'Hôtel de Ville et le Théâtre, le Comité antifasciste des Gratte-Ciel offrait le samedi soir un bal populaire gratuit. Le dimanche 14 juin, dix mille manifestants défilaient à Villeurbanne pour fêter la victoire et le Front populaire. « Une manifestation où rien ne rappelait les rudes et sévères cortèges de naguère. Une manifestation d'optimisme, de joie et de force, entièrement tournée vers l'avenir dans une émouvante unanimité... Un puissant pick-up lance tour à tour les chants révolutionnaires et les airs à la mode... De doux rayons de soleil ajoutent à cette atmosphère de bonne humeur... *L'Internationale* monte alerte et joyeuse. *La Jeune Garde* est chantée dans l'entrain et l'allégresse... Le spectacle le plus émouvant sera donné au

299. *Lyon républicain*, 15 juin 1936.
300. *Le Nouvelliste*, 14 juin 1936.
301. Entretien, ouvrier italien de la Schappe-Villard.

passage de la manifestation devant les usines occupées par les ouvriers qui, groupés aux fenêtres, grimpés sur les toits ou au sommet des usines, saluent leurs camarades du poing fermé, signe de solidarité et d'union [302]. » Sur le parcours, des vendeurs proposaient la presse ouvrière et des églantines pour mettre à la boutonnière. On relevait quelques slogans hostiles à Romeyer, le chef de la police villeurbannaise, dont personne n'avait oublié l'attitude récente. « Romeyer à la porte ! » Des tracts annonçaient une conférence d'André Wurmser et du dessinateur Jean Effel sur le thème : « Le rire est à gauche ». Sous une forêt des drapeaux rouges et tricolores mêlés, tout ce qui comptait dans la cité s'était donné rendez-vous : les patronages laïques, les Faucons rouges socialistes, les Jeunesses communistes, l'ARAC, les groupements italiens, et les élus, bien entendu. « On remarque une imposante délégation venue de Genève pour s'associer à la commémoration de la victoire du Front populaire français. Ils sont plus de cinq cents. Leur transfert a été assuré par six autocars, trente taxis, cent vingt motocyclettes et plusieurs voitures particulières. On les reconnaît à l'œillet rouge qu'ils portent tous à la boutonnière. » Étaient présentes aussi des délégations descendues d'Hauteville, station climatique de l'Ain, et de Haute-Savoie. Le cortège parcourut la cité. Avenue Henri-Barbusse, cours Émile-Zola sur la droite, rue Flachet, place Grandclément, cours Tolstoï sur la gauche, place de la Cité, cours de la République sur la droite, cours Émile-Zola et retour place Albert-Thomas à midi trente. C'était un bout de chemin, mais ils auraient tous voulu que cela continue. Du balcon de l'Hôtel de Ville furent prononcés des discours : le maire

302. *Lyon républicain*, 15 juin 1936.

Camille Joly et le député Georges Lévy, Riboud pour les radicaux-socialistes et Georges Court pour le Parti socialiste, Blanche Geay, du Comité des femmes, qui fut « longuement applaudie », et Félix Brun, député communiste qui vint dire à la foule que « tout n'est pas possible immédiatement », car telle était la ligne, mais les gens ne l'entendaient pas. On voyait sur une photographie, parmi d'autres, le mariage heureux de « Mademoiselle Rallonge avec Monsieur l'Ouvrier », la mariée était en blanc et les drapeaux étaient rouges. Le mercredi 17 juin à 21 heures, Ray Ventura et ses Collégiens se produisaient au Théâtre municipal. *Allô, allô, James ! Quelles nouvelles ? Absente depuis quinze jours, Au bout du fil, Je vous appelle ; Que trouverai-je à mon retour ? – Tout va très bien, madame la marquise, tout va très bien, tout va très bien…*

Au 17 juin, on en était à trente mille grévistes dans l'agglomération selon les chiffres les plus prudents. D'aucuns s'en trouvaient fort marris. Selon les bruits les plus alarmistes, mais aussi les plus fantaisistes, « des scandales, des orgies se sont produits ». « L'occupation des usines ne va pas, nous l'avons dit, sans donner lieu, dans le domaine moral comme dans le domaine familial, à des situations extrêmement regrettables, pour ne pas dire plus, gémissait l'organe catholique de la rue de la Charité. *Caserner* littéralement des femmes et des jeunes filles, fût-ce même du plein gré des intéressées, est peut-être un procédé courant dans les pays où l'on a ni le sens de la famille ni le respect de la femme. En France, nous conservons encore à cet égard quelques scrupules que l'avènement des temps nouveaux ne saurait malgré tout abolir complètement [303]. » Mais cela, c'était pour la galerie. Le plus grave, aux yeux des industriels, résidait dans

303. *Le Nouvelliste*, 18 juin 1936.

l'atteinte à la propriété. C'est pourquoi les patrons, qui n'étaient pas dépourvus du sens de l'organisation, tournèrent leur ressentiment contre la Mairie en un bel ensemble. Ils submergèrent bientôt l'Hôtel de Ville de lettres recommandées – pas moins de soixante – rédigées sur le même modèle, certaines prenant la forme très solennelle du papier timbré d'huissier. Le premier à protester hautement, le 10 juin, avait été le teinturier Seux & Charel, piqué par l'affront : « J'ai l'honneur de vous informer que les Établissements S.A. SEUX & CHAREL, sis à Villeurbanne, 7 rue Pascal, dont je suis le Directeur, sont illégalement occupés depuis ce jour 10 heures, par le personnel qui, après s'être mis en grève, a refusé de quitter les lieux du travail… » Il fut suivi par le gérant de l'usine de teinture en pièce Durand & Petit, rue du Docteur-Rollet, occupée à 11 heures le 11 juin, par l'administrateur délégué de Gillet, rue Flachet, occupée à 11 heures également, et par la Teinturerie de la Doua, occupée à midi. Il serait bien hasardeux en réalité de dire qui, précisément, était à l'initiative de cette riposte épistolaire puisque les courriers sont, à quelques virgules près, identiques. « Dans ces conditions je vous prie de prendre dès maintenant toutes mesures utiles pour assurer le maintien de l'ordre et le respect éventuel de la liberté du travail »… Le 12 juin, le directeur de la SALTS faisait partir sa lettre pour ses deux usines (rue Francis-de-Pressensé et rue du Quatre-Août), occupées l'une depuis la veille à 10 h 30, l'autre depuis le jour même à 9 heures. Puis Le Fil Dynamo, occupé « contrairement à notre volonté, et malgré nos ordres, par nos ouvriers en grève, bien que nous leur ayons annoncé par affiche… dès le 9 juin 1936, que nous étions parfaitement d'accord pour appliquer les accords arbitrés par M. le Président du Conseil ». Cela se passait exactement comme dans la chanson que l'actualité inspirait à Ray Ventura et ses Collégiens : « *Monsieur le Chef, ma voix s'élève / Pour vous annoncer sans façon / Que nous allons nous mettre en grève / Ce que nous voulons, nous l'aurons !*

– Eh bien, mes chers amis / Vous aurez tout ce que vous désirez.

– C'est pas assez ! »

« Dès maintenant, une plainte a été adressée par nos soins au Procureur de la République contre les auteurs des faits sus-exposés », reprenait le P.d.g. du Fil Dynamo. F. Bourgeois, patron de l'établissement de teinture qui avait acheté l'usine Boissier de la rue de Pressensé, annonçait avec précision que son usine était « illégalement occupée » depuis le 12 juin à 8 h ½. À 11 heures, c'était au tour des velours et soieries Thibaud & Vahé, dans l'après-midi, des Filatures de schappe. « À signaler la parfaite tenue du personnel, hommes et femmes, toutes les consignes syndicales étant parfaitement exécutées, annonçait le Comité de grève de la Schappe, la bonne humeur et la confiance règnent parmi nos camarades. » Le lendemain, le directeur des tissages H. Bertrand [304] constatait l'occupation de son usine du cours Émile-Zola à 8 h 30, « cela bien que j'aie accepté d'engager immédiatement des pourparlers sur la base de l'accord intervenu le 7 juin, après arbitrage du président du Conseil ». À 9 heures, l'usine Picot & Fils de la rue Louis-Braille était occupée, puis la maison Laperrousaz, route de Vaulx, apprêts, soieries, rasage, grillage. Le 14 tombant un dimanche, les ouvriers se reposaient dans leurs ateliers de l'incomparable semaine. Lundi 15 juin, 7 heures du matin à la Société lyonnaise d'effilochage : « Nous déclinons toute responsabilité en ce qui

304. Henry Bertrand, le fondateur, était mort le 25 mai 1934 dans sa 79e année, son gendre Pierre Clayette lui succéda à la tête de l'établissement.

concerne notre usine située à l'adresse ci-dessus, cela parce qu'elle est occupée par notre personnel composé de onze personnes (cinq hommes et six femmes) » ; 9 heures du matin, Delay & Perrin, apprêts de nouveautés, rue Anatole-France : occupé ; 10 heures, H. Pervilhac & Cie, Petit Chemin de la Doua : occupé – « Je vous prie donc de prendre toutes les mesures utiles pour assurer le respect des lois et celui de la liberté individuelle » ; 11 heures, Chappard & Fils, apprêts de soierie, avenue Galline : occupé ; 13 heures, D. Marchand, apprêts de tulles, rue Charles-Montaland : occupé ; 14 h 30, H. Bonand, apprêts de nouveautés, cours Émile-Zola : occupé ; 15 heures, fabrique de papiers Vérilhac & Cie : « Notre personnel a cessé le travail… Nous en avons immédiatement avisé le Commissariat et la Gendarmerie. » Cela continuait ainsi, s'étalait, gonflait, se répandait. Chacun, chacune, y allait de son occupation. Personne, plus personne ne pouvait passer au travers. Schwich & Fortoul, soieries rue Dedieu, Pillon, teinture rue de l'Égalité, Dufour & Chaboud, mousselines et crêpes de Chine à Cusset. Occupé, occupé, occupé. « Comme vous le savez sans doute déjà, notre Usine de Villeurbanne est occupée depuis aujourd'hui par une partie du personnel », se lamentait Humbert Isaac, administrateur des Établissements Dognin, tulles et dentelles. Tout le monde le savait déjà. « Cette décision a été prise par quelques personnes de certaines des différentes corporations en violation des accords conclus à Paris et à Lyon. » L'héritier de Dognin, maison de tradition, cherchait les mots qui lui permettraient d'atténuer son chagrin. 16 juin, Dognin, la dentelle, Coudurier, Fructus & Descher, le tissage, Chenevière & Denis, les soieries, Boissier, les velours façonnés : tous en grève, tous occupés. Eux et les autres. Ceux d'à côté et de plus loin, ceux des jours précédents, de maintenant et d'après. Les Wyler & Lugdunum réunis du cours Émile-Zola, les Brochier du cours Tolstoï. Ceux de la Société radioélectrique de la rue Racine, ceux de Bizouard & Goubert de la rue Louis-Braille. Et il en alla ainsi plusieurs jours encore. « Notre usine est occupée par nos ouvrières » (Armand Pyot & Cie, rue Paul-Lafargue). « Nos entrepôts et dépôts ont été occupés par toute notre main-d'œuvre, chauffeurs de camions et voituriers » (Société lyonnaise de transports et travaux). « Nous soussignés Lucien Spira et Georges Jaussaud, Directeurs des Grandes Minoteries lyonnaises, 26, rue Émile-Descorps à Villeurbanne, portons à votre connaissance que nos établissements ont été occupés une première fois le 13 juin 1936 et, après accord, une deuxième fois le 19 juin 1936, contrairement à notre volonté et malgré nos ordres, par notre personnel en grève. » *Eh bien, mes chers amis, vous aurez tout ce que vous désirez. – C'est pas assez !* « Nous venons vous prévenir que nos usines sont actuellement occupées par notre personnel ouvrier qui refuse de sortir qu'après avoir passés par leurs exigences » (J. Cottier, Manufacture de chapeaux de paille et feutres). Évidemment, il fallait que ça cesse. Et cela cessa. Non parce que, comme la menuiserie industrielle Pardon l'avait demandé – « Nous vous prions de la faire évacuer ». Mais parce que cela ne pouvait pas durer toujours, cette fenêtre ouverte sur un autre monde.

Tout rentra dans l'ordre. Un peu dans la joie, parce que c'était gagné, un peu dans la tristesse, parce que c'était fini. Devant les palissades de béton, les ouvriers et les ouvrières de Seux & Charel levaient le poing. Les autres pareil. Une manifestation des « vaillants lutteurs victorieux » parmi « la population sympathique » promena les grévistes d'hier et leurs drapeaux à travers les rues pour s'achever à Cusset, au cimetière, devant la tombe de Jules Grandclément « le défenseur infatigable des revendications ouvrières ». Cent dix usines, disait-on, avaient été occupées au plus fort de ces journées de juin. Les grandes, les moyennes, les petites. Cent dix usines dans la ville enfiévrée mais calme. Les lettres des patrons arrivées en mairie n'impressionnaient pas par les menaces qu'elles laissaient planer, mais par l'élan et la profondeur du mouvement qu'elles révélaient. La municipalité accompagnait la grève. Elle assurait l'intendance. Les délégués des comités de grève se rendaient au Restaurant populaire de la rue Bonneterre où des repas étaient préparés pour être distribués : 13 250 repas en trois semaines, 24 345 kilos de viande et 28 920 kilos de légumes. Établissements Bourgeois – 121, rue de Pressensé : « Le personnel remercie bien sincèrement la municipalité pour son travail fait en ce qui concerne le ravitaillement et les divers secours qu'elle a donnés à tous les grévistes. » Les employés municipaux conduisaient les camions de victuailles vers les usines et, sur leur passage, les passants saluaient du poing levé. C'était ainsi qu'était conçue la solidarité ouvrière. Les grévistes de chaque établissement, à leur tour, collectaient sur la voie publique pour le Bureau de bienfaisance : Lamy : 1 316,90 F ; Gillet : 1 134,65 F ; Dognin : 606,50 F ; Cardage-Filature : 436,25 F ; H. Bertrand : 171,85 F ; Pervilhac 57,65 F… Dans les entreprises, après la reprise, les syndicalistes collectaient au sein du personnel pour les comités de soutien : Guicher & Coste : 370 F ; usine Wyler : 33,50 F ; imprimerie Ramboz : 607 F ; imprimerie Arnaud : 67,50 F ; personnel de Delle : 1 562,20 F…

Alors, les gens, ceux des usines, ceux des quartiers, les chômeurs, les ouvriers, de toutes origines, de toutes conditions, et parfois avec eux les artisans, les commerçants, se sentirent comme chez eux. « C'était quand il est sorti, le *Fronte* populaire, c'est là. On mangeait, ils occupaient les usines, ceux-là qu'ils travaillaient, ils donnaient la soupe populaire, dis donc, pour tenir le coup, *per* lutter pour avoir ces quatre machins de... », s'emportait un Italien des Poulettes à ce souvenir, et sa femme précisait : « Et c'est là qu'on a eu les vacances, qu'on a eu tous ces... qu'on a eu... [305] » Les vacances, la détente, les congés payés, se gravèrent dans la mémoire, pour toujours et par-delà les générations. « Et vers 1936, ç'a été les premiers congés payés. Nous sommes partis en train, je me souviens, jusqu'à Salon-de-Provence, où on avait de la famille qui avait une maison. Et ç'a été une grande joie. On a senti... je sais que mon père était tellement heureux. » De ses 11 ans et des sentiments qui allaient avec, la fille d'un ouvrier caoutchoutier de Lacollonge se rappellerait sans fin. « Ces vacances ont été miraculeuses, si on peut dire. Entre autres, ma sœur et mon beau-frère, qui étaient dans le plein âge – ma sœur et mon beau-frère avaient dix ans de plus que moi –, ils se sont tout de suite acheté un tandem pour aller voir la mer. Parce que c'était des choses qui n'existaient pas. On en parlait. Quelques jeunes en vélo avaient réussi à descendre jusqu'à Marseille. Mais alors, ils disaient que c'était très bien. On ramassait des fruits tout le long de la route, parce que c'était le moment des fruits. C'était extraordinaire. Alors, la première chose que mon beau-frère et ma sœur ont fait, ils ont acheté un tandem. Ils sont partis à la mer. Ils sont allés à l'océan. Alors là, ils ont été dans un très grand hôtel, où ils ont été très, très bien reçus, surtout par le personnel qui les comblait d'huîtres, de choses que les gens mangeaient à peine là-bas. Et ça a été formidable pour eux. Pour ma sœur ça a été une révélation. D'ailleurs, elle était très peu équipée pour faire du tandem. D'ailleurs, ils

305. Entretien, couple d'Italiens des Poulettes.

ont mis le tandem au train pour rentrer de nouveau à Villeurbanne. Alors ça a été vraiment quelque chose, les 40 heures et les congés payés, merveilleux pour tout ce qui est la classe ouvrière. Je me souviens de tas de choses comme ça [306] » : Telles étaient, longtemps après, les images enchantées du passé qui revenaient à la fille de 14 ans d'un marchand de vélos. Il arriva que, par exception, certains pervertissent la belle conquête, comme cette ourdisseuse employée à l'Inoxi française qui occupa ses douze jours de congés payés… à travailler chez un rival. Son employeur habituel, qui se disait « absolument désireux de respecter les nouvelles lois sociales », dénonça cette déloyauté avec d'autant plus de virulence qu'une autre de ses ouvrières avait usé de semblables pratiques. L'usine lésée voyait là, de la part de l'atelier fautif, « un désir bien marqué d'enlever du personnel à un concurrent, étant donné que nous croyons savoir, que sur quatre ourdisseuses qu'il a, il y en a trois qu'il a prises à INOXI [307] ». La municipalité communiste, qui avait une certaine idée de la morale ouvrière, convoqua la demoiselle « pour une affaire sérieuse vous concernant » et lui fit rembourser le montant de ses salaires indûment perçus.

On dansa plus que de raison à Villeurbanne au cours de l'été 1936. Bal du Parti communiste, rue Flachet, bal du Comité antifasciste de Croix-Luizet, bal du Comité de grève du textile, bal de la Jeunesse ouvrière des Buers, bal du Patronnage laïque de Château-Gaillard, bal Franco-Italien, bal chez Ouadfel Saïd, bal de la Boule Fanny-Sport, bal de la Boule du Progrès, bal de la Mouillette-Boule chez Chabert, kermesse de la Sainte-Famille, vogue de la Poudrette…

306. Jeunes filles du Front populaire, entretiens réalisés en 2006 par Audrey Soria pour le Centre Mémoires et Société (CMS).
307. Lettre à l'Office départemental de placement, 3 octobre 1936 (AMV).

Francis Paglia gagna le 2e prix du Championnat de danses de Lyon et du Sud-Est, 2e catégorie (il avait remporté en 1935 le 1er prix de valse du Championnat de danse amateur au Palladium-Dancing du boulevard de l'Hippodrome). L'Amicale Belotte & Boules du Café Dallochio, cours de la République, estimait de son devoir citoyen d'offrir des réjouissances aux enfants du quartier pour la fête nationale : course en sac, marche de la cuillère, jeu de la ficelle, concours de grimaces, jeu du pot cassé et feux d'artifice. Une forme d'insouciance traînait dans l'air. « Pour bien manger et pas cher ! Allez au restaurant Gaby, repas à prix fixe, 6 francs, cuisine au beurre, vins 1ers crus, casse-croûte à toute heure. » « Chez Maxime, le Roi de la Frite, café, casse-croûte, huîtres, moules – on y est bien servi. » Les loisirs ouvriers étaient sans prétention : le sport et les boules, le café et les bals, le cinéma de fin de semaine et la radio, enfin, que l'on écoutait chez soi ou chez les voisins. Les accros du poste et des ondes, les *sans-filistes*, comme on disait alors, se comptaient déjà par millions sur le plan national et par dizaines de milliers à l'échelon régional. À l'été 1936, la France comptait 2 972 019 postes récepteurs de radio-diffusion (parce qu'il fallait les déclarer) et le Rhône 80 937. Si le prix des appareils baissait, en raison de leur production en masse, tout le monde, tant s'en faut, n'en possédait pas encore. Radio-L. L., Ducretet-Thomson, Ariane-Teppaz ou Grammont mettaient sur le marché leurs gammes plus ou moins sophistiquées : les cinq lampes toutes ondes, le *Luminor* superhétérodyne six lampes monté avec bobinages sous vide, le *2825* à dispositif antifading, système antiparasite et cadran lumineux où se lisait distinctement le nom des stations, le *Radio-Géa 637-E*, enfin, décoré de « sujets artistiques gravés sur glaces lumineuses », fleurs ou personnages stylisés, et fabriqué à Villeurbanne, rue Dedieu. L'un des moins chers, le *Geanette 633*, « très musical, sélectif et puissant », coûtait 365 francs, payables en mensualités de 35 francs. Le *Psyché 663* aux montants chromés « d'un effet splendide » revenait à 3 900 francs. Le *Géa-83 A luxe* « symphonique pour salon » en ronce de noyer avec tourne-disque incorporé atteignait les 4 500 francs. Une ouvrière de la teinture gagnait 20 francs par jour, un ouvrier 30. Les récepteurs s'achetaient dans les magasins spécialisés. Radio-Gallia était classé revendeur autorisé rue Flachet. Rue Hippolyte-Kahn, dans un atelier que ses ouvriers avaient occupé en juin, se fabriquaient des appareils de TSF sous la marque *Lugdunum*. Mais les postes ne valaient que par les stations émettrices, les oscillateurs à quartz piézoélectrique munis de thermostats, les hautes antennes. « Une station d'émission est à l'heure actuelle une usine compliquée, expliquait-on au profane ; elle est généralement installée dans la banlieue des grandes villes et reliée au studio resté dans la ville par plusieurs câbles spéciaux [308]. » À la Doua, les mystérieuses armoires métalliques à cadrans de la station radiophonique des PTT de Lyon transmettaient vers l'éther les voix magiques. Une Association des amis de la Doua s'occupait des programmes et des projets sous le triple signe de l'indépendance d'esprit, de la tolérance et de l'éclectisme. L'en-tête qu'ils s'étaient choisie figurait un fil d'antenne courant sur le globe : Lyon-Rome-Le Caire-Dakar-Moscou-Pékin…, mais ses membres trouvaient à se plaindre de la « mauvaise qualité des émissions », perturbées par « des postes étrangers qui encadrent sa longueur d'onde », notamment un néfaste poste norvégien. Radio Lyon la Doua diffusait des pièces en soirée, des plus sages aux plus légères, *Le Cid* de

308. *La Vie lyonnaise*, 26 septembre 1936.

Corneille ou *L'Amour veille*, avec le concours de la Comédie-Française, et des concerts de Maurice Ravel. Louis Maynard proposait sur ses ondes des chroniques appréciées. Il présidait aux destinées du groupement d'auditeurs Radio-Laïque [309], section régionale de Radio-Liberté, qui s'opposait à Radio-Familles, société cléricale dont le but proclamé était d'influencer les programmes. L'après-midi du samedi était diffusé *Radio scolaire*, réalisée par des enseignants pour « créer un lien entre les enfants de tous les peuples ». Une femme était chargée de *L'Heure de la femme* et de *L'Heure enfantine*. Camille Joly, le maire de Villeurbanne, leur préférait Radio Moscou sur 25 m ondes courtes. « Malheureusement, regrettait-il, j'ai de trop nombreux parasites contre lesquels il me faudra lutter. » « Malheureusement encore, j'ai trop peu d'instants libres pour me perfectionner dans ce domaine merveilleux de la science qu'est la TSF. » Camille Joly se faisait aussi envoyer d'URSS des disques pour la discothèque de la ville et son gramophone. Il n'y avait à cela ni honte ni snobisme, juste un peu d'orgueil.

Villeurbanne s'était ainsi découvert un « foyer utopique », pour reprendre l'expression du philosophe Lucien Goldmann, un point de référence dans les régions heureuses de l'imaginaire que la réalité n'atteignait pas. La ville, éparpillée jusque-là en usines et en quartiers, écartelée en langues et nationalités, réalisa d'un coup qu'elle était autre et qu'elle avait son unité. Le Front populaire fut un révélateur, un socle, un piédestal, pour la mettre en valeur, lui conférer une identité propre. Ce fut l'un de ces événements par lesquels une génération prend conscience d'elle-même, du monde et de ses aspirations. « Grâce au Front populaire, expliquait

309. Dont l'adresse postale était la Bibliothèque municipale, dans le nouvel Hôtel de Ville.

La Voix du Peuple, grâce à l'action du gouvernement Blum, vous les ouvriers, les employés de chez Gillet, de Seux & Charel, de Conchon-Quinette, de la SALTS, avez gagné la victoire. Vous êtes syndiqués à 90 p. 100, vous avez obtenu et désigné vos délégués d'usines [310]. » Dans l'euphorie, les organisateurs estimèrent à vingt mille les manifestants qui parcoururent Villeurbanne le 14 juillet 1936 en chantant *La Marche rouge* et *La Marseillaise*, en scandant « La Rocque au poteau [311] ! » et « les Soviets partout ! ». Le Parti communiste, à l'été 1936, avait le vent en poupe. Il ne comptait sur la ville pas moins de trente neuf cellules et huit cents adhérents. « En avant vers les mille adhérents ! » proclamaient ses publications. À la fête du Rayon, un dépliant sépia numéroté « Jules Grandclément, une Vie, un Exemple » fut vendu et tiré au sort en tombola : le numéro *9056* gagnait un voyage en URSS. Justement : les chefs en revenaient…

310. *La Voix du Peuple*, 25 juillet 1936.
311. Le colonel François de La Rocque était le chef des Croix-de-Feu, considérées comme emblème des ligues factieuses dissoutes en juin 1936. Pendant la guerre, il fut arrêté par les Allemands et déporté.

Vue intérieure de l'Usine de tissage des tulles à Villeurbanne (Rhône)

Le PALMIBOR FAIT TOUT
ET AUSSI BIEN QUE LE BEURRE
POTAGES - LÉGUMES
SAUCES - VIANDE
Plus de Graisse ! Plus de Beurre ! V'la le PALMIBOR
Imp. Camis, Paris

[Chapitre 19]

TEMPÊTE SUR L'EUROPE

Depuis février 1936, le *Bulletin municipal officiel* de la ville proposait pour deux mille francs « un beau voyage » dans de « très bons hôtels » : « Trois semaines d'intérêt constant – Une vie de souvenir ! » Lyon-Moscou-Dnieproguez-Kharkov-Kiev-Varsovie-Lyon : 8 400 kilomètres en wagons-restaurant, couchettes avec literie, « la nourriture est bonne et abondante. Les petits déjeuners sont très copieux. La boisson se règle à part ». Trois francs pour un rouble. La place Rouge, le Mausolée de Lénine, le stade Dynamo, un barrage géant sur le Dniepr, un kolkhoze d'Ukraine... Le maire le préparait de longue date avec l'*Intourist*, l'agence officielle. Camille Joly s'était inscrit, l'adjoint Dutartre y alla aussi. Ils partirent de Perrache à 23 heures précises, le samedi 11 juillet, et revinrent aux anges. « La vie des ouvriers soviétiques est bien différente de celle des ouvriers de France », s'extasiait Marcel Dutartre. « Nous avons vu partout une foule d'ouvriers et d'ouvrières resplendissants de santé, travaillant dans l'enthousiasme... Les usines ne sont pas des bâtiments à l'aspect sévère comme celles que nous connaissons en France, l'usine soviétique est entourée d'un parc ombagé, orné de fleurs magnifiques [312]. » Les touristes avaient la foi. À peine étaient-ils rentrés qu'eut lieu le premier grand procès de Moscou, le jugement préfabriqué du « *Centre terroriste trotskyste-zinoviéviste* » à l'issue duquel seize anciens compagnons de Lénine furent sommairement exécutés. Cette fâcheuse coïncidence n'ébranla en rien les croyances des voyageurs. À leur décharge, il faut dire que nombreuses étaient les personnalités qui, arrimées à la bonne bourgeoisie et n'ayant rien de communiste, trouvaient l'URSS fascinante, à commencer par le maire de Lyon Édouard Herriot, fin lettré au ventre rebondi. L'un des participants au périple villeurbannais signa « un Lyonnais moyen » ses impressions de voyage, livre de cent pages aux descriptions plus nuancées édité par l'Association typographique lyonnaise. L'auteur s'attardait sur la propreté douteuse des trains, les repas médiocres, le pain noir, les salades sans huile ni vinaigre, l'attente (« quinze minutes pour servir un thé »), les taxis affreux, les fiacres préhistoriques, les lits étroits et les matelas « de l'épaisseur d'une galette » : bref, concluait-il, « les Soviets ne sont pas faits pour nous [313]. » En marge du monde politique, le trotskyste Henri Colliard interrogeait les faits dans les conférences de la Tribune du Rhône : « Le régime actuel de l'URSS est-il communiste ? »

Les élus de Villeurbanne n'en doutaient pas un instant et ils avaient peu de chance d'être contestés car s'était ouverte au flanc de l'Europe une plaie autrement douloureuse pour eux et pour la ville. Un petit général replet, basé au Maroc, avait soulevé ses troupes contre la République du *Frente Popular* espagnol. Dans la région de Murcia et Carthagène, la rébellion

312. *La Voix du Peuple*, 5 septembre 1936.
313. *Impressions de voyage, L'URSS en 1936 vue par un Lyonnais moyen*, Villeurbanne, Association typographique lyonnaise, 1936.

fut un échec. Carthagène ne tomba aux mains des franquistes qu'aux ultimes jours de la guerre, en mars 1939. La population de Villeurbanne se rangea naturellement aux côtés de la République et nombreux furent les émigrés qui retournèrent au pays faire leur devoir. Jean Espejo, 25 ans, né à Carthagène, demeurant rue Persoz depuis le 19 avril 1923, parti pour l'Espagne le 23 août 1937. Héliodoro Barnabé Véra, originaire de Carthagène, arrivé en France le 13 octobre 1922, retourné en Espagne le 24 août 1937 « appelé par le gouvernement espagnol ». Fulgencio Martinez, né en 1916 à Portman, à Villeurbanne depuis 1926, retour en Espagne en mars 1937. Carmen Ascencio, née Rodriguez, à Villeurbanne depuis 1915, partie en 1937. Ils étaient arrivés enfants avec leurs parents, repartaient adultes au service d'une patrie qu'ils avaient à peine connue, pour défendre des valeurs apprises à Villeurbanne. Depuis Barcelone, l'un de ces rapatriés, rentré avec son père « mort il fait 24 mois avec les internationaux », s'adressait au maire, « orgueilleux d'avoir été votre élève il fait quelques années » (Joly avait exercé le métier d'instituteur avant d'être élu) : « Depuis mon arrivée ici que j'ai luttée dans l'armée populaire, mais il fait 3 mois que l'on m'a déclaré inutil total pour la guerre… Je voudrais retourner à Villeurbanne où j'ai vécu 14 ans, c'est-à-dire depuis 2 ans jusqu'à mon départ pour l'Espagne... Et pour moi, Villeurbanne est mon pays [314]. » On ne sait quel fut, par la suite, son destin. À peine deux semaines après le coup de force de Franco, soixante-treize Espagnols de Villeurbanne avaient pris le train à Perrache pour rejoindre les milices républicaines. La tragédie ibérique touchait bien au-delà des seuls immigrés espagnols. L'enjeu des événements d'Espagne

314. Lettre au maire de Villeurbanne, 28 octobre 1938 (AMV).

n'était pas exclusivement d'ordre national et, cela, chacun le comprenait. « Je désire servir comme volontaire pour combattre en Espagne au côté de mes frères du Front populaire », écrivait un Lyonnais qui souhaitait « partir le plus tôt possible ». Un Algérien, même, demanda « l'autorisation d'avoir prendre la liberté de mengagé en Espagne – Agréez Monsieur mes sincères salutations distinguées ». Des brigades internationales se formaient. Les gens s'adressaient au Maire qui les renvoyait sur un Comité d'aide au peuple espagnol siégeant au Palais du Travail. Ses membres bénévoles, quand ils demandaient à rencontrer la municipalité, préféraient la fin de journée « pour la raison que nous travaillons tous, et nous ne sommes libres qu'à cette heure ». L'un des premiers à s'engager fut le menuisier Dell'Amore, du Parti républicain italien, qui combattit dans la Colonne Rosselli [315], tomba malade, revint avec une gourde abîmée et le calot rouge et noir des anarchistes de la CNT-FAI. Des Français, des Italiens lâchaient leur métier afin d'aller se battre en Espagne pour une cause qu'ils estimaient leur. Des Espagnols de passage venaient chercher en France le soutien dont ils avaient besoin et galvaniser les esprits. Un militant socialiste de Carthagène « actuellement en mission à Lyon » parlait au Café des Sports de la route de Vaulx : « Les Espagnols de Villeurbanne sont tout particulièrement conviés à l'écouter. » La Fédération des émigrés espagnols ramassait ses forces. Le drame ibérique achevait le processus qu'avaient initié les grèves de juin : unifier les segments divers du monde ouvrier, les populations variées des usines et des quartiers. Les ouvriers de l'usine Fibre & Mica versaient une heure de salaire pour le

315. Les frères Carlo et Nello Rosselli fondèrent le mouvement antifasciste *Giustizia e Libertà*. Ils furent assassinés par les hommes de la Cagoule en juin 1937 sur ordre de Mussolini.

Frente popular d'outre-Pyrénées, ceux de l'usine SALTS collectaient l'équivalent d'une centaine d'heures de travail. Le Comité d'aide au peuple espagnol qui rassemblait argent, vivres et vêtements pour les combattants et les civils associait le Parti communiste, l'Union populaire italienne sympathisante du Front populaire, à L'Oranaise, la Jeunesse sportive ouvrière et des sociétés de boules. Le Comité programmait des bals, des concerts franco-espagnols à 2 francs l'entrée. « Habitants des Buers, exprimez votre solidarité avec le peuple basque. » Au cours d'une même séance de l'Impérial-Cinéma, rue Flachet, étaient projetés un « documentaire sensationnel sur l'Espagne républicaine » et un second à la gloire de l'URSS. Mais à l'Impérial encore, autour de « films inédits », la Solidarité internationale antifasciste, d'obédience libertaire, s'inscrivait différemment dans le soutien parce qu'elle ne voyait pas les événements de la même manière. Le camp républicain, en Espagne, était fracturé et chacun avait ses partisans. Un Comité anarcho-syndicaliste réunissait les siens au Palais du Travail autour d'un orateur « retour d'Espagne » pour évoquer « le rôle de la CNT et de la FAI [316]. » Dans un café de la rue du Quatre-Août, le groupe artistique *Tierra y Libertad* jouait une « pièce comique » en deux actes : *Un drame de Calderon*. La Jeunesse anarchiste communiste animait dans des salles de quartier des débats festifs « au profit des miliciens espagnols et de leurs malheureux orphelins », une « goguette chez Léon », des réunions à Cusset, au Pont-des-Planches, ou au Café Ferrero avec « les jeunes libertaires des Brosses » : « brillant orchestre », « amusantes distractions » et tombola finale. Place Grandclément, les trotskystes venaient donner leur point de vue sur les événements d'Espagne avec Henri Colliard : « Tous

316. *Confederación Nacional del Trabajo — Federación Anarquista Iberica.*

les travailleurs révolutionnaires de Villeurbanne seront présents », avançaient-ils sans garantie de résultat. Au grand meeting du Parti communiste avec Georges Lévy, « les travailleurs villeurbannais réunis à plus de deux mille » avaient voté à main levée un ordre du jour saluant « le vaillant peuple espagnol » et approuvant dans un même mouvement la condamnation à mort des « trotskystes contre-révolutionnaires » en URSS. Les communistes offrirent à leurs combattants un fanion brodé, d'un côté, faucille et marteau, de l'autre le lion héraldique : « Colonne internationale, Section lyonnaise ». L'Union populaire italienne invitait les compatriotes des Poulettes à assister à une assemblée dans laquelle devait prendre la parole « le camarade italien Gigi du bataillon Garibaldi ». L'Union des Femmes italiennes et le Comité des femmes espagnoles organisaient de concert un arbre de Noël pour les enfants des combattants et les réfugiés : un spectacle « fou-rire » suivi d'une dramatique : *Les Martyrs de la Bastille*.

En juin 1937, on apprit la mort sur le front de Huesca du « camarade Gufo », l'Italien Vitale Giambone, membre du bureau de la section communiste de Villeurbanne, engagé à 43 ans dans le bataillon Garibaldi. Avant et après lui périrent Giuseppe Sestero et Arturo Malacarne, à Guadalajara, Tomaso Magnapera, d'Isola del Liri, dans les combats de la Casa del Campo. Au Théâtre, le docteur Georges Lévy prit la parole en l'honneur des « camarades italiens tombés sur le front d'Espagne ». Bientôt parvint l'annonce du décès devant Madrid de Louis Goux, ouvrier tulliste et conseiller municipal, ancien combattant de 1914, fauché par une mitrailleuse. Il arrivait que les événements portent à leur paroxisme les antagonismes idéologiques, laissant des blessures inguérissables et de profondes cicatrices. « Oh, ben, quand j'ai entendu parler de la guerre d'Espagne, je travaillais chez Seux-Charel, à la place de la Cité. Alors là, il y avait des types, on avait un bon délégué… Je ne me rappelle pas son nom. Il était brave. C'était la guerre d'Espagne, il est parti en Espagne. Alors quand on a reçu cette nouvelle qu'il a été tué, le patron y rigolait, il nous a tous réunis, il a dit : "Voyez le salopard, il a été tué…" Ben nous, on n'a pas répondu au patron. Oui, c'était une saloperie, celui-là, parce qu'il était content [317]. » La guerre d'Espagne reproduisait, sous un cours plus tragique, les divisions qui affectaient la société française. *Le Nouvelliste* réunissait en brochure ses articles au vitriol : *La Terreur rouge en Espagne – Le Front populaire au pouvoir.* L'auteur y décrivait « la chasse aux fascistes dans la Huerta de Murcie », les églises mises à sac, les sacrilèges, le supplice des prêtres, les atteintes à la propriété et, pour couronner le tout, les « frénésies de débauche » : « Les chefs du Front populaire avaient décrété l'union libre [318]. » Cette propagande n'était pas très éloignée de celle qui paraissait dans un hebdomadaire parisien « de combat politique et littéraire », sous la plume de Marcel E. Grancher « La Terreur en province : Villeurbanne » (*L'Assaut*, n° 1 – 13 octobre 1936). Grancher, écrivain lyonnais happé par le sensationnalisme [319], voulait donner de la ville une image destinée à effrayer ses lecteurs : dans ce coin de banlieue que l'on ne regardait qu'avec appréhension et de loin, les Rouges entassaient les automatiques Mauser au fond des caves du Palais du Travail et les entrepreneurs redoutaient de se voir « arranger la cravate » ou mettre « les tripes au soleil » par une « farouche population » à la peau basanée. C'était sa

317. Entretien, ouvrier italien de Seux & Charel.

318. Pierre François Arminjon, *La Terreur rouge en Espagne — le Front populaire au pouvoir*, Lyon, imprimerie du Nouvelliste, 1937, p. 15.

319. Il finit sa carrière dans le roman égrillard.

trame. « Des Italiens, des Espagnols, des Arabes, des Arméniens, des Russes vinrent alors augmenter les effectifs et procurer, au beau sang de France, un agréable mélange. Bref, au recensement de 1926, les Villeurbannais étaient 64 000 ; 82 000 en 1931 ; plus de 100 000 actuellement [320]. » L'écrivain ne craignait en rien l'exagération. En 1936, Villeurbanne avait, du fait de la crise, perdu des habitants et le total du dénombrement était de 78 496 (contre 80 163 en 1931 et avec un pourcentage d'étrangers légèrement en baisse). La municipalité, ulcérée de pareilles attaques, répliqua en publiant le *fac simile* des dédicaces d'ouvrages de Grancher au maire : « À monsieur C. Joly dont le communisme n'est pas loin de mon anarchie, en très cordial hommage. » Cela devait suffire à caractériser le publiciste et ses procédés.

Le Parti communiste engrangeait pour lui les victoires du Front populaire et les batailles de l'Espagne républicaine. Les chiffres ne mentaient pas. L'organisation régionale de la Jeunesses communiste, passée de sept cent cinquante membres en juin 1936 à trois mille en octobre, lançait un appel aux jeunes filles afin qu'elles adhèrent « comme les garçons ». La section de Villeurbanne du parti alignait désormais ses mille adhérents répartis en quarante-quatre cellules d'entreprise et de quartier. « Pas d'usine à Villeurbanne sans cellule communiste puissante » : tel était maintenant l'objectif. Le conseiller municipal Louis Becker, élu en 1935, renonçait à son mandat pour se consacrer au développement de la CGT unifiée : « Lorsque nous communistes nous avons à choisir de quel côté nous devons plus particulièrement porter nos efforts, nous prenons toujours celui où nous pouvons rendre de plus grands services à la cause

320. *L'Assaut*, 13 octobre 1936.

que nous défendons : les intérêts des travailleurs [321]. » La priorité, alors, allait aux usines. Au congrès national du Parti communiste tenu à Arles en décembre 1937, le délégué Marcel Dutartre pouvait avec fierté représenter onze cents adhérents. Le parti avait son martyr, le jeune Fuentes, d'ascendance espagnole, de naissance oranaise, de nationalité française et de cœur villeurbannais, abattu d'un coup de revolver par un voisin de droite. Trente à quarante mille personnes suivirent son cercueil et Gaston Monmousseau, syndicaliste de premier plan, fit le voyage de Paris. Sur la place Grandclément avait été inauguré, finalement, le buste du Grand Jules, surmontant deux bas-reliefs. Marcel Cachin, directeur du journal *L'Humanité* devenu sénateur et présenté comme « vieil ami de Grandclément », fut l'incontestable vedette de l'inauguration. À la fin de son discours devant la multitude, une fillette lui tendit un bouquet. L'Hôtel de Ville recevait en visites quasi officielles les grands chefs du Parti communiste. Au vin d'honneur offert à Jacques Duclos, des jeunes filles ajoutaient « une superbe gerbe de fleurs ». « Villeurbanne ne sera plus connue seulement comme la cité des gratte-ciel », se félicitait le leader rondouillard à l'accent rocailleux. « L'arrivée de Jacques Duclos, entouré des jeunes filles de France, sur le balcon de l'Hôtel de Ville, fut saluée par un tonnerre d'acclamations » – « Vive Villeurbanne, bastion du communisme dans la région lyonnaise ! » De la place aux pergolas s'élevaient *Internationale* et *Marseillaise* enchaînées. Le Parti socialiste lui-même semblait retrouver une nouvelle vie dans le mouvement en parrainant des conférences d'André Philip et des bals masqués. Mais il faisait figure de Petit Poucet. Le

321. Lettre de démission de Louis Becker au maire de Villeurbanne, 6 avril 1936 (AMV). Louis Becker, né en 1900, syndicaliste, conseiller municipal en 1935, mobilisé en 1939, a été tué dans le bombardement de l'aéroport de Bron.

monde des usines se plaçait pour l'heure sous la bannière de la faucille et du marteau.

Le Front populaire fit voter une loi rendant obligatoires des procédures complexes de conciliation dans l'industrie, soumettant les conflits sociaux à des « arbitres » et des « surarbitres » gouvernementaux. Les ouvriers qui avaient l'expérience des occupations d'usines n'eurent guère à se féliciter d'une innovation que d'aucuns qualifiaient de « jésuitique ». Les sentences arbitrales furent souvent défavorables aux ouvriers. Les juges n'appréciaient pas en règle générale les revendications, les grèves, la mise en cause de l'autorité et du droit divin. Leurs penchants naturels les portaient plutôt du côté des puissants. Les ouvriers des établissements Gendron en firent les frais. Une grève pour la réintégration de deux licenciés se termina par l'obligation d'une reprise sans condition. La CGT, qui ne voulait pas contrevenir à la loi promulguée par un gouvernement qu'elle soutenait, appela à se plier à l'injuste décision. Mais le syndicat peinait à se faire écouter des salariés en colère : « Il a fallu insister pour qu'ils acceptent cette solution, tant ils étaient indignés par la sanction qui frappait deux des leurs [322]. » Cela ouvrait une brêche dans laquelle s'engouffraient des minorités au discours plus radicaux. Chez Gendron, des trotskystes firent leur apparition. Ils distribuèrent un tract que le patron adressa au commissaire de police, qui transmit l'information au maire, lequel n'avait pour les trotskystes en général et ceux de sa ville en particulier aucune sympathie. « Travailleur de Villeurbanne, commençait le tract, sais-tu... ce que fut le mouvement Gendron, comment la grève fut liquidée... ce qu'il faut penser de l'arbitrage obligatoire... Es-tu

322. *La Voix du Peuple*, 23 janvier 1937.

pour la paix sociale ou pour la lutte de classes ?… » L'un des licenciés nommé Boulègue, secrétaire de la section syndicale, appartenait à leur groupe. Les trotskystes tinrent réunion avec lui dans un café de la route de Vaulx, sommant les communistes de venir s'expliquer. « Les organisateurs appartiennent à la 4e Internationale, soulignait le commissaire de police des Charpennes. M. Joly m'a répondu qu'il était d'accord avec moi sur l'agitation de Boulègue [323]. » Accolés à celui de l'étudiant Colliard, les noms de Lénine et Liebknecht n'enthousiasmaient pas plus que cela les ouvriers, et la tentative resta sans lendemain. Le Parti communiste, disposant de la Mairie, de la Députation, d'une CGT acquise à ses vues, du prestige de ses volontaires en Espagne, pouvait à la fois incarner l'idée d'une future révolution et contrôler une collectivité ouvrière pour le présent au nom des lendemains qui chantent.

La dureté du temps, pourtant, n'avait pas disparu, le chômage ne s'était pas éteint. Dans une démarche de justification de l'action municipale assez tortueuse, l'adjoint Antoine Dutriévoz estimait la superficie des ateliers désaffectés depuis 1930 à 176 375 m² et le nombre des ouvriers licenciés à 4 558. La précision des chiffres était sans doute superflue. Le rapport détaillait les pertes au champ industriel : une usine de plus de 600 employés, cinq de 200 à 500, dix de 100 à 200, trente-quatre de 5 à 100. Les petites et moyennes entreprises paraissaient les plus définitivement frappées. Enregistrant un ralentissement de la crise, l'adjoint arrivait à sa conclusion : « Ainsi, il n'est pas démontré que sous la municipalité communiste les usines se sont particulièrement fermées [324]. » Il ajoutait : « Les ouvriers ne demandent qu'à

323. Tract du Parti ouvrier internationaliste, lettre des Établissements Gendron et du commissaire de police des Charpennes, janvier 1937 (AMV).
324. *La Voix du Peuple*, 12 mars 1937.

travailler. » 36 était passé, laissant souvenirs et regrets à la pelle. Pas seulement parce que le joueur d'accordéon Domenico Pietro Cavagnolo avait poussé son dernier soupir en janvier 1937, léguant à ses descendants sa fabrique d'intruments ; pas seulement parce que Henri Jean Marie Leroudier, inventeur des produits Palmi et bienfaiteur de la Sainte-Famille, s'était éteint à Croix-Luizet en novembre, laissant à ses héritiers le *Palmibor* qui « fait tout et aussi bien que le beurre ». Mais parce que se délitait l'espérance. En 37, la Société anonyme des filatures de schappe, communément appelée Villard, qui s'était acquis des usines à Saint-Rambert-en-Bugey, Amplepuis, Troyes-Le Vigan, La Croix-aux-Mines, à Kriens-Emmenbrücke en Suisse et à Rozzano en Italie, ferma ses portes à Villeurbanne. « Le 15 mars 1937, couic. Ils ont été à Saint-Rambert-en-Bugey. J'ai fait un an de chômage [325]. » Gillet, qui par extension avait pris le nom de Gillet-Thaon, décida de licencier quatre-vingts ouvriers. Le syndicat affirmait que c'était pour de mauvaises raisons, pour nuire au Front populaire, que le rendement était optimal et que, avec 1 300 ouvriers faisant quarante heures, l'usine produisait autant qu'avec 1 600 travaillant quarante-huit en 1935 (c'était peut-être aussi le mobile de la direction). Le syndicat proposa de partager le travail entre tous afin d'éviter les renvois. Le patron prétendit que ce serait la ruine assurée. Les ouvriers partirent en grève. Derechef, l'usine fut occupée. Depuis le 20 mai « à 10 h 30 », précisait l'administrateur en réclamant « toutes mesures utiles pour assurer le maintien de l'ordre ». Lecture, belotte, concours de boules et tours de chant aidaient, comme naguère, à passer le temps. L'atmosphère cependant n'était plus à la joie. Un vieux travailleur était mort

325. Entretien, ouvrier italien de la Schappe-Villard.

d'émotion en recevant la lettre le congédiant. La CGT faisait son possible pour se présenter sous un jour raisonnable et éviter les critiques de l'été 36 telles qu'elles émanaient des beaux quartiers : « Aucune femme, aucun jeune de moins de 18 ans, aucun homme âgé ne passe la nuit à l'usine. » Une décision de justice exigea l'évacuation de l'entreprise. La CGT obtempérait. « Les travailleurs respectent les lois, ils veulent travailler dans l'ordre et le respect de celle-ci, mais ils n'entendent pas que le patronat en fasse seulement à sa tête [326]. » Gillet fut convoqué à l'Hôtel Matignon mais ne s'y rendit point, estimant qu'il ne devait de comptes à personne, sinon à son Créateur. D'autres situations conflictuelles furent traitées par « sentence d'arbitrage » : à la Société lyonnaise de cardage et filature, chez Gauthier & Vicard-Gauthier, fabrique de joints devenue Usines Olivier S.A., chez Girodon & Cie, cuivreries manufacturées qui existaient depuis le dix-neuvième siècle, à la Lyonnaise de ventilation industrielle, et chez Joya-Chabert, entreprise de travaux publics au capital de 3 000 000 de francs que dirigeait Paul Chabert.

La France, fière de son rôle dans le monde, de sa présence sur tous les continents, de ses velléités civilisatrices, de la créativité de ses ingénieurs et de ses littérateurs, organisa en 1937, dans la ligne des Expositions universelles traditionnelles, une démonstration dont le titre avait été soigneusement arrêté : « Art et Technique dans la Vie Moderne ». Le pavillon lyonnais, comportant une tour de 34 mètres, fut dessiné par Robert Giroud, l'architecte de l'Hôtel de Ville de Villeurbanne. Les visiteurs trouvaient à l'intérieur, sous vitrines, l'orfèvrerie inoxydable de Bouillet-Bourdelle (fournisseurs de la Société des Nations), les fourrures douces de Lacourbat, les catoutchoucs

326. *La Voix du Peuple*, 28 mai 1937.

durs de Lacollonge. Et les soies, bien sûr, la Maison Henry Bertrand, Coudurier-Fructus & Descher. Mais il faut reconnaître que l'attraction principale restait le restaurant, confié au chef du Café Neuf de Bellecour, où ceux qui avaient les moyens mangeaient du caneton de Louhans au foie gras à la gelée de porto et du gratin de queues d'écrevisses « comme chez moi ». C'est là que déjeuna Mme Roosevelt, mère du président progressiste des États-Unis d'Amérique, qui ne payait pas de mine, boudinée dans sa longue robe à fleurs. Sur le Champ-de-Mars se faisaient face le pavillon de l'Union soviétique et celui de l'Allemagne, dessiné par l'architecte personnel de Hitler, Albert Speer. Des éphèbes aryens de marbre agrémentaient l'entrée, d'un côté, un groupe de travailleur-et-travailleuse, ouvrier et kolkhozienne brandissant leurs outils, de l'autre. Les promeneurs, comme l'époque, déambulaient entre les drapeaux à croix gammée et ceux à faucille et marteau. La nuit, les deux pavillons étaient baignés de lumière, tout comme la tour Eiffel, immobile au fond de la perspective. Dans un photomontage humoristique, « On liquide l'Exposition », la revue *La Vie lyonnaise* imagina le groupe soviétique sculpté par Vera Moukhina racheté par la municipalité de Villeurbanne pour être hissé au sommet du beffroi de l'Hôtel de Ville – « encore qu'à Villeurbanne le monde du travail soit, hélas ! surtout représenté par des chômeurs, et qu'on y trouve plus de fauchés que de faucheurs [327] ». C'était si vrai que, en mai 1938, la Mairie demandait au député Georges Lévy « une prompte intervention » en haut lieu pour substituer « une partie des

327. Le célèbre groupe statuaire de Vera Moukhina, haut de 25 mètres, fut rapatrié en URSS et implanté au Parc des Expositions de Moscou. Il servit de logo aux studios *Mosfilm* et figura au générique de tous les films.

locaux industriels abandonnés de notre Cité par des usines ou ateliers travaillant pour la défense nationale ». La requête assurait que deux cents usines avaient sombré depuis le début de la crise économique et que Villeurbanne était l'une des villes de France les plus éprouvées par le chômage. Le député communiste s'acquitta de sa tâche si bien que le ministère de l'Air lui fit savoir que l'installation d'« une industrie aéronautique dans une des nombreuses usines fermées » n'était pas à l'ordre du jour, mais que la question faisait l'objet d'un « examen très attentif [328] », indiquant en outre qu'un nombre excessif d'industries de guerre dans l'agglomération lyonnaise ne serait pas sans inconvénients « en cas d'hostilités ».

La Foire mondiale de New York de 1939, ouverte à contretemps, offrait à ses visiteurs une vision plus optimiste du futur. Pour 10 *cents* et en dix minutes, une navette électrique les conduisait « du Monde d'Aujourd'hui au Monde de Demain », de Pennsylvania Station au parc de Flushing Meadows en passant sous l'East River. Pour 75 *cents* ensuite (28 francs 1939), les gens avaient tout loisir de découvrir le Futurama de la General Motors qui les transportaient dans un mythique 1960, d'assister à une démonstration télévisée de RCA donnant droit à un certificat attestant que la personne s'était vue sur le petit écran, de regarder un film en « relief absolu » grâce aux lunettes spéciales proposées par Chrysler [329]. À l'extrémité des bassins de Constitution Mall, la « Périsphère » de soixante mètres de diamètre accueillait *Democracity*, métropole de l'avenir.

328. Lettre à Georges Lévy, 30 mai 1938, réponses du ministère de l'Air, 3 juin et 19 août 1938 (AMV).

329. « Nous avions vu le même résultat, lors des films en relief de Louis Lumière il y a quelques années », *La Vie lyonnaise*, 16 mars 1940.

Une caisse enregistreuse géante, dans le parc, signifiait à chaque instant le nombre des entrées et les flâneurs pouvaient se rafraîchir en achetant une bouteille de « coca-cola (prononcez coco), espèce de soda parfumé qu'on vide à l'aide de deux pailles mises à votre disposition [330] ». Or, dans cet univers fantastique d'outre-Atlantique, au bord du lac des Nations, était planté un pavillon français et, au cœur du pavillon français, avec un livret de présentation sorti des presses de l'imprimerie Arnaud, se montraient les réalisations lyonnaises. On y retrouvait les soies de la Maison Henry Bertrand et de Coudurier-Fructus-Descher, mais le clou de l'exposition était d'une tout autre facture : le disjoncteur orthojecteur à 220 000 volts conçu par les Ateliers de Delle, chemin de Cyprian, monumental assemblage électrique qui produisit « forte impression sur les ingénieurs américains [331] ». La crise persistante forçait ceux qui le pouvaient à s'affronter aux marchés extérieurs, fût-ce les plus lointains. C'est ainsi que les velours Boissier de « Haute Nouveauté », qui possédaient déjà des agences dans l'Ancien et le Nouveau Monde, à Côme, Londres, Montréal et New York, se tournèrent vers les antipodes, nouèrent des liens avec d'exotiques homologues du nom de Dwight & Schubiger pour fonder une société *Boissier Importing* en Australie.

Le 14 juillet 1939, cent cinquantenaire de la prise de la Bastille, fut célébré à Villeurbanne avec « une ampleur grandiose et particulière » : courses en sac et mâts de cocagne, jeux de la poêle et du pot-cassé, retraites aux flambeaux, bals populaires : « danseurs et danseuses, favorisés par une température clémente, s'en donnèrent à cœur joie ». La municipalité offrit aux vieux dans le besoin un panier garni : boîte de sardines

330. *La Vie lyonnaise*, 16 mars 1940.
331. *La Vie lyonnaise*, 11 mars 1940.

pour l'entrée, une demi-livre de pâtes, un kilo de viande et des légumes, carottes, poireaux et raves, pour le plat de résistance, saint-marcellin, tablette de chocolat, brioche pour dessert « et un cigare pour les hommes ». Aux soldats du 6e régiment d'artillerie encasernés à la Doua, la Commune offrait un demi-litre de vin, soit « deux bons canons », et, pour finir, les Jeunesses communistes envoyaient à tous les appelés de la ville un mandat de 10 F afin de s'offrir « quelques douceurs ». Le Théâtre projetait, en trois séances gratuites, le film *La Marseillaise*, de Jean Renoir. Sur le canal de Jonage, la fête vénitienne et le feu d'artifice furent applaudis par vingt mille spectateurs sur les airs de musique de la fanfare du Pont-des-Planches. Nageurs et nageuses traversèrent le canal sur 2,5 km, depuis l'usine hydroélectrique jusqu'au pont de Croix-Luizet, ponton des Sauveteurs. Le « traditionnel grand prix cycliste de la Ville de Villeurbanne » balada les coureurs méritants jusqu'à Hauteville en passant par Brénod, retour par Tenay et la vallée de l'Albarine, le plus rapide effectua la course en 5 h 51' 40". Le 5 août, pour parachever ce cent cinquantenaire de la Révolution, était prévue une fête populaire de nuit à la piscine d'été. Depuis quelques semaines, les habitants se familiarisaient avec le port du masque à gaz. *Le Bulletin municipal* publia une photographie de « l'élégante inconnue, jeune fille au masque, Rembrandt 1939 ». Jour après jour, la perspective d'une guerre européenne s'imposait. L'Union populaire italienne rassembla ses partisans au stade municipal et, à la fin des discours, la foule écouta *La Marseillaise* debout et « chapeau bas ». Le 29 août, l'UPI du quartier des Poulettes invitait ses sept cents adhérents à s'engager dans l'armée française en cas de guerre.

Après la signature du pacte germano-soviétique, le Parti communiste français fut interdit et se glissa dans une clandestinité molle. Son journal *La Voix du Peuple* cessa de paraître. La guerre fut déclarée le 3 septembre, à la suite de l'invasion de la Pologne par les nazis. Le Conseil municipal du 28 septembre fut présidé par le premier adjoint, « le camarade Chambon », en raison de l'absence de Camille Joly, mobilisé comme douze autres élus. Le 5 octobre, le Conseil municipal de Villeurbanne, à l'instar de toutes les municipalités communistes, fut dissous par décret du président de la République et remplacé par une « Délégation spéciale » de sept membres, industriels et commerçants. Son président, Victor Subit, juge de paix, reçut les clés de la Ville d'Edmond Chambon, le 7 octobre 1939 à 10 heures. Le Théâtre jouait *V'la l'plombier*. Le pays s'installa dans une « drôle de guerre » immobile jusqu'à l'offensive éclair des hitlériens en mai 1940. Prévue pour le 26 mai, la fête de bienfaisance de l'Amicale du personnel du Fil Dynamo au profit des mobilisés était reportée *sine die*. Le 10 juin, alors que la percée nazie se confirmait dans l'Est et le Nord, que la Hollande, la Belgique et le Luxembourg avaient cessé d'exister, l'Italie mussolinienne déclara la guerre à la France républicaine. Des patriotes exaltés et des voyous avinés se répandirent dans les rues de l'agglomération pour casser de l'Italien à peu de frais. Ils mirent à sac le Banco di Roma, s'attaquèrent à quelques magasins, molestèrent des badauds au faciès ou au nom transalpins. Les manifestations affectèrent la Presqu'île, la Guillotière, Monplaisir et les Charpennes. Des commerçants déposèrent plainte pour les déprédations commises : Curtarelli, Minola, Urli, Tomei... 4 500 F de dégâts... 900 F... 15 319 F... « Ces demandes paraissent justifiées », notait la Mairie. La presse rapporta que de « regrettables incidents » s'étaient produits dans les usines. Au Palais du Travail de Villeurbanne, l'Union populaire italienne tenait tous les jours, dimanche compris, un bureau de recrutement pour la Légion garibaldienne de défense du sol démocratique. Les hitlériens balayaient l'armée française, ses généraux incompétents, le gouvernement fuyait vers Bordeaux, les civils s'empilaient sur les routes dantesques de l'exode. Le lieutenant José-Raymond Leroudier, du *Palmibor*, trouva la mort dans la Somme, à la tête d'une section de chasseurs alpins. Le 17 juin 1940, la République exsangue remettait son sort entre les mains du maréchal Pétain.

BISCUITS
NINOT
LYON
BISCUITS
NINOT
LYON
BISCUITS
NINOT
LYON

[Chapitre 20]

LE TEMPS DES RESTRICTIONS

Le commissaire de police des Charpennes se fit aisément au nouveau régime et, pour montrer sa disponibilité, il adressa un long rapport descriptif au secrétaire général pour la police de Lyon en octobre 1940. Il y expliquait que, dans ce quartier « essentiellement ouvrier et industriel », vivait une population très mélangée, un nombre important d'Italiens, estimé à quatre mille, d'Espagnols, autour de mille six cents, et qu'aux Gratte-Ciel se trouvaient de nombreux réfugiés politiques allemands : « L'élément juif y est très nombreux, surtout depuis l'occupation d'une partie de la France par l'armée allemande et la reprise, par le Reich, de la Moselle et de l'Alsace. » Il trouvait assez bon l'état d'esprit de la population, ajoutant : « Cependant il ne faut pas s'illusionner sur le calme actuel. Il n'est que superficiel. Il y a du chômage. Il y a de la misère… Le Parti communiste, bien qu'officiellement dissous, continue sa propagande clandestine. » Il citait à l'appui une manifestation place Rivière, sur laquelle il avait déjà envoyé son commentaire, insistait sur l'hostilité à l'ordre nouveau de certains milieux, militants des partis interdits, francs-maçons, Juifs, et terminait son tour d'horizon par cette conclusion : « Une surveillance constante s'impose donc [332]. » Le commissaire des Charpennes eut la bonne idée de compléter sa rédaction par une liste des usines de sa juridiction « avec leurs effectifs actuels ». Aux chaussures Bally-Camsat travaillaient 1 157 ouvriers, aux vêtements Bayard (Guicher & Coste) 1 012. Chez Gendron : 532, aux établissements Henry Bertrand : 300, au Fil Dynamo : 236, à la Manufacture lyonnaise de caoutchouc : 250 et chez Lacollonge, caoutchouc également : 91. Il n'est pas absolument certain que ces chiffres soient fiables, mais ils entendaient dresser l'état du moment. Dognin aurait employé alors 182 personnes entre vingt et quarante heures par semaine selon les spécialités, les velours Boissier 60 personnes seulement, dont 12 étrangers, et pour trente heures. Quant aux teintures et apprêts, Nombret-Gaillard n'aurait occupé que 196 salariés, Vulliod-Ancel 172 et Bourgeois 154. Les affaires n'étaient pas à leur zénith. « L'hiver qui s'avance à grands pas s'annonce comme devant être très dur », prédisait l'actif commissaire.

Les autorités villeurbannaises ayant exprimé le désir, en janvier 1941, de recevoir cinquante portraits de « Monsieur le Maréchal de France, Chef de l'État » pour attester leur dévotion, le préfet du Rhône accéda volontiers à leur souhait, indiquant que le prix serait « recouvré par la voie des cotisations municipales ». Dans la municipalité nouvelle de l'État nouveau figurait le capitaine d'industrie Charles Brondel, des Établissements de constructions mécaniques Brondel, deuxième adjoint, qui se présentait ainsi : « Je n'ai jamais adhéré à aucun parti politique et n'ai jamais milité en faveur de l'un d'eux. J'ai pu me faire inscrire aux Croix-de-Feu,

332. Rapport du commissaire de police des Charpennes, 1er octobre 1940 (ADR).

dès le début d'une organisation que je voulais espérer être mouvement national. Je me suis retiré lorsqu'il s'est transformé en parti politique. Lorsque les dernières élections municipales se sont préparées, sous l'égide du Front populaire, j'ai cru nécessaire de participer à un groupement des éléments d'ordre, mais à la condition que ce groupement se présenterait sous une étiquette neutre, et dans le seul but des intérêts économiques communaux. C'est dans ces conditions que j'ai été porté sur la liste du docteur Gautheron. Je suis partisan du principe d'autorité, de la plus grande sévérité pour les éléments prétendant troubler notre relèvement national. » Charles Brondel, ingénieur des arts et métiers, chef d'escadron de réserve, avait adhéré à la Légion française des combattants et des volontaires de la révolution nationale. Participaient également au conseil municipal, nommé sous l'égide du maréchal Pétain en remplacement de la Délégation spéciale, le secrétaire administratif de la Manufacture lyonnaise de caoutchouc, un chef de service à Bally-Camsat, un repousseur sur métaux organisateur de la Légion française des combattants, un tourneur-outilleur « syndicaliste depuis de nombreuses années », et puis un colonel en retraite « s'occupant d'affaires industrielles », un docteur en médecine, un professeur agrégé de la faculté de droit et l'assistante sociale de l'usine Gendron (car cette municipalité comptait une femme [333]). Certains, comme le professeur de droit, n'habitaient pas Villeurbanne. Paul Chabert, le maire, 54 ans, originaire de Grenoble, directeur d'une importante entreprise de travaux publics installée là dès les années trente, semblait « tout désigné pour prendre la

333. Le Conseil municipal de Lyon en intégrait deux, dont Jeanne Chevenard, brodeuse de profession et ancienne secrétaire de la CGT, qui avait mené les grèves de 1919. Elle sera abattue dans son jardin en juin 1944.

direction des affaires », car l'autorité et le savoir-faire étaient, selon les théories en vigueur, innés. À la municipalité ouvrière de 1935 se substituait donc un conseil composé pour l'essentiel de notables frottés aux classes supérieures et de commis d'entreprises. C'était la revanche sur le Front populaire. Lors de sa première réunion en l'Hôtel de Ville, le Conseil municipal exprima au maréchal Pétain, chef de l'État, et à l'amiral Darlan, chef du gouvernement, son « admiration pour l'œuvre de rénovation morale et matérielle qu'ils poursuivent avec une volonté et une ténacité admirables ». Après un an d'expérience, l'ancien syndicaliste donnait sa démission plutôt « que de travailler contre ma conscience [334] ». Il ne détaillait pas ce qu'était sa conscience. Le Conseil poursuivit dans la voie qu'il s'était tracée, faisant part à la population avec régularité de sa philosophie. Le Conseil municipal, « convaincu que l'alcoolisme et la fréquentation habituelle des cafés ont été l'une des causes de nos désordres sociaux et de la défaillance de la Nation française », émettait le vœu que l'on fermât autant qu'il se pouvait les débits de boisson. Il réunissait les cinq cents employés de mairie au Palais du Travail et leur faisait crier dans un ordre parfait : « Longue vie à notre Maréchal ! », « Vive la France ! ». L'amiral de la Flotte signait en personne un mot de remerciement : « J'ai été très sensible au témoignage de fidélité et de confiance que le Conseil municipal et les employés de la ville de Villeurbanne ont bien voulu m'adresser » – F. Darlan [335]. Dans les rues, des quêteurs vendaient des portraits miniatures du maréchal Pétain au profit du Secours national. En avril 1943, l'assistante sociale

334. Lettre de démission du Conseil municipal, 21 septembre 1942 (AMV).
335. Lettre de l'amiral Darlan, 28 janvier 1942 (AVI).

des Établissements Gendron, machines outils, machines à rectifier, machines à meuler, démissionna du Bureau de bienfaisance « en raison de mes occupations ». Trois conseillers municipaux décédèrent « en pleine collaboration », ainsi que le spécifiait l'hommage du maire, dont le fameux colonel Bon qui faisait chanter aux employés les louanges du Maréchal. Un remplaçant fut désigné, artisan cireur qui dût attester sur le formulaire qu'il n'était pas juif selon la loi du 3 octobre 1940. La municipalité de fait de Villeurbanne marqua, en toutes occasions, sa fidélité à ceux qui l'avaient mise en place, le doute l'effleura à peine sur la fin, quand il était devenu évident que les Alliés l'emporteraient. En mai 1944, le maire s'inquiétait auprès du préfet de savoir s'il fallait préparer l'inauguration du buste du maréchal Pétain « ou bien faut-il attendre » ? – « Poursuivre les travaux », avait notifié le préfet.

L'existence s'organisait dans ce contexte difficile. Il y avait encore la vogue aux Charpennes ou aux Gratte-Ciel, ses « nombreuses attractions », et les cinémas ne désemplissaient pas. L'Éden projetait curieusement *Un jour aux courses*, des Marx Brothers, et l'Apollo *Le Danube bleu* (« tout le charme des Tziganes, un enchantement »). Le Théâtre ouvrait sa saison d'opérette avec *La Veuve joyeuse*. La radio diffusait la musique de Jo Bouillon avant l'émission *À l'Appel du Maréchal* et Raymond Souplex après la Légion des combattants. Les gens gardaient la faculté de lire. La bibliothèque municipale de Villeurbanne, avec 43 108 volumes prêtés en 1942, se classait au troisième rang national : « Sa population ouvrière lit beaucoup, cette statistique le prouve, et l'on est heureux de constater qu'après une journée de labeur pénible les travailleurs éprouvent le plaisir à se distraire intelligemment dans la compagnie des bons auteurs [336]. » Reste à savoir qui étaient les auteurs. Par un vote unanime, l'Association sportive villeurbannaise (ASV), basket, rugby et athlétisme, offrait sa présidence d'honneur au maire Chabert qui l'acceptait avec empressement afin d'œuvrer à l'éducation physique « si nécessaire au relèvement de notre pays ». L'Hippodrome fonctionnait comme avant. « Quai d'Orsay a été distancé de la troisième place pour avoir passé le poteau au galop. » Mais la vie n'était plus vraiment comme avant. On manquait de carburant, de pétrole, de charbon, de savon, de tabac. « Faites réparer vos Calors », était-il conseillé parce qu'on n'en produisait pas de nouveaux. « Teignez donc avec Boule à teindre Simplex », parce qu'il n'était plus possible de renouveler sa garde-robe, « Simplex teint sans bouillir ». L'électricité était limitée et, de ce fait, les horaires des administrations s'adaptaient « aux heures de jour naturel de la saison d'hiver ». On manquait de tout. « N'envoyez pas vos enfants ramasser les mégots » – à Cusset, au terminus des tramways, des gamins de huit à douze ans exploraient les voitures à l'arrêt afin de récolter pour leurs aînés la précieuse marchandise. « Le mal n'est pas tellement là, il réside dans l'école buissonnière systématique que font ces gosses pervertis par de déplorables exemples. » On fumait moins, on mangeait peu, on vivait mal. Les denrées alimentaires se faisaient rares. Pour tromper la faim et donner le bon exemple, les Jardins ouvriers et la Société française des amis de la basse-cour inauguraient un Jardin d'essais, laboratoire horticole où poussaient les haricots Phénomène blanc, Phénix Roi de l'Été, les tomates Cœur de Bœuf, des choux « géants », des carottes « énormes » et d'« impressionnants

336. *Lyon républicain*, 10 juillet 1943.

rutabagas ». Il y avait loin cependant du jardin modèle à l'assiette réelle. « Chaque jour, la ménagère s'en va au marché et revient le panier vide. Le lundi, elle n'a même pas la peine de se déranger. Elle sait qu'elle a droit à un kilo de légumes, plus cinq kilos de topinambours, plus cinq de rutabagas ou de raves. C'était son droit la semaine précédente déjà... Elle n'aura pas plus pour les jours qui viennent. » Les journaux proposaient leurs recettes de cuisine « pour le temps présent » : comment accommoder la courge de toutes les manières, courge aux tomates, courge aux anchois et aux miettes de pain rassis (« adjoignez suffisamment d'eau de cuisson ou, si vous êtes favorisé, du vin blanc. Le fumet vous fera rêver de bouillabaisse »). La nourriture d'autrefois était un songe. Les pommes de terre elles-mêmes, si communes d'ordinaire, s'échangeaient contre des tickets de rationnement. « Pour des raisons que je vous donnerai de vive voix, il ne faut plus compter sur l'arrivage des pommes de terre de la Creuse », avertissait un secrétaire de mairie énigmatique. Un incident de l'été 1943 éclaire peut-être cette réflexion. Un chauffeur des Établissements Gendron, verbalisé pour diverses infractions, fut couvert par le directeur avec force explications : le Comité social de l'usine avait entrepris en Haute-Vienne, dans les villages de Chéronnac et de Vayres, à quarante kilomètres de Limoges, la culture des patates sur 45 hectares au profit des « 14 firmes affiliées à l'Association des industriels de Villeurbanne » et réunissant plus de 7 500 ouvriers et employés, soit « 22 000 rationnaires » [337]. Et cette masse de pommes de terre, il fallait bien que quelqu'un aille la chercher si on voulait la distribuer « au moment où le ravitaillement de l'agglomération lyonnaise était particulièrement précaire ».

337. Lettre de Gendron au maire de Villeurbanne, 14 septembre 1943 (AMV).

À l'approche de la Saint-Sylvestre, le ticket DF donnait exceptionnellement droit à une ration de confiture, et le ticket DQ de la carte « denrées diverses » imprimée en lettres rouges sur papier rose à une ration de dattes, de figues ou de pâtes de fruits. L'Association typographique lyonnaise du cours Tolstoï, qui imprimait les tickets de rationnement pour l'administration du ravitaillement, tournait à plein : il en fallait pour chaque produit, pour chaque article, sans être sûr d'être satisfait au bout du compte. Les coupons de chaussures distribués en octobre n'avaient pas encore leur contrepartie en janvier. « Votre cas n'offre rien d'exceptionnel », expliquait le maire à un habitant qui se plaignait au bout de huit mois de n'obtenir « toujours rien, ni réponse, ni chaussures » : « Mais je vous prie de ne pas mettre en doute que la répartition des rares chaussures dont nous pouvons disposer s'effectue avec de sérieuses garanties d'impartialité et d'équité [338]. » Sur 14 000 demandes soumises en mai-juin 1942, 2 254 seulement avaient pu être satisfaites. « La commission de répartition ne peut donner que ce qu'elle a », se justifiaient les gestionnaires de la pénurie dans la patrie de Bally-Camsat. Quand, par miracle ou par cynisme, la rubrique « ravitaillement » des journaux indiquait que les champignons de Paris étaient en vente libre, la nouvelle suscitait l'incrédulité : « On se demande vraiment la raison d'une telle exception, alors que chacun sait que les champignons de Paris ont disparu depuis longtemps de la circulation. » L'économie de guerre était particulière. Chaque chose avait son prix et les prix s'envolaient comme les choses. On échangeait officiellement du cuivre pour l'industrie contre du vin pour les particuliers. « Chaque famille villeurbannaise – ou presque –

338. Lettre du maire de Villeurbanne, 20 mai 1942 (AMV).

a trouvé dans sa cave, dans quelques recoins du débarras, qui un débris de lampe, qui un fil électrique et tant d'autres objets de cuivre. » Bien que baroque, le système donnait pourtant de surprenants résultats. La statistique était irréfutable : treize mille cinq cents personnes, dans la ville, vinrent troquer quarante-quatre tonnes de cuivre contre deux cent mille litres de vin. La Légion française, qui avait pignon sur l'avenue de l'Hôtel-de-Ville, organisait au Palais du Travail un service « Chômeurs français » et pour les étrennes les librairies proposaient *Paroles aux Français* de Pétain à 28 francs.

Les « Comités sociaux », institués dans les entreprises, palliaient l'indigence des familles par des arbres de Noël maison. « Le Père Noël lui-même venu tout exprès pour ces petits d'ouvriers des usines Gendron, au fond de Villeurbanne, dans une atmosphère de fête, voilà une belle réussite. » M. et Mme Gendron distribuaient dans le réfectoire de l'établissement les jouets du sapin « étincelant de cheveux d'anges » et le « chocolat onctueux, agrémenté de gâteaux et de fruits » [339]. La « rencontre récréative » offerte pour Noël aux enfants du personnel des dentelles Dognin avait lieu dans une salle municipale louée. La fabrique de pantoufles Obozian Frères de la rue Jules-Vallès destinait cinq cents francs de sa caisse aux « enfants pauvres de la Ville ». Pour leurs ouvriers, les usines distribuaient des soupes aux mois d'hiver. Soupe à la tannerie Bizouard-Goubert (26 soupes par jour de travail), soupe au tissage de soieries Coudurier, Fructus & Descher (84 salariés), soupe aux teintures et apprêts Nombret-Gaillard (« 120 soupes à notre personnel ouvrier »), soupe chez Clerc-Renaud, route de Vaulx, et à L'Ébénoïd, rue des Fleurs, soupe à la SALTS (250 par jour) et chez Vulliod-Ancel

339. *Lyon républicain*, 22 décembre 1941.

« pour le personnel travaillant en série seulement, soit pour 120 personnes [340] », étendue ensuite à l'ensemble des salariés, servie à 11 heures au prix de un franc. Le Comité social de l'usine métallurgique Mammouth, régi par la Charte du travail pétainiste, éditait le bulletin *L'Entraide Mammouth* rehaussé de trois pachydermes préhistoriques sur fond de soleil levant. En page 1, la publication ronéotée présentait le « mot du patron », sa philosophie, ses maximes, ses directives : « Il n'y aura pas de place chez nous pour les détracteurs systématiques, impuissants à créer une Œuvre, quelle qu'elle soit, mais toujours prêts à freiner l'action d'Entraide et de relèvement que nous avons engagée. À nous d'arracher les mauvaises herbes et d'évincer les brebis galeuses si, malgré tous nos efforts, elles se sont montrées incurables [341]. » Le personnel, était-il expliqué, manquait cruellement de « sens du Chef ». L'usine instaura donc son « école des Chefs » et des « réunions de Cellule obligatoires et bi-hebdomaires », mais – ne pas confondre –, il s'agissait des cellules de production : cellule Fraisage, cellule Tours, cellule Alésage… « Notre Usine comme la nôtre [sic], groupant plus de 150 personnes, forme un petit monde, une petite société. » Des référendums internes devaient décider des idées à promouvoir. « Préférez-vous la durée hebdomadaire de travail en cinq ou en six jours ? » Les « Ouvriers-Mammouth » avaient droit à leurs places au Théâtre pour entendre le baryton Andrézy, à leur club doté d'un appareil de TSF, à leurs jardins industriels, à leur organisation sportive : basket, barre fixe et boxe. Leur champion Vautrin remporta le titre du Lyonnais 1942. « La Famille Mammouth augmente tous les mois : au 28 février, elle s'élève à 172 ouvriers, 39 employés,

340. Lettre de Vulliod-Ancel, 8 septembre 1942 (AMV).
341. *L'Entraide Mammouth*, n° 2, février 1942.

soit un total de 211. » Le bulletin donnait à lire les lettres des employés partis aux Chantiers de jeunesse et à méditer la traduction particulière d'un poème de Kipling : « Vous serez un homme, mon garçon [342]. » À l'usine Bayard, le Comité social d'entreprise réunissait autour de MM. Guicher et Coste quatre représentants de la maîtrise, cinq des ouvriers, deux des employés et le chef de la « Section Bayard » de la Légion française des combattants et des volontaires de la révolution nationale. Pour l'année 1941, les œuvres sociales incluaient l'« Entraide Bayard », des allocations aux prisonniers, une subvention à la Légion et une autre à la paroisse des Charpennes car la religion faisait un retour remarqué dans les temps difficiles. L'usine de Delle, qui avait constitué ses équipes de football et créé son propre stade, chemin de Cyprian, avec vestiaires, douches et bar, se voyait encensée pour avoir « compris le sens nouveau qu'il faut apporter au sport national : salut aux couleurs, démonstration d'hébertisme [343] par les tout-petits et les apprentis, mouvements d'ensemble, chants. » Le 24 mai 1942 au Théâtre de Villeurbanne se réunit le Congrès légionnaire du travail de toute la zone non occupée. À la tribune, tendue de tricolore et ornée d'un imposant portrait de Pétain, l'inspecteur général des Groupes légionnaires d'Entreprise définissait ses objectifs : « La lutte sur les lieux de travail pour la Révolution nationale ordonnée par le Maréchal, la lutte contre le bolchevisme, enfin la collaboration pour le plus grand bien de la communauté nationale avec tous les syndicats [344]. » Il en fallait plus pour séduire les ouvriers qui regrettaient les

342. *L'Entraide Mammouth*, n° 7, juillet 1942.
343. Éducation physique de plein air selon la « méthode naturelle » conçue par le lieutenant de vaisseau Georges Hébert au début du vingtième siècle.
344. *Le Progrès*, 25 mai 1942.

syndicats d'antan et montraient un enthousiasme mitigé pour les soupes d'usine et les jardins ouvriers.

Des terrains incultes, terrains vagues de Saint-Jean, vers le canal, ou des Brosses, vers le boulevard de ceinture, étaient mis gratuitement à leur disposition par la ville selon la profession, le salaire et le nombre d'enfants. Cent trente parcelles à Saint-Jean, cent cinquante aux Brosses. Les bénéficiaires s'engageaient à cultiver eux-mêmes, aux heures de loisir, et la vente de leurs produits, choux, salades, carottes, était interdite. Il s'agissait strictement d'assurer l'improbable autosuffisance que glorifiait une propagande hyperbolique. « Le métallo n'a pas les moyens de se nourrir au marché noir auquel les fortunés n'hésitent pas à faire appel ; il n'a pas non plus le temps de courir la campagne pour trouver le fermier généreux qui lui cédera quelques maigres victuailles. Aussi, au sortir de l'usine, l'ouvrier, à quelques pas des machines grondantes, des fours en marche et des hautes cheminées empanachées de fumée, cultive-t-il, avec soin, avec amour, même, le petit lopin de terre [345]. » Mais les parcelles, souvent, étaient loin et, parfois, comme à l'été 1942, elles souffraient de la sécheresse, d'un défaut d'irrigation que le canal aidait à résoudre. Les jardins ouvriers couvraient, à l'été 1943, plus de vingt hectares. « Ces chiffres détruisent la légende que Villeurbanne n'est qu'une agglomération d'usines et de taudis [346] », plaidaient les flagorneurs. La police enregistrait, par nécessité, une augmentation des trafics et des vols. « J'ai l'honneur de porter à votre connaissance que depuis quelque temps on peut constater une forte recrudescence de vols et délits de toute nature commis sur le territoire de la commune Villeurbanne. Je n'ignore pas que la situation difficile du moment

345. *Lyon républicain*, 2 avril 1943.
346. *Lyon républicain*, 19 mai 1943.

n'est pas étrangère à ces faits » (le maire au préfet, 6 septembre 1941). Les autorités constataient également un nombre vertigineux de « déclarations de pertes » des feuillets d'alimentation – certains particuliers, peu futés, déclaraient plusieurs fois par mois avoir égaré leurs tickets de pain, viande, matières grasses, afin de s'en faire délivrer de nouveaux. Un « graphique des pertes » faisait ainsi grimper la courbe de 300 en septembre 1941 à 1 450 en février 1942. Comme on manquait de tout, on trafiquait de tout, des cigarettes, des tickets et de la viande de porc. Des plaintes étaient déposées pour un goret de quarante kilos enlevé la nuit dans un entrepôt, pour des pommes de terre et du charbon de bois chapardés dans une cave, pour trois pièces de tissu détournées chez Gillet ou trente paires de chaussures escamotées chez Bally-Camsat. Les uns volaient pour quelques centaines de francs, d'autres voyaient grand. « D'audacieux malfaiteurs ont réussi à s'introduire à l'aide de fausses clés dans les locaux des Établissements Bourgeois, 121, rue Francis-de-Pressensé, à Villeurbanne. Ces malfaiteurs étaient des connaisseurs. Faisant un choix parmi les coupons, ils ont pu dérober 130 000 francs de soieries… » « Pendant la nuit les bureaux des Établissements Bouchet-Lanat, constructeurs d'appareils de ventilation, 8, rue des Mûriers, ont été cambriolés… Les malfaiteurs firent main basse sur des bons de monnaie-matière représentant cinq tonnes d'acier et de fonte. » Un nuit de l'été 1943, sept cents kilos de chocolat furent subtilisés à la fabrique Ponsard de la rue Pétrequin. Les voleurs peu astucieux, deux manœuvres et un chiffonnier, se firent prendre en revendant le chocolat pour 450 francs le kilo. Le dimanche, les inspecteurs du Contrôle économique écumaient le marché aux puces de la place Rivière, « dans ce quartier miteux qu'on appelle le Tonkin », où vélomoteurs, bicyclettes, tandems, voitures d'enfants, machines à coudre, pneus, clous, lampes de radio étaient vendus quatre fois leur prix.

Les restrictions affectaient aussi les entreprises dont l'activité se voyait réduite ou contrainte. Henri Claret, co-directeur de la société Lacourbat, Claret & Confavreux, quémandait un passeport pour la Suisse afin de sauver ses marchés de peaux de lapin et d'écureuils. « La Maison Lacourbat, Claret & Confavreux a une réputation mondiale pour la teinture des pelleteries », argumentait-il. Les Biscuits Ninot, qui avaient récemment rénové leur matériel et augmenté leur personnel, menaçaient de mettre la clef sous la porte et de renvoyer leurs cent vingt ouvriers s'ils ne recevaient pas la farine « non panifiable » de céréales secondaires (millet, alpiste…) dont ils avaient le plus grand besoin. Le peu de farine de blé dont ils disposaient leur permettait tout juste d'assurer un jour de production – qu'il leur était interdit de fabriquer les délicieux biscuits fourrés d'avant-guerre et qu'ils devaient se concentrer sur une fabrication ordinaire. Leur demande reçut une réponse négative de ceux qui avaient la charge de ces céréales : le Bureau national des aliments du bétail. L'usine métallurgique Mammouth faisait miroiter à ses ouvriers le bonheur d'avoir un salaire plein comparé aux « pères de familles travaillant dans le textile où le manque de matières premières ne permet de travailler que quelques jours par mois [347] ». La direction de la Manufacture lyonnaise de bonneterie, fabrique de bas et chaussettes du cours de la République, exposait comment les horaires avaient été modifiés « dans le but d'économiser la lumière ainsi que la vapeur nécessaire au

347. *L'Entraide Mammouth*, n° 3, mars 1942.

chauffage des ateliers et bureaux ». Les trente heures hebdomadaires, au lieu de quarante, étaient réparties en quatre journées continues de sept heures et demie, avec des équipes se relayant de 5 h ½ du matin à 8 h ½ du soir. Au travail de jour, la confiserie Lamy avait substitué une activité nocturne éprouvante pour ses voisins qui la supportaient mal : « Toutes les nuits de 22 h à 5 h du matin, les machines marchent et cela fait un vacarme terrible. » Le commissaire de quartier, juge du litige, rapportait qu'en journée la confiserie n'avait droit qu'à 1 400 kilowatts mensuels d'électricité alors que la nuit, le courant n'étant pas contingenté, il devenait possible de faire tourner les appareils sans limites. « Si vous vouliez exiger de la maison Lamy qu'elle se conforme strictement à la réglementation actuellement en vigueur », l'usine ne travaillerait plus que douze jours, livrant au chômage partiel ses soixante-dix ouvriers : « Les plaignants semblent avoir complètement perdu de vue la période pénible que nous traversons », exposait l'enquêteur plus compréhensif à l'égard de la tapageuse fabrique que pour les riverains privés de sommeil [348]. « Nous avons réussi à aménager au mieux les heures de travail de notre atelier composé en grande partie de femmes et de jeunes gens », se réjouissait le patron des constructions mécaniques Brondel. Afin d'« utiliser la liberté qui nous est laissée » de consommer l'électricité en heures creuses, il demandait des laissez-passer pour son personnel, « par suite du couvre-feu à 21 h ». Les formes monétaires traditionnelles de la société marchande s'effaçaient devant l'échange de bons à valeur douteuse et à usage réglementé. Les établissements Brondel, dont le patron incarnait le renouveau à l'Hôtel de Ville, réclamait la

348. Plaintes et rapport du commissaire, 3 et 18 juillet 1942 (AMV).

« monnaie-matière fonte » nécessaire à l'exécution de ses commandes.

Les restrictions poussaient à l'invention et certains trouvaient dans l'air du temps un champ d'application à leurs capacités imaginatives. Avec raison, les établissements Burlaton & Richelmy, boulevard Eugène-Réguillon, étaient fiers de leur poudre à laver Lavix : « Lavix lave tout sans aucun risque ». Une petite bande dessinée expliquait les avantages de ce fabuleux produit : « Mme Clarinette, très embarrassée pour avoir du linge propre malgré le rationnement du savon, demanda conseil à son fournisseur. Celui-ci aussitôt lui recommanda d'acheter LAVIX avec son ticket n° 2. » Une cuillerée à café pour un litre d'eau, comme expliqué sur le mode d'emploi, quelques gouttes de vinaigre afin de fixer les couleurs, et Lavix lavait seul pendant que Mme Clarinette tricotait près de la lessiveuse. Lavix était promis à une belle carrière. La manufacture Guillote, rue Poizat, vantait ses ressorts « à lames et à boudins » de 2/10 de millimètre à 10 tonnes. La société STARC fabriquait cours Émile-Zola sous la marque Bufflier des remorques « tous usages » à accrocher derrière les vélos, et les usages, effectivement, étaient nombreux : carrioles en bois pour l'alimentation, remorques carrossées façon side-car pour les passagers. À la foire de 1942, Bufflier présentait dix modèles – « Elles séduisent par leur fini impeccable aussi bien dans la carrosserie métallique émaillée en ton aluminium que dans la carrosserie en bois vernis naturel. On sent en outre, dans cette fabrication sérieuse, la recherche de la légèreté eu égard aux efforts à fournir par le moteur humain [349]. » Puisqu'il fallait pédaler. Les plus remarquables pour l'innovation, dans le contexte, furent certainement les Forges et Ateliers de Lyon (FAL), sises rue Jean-Bourgey, qui,

349. *La Vie lyonnaise*, 17 octobre 1942.

avec d'autres, révolutionnèrent l'automobile par la mise au point, très en avance sur leur temps, des véhicules électriques STELA : « Les Lyonnais ont eu la surprise de voir circuler samedi dernier une caravane de quatre voitures qui ont parcouru silencieusement les principales artères de la ville », rapportait un hebdomadaire mondain en février 1941. « La ligne, tout en rappelant celle à laquelle nous sommes habitués, présente une originalité qui n'exclut pas une sobre élégance… La conduite est d'une grande facilité. On pouvait en effet remarquer que la voiture de tête était pilotée par une femme avec la plus grande aisance. » C.Q.F.D. Le véhicule de 4,7 mètres de long, pensé par l'ingénieur Pascal [350], pesait deux tonnes : une pour la carcasse, une pour les accus composés de quarante-huit éléments. Chargé de quatre passagers d'un poids moyen de 62 kilos, il atteignait la vitesse de 35 km/h en côte et 70 en descente. Sachant que la dépense s'établissait à 0,135 F du kilomètre et étant donné que le kilowatt-heure revenait à 0,37 F, que l'essence coûtait par ailleurs 9,50 F le litre et qu'il en aurait fallu 12 pour effectuer un parcours de 122 kilomètres, cela faisait un beau problème d'arithmétique pour les enfants des écoles. L'amiral Darlan, assurait-on, avait commandé deux exemplaires de l'automobile avant son départ précipité pour l'Algérie. Assez longtemps, en tout cas, les STELA à carrosserie noire et derrière de plomb servirent de taxi dans les rues de Lyon. Les vœux anciens du docteur Georges Lévy, député démis, pour l'heure déporté en Algérie et enfermé à Maison-Carrée, avaient porté : dans l'usine de la rue de la Filature, anciennement Schappe-Villard, loin des exigences du quotidien, les ingénieurs et techniciens de l'Atelier d'études aéronautiques, évacué de la « zone interdite »

350. Un exemplaire est exposé au musée de l'Automobile de Rochetaillée.

en 1940 sur ordre du ministère de l'Air, s'escrimaient à mettre au point un avion de record de vitesse à double moteur et hélices contrarotatives baptisé VB-10 [351]. Les bombardements alliés contre les objectifs stratégiques portèrent un coup sérieux à la Société industrielle générale de mécanique appliquée de Vénissieux, S.I.G.M.A. aux lettres séparées par des points, qui, comme son nom ne l'indiquait plus depuis 1940, s'occupait de moteurs d'avions. Touchée mais pas coulée, la société changea de commune, se transféra sur le cours Tolstoï et reprit de l'activité.

Villeurbanne respirait dans le cadre sombre de l'époque selon le rythme horloger des ateliers. Les descriptions de la cité laborieuse, à la manière des films en noir et blanc, prenaient des aspects lugubres, atténués de brefs instants par l'heure bénie de la sortie. « Cette multitude d'usines et de fabriques, ces toits noircis par la fumée des cheminées qui hérissent la ville, sous un ciel nuageux, ce ciel de Lyon qui n'est pourtant pas détestable comme on le dit trop souvent. Rien n'est plus mort que cette ville de plus de 80 000 habitants. Du matin au soir, des rues vides, des vitrines sans animation, des maisons aux façades tristes et mornes. Soudain, comme le vol d'un essaim qui fuit la ruche, des milliers d'ouvriers vont et viennent, se croisent pour regagner leur domicile. Des apprentis s'interpellent, des jeunes soyeuses rient et blaguent. Ce spectacle, vous le voyez quatre fois par jour, aux heures d'entrée et de sortie des usines. Et puis la ville retombe dans son sommeil léthargique [352]. » Villeurbanne se pliait à une routine manufacturière en mal

351. Un prototype VB 10-01 prit son envol de Bron le 7 juillet 1945, mais fut abandonné après le retour de l'Atelier études aéronautiques à Villacoublay. Voir Gérard Chauvy, « Qui a vu voler le VB-10 ? », *Le Progrès*, 31 décembre 1995.
352. *Lyon républicain*, 3 décembre 1941.

d'avenir. Les journaux appelaient cela « la continuité de la vie locale ». « Villeurbanne s'est recroquevillée en elle-même pour être à part. Ici, on fabrique, on façonne, on finit. On y trouve l'impression sur étoffe, la tannerie, la corroierie, la tôlerie, l'imprimerie, la blanchisserie, la teinture, les apprêts, les chaussures, la quincaillerie, les vernis et couleurs, les constructions mécaniques et électriques (parfois des plus importantes de France), tissage, etc., etc. » Le catalogue pléthorique chantait les articles que l'on avait cessé de voir en boutique. « Le moteur de Villeurbanne, c'est le TRAVAIL », se rassuraient ceux qui se trouvaient en phase avec le moment passant, ceux qui exaltaient à tout bout de champ la trilogie du régime : Travail, Famille, Patrie. La Société Nestlé récompensait en salle des mariages une famille méritante de onze enfants. Ils s'étageaient, sur la photographie des plus jeunes aux plus âgés, socquettes blanches, petit nœud dans les cheveux, le bébé dans les bras de la maman aux anges et l'adolescente à chapeau qui louchait gravement. « Cérémonie attendrissante », jugeait *Le Progrès*.

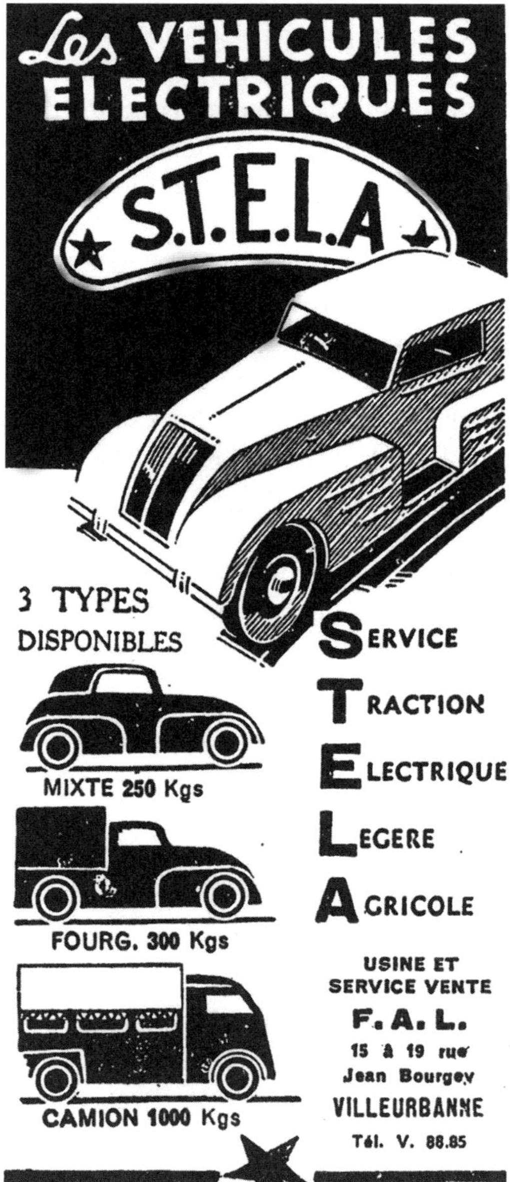
Les VEHICULES ELECTRIQUES
S.T.E.L.A
3 TYPES DISPONIBLES
MIXTE 250 Kgs
FOURG. 300 Kgs
CAMION 1000 Kgs
SERVICE
TRACTION
ELECTRIQUE
LEGERE
AGRICOLE
USINE ET SERVICE VENTE
F. A. L.
15 à 19 rue Jean Bourgey
VILLEURBANNE
Tél. V. 88.85

[Chapitre 21]

COLLABORATION ET RÉSISTANCE

La presse relayait les anathèmes du maréchal Pétain envers « les ennemis de notre Patrie » qui « commettent les plus lâches attentats contre les membres de l'armée d'occupation » [353]. La politique de collaboration avait des exigences auxquelles ses partisans obéissaient avec zèle. Les 21 et 22 juin 1941 (jour de l'invasion de l'Union soviétique) eut lieu à Villeurbanne le congrès de la zone sud du Parti populaire français. Devant six cents délégués, Jacques Doriot, le chef, réaffirma les principes et la ligne du parti : « Lutte contre le communisme, la juiverie et la franc-maçonnerie, rapprochement avec l'Allemagne ; soutien du Maréchal pour l'œuvre nationale et la collaboration européenne. » Les Renseignements généraux, au courant de tout, commentaient : « Les éléments PPF sont toujours actifs, déterminés et confiants dans leur doctrine [354]. » Leur chef régional était l'ancien responsable de la section de Villeurbanne, nouvellement promu, tandis que le groupe local se voyait désormais cornaqué par l'épouse de Chambon,

353. *Le Progrès*, 8 décembre 1941.
354. Rapport du commissaire divisionnaire des Renseignements généraux, 26 juin 1941 (ADR).

ex-adjoint au maire communiste. Pour des raisons et par un cheminement ignorés, Edmond Chambon avait adhéré au Parti populaire français de Doriot, le parti des nazis [355], collaborait à sa presse et contribuait à sa propagande par des conférences. Le gouvernement de Vichy soutenait que les actes d'hostilité à l'occupant étaient l'œuvre de « parachutistes détenteurs d'explosifs, hommes de main de l'ancienne tchéka espagnole, des Juifs, des communistes » et annonçait en conséquence la mise sous surveillance de tous les Juifs étrangers entrés en France depuis 1936 et l'arrestation de 1 850 communistes présumés qui s'ajoutaient à onze mille autres « effectuées depuis six semaines dans les mêmes milieux » [356]. La chasse était impitoyable. Dès septembre 1940, un manœuvre de seize ans, demeurant cours Tolstoï, fut arrêté pour reconstitution d'un groupe des Jeunesses communistes (il avait déjà récolté six adhésions). Le commissaire divisionnaire de Lyon rapportait, quelques jours après l'entrée des troupes hitlériennes en Russie, que des tracts pro-soviétiques avaient fait leur apparition dans l'agglomération et que quatre jeunes Villeurbannais avaient été appréhendés la nuit « en flagrant délit de diffusion [357] ». Les doriotistes, qui avaient l'oreille des autorités, dénonçaient le directeur de l'Institut des aveugles, franc-maçon « inscrit à la loge Les Chevaliers unis », et appelaient de leurs vœux une répression plus rude : « Le numéro clandestin de *L'Humanité* du mois d'août, expliquaient-ils, a été largement diffusé et ceci en plein jour, ainsi que nous avons pu le contrôler… Il importe donc que l'on traque sans relâche le communisme dans notre cité [358]. »

355. *L'Émancipation du Lyonnais*, organe du PPF, 3 juillet 1943.
356. *Le Progrès*, 10 décembre 1941.
357. Rapport du commissaire divisionnaire des Renseignements généraux, 26 juin 1941 (ADR).
358. « Villeurbanne : les cocos à l'œuvre », *L'Émancipation nationale*, septembre 1941.

Rares étaient les personnalités dotées d'assez de sens moral ou de compassion pour refuser ces sinistres exhortations. Ce fut le cas du patron de l'entreprise de machines-outils J. Million, impasse Million. Il défendit l'un de ses ouvriers, qui avait subi une peine de neuf mois de prison pour « propagande communiste » et s'en porta garant face à l'administration policière afin de « lui éviter le camp de concentration » : « C'est un malheureux qui va se redresser », plaidait-il. Sa caution n'empêcha pas l'ouvrier d'être transféré à Aiguebelette (Savoie), en résidence surveillée. Une note blanche des Renseignements généraux datée du 8 octobre 1941 signalait les « sentiments communistes » du personnel de l'usine SOVEL – Société de véhicules électriques de la « *route de Crémiers* », désignant notamment un chef d'équipe soupçonné de répandre des tracts. Aux Charpennes, le commissaire de quartier transmettait à ses supérieurs un exemplaire de *L'Humanité* clandestine ramassé dans son secteur et relevait les inscriptions séditieuses tracées sur les murs : « Vive Staline – avec faucille et marteau » (rue Raspail), « Vive l'URSS » (rue des Poulettes), « Libérez les communistes », « Les Boches sont foutus » (rue Yvonne), « Vive l'Armée rouge », « Vive Staline » (sur les murs de l'usine Villard), « Vive l'URSS » (rue Édouard-Vaillant). D'après l'enquêteur sagace, les différentes opérations avaient été effectuées entre 0 heure et 6 heures le 9 janvier 1942. « Dans une partie de l'usine Villard, une usine nationale d'études aéronautiques refoulée de Villacoublay est installée. J'estime que le personnel de cette usine n'est pas étranger à ces inscriptions et qu'il est nécessaire de le surveiller [359]. » Le 18 février, le même commissaire des Charpennes adressait à ses chefs un tract communiste récupéré

359. Rapport du commissaire de police des Charpennes, 10 janvier 1942 (ADR).

dans les boîtes aux lettres : « À l'action pour notre pain quotidien, contre les affameurs [et] le vieux boche Pétain. » « J'ai recommandé aux gardiens de la paix du secteur d'être très vigilants au cours des jours prochains et notamment de 4 à 7 heures du matin », concluait le zélé fonctionnaire [360]. Le 19 février, c'était au tour de son collègue du commissariat de Villeurbanne-Ville de faire part de la découverte dans les boîtes aux lettres d'un tract « traitant d'affameurs M. le Maréchal Pétain, les Allemands et les préfets... Il invite, en outre, le lecteur à rejoindre les rangs du "Grand Parti Communiste" [361]. » Le 21 février, le commissaire des Charpennes signalait un numéro ronéoté de *L'Humanité* déposé aux Poulettes et un papillon manuscrit apposé aux Gratte-Ciel : « Debout pour châtier les assassins de Gabriel Péri, Catelas, Sampaix, etc. [362]. » Le 22 février, le commissaire de Villeurbanne-Ville était saisi de la diffusion, cours Tolstoï, d'un tract imprimé « d'inspiration gaulliste » intitulé *Libération*. Il se passait ainsi peu de jours sans manifestations de résistance. Quatre ouvriers de l'usine Brondel furent arrêtés après une grève impromptue en octobre 1942. Les établissements Brondel n'avaient nul scrupule à insérer leur publicité dans la *Pariser Zeitung*, journal allemand de Paris auquel était abonnée la bibliothèque de Villeurbanne : « *Spezial Material für Walzwerke Drahtziehmaschinen – Richtmaschinen – Biegemaschinen – Flechtmaschinen* – 11, rue Antonin-Perrin, LYON » [sic].

360. Tract du PCF et rapport du commissaire de police des Charpennes, 18 février 1942 (ADR).

361. Rapport du commissaire de police de Villeurbanne-Ville, 19 février 1942 (ADR).

362. Jean Catelas, cheminot, ancien député, fut guillotiné en septembre 1941. Gabriel Péri, également député, a été fusillé au mont Valérien en décembre, le même jour que Lucien Sampaix, journaliste de *L'Humanité*, à Caen.

Le maire en personne se chargeait de livrer « à toutes fins que vous jugerez utiles » les noms et adresses de trois de ses administrés suspectés d'avoir distribué sur les tables du Restaurant populaire de Bonneterre l'appel « d'inspiration communiste » à manifester à Lyon pour le 14 Juillet. Quand un habitant de la rue Magenta lui indiquait que ses voisins écoutaient « toutes fenêtres ouvertes et à grande puissance » Radio-Londres, « des gens qui insultent le Maréchal et son gouvernement », le maire Paul Chabert s'empressait de transmettre le renseignement au commissariat afin qu'il prenne « les mesures nécessaires ». S'il recevait d'un corbeau une lettre dénonciatrice, il la faisait passer au préfet illico, considérant que, « malgré son anonymat », elle « pourrait peut-être donner lieu à l'ouverture d'une enquête sur les faits signalés ». Au procureur de la République, il faisait savoir qu'un lendemain de Noël, « entre 18h ½ et 19 h ½, un ou plusieurs inconnus ont mis le feu aux affiches et publications officielles apposées dans deux emplacements grillagés situés de chaque côté de la porte d'entrée de l'Hôtel de Ville », délit qui lui paraissait « assez grave » pour en référer en haut lieu. Ce fut en sa qualité de maire, sur instruction du préfet, qu'il refusa au Consistoire israélite un carré juif au cimetière de Cusset, les réfugiés et expulsés d'Alsace-Lorraine, *Elsaß-Lothringen* annexée au Reich, étant nombreux dans la commune. Avec l'industriel Lumière, inventeur du cinéma, et les doriotistes du département, le maire de Villeurbanne appartenait au comité de patronage de la Légion des volontaires français contre le bolchevisme [363], la « LVF », qui combattait à l'Est sous l'uniforme nazi. Il assista, aux côtés de son auguste collègue, au rassemblement de soutien à cette

363. *L'Émancipation nationale*, organe du PPF, 2 août 1941.

« Légion tricolore » tenu à la Bourse du Travail de Lyon « pour que l'Allemagne, dont la victoire ne fait plus aucun doute, soit prête à nous agréer à la place qui nous revient dans le nouvel ordre européen ». Les orateurs rivalisaient d'effets sur l'affaiblissement de la France « par les débris de la racaille parlementaire qui voudrait retrouver son autorité défunte ; par les Juifs et les francs-maçons insuffisamment écrasés et encore puissants, par l'Angleterre surtout », et se déclaraient prêts à affronter « les hordes bolcheviques » et à « chasser les Anglais partout où il le faudra » [364]. L'assistance se sépara sur les notes de *France, libère-toi*, l'hymne de Doriot. Ce n'était donc pas un tendre que Paul Chabert, même s'il recevait de jolis dessins coloriés des enfants des écoles pour lui souhaiter une bonne année et un brin de muguet lors du 1er Mai. Les « opérations efficaces de police » de l'automne 1940, dont s'était félicitée la Préfecture et qui avaient porté des coups aux communistes dans leur « ancien fief essentiel » de Villeurbanne, paraissaient n'avoir pas eu l'effet escompté. Les responsables du maintien de l'ordre croyaient maintenant « de source sûre » que le Parti communiste clandestin avait reconstitué « une cinquantaine de cellules dont vingt-cinq pour la seule ville de Villeurbanne » et qu'une de ses sections portait le nom inquiétant d'« Armée populaire » [365]. C'était sans nul doute exagéré, mais la crainte stimulait l'imagination.

Le dimanche 28 février 1943 eut lieu l'assemblée constitutive de la Milice française au Palais d'Hiver du boulevard Pommerol en présence du préfet, du maire de Lyon, du procureur général, du bâtonnier, du recteur d'académie

364. *L'Émancipation nationale*, organe du PPF, 29 août 1942.
365. Rapport du commissaire divisionnaire des Renseignements généraux, 23 mai 1942 (ADR).

et de quelques autres de leurs amis. Le responsable départemental, un nommé Panneboeuf, donna lecture du message du chef, Joseph Darnand : « À l'heure où le sort de l'Europe se joue à l'Est, le plus grave des périls intérieurs menace l'existence même de la France : le communisme. La Patrie est en danger [366]. » Les présents communièrent à ces mots avant d'aller déjeuner. Le lendemain, le bruit se répandit, comme une traînée de poudre, de la gigantesque rafle effectuée au petit matin à Villeurbanne sur ordre de la Gestapo de l'avenue Berthelot et de l'Hôtel Terminus. L'un des rescapés, ajusteur à l'usine Mammouth, pris le 1er mars et qui s'échappa du train de déportation, raconta comment cela avait commencé : « Dans la nuit du 28 février (un dimanche), je fus réveillé vers minuit par la circulation intense de motos, camions, chenillettes, etc., allemands. Jusqu'à 4 heures, tout bougeait dans la rue. J'ai assisté sans m'en rendre compte, de la fenêtre de ma chambre (3e étage) à la mise en place du dispositif de blocage des rues [367]. » Tous les hommes pris dans un vaste périmètre compris entre le cours Émile-Zola et la place Grandclément, rebaptisée place de l'Hôtel-des-Postes, furent interpellés. Un millier furent arrêtés, cent cinquante-trois [368], retenus arbitrairement, conduits à la petite gare de Villeurbanne et transférés dans des wagons à bestiaux au Frontstalag n° 122 de Compiègne où l'un d'eux mourut. Le 22 avril, une maison de commerce des Brotteaux reçut une carte signée « Un déporté sans motif », écrite le 19 : « À ma mère, – Je ne sais pas si ce mot vous parviendra, aussi je me fie à la Providence. Soyez gentil pour faire savoir chez moi que je quitte le camp de Compiègne pour l'Allemagne avec

366. *Le Nouvelliste*, 1er mars 1943.

367. Témoignage de Georges Morin (AMV).

368. Un nombre plus élevé que celui de la liste établie par la Mairie à la mi-mars.

tous ceux de Lyon et d'autres... Prière à la personne qui trouvera ce mot de l'envoyer à Lyon à l'adresse indiquée de l'autre côté de la carte, ce geste lui portera bonheur [369]. » La carte parvint à ses destinataires. Après plusieurs mois d'incertitudes et de recherches de la Croix-Rouge internationale, il fut établi que les déportés se trouvaient dans les camps de concentration de Mauthausen et Buchenwald, certains à Dachau. Un autre message, à une date indéterminée et en langage masqué, réussit à donner quelques indications sur leur sort, à défaut de nouvelles : « Ce matin, j'ai fait la connaissance d'un camarade de Villeurbanne ; il est venu ici à la suite de la cueillette [*rafle*] de la place Jules-Grandclément ; il n'est pas très [*bien*] ici, surtout qu'il porte un costume zazou [*le pyjama rayé des déportés*], comme dans l'île productrice de poivre [*le bagne de Cayenne*] et font le même travail qu'eux là-bas et y sont aussi bien nourris et bien traités [370]. » Cent trente-six raflés au hasard figuraient sur la liste alphabétique établie par la Mairie. Ils étaient à l'image de la ville et égrenaient leur vie sur le papier : Léon Anklewicz, coiffeur polonais né en 1912 ; Georges Barbero, maçon de Vaulx-en-Velin ; Antoine Bartolomucci, né à Isola del Liri (Italie), demeurant rue de l'Espoir... Ali Beddec, teinturier, né en 1901 à Fort-National (Alger), « malade lors de son arrestation » ; Ahcène Benzema, mouleur, domicilié rue du Progrès... Joseph Bothier, 17 ans, soudeur à l'arc... Israël Frechter, « ancien combattant 1939-1940 dans l'Armée française, muté au camp français de Drancy »... Nicolas Jdanowski, apprêteur russe... Salvador Martinez, manœuvre en soierie, né à Mazarrón (Espagne)...

369. Carte du déporté Marc Pelot, 19 avril 1943 (AMV).
370. Message anonyme d'un déporté, s.d. (AMV).

Antoine Teyras, ouvrier en pelleterie… André Varraut, cloueur en chaussures… Boroch Zylberstein, « 37 ans environ », polonais. Le maire, aiguillonné par un Comité d'entraide aux absents et à leurs familles, multiplia les démarches. Sans résultat. D'échelon en échelon, il plaida sa cause auprès de la Wehrmacht, de la Gestapo, d'Abel Bonnard, ministre de l'Instruction vichyssois, de Pierre Laval, « très cordialement », et du général Oberg à Paris, enfin, supérieur des SS : « Nous n'arrivons pas à l'attendrir », soupirait Paul Chabert.

Les employeurs des « réquisitionnés », selon l'euphémisme de la Mairie, ou des « hommes enlevés », ainsi que les appelait le Comité d'entraide, furent sollicités pour apporter un secours charitable aux familles. Nombreuses étaient les usines, en effet, à déplorer au moins un déporté dans leur personnel. Un à l'Atelier d'études aéronautiques de la rue de la Filature, un chez Bufflier, un chez Mammouth, deux chez Delle, trois à l'imprimerie Arnaud, trois au Fil Dynamo, six chez Bally-Camsat, sept chez Lacourbat… Paul Chabert réunit à l'Hôtel de Ville les entrepreneurs, dans la salle des mariages, et leur tint exactement ce langage : « Industriel moi-même et occupant un grand nombre d'ouvriers, je suis d'avis de donner à la famille le demi-salaire, mais je vous laisse le soin de déterminer ce pourcentage [371]. » L'initiative du maire n'eut que des effets limités. L'imprimerie Arnaud continua de payer aux ayants droit la moitié des revenus de leurs trois disparus, comme le fit également l'usine de teinture Picot & Fils (en se préoccupant de savoir si la somme allait être remboursée) pour son chef de poste « ramassé par les Autorités allemandes ». Les établissements PRB, impression

371. Paul Chabert, « Opération du 1er mars 1943 », allocution aux industriels, 19 mars 1943 (AMV).

et teintures, versèrent 300 F à la mère de leur ouvrier raflé ; l'Industrie mécanique lyonnaise, coopérative ouvrière fabriquant des manomètres pour chaudières à vapeur, se fit excuser. La Fonderie A. Roux, chemin de Baraban, s'inquiétait pour son manœuvre Benzema Ahcène, « ouvrier algérien qui nous a toujours donné entière satisfaction ». Mais la plupart, malgré l'amitié qu'ils portaient au maire, jugèrent que le mieux était de se taire, d'attendre, et de vaquer à leurs affaires. Le Comité d'entraide, animé par deux citoyens dévoués et courageux, Francis Chirat et Andrée Brevet, qui furent ensuite l'un fusillé et l'autre déportée [372], constatait amèrement : « Beaucoup des employeurs ont répondu par une fin de non-recevoir aux démarches des familles [373]. » Après un an, le directeur des soieries Henry Bertrand apprit et fit savoir que son ouvrier menuisier Gleyze René, qui était « depuis de longues années dans notre maison », « avait toute notre confiance » et n'avait « jamais été mêlé à aucun mouvement », se trouvait au camp de Mauthausen, prisonnier n° 26414 du Blok S.C.H.W. Beaucoup de ceux qui disposaient d'une parcelle d'autorité, administrateurs, fonctionnaires ou industriels, étaient saisis du syndrome de la collaboration et se rendaient avec fatalité à ses vues. Aux interrogations sur le statut d'un de ses ouvriers raflé, la direction de Fibre & Mica répondit qu'il avait été convoqué pour le STO « par la voie normale », qu'il aurait dû quitter Lyon pour l'Allemagne, mais que, depuis qu'il avait reçu son ordre de réquisition, il n'avait plus mis les pieds à l'usine : « Il était donc dans une situation fausse lorsqu'il a été appréhendé par

372. Francis Chirat, membre des Jeunes Chrétiens combattants, a été fusillé place Bellecour en juillet 1944 ; Andrée Brevet, militante de la Jeunesse ouvrière chrétienne, est morte au camp de Ravensbrück en mars 1945.

373. Mémoire de vœux et désirs des familles des requis du 1er mars 1943 (AMV).

les Allemands au cours de la rafle qui a eu lieu le 1er mars [374]. » Malgré ses commentaires, le directeur signait un certificat de bonne vie et mœurs pour son ouvrier attestant qu'il n'avait « jamais manifesté d'activités politiques ». Cela ne le fit pas revenir.

Pour trois jours, en avril, Maurice Chevalier vint distraire Villeurbanne. La salle du Théâtre débordait, un public heureux réclamait ses chansons, l'une puis l'autre, les célèbres et les nouvelles. *Oh ça sent si bon la France ! / C'est samedi faut plus s'en faire, repos jusqu'à lundi !* « Maurice Chevalier est toujours notre grande vedette du music-hall », se rengorgeait le journaliste de service qui jugeait bon d'ajouter : « Mieux, même, il représente sur scène notre race avec ses travers et ses qualités [375]. » Le même jour, on annonçait aux « familles éprouvées » que des colis avaient été remis à Compiègne aux déportés du 1er mars et que ceux-ci avaient « exprimé leur satisfaction ». Le chapitre de la rafle se referma aussi abruptement qu'il s'était ouvert : la censure aidant, on n'en parla plus. Une banalité infâme couvrait la tragédie. Vers la mi-avril 1943, pour faire suite à des instructions hiérarchiques, les commissariats de police de Villeurbanne-Charpennes et de Villeurbanne-Ville livraient à la Préfecture les noms et adresses de cent quatre-vingt-quatrorze familles juives.

À l'idéologie de Vichy, cependant, s'opposait un patriotisme populaire diffus qui se saisissait des symboles républicains en toute occasion. L'anniversaire de la bataille de Valmy devenait prétexte, sur les papillons ronéotés du Front patriotique de la jeunesse lyonnaise, à défiler dans le centre de Lyon le 20 septembre 1942, de la place Carnot (général de la

374. Lettre de Fibre & Mica, 15 mars 1943 (AMV).
375. *Lyon républicain*, 17 avril 1943.

Révolution [376]) à la place de la République, afin de montrer « votre volonté de libérer la France, de chasser les Boches de notre ville ». Un arrêt de travail symbolique des ouvriers de l'usine Gendron marquait l'anniversaire de la victoire de 1918, le 11 novembre 1943 à 11 heures du matin, inquiétant fort le cabinet du préfet : « Ils sont dans l'usine et observent le plus grand calme en attendant la sortie de midi » (des mouvements similaires avaient lieu aux ateliers SNCF d'Oullins et aux établissements Seguin de Lyon) [377]. Dans les semaines qui suivirent, un inspecteur de la Sûreté fut chargé d'enquêter sur l'apparition de libelles communistes chez Gendron : « À plusieurs reprises et en des endroits différents, des paquets de tracts se trouvaient déposés de préférence sur le passage du personnel, de façon que celui-ci s'en saisisse alors qu'il va prendre son travail le matin [378]. » Des éléments de la Résistance s'étaient infiltrés au Comité social institué par Vichy et l'usine était coutumière du sabotage des machines. Gendron, le jour, travaillait pour l'Allemagne, pour la Luftwaffe, les chantiers navals et les panzers. Ses ouvriers, la nuit, détérioraient les pièces produites, aidaient leurs camarades à échapper au STO et alimentaient les maquis en combattants. Au nombre de ces Résistants qui causaient bien du souci à l'Occupant, figurait l'interprète agréée de l'usine, Alice Kaufmann alias « Renée Alix », antifasciste autrichienne réfugiée politique en France avant-guerre et internée préventivement au camp de Gurs en 1939 [379].

Le temps passant, un voile cotonneux d'oubli recouvrit les épisodes les plus dramatiques de ces années. On ne doit

376. Lazare Carnot (1753-1823) était également un grand scientifique, auteur de l'*Essai sur les machines en général* et de *Réflexions sur la métaphysique du calcul infinitésimal*.
377. Note du cabinet du préfet, 11 novembre 1943 (ADR).
378. Rapport des Renseignements généraux, 26 novembre 1943 (ADR).
379. « René Tomasi raconte », *La Voix du Lyonnais*, 15 mai 1987.

qu'au hasard de documents épars, enfouis sans ordre ni destination, de discerner les tragédies personnelles advenues en ces parages. Près de vingt ans après les faits, pour « renseigner utilement un de nos Abonnés », la société anonyme SVP de Paris, « documentation, renseignements, services divers », s'enquit auprès de Villeurbanne de savoir si durant l'Occupation le stade des Iris, à Cusset, avait été « un lieu de rassemblement de personnes arrêtées ou en instance d'internement ». En marge de la demande, une main avait écrit ces mots lapidaires et terribles : « Non, pas le stade des Iris, mais l'usine Martin [*illisible*] à côté rue F. de Pressensé – En 1943 et 1944 – Personnes arrêtées par les Allemands et les Miliciens, en majorité des Israélites. » D'Anvers, en Belgique, arriva peu après une lettre adressée à « Monsieur le Bourgmestre, Villeurbanne-lez-Lyon » : « Afin de me permettre de compléter mon dossier pour la *Wiedergutmashung*, je vous serais reconnaissant de bien vouloir me confirmer que le camp nommé "STAD IRIS" a bien existé à Villeurbanne en 1942. » Sur quoi un employé du « bourgmestre » nota : « Non, pas au stade des Iris mais à l'usine Andréa, à cette époque 303 rue Francis-de-Pressensé [380]. » L'enquête s'arrête là. Au 303, rue Francis-de-Pressensé, se trouvait en 1936 la seconde usine SALTS, occupée par ses ouvriers [381].

Le 15 avril 1944, le maire Chabert eut le bonheur d'être reçu à Vichy par le maréchal Pétain et l'exécuteur de ses œuvres Pierre Laval. Il apportait avec lui « de magnifiques échantillons de la production locale » : un coupon de soie de la Maison Henry Bertrand et des paires de chaussures de l'usine

380. Lettres au maire de Villeurbanne, 20 décembre 1960, 16 et 25 janvier 1961 (AMV).
381. Les bâtiments appartenaient à la Société anonyme pour la fabrication du velours & de la peluche, siège social 15, quai Saint-Clair, qui les louait à la SALTS.

Bally-Camsat. Au chef de l'État il offrit le Damas aux couleurs françaises tissé de métal en forme de bâton de maréchal. Au président du Conseil il fit don des chaussures pour dame à semelle de bois et des souliers d'homme « d'une haute élégance et d'un goût très sûr ». Le maréchal Pétain fit savoir qu'il était « très sensible à ces marques d'attachement et de fidélité » et le directeur de la Maison Henry Bertrand, le colonel Clayette, assura en retour qu'il « conserverait précieusement la copie de la lettre du maréchal Pétain » [382]. Dans les usines, cependant, la fronde gagnait. Pour quelques heures, le 29 février 1944, une grève éclata aux établissements métallurgiques Gendron : onze ouvriers furent arrêtés par le Groupes mobiles de réserve vichyssois, puis libérés grâce à la ténacité solidaire de leurs camarades. En avril, une délégation de vingt-quatre ouvriers de différentes entreprises métallurgiques porta en mairie ses doléances. Ils demandaient notamment que les longues heures passées à faire la queue devant les boulangeries leur soient rétribuées, que le pain ne manque plus désormais aux travailleurs et qu'on leur fournisse en nombre suffisant des bleus de travail ainsi que des chaussures, pantoufles, galoches et autres espadrilles. Les ouvriers appuyaient leurs revendications sur cet argument : « Les travailleurs des villes industrielles usent beaucoup plus que les oisifs ou ceux qui occupent des emplois sédentaires des villes sans industries [383]. » L'Association des industriels de Villeurbanne répondit qu'il lui était impossible de payer « la portion de salaire ouvrier correspondant aux heures d'attentes aux portes des boulangeries ». Le 29 juin 1944, le commissariat de Villeurbanne-Ville signala qu'un mouvement de grève s'était

382. Lettre du secrétariat du maréchal Pétain, 22 avril 1944, et lettre du directeur de la Maison Henry Bertrand, 15 mai 1944 (AMV).
383. Doléances des ouvriers métallurgistes, 25 avril 1944 (AMV).

déclaré aux Établissements Mammouth de la rue Racine. La révolte contre l'ordre injuste se manifestait sourdement ou avec éclat, comme on voudra. Bombe à l'usine Fibre & Mica (11 mai 1943) ; bombe contre les trois transformateurs alimentant les usines du quartier Cyprian (2 juillet) ; bombe contre le transformateur de l'usine Le Roulement de la rue Poizat « qui travaille pour l'armée allemande et qui emploie une cinquantaine d'ouvriers [384] » (22 juillet) ; explosion dans le transformateur de l'usine de caoutchouc Lacollonge (20 août) ; destruction des transformateurs alimentant plusieurs usines dont Le Fil Dynamo (9 novembre) ; attentat manqué contre l'usine Delle, un garde blessé, vingt-sept kilos d'explosifs retrouvés sur les lieux (11 décembre 1943) ; transformateur de l'usine Fibre & Mica mis hors d'usage (21 février 1944), destruction des installations et stocks de L'Oxhydrique française par une vingtaine de bombes à retardement (21 mai). L'un des saboteurs se rappelait le « plaisir de gosse à regarder s'élever en l'air, propulsés par les explosions, les fûts métalliques emplis de gaz [385] ». La Résistance s'en prenait à la production industrielle sous contrôle ennemi et subsistait grâce à d'audacieux coups de main. Le 23 décembre 1943, « une dizaine d'individus armés de revolvers » dévalisaient le centre de distribution de tickets d'alimentation de la rue Lakanal. Le 26 janvier 1944, « une bande armée composée de onze individus armés », d'après la police, interceptaient vers Croix-Luizet un camion transportantdeux caisses de tickets de ravitaillement et repartaient avec leur butin dans des traction-avant Citroën. Le 27 juin, le bureau du Ravitaillement du cours du Sud était assailli par « une bande d'individus dont deux

384. Paul Garcin, *Interdit par la censure*, éditions Lugdunum, 1944.
385. Jean Ottavi, *Des années blanches aux années noires*, éditions BGA-Permezel, Lyon, s.d., p. 90.

femmes » qui firent main basse sur onze mille tickets de rationnement et les tampons du service dont un « Juif ». Le 4 juillet, un chef de l'usine Mammouth fut abattu d'une rafale de mitraillette rue du Quatre-Août. L'essentiel des actions armées étaient à mettre au compte du bataillon « Carmagnole » des Francs-Tireurs et Partisans de la main-d'œuvre immigrée : des étrangers, roumains, italiens, espagnols, polonais, juifs ou non, qui s'étaient donné pour pseudonymes des prénoms français et pour signe de ralliement un chant révolutionnaire.

MARQUE DE FABRIQUE

FILS ET CABLES ISOLÉS

L'ENTRAIDE MAMMOUTH

COMITÉ SOCIAL DES USINES MAMMOUTH ET ANNEXES

RÉGI PAR LA CHARTE DU TRAVAIL PROMULGUÉE LE 4 OCTOBRE 1941 J.O. du 26-10-1941

SIÈGE :
ÉTABLISSEMENTS MAMMOUTH
89 à 95, Rue Racine
VILLEURBANNE
Téléph. V. **84-11**

Villeurbanne, le II MARS 1942

MAIRIE DE VILLEURBANNE
Monsieur CHABERT
Place Aristide Briand
Villeurbanne

Prière de rappeler :
N/ Réf. MD/SP
V/ Réf.

Monsieur,

Nous avons l'honneur de vous adresser, inclus, les bulletins de notre Comité Social des mois de Février et Mars 42 en espérant vous intéresser.

Veuillez agréer, Monsieur, l'espression de nos sentiments distingués.

[signature]

M. DUSSAU
Président du C.S.

P.J. - 2 Bulletins

En communication à M. Chenavaz -
Pour le Bureau Syndical
et le Comité Social -

[signature]

AFÉ RESTAURAN
QUAGLIE

[Chapitre 22]

LIBÉRATION

Une opération périlleuse contre le garage de police de la rue Son-Tay, au Tonkin, fut à l'origine de l'insurrection de Villeurbanne contre les nazis, le 24 août 1944. De violents affrontements s'ensuivirent au cours desquels la combattante « Sylvie » (Dina Lipka) tua deux motards allemands. Les Résistants, en se repliant sur Villeurbanne, furent acclamés par les habitants et accompagnés jusqu'à l'Hôtel de Ville des Gratte-Ciel où ils entrèrent en libérateurs. Les fonctionnaires qui avaient servi Vichy se mirent à leur disposition. Paul Chabert fut démis de ses fonctions et son Conseil suspendu. Par la radio, les gens savaient que Paris s'était soulevé et que les colonnes alliées avançaient par le sud. L'issue finale ne faisait plus de doute. Le groupe de résistants, renforcé d'éléments des quartiers et des usines formés en milices patriotiques, proclama Villeurbanne libre. Le « capitaine Lamiral » (Henri Krischer) et le « commandant Lefort » (Georges Grunfled) du groupe Carmagnole firent ovationner le général de Gaulle et le Gouvernement provisoire de la République. Le bureau du maire se vit transformé en PC de l'insurrection. Groupés sur la place débarrassée des plaques

« Maréchal Pétain », les gens réclamaient des armes et, dans la ville, érigeaient des barricades. Une note manuscrite lapidaire fixait les directives pour la défense : « Fortificat.[*ion*] Barricades : Désigner un Resp.[*onsable*] pour les Barr.[*icades*] 1 estaf.[*ette*] 1 guetteur 3 hommes armés. Organiser les milices patriotiques. Prisonniers. Régler la question des miliciens. » Barricades cours Émile-Zola ; barricades rue Bellecombe, cours Lafayette, aux Maisons-Neuves ; barricades rue Édouard-Vaillant ; barricades route de Crémieu, boulevard Eugène-Réguillon ; des barricades où il en fallait et où il n'en était pas besoin. « Il faut voir avec quelle ardeur et quel enthousiasme la foule participe à ce travail qui durera toute le nuit et jusqu'au matin. Les rues sont dépavées, les arbres sont coupés et barrent les principales artères, les charrettes et les tombereaux sont renversés [386]. » La « lieutenante Simone » (Mafalda Motti) défendait la barricade de la rue Magenta au fusil-mitrailleur : « Restée seule pendant deux heures à cheval sur un rebord de fenêtre… j'ai tenu tête à un détachement allemand. » Sous l'autorité d'un chimiste, le « lieutenant Georges », des jeunes filles, installées dans un bureau de l'Hôtel de Ville, bourraient d'explosifs des enveloppes de grenades fabriquées à l'usine Gendron ou aux Forges et Ateliers de Lyon d'où sortaient les voitures STELA. Combats et escarmouches contre les Allemands durèrent trois jours [387]. Puis les résistants, sans secours immédiat, se replièrent vers l'Isère.

Au cours de ces journées fut abattue une milicienne qui avait participé au meurtre de l'ouvrier Marco Lévy dans la cour des établissements Gendron le 21 août. Le 2 septembre

386. *Le Patriote*, 12 octobre 1944.
387. Voir Claude Collin, *24-26 août 1944, l'insurrection de Villeurbanne a-t-elle eu lieu ?*, Grenoble, PUG, 1994.

1944, les FFI et les chars américains entraient dans Villeurbanne. Un Comité de libération, encore clandestin, « envisage vin d'honneur aux Alliés – Vaisselle chez Delle ». Le Comité prenait en main les destinées de la municipalité, le maire Chabert était mis en état d'arrestation et la légalité républicaine rétablie. On vendait dans les rues, au profit de la Croix-Rouge, l'effigie du général de Gaulle. Le 10 septembre, deux mille métallos de la CGT reconstituée tenaient meeting au Théâtre pour réclamer « une complète révolution économique et sociale ». Villeurbanne retrouvait ses couleurs d'avant guerre. Le 23 septembre, la ville accueillait son député, le docteur Georges Lévy, arrivé d'Alger « après une absence douloureuse de cinq ans », et l'installait au fauteuil de maire. Il reçut des fleurs et on lui présenta « le petit Ricci, fils du militant assassiné en janvier 1944 par les brutes nazies » [388]. Dans l'église Sainte-Thérèse de la rue du Quatre-Août, une cérémonie solennelle se déroula en mémoire du chanoine Boursier, curé de la paroisse, martyrisé à Saint-Genis-Laval. Villeurbanne rendait hommage à ses morts. Michel Yatzenko, ouvrier en chaussures, fusillé devant chez lui. Jean-Baptiste Martinotti, abattu par la Gestapo dans la cave du Café Duval, cours Tolstoï. André Dupuis, jeune cégétiste fusillé par la Milice. Georges Lyvet, ancien secrétaire syndical de L'Ébénoïd, torturé et assassiné. Prosper Léonet, mécanicien chez Gendron, arrêté par la Gestapo et jeté dans la Saône. Abel Lambert, tué devant la Manufacture lyonnaise de caoutchouc. Marie Demaria, massacrée rue Pétrequin… À l'angle des rues Jean-Claude-Vivant et Anatole-France, une plaque fut apposée en souvenir de René Vidal et Roger Palanche, des milices patriotiques des F.A.L. (STELA),

388. La date exacte de la mort de Luc Ricci n'étant pas bien connue, la presse indiquait à tort « février ».

« odieusement torturés et finalement fusillés ». Les journaux libérés dénonçaient l'« officine d'espionnage et de dénonciation des ouvriers », l'« entreprise de mouchardage » active sous l'Occupation autour d'un nommé Poidebard, représentant à Lyon d'une fantomatique « Entente internationale anti-marxiste » basée en Suisse. Cette agence privée de surveillance avait accumulé cent mille fiches, disait-on, sur les travailleurs « suspects » des usines qui faisaient appel à ses services. Les principales maisons de Villeurbanne étaient clientes. La liste saisie au siège de l'organisation, place des Terreaux, impliquait les Ateliers de Delle, Brondel, Dognin, Le Fil Dynamo, Guicher & Coste, Bertrand, Lacourbat, la Société Mammouth et les établissements Joya-Chabert du ci-devant maire. Le scandale, comme tous les scandales, passa. Il fallait songer à la reconstruction. À peine les Allemands partis, à peine les Américains arrivés, la vie industrielle reprenait ses droits. Les journaux passaient des petites annonces de recrutement, offres d'emploi : « Sté Mammouth, 89, r. Racine, Villeurbanne, demande un Contremaître tourneur, Ouvriers qualifiés, Gratteurs, un Menuisier, Tourneurs, Fraiseurs, Ajusteurs, Monteurs. » « Ets Gendron Frères, 37, rue Colin – Villeurbanne, DEMANDENT Dessinateurs, Fraiseurs-outilleurs, Ajusteurs-outilleurs, Tourneurs-fabricat., Ajusteurs-monteurs, Rectifieurs, Fraiseurs, Maçons, Manœuvres. » « DELLE, 25, chemin de Cyprian – Villeurbanne – embauche de suite : professionnels qualifiés, ajusteurs, tourneurs, électriciens de plate-forme, fraiseurs, manœuvres de force. Bons salaires. Avantages sociaux. Sérieuses références exigées. Ne pas écrire, mais se présenter tous les jours de 8 à 9 heures, samedi excepté. » La machine repartait.

Quelques industriels, bien sûr, se trouvèrent en délicatesse avec la République restaurée. Ce fut évidemment le sort de Brondel. « Grève patriotique aux usines Brondel – les ouvriers réclament la mise de l'usine sous séquestre [389]. » Une commission composée de syndicalistes et d'un représentant de la chambre patronale de la métallurgie proposa « l'indignité nationale pour les frères Brondel », les communistes exigeaient leur arrestation. Un Comité de gestion, appuyé sur un Comité patriotique et une Garde civique républicaine, assurait avec les syndicats le fonctionnement de l'usine : « Ça tourne et ça tournera sans les Brondel. » Ainsi commença « l'expérience Brondel » d'une gestion sans patrons. « Du manœuvre au professionnel, en passant par l'employé de bureau, chacun est intéressé aux bénéfices... Déjà, nombreux sont ceux qui désirent venir travailler chez *ex-Brondel*, une des maisons de Lyon où, aujourd'hui, le personnel est le mieux rétribué [390]. » L'ordre des années passées se voyait contesté en son cœur. À la guimperie Mathieu de la rue Son-Tay étaient, paraît-il, stockés dans des coffres-forts, en contravention à la loi, 41 465 kilos de cuivre (on en manquait), 996 kilos de zinc, 456 carats de diamants et 3 600 dollars papier. Le directeur fut incarcéré quelques jours et les ouvriers « unanimes » réclamèrent sa dépossession : la mise sous séquestre de l'usine. La mode, sûrement, et l'avenir, croyait-on, était aux nationalisations : les usines à la Nation pour le bien de tous. Les ouvriers de l'entreprise de machines-outils Mammouth, dont l'actif Comité d'entraide propageait « le mot du patron » sous l'Occupation, se mirent en grève pour dire ce qu'ils pensaient maintenant de ce patron « qui

389. *La Voix du Peuple*, 4 janvier 1945.
390. *La Voix du Peuple*, 7 septembre 1945.

n'apparaît à l'usine que pour donner des ordres et rafler le tiroir-caisse ». Ils réclamaient eux aussi la mise sous séquestre de l'établissement : « Par la faute de ce tyran industriel, jouisseur et incapable, une entreprise florissante court à sa ruine. » L'établissement comptait au sortir de la guerre six cents ouvriers et fabriquait les étaux-limeurs et les tours « dont notre industrie renaissante a un besoin tellement pressant [391] ». Son propriétaire était crédité de biens à Elisabethville, au Katanga, et d'usines en Amérique. Les ouvriers furent satisfaits lorsque le ministère de la Production industrielle nomma par décret un administrateur en place du patron accusé de frauder les assurances sociales. La première usine expropriée fut celle des voitures électriques STELA qui attirait le regard et la sympathie par sa production originale et par son engagement : sur quatre-vingt-dix employés, la STELA comptait sept morts pour la Résistance, dix déportés ou internés et onze volontaires dans la nouvelle Armée française. Le Service de traction électrique légère par accumulateurs de la rue Jean-Bourgey [392], autrement dit Forges et Ateliers de Lyon, fut donc déclaré sous séquestre à la mi-octobre 1944, un mois après la Libération, à cause de la « gestion douteuse » de son directeur [393]. Depuis, l'établissement produisait, à l'initiative des ouvriers, les véhicules silencieux et économiques qui devaient jouer « un rôle capital dans les transports interurbains ». « Les travailleurs avaient tout en main pour remonter l'usine du gouffre financier où l'avait

391. *La Voix du Peuple*, 7-8 juillet 1945.
392. Le sigle était auparavant développé en Service de traction électrique légère et agricole (1941).
393. La plus importante entreprise de la région mise sous séquestre pour collaboration avec les Allemands fut la maison Berliet. Elle fonctionna plusieurs années sous gestion ouvrière, échappa à la nationalisation et fut rendue à ses propriétaires initiaux en 1949.

plongée la carence d'un directeur pro-allemand [394]. » Ce ne fut pas chose aisée car l'entreprise peinait à obtenir ses matières premières, le plomb nécessaire aux batteries et le charbon pour les forges. Un camion inédit, cependant, sortit des ateliers : le STV 15 – « finesse de ligne, robustesse, confort » –, pouvant parcourir 100 kilomètres à la vitesse de 40 km/h. Le quotidien *Le Patriote* présentait ce « premier-né des usines STELA » – « nouvel exemple de la force de l'union » – par une étrange photographie... imprimée à l'envers, roues en l'air. Comble de fierté, l'usine fut visitée par une délégation des syndicats soviétiques de passage à Villeurbanne. Les commandes affluaient, la STELA embauchait, triplait sa production, le STV 15-B était en fabrication. Pour le premier anniversaire de « l'expérience STELA », les ouvriers festoyèrent en mairie où un vin d'honneur, des petits gâteaux et des cigarettes leur étaient offerts par le docteur Georges Lévy. Comme en écho, quinze jours plus tard, la cellule communiste de STELA fut lauréate de la « promotion Georges Lévy » et ses trente-quatre membres reçurent un portrait souvenir du docteur-maire « en récompense de leur bon travail » (« notons que la cellule Brondel mécanique arrive en deuxième position ») [395]. À Noël, le Comité d'entraide de la STELA régala les enfants de ses cent vingt ouvriers de jouets et d'un goûter copieux avec séance de Guignol : « Noël ouvrier où chacun ne pense qu'à faire plaisir »...

Pour les enfants de la Libération, une maison d'édition, la Société anonyme d'édition, façonnage et impression publiait, cours de la République, la collection de Tobby l'Éléphant : voyages de Gulliver au pays des nains, albums enchantés

394. *La Voix du Peuple*, 23 janvier 1945
395. *La Voix du Peuple*, 5 novembre 1945.

d'Emmanuel Cocard, *Gropapou et Teuf Teuf*, chansons des petits, *Le Roi Dagobert* et *Malbrough s'en va-t-en guerre*, contes de Grimm illustrés par Bernet : « Il était un cordonnier qui, sans qu'il y eut de sa faute, était devenu si pauvre, qu'en fin de compte il ne lui restait plus de cuir que pour une seule paire de souliers... » Se trouvaient alors à Villeurbanne vingt-deux imprimeries, vastes ou humbles, plus ou moins perfectionnées en noir, en couleurs, en quadrichromie. Une enquête économique menée dans les premiers mois de 1944 (avant la Libération) relevait que les industries de la ville n'occupaient « que de la main-d'œuvre villeurbannaise » ou à peu près : « La proportion atteint en moyenne 70 %. » Le textile, tissage et teinturerie, était toujours prépondérant et employait huit mille ouvriers, les industries électriques et la métallurgie arrivaient ensuite avec quatre mille cinq cents. Puis venaient la chaussure « qui occupe en une seule usine 998 ouvriers », le caoutchouc, cinq cents ouvriers, l'imprimerie, quatre cents. L'Association des industriels de Villeurbanne, qui siégeait aux Gratte-Ciel, comptait soixante-huit membres. Ce n'était pas tous les manufacturiers, mais ceux seulement qui s'étaient groupés pour faire valoir leurs intérêts. Distribués par ordre d'importance se distinguaient les gros, les puissants : Delle et ses quinze cents ouvriers, Bally-Camsat pour un millier, Guicher & Coste ou Gendron pour sept cents, Bertrand, Vulliod-Ancel pour cinq cents. Suivaient les moyens, ceux qui, au poids certain, tournaient autour de deux à trois cents : Arnaud, Dognin, Brondel, Le Fil Dynamo, Lacourbat, et la Manufacture lyonnaise de caoutchouc, Seux & Charel ou la SALTS... Enfin les relativement modestes, aux noms familiers : la passementerie Mathieu (199), Nombret-Gaillard (181), Wyler (155), Bourgeois (149), Fibre & Mica (139), Boissier (130) et quelques autres encore. L'usine Gillet, à cette époque, se trouvait en situation particulière, au plus bas de son potentiel, très nettement en dessous de ce qu'elle avait été avant guerre, diminuée des trois quarts de son effectif avec quatre cent soixante-treize ouvriers [396]. Et toujours, depuis des lustres, se maintenaient les peintures Cadot, la teinturerie Picot et les biscuits Ninot. Villeurbanne libérée vivait donc, comme par le passé, de ses usines, mais dans un climat différent. Les ouvriers avaient pris de l'assurance. Ils se voyaient ouverts, par le programme triomphant de la clandestinité, des horizons inespérés. Le Conseil national de la Résistance, et le gouvernement du général de Gaulle après lui, entendaient évincer « les grandes féodalités économiques et financières de la direction de l'économie », nationaliser l'énergie et le crédit, encourager la participation des salariés au travers des comités d'entreprise, mettre en place une sécurité sociale. Les syndicats se gonflèrent d'importance. Le responsable de l'Union locale CGT déplorait l'étroitesse constatée du Palais du Travail : « Pensez donc, si nous voulions faire une assemblée générale de tous les syndiqués de Villeurbanne, c'est environ 14 000 personnes qu'il faudrait loger [397]. »

Les syndicats, et cela semblait naturel, pensaient incarner l'avenir du monde ouvrier et s'octroyaient un rôle décisif d'utilité publique. Le mot d'ordre était d'encourager la production pour améliorer la vie. Devant la Manufacture lyonnaise de caoutchouc, où fut dévoilée une plaque en mémoire du « personnel de l'usine tombé sous les balles fascistes

396. En octobre 1940, selon le commissaire des Charpennes, l'usine de la rue Flachet dite « de la Glacière » aurait été réduite à quarante-quatre personnes pour le moirage et gaufrage de la soierie.
397. *La Voix du Peuple*, 14 septembre 1945.

pendant la Résistance », Camille Joly, le maire du Front populaire, donnait le ton : « La classe ouvrière marchant sur les traces de ses martyrs travaille à l'accroissement de la production, car sans production accrue, pas de remise en ordre économique. » Les délégations de la STELA et d'ex-Brondel, mises en avant par principe, approuvaient. Le rationnement n'avait pas disparu, loin de là. Cartes de textile, bons d'achat pour les chaussures, cartes pour le charbon, cartes de lait, tickets matières grasses restaient nécessaires. Il fallait s'inscrire pour se procurer de la morue salée, les consommateurs ne pouvaient obtenir que cent grammes de fromage par mois, cinq litres de vin pour les catégories « M, T, V, J3 » – le supplément travailleur de force « T2 » donnait droit à huit litres. Les tickets adéquats s'échangeaient contre de la poudre d'œufs. « Il est interdit d'utiliser le pain pour la nourriture des animaux », rappelait-on solennellement, les contrevenants « seront punis avec sévérité ». « Nous mangerons bientôt des bananes et des oranges », s'exclamait « L'Optimiste » du quotidien *Le Patriote* sans trop y croire. Sur un dessin humoristique on voyait une femme levant les bras au ciel en apercevant une souris : « Ciel ! ma ration de viande ! » Une manifestation de six mille travailleurs en grève du textile, de Delle, Mammouth, Sigma et Gendron, parcourut la ville afin de protester contre le mauvais ravitaillement, la hausse des prix et la maigreur des salaires. Des commerçants indélicats furent arrêtés pour trafic de tickets. Il y avait à Villeurbanne, pour les ouvriers et pour tout le monde, quatre-vingt-quatre boulangers-pâtissiers, cent quinze bouchers-charcutiers et trois cent douze restaurants et cafés. Il ne manquait pas non plus de loisirs pour les bonnes causes. Fernandel, « un grand artiste qui sait plaire et emballer le public », se produisit au Théâtre, en avril 1945, « dans une ambiance sympathique » au bénéfice des prisonniers et déportés. En mai, au profit de la nouvelle armée française et sous le patronage de l'industrie du Tulle, ce fut au tour de Charles Trénet, « toujours lui-même » : « *Tout le jour, mon cœur bat, chavire et chancelle / C'est l'amour qui vient avec je ne sais quoi / C'est l'amour... Bonjour, bonjour, les demoiselles / Y'a d'la joie! Partout, y'a d'la joie!* »

Pour la première fois les femmes étaient électrices et éligibles. Le *Bulletin municipal* aborda curieusement cette nouveauté démocratique : « Combien d'entre vous sont-elles préparées au devoir qui vous échoit ? Combien d'entre vous ont-elles réfléchi à la gravité du geste que vous êtes appelées, en votant, à accomplir ? Oui, je sais, vous avez bien d'autres soucis plus immédiats [398]. » Malgré cette entrée en matière peu encourageante, les femmes s'inscrivirent massivement sur les listes électorales. Marie-Louise Mondon, piqueuse en chaussures, n° 453, 3e bureau ; Solange Grossiord, élève infirmière demeurant au foyer de la Croix-Rouge, 136, rue Germain, n° 1486, 4e bureau ; Marie Vincent, née à Totana (Espagne), ourdisseuse, n° 1012, 2e bureau ; Adelphine Peyron, monteuse en métallurgie, n° 740, 3e bureau ; Velia Pinosa, née en Italie, polisseuse, n° 776, 3e bureau ; Caroline Barse, tulliste, n° 146, 4e bureau... Dans le secret de l'isoloir, les électeurs du 29 avril 1945, hommes et femmes mêlés, confièrent la Mairie à une liste d'« Union républicaine antifasciste » conduite par les communistes. On y trouvait étonnamment Lazare Goujon qui se faisait le chantre d'un « parti unique » de la classe ouvrière [399]. Cette liste, sur laquelle figuraient neuf femmes, recueillit plus de 55 % des suffrages.

398. *Bulletin municipal officiel*, février-mars 1945.

399. Jean-Louis Rossiaud, son ancien premier adjoint, se retrouvait lui membre d'un « Parti socialiste démocratique » (PSD) hostile à l'unité avec les communistes et au programme de la Résistance plus généralement. Il obtint 1,3 % des voix.

Aux élections nationales d'octobre pour l'Assemblée, qui permettaient de cerner l'influence de chacun dans la démocratie reconquise, le Parti communiste obtenait 43 % des voix, la SFIO, représentée par André Philip, 19 %, les radicaux d'Édouard Herriot 9 %, la droite MRP (démocrate-chrétienne) 18 % et la droite traditionaliste secouée par les événements 3,7 % (figurait sur cette liste Suzanne Monin, féministe de 1935 désormais étiquetée « mère de famille nombreuse, médaille de la Reconnaissance française »). Durant deux jours, à l'été 1945, le Parti communiste français, investi du prestige de « parti des fusillés », tint à la Brasserie du Théâtre de Villeurbanne sa première conférence régionale de la Libération. Le compte rendu s'ouvrait sur un portrait du « Maréchal Joseph Staline – Le Chef génial de la Glorieuse Armée Rouge, Guide de la grande Union Soviétique [400] », suivi d'une photo de Maurice Thorez, « grand Patriote, le Chef aimé de notre Parti ». Les assises débutèrent par un « Appel à nos morts », résistants, ouvriers et partisans. Le Parti revendiquait, dans le Rhône, 19 312 adhérents (mais seulement 1 000 femmes) répartis en 246 cellules de quartier et 312 cellules d'entreprise – contre 5 500 adhérents dans 80 cellules d'entreprise et 184 cellules locales en 1938 : la guerre, la Résistance et la Libération avaient multiplié les effectifs communistes par trois et demi, l'implantation dans les usines par quatre. Le journal du parti, *La Voix du Peuple*, devenait

400. Son statut dans l'Histoire — celui de dictateur ne s'est définitivement fixé qu'avec les révélations du rapport Khrouchtchev. L'image du despote Staline s'effaçait auparavant derrière celle du vainqueur de la guerre, loué par tous. Photographié aux côtés du Britannique Churchill et de l'Américain Roosevelt aux conférences des Alliés de Téhéran et de Yalta, il reçut le général de Gaulle à Moscou en décembre 1944. Édouard Herriot, maire radical de Lyon, ne tarissait pas d'éloges : « J'ai été et je reste le champion de l'alliance franco-soviétique » (mai 1945). Quant au jeune journaliste Charles Hernu, il ne reculait pas devant les hyperboles les plus osées : « De par le monde entier, les hommes saluent en l'URSS le pays de la liberté et de l'espoir » (*Le Patriote*, 3 décembre 1945).

quotidien et tirait, selon ses chiffres à 80 000 exemplaires. Le meilleur vendeur s'appelait Julien, habitait Villeurbanne, et avait diffusé à lui seul 5 000 *Voix du Peuple* et 2 500 exemplaires de *L'Humanité* au mois de mai 1945 : il avait droit, pour cet exploit, à sa photo en bonne place.

Une fête aux Charpennes.

[Chapitre 23]

PAS DE DEUX VERS LE PROGRÈS

Le recensement général de la population de 1946 livrait pour Villeurbanne les chiffres de 6 969 maisons, 28 124 ménages et 80 788 habitants, à peine plus qu'en 1931. La proportion d'étrangers, toutefois, se trouvait considérablement réduite et n'était plus que de 7,7 % contre les 17 % d'avant guerre. Cet écart important avait pour cause principale la naturalisation et l'intégration à la société française des populations immigrées, accélérées par le droit du sol qui conférait la nationalité aux enfants presque mécaniquement. L'école laïque, gratuite et obligatoire formait les uns et les autres, sans trop se poser de questions, aux valeurs cardinales contenues dans les livres de morale, d'histoire et les leçons de choses. À la population telle qu'elle s'inscrivait sur la liste nominative, il eût fallu ajouter les « comptés à part » : quatre cents militaires, les pensionnaires de l'Hospice des Charpennes et de l'Institut des aveugles-sourds-muets, le Verbe incarné, l'Immaculée Conception et les cent vingt-neuf pupilles de l'orphelinat des Buers. Et, pour être tout à fait complet, trente et un prisonniers de guerre allemands, affectés au ramassage des ordures ménagères et à l'approvisionnement en bois, que la Mairie qualifiait de main-d'œuvre « extrêmement bon marché [401] ».

La part que les statisticiens nomment population active, c'est-à-dire les personnes ayant un emploi ou à la recherche d'un emploi, se montait à 43 485. Plus de la moitié des habitants, donc, étaient au travail, un taux d'activité de 54 %, assez élevé lorsque l'on soustrayait, pour le bon entendement, les retraités, les enfants et les ménagères au foyer. Villeurbanne était une ville compacte, d'une seule masse. Sur le total, les agriculteurs – il en restait – se situaient à 0,8 %, les professions libérales à 0,3 %, les patrons et cadres supérieurs à 2 %. Artisans et commerçants tenant boutique débordaient à peine les 11 %. Les ouvriers formaient à eux seuls 55 % de la population active, et lorsqu'on leur agrégeait la petite maîtrise et les employés, les salariés ordinaires de l'industrie dépassaient 74 % des actifs, soit les trois quarts. Toutes les données sociales collaient à cette réalité. Des renseignements contenus dans les feuilles de recensement, la statistique déduisait que 28 % des logements étaient surpeuplés et que 35 124 individus se répartissaient « à raison de 2,59 par pièce, chiffre très élevé » [402]. Autrement dit il apparaissait que pour 2 136 foyers de trois personnes, 2 592 de quatre personnes, 1 589 de cinq, 817 de six et 691 de sept ou plus, l'occupation des logis approchait trois par pièce. Les statisticiens affectionnent le langage obscur, puisqu'il est rare de rencontrer dans la vie 2,59 personnes dans une seule pièce (sauf au fugitif instant où l'une passe d'une pièce à l'autre). Mais c'était assez pour comprendre que le logement était gravement insuffisant.

---

401. *La Voix du Peuple*, 13 février 1946.
402. *Situation du logement en 1946*, ministère de la Reconstruction et de l'Urbanisme.

La collectivité, cependant, malgré les misères de tous ordres, vécut un moment d'illusion lyrique, chagrins du passé et avenir enjolivé mêlés en bouquet. Le personnel de la STELA et son Comité patriotique célébraient « sous la présidence d'honneur de nos MORTS DE LA RÉSISTANCE » le premier anniversaire de la mise sous séquestre de l'établissement. Ceux des machines-outils Gendron apposaient dans l'usine une plaque en souvenir de leurs disparus « soit au Champ d'Honneur, soit au Maquis, ou assassinés par la Gestapo ». On commémora beaucoup à la Libération, à commencer par le 1er Mai et le 14 Juillet, car de la mise en commun d'un vécu, pensait-on, naîtraient des jours meilleurs. Sous une banderole « Vive le Parti ouvrier français », syndicalistes, socialistes, communistes et sympathisants se tenaient ensemble au jour de la fête nationale. « Faisons le serment de rester unis pour que vive la France », scandait le représentant de la municipalité PC, faisant part à la foule de ses vœux : « De même qu'en 1789 nos ancêtres se dressaient pour abattre la féodalité, aujourd'hui le peuple doit faire obstacle à la féodalité des trusts [403]. » Les trusts, abstraction impersonnelle qui flottait au-dessus du paysage usinier, représentaient tout ce que la Libération rejetait. Il paraissait en effet légitime à tous et nécessaire au plus grand nombre de mettre en œuvre une « organisation rationnelle de l'économie assurant la subordination des intérêts particuliers à l'intérêt général [404] ». Une certaine idée de la France prenait forme. Droit au travail, droit au repos, sécurité de l'emploi, réglementation des conditions d'embauche et de licenciement, garantie d'un salaire assurant dignité et « possibilité d'une vie

403. *La Voix du Peuple*, 16 juillet 1945.
404. « Programme d'action du Conseil national de la Résistance », *Le Patriote*, 17 octobre 1944.

pleinement humaine » : tels étaient les objectifs de progrès, les aspirations, le programme et l'esprit de la Résistance. Dans tous les quartiers, il y avait bal. Commerçants et industriels, contraints ou de bon cœur, y allaient de leur obole afin d'offrir aux enfants des brioches et aux vieux un repas. Sous les calicots s'affichait « l'élément féminin qui a eu sa part dans la libération du pays », selon les mots de l'époque. Et l'on célébra évidemment les « Trois Glorieuses » d'un an avant : le soulèvement d'août 1944 contre l'Occupant et le bataillon Carmagnole « qui groupait dans son sein l'élite de l'émigration aux côtés des patriotes villeurbannais [405] ». L'exactitude eût exigé de dire l'élite de l'immigration à la tête des patriotes. Car ce fut ainsi. De Paris, « A. Lamiral, chez M. Simon », exprimait l'espoir de retrouver le temps d'une cérémonie « la saine atmosphère de Villeurbanne ». Au jour anniversaire, devant cinq mille personnes, sur l'emplacement des immeubles incendiés par les Allemands aux Charpennes, fut inauguré le monument aux morts de la place de la Bascule, œuvre du sculpteur Gaston Dintra sur lequel étaient gravés quarante et un noms. Un détachement des zouaves de l'armée d'Afrique rendit les honneurs et le commissaire de la République Yves Farge fit un discours éloquent. Représentant les familles des victimes et sinistrés, M. Aubozian, de la fabrique de pantoufles Obozian Frères [406], remercia la France « des libertés qu'elle accorde à ses fils adoptifs ». Il avait eu deux proches parents tués par les occupants. Dans les pages du *Patriote*, un pigiste nommé Charles Hernu racontait à sa manière l'insurrection

405. *La Voix du Peuple*, 27 août 1945.
406. Transcrits de l'alphabet arménien, le nom de l'industriel commençait par AU et celui de l'entreprise par O.

de Villeurbanne et la population se ruant sur les armes : « Des ouvriers, des chefs d'entreprise, des étudiants, des fonctionnaires, des prêtres, des gendarmes, et aussi des femmes [407]. » On voyait même, dans son récit, un agent de police arracher à des motocyclistes allemands une « superbe mitraillette Thomson » (de marque américaine) et une « colonne mongole » au service des nazis attaquer la ville. Seuls n'étaient pas mentionnés dans cette reconstitution baroque les combattants du groupe Carmagnole de la main-d'œuvre immigrée.

Les étrangers étaient malgré tout regardés autrement. Le maire, très sollicité comme le sont toujours les maires, avait adhéré au Comité d'action et de défense des immigrés (CADI). Georges Lévy se retrouvait membre d'honneur de l'Union des Héllènes de Lyon constituée par les Grecs qui « sous l'occupation nazie étaient aux côtés du peuple français [408] », il répondait selon ses disponibilités aux demandes du Front national arménien, de l'Union des patriotes soviétiques, domiciliée rue Bonneterre, du Cercle national des Polonais qui célébrait sa fête nationale, le 3 mai, par des chants populaires et un récital de piano, de l'Association des anciens combattants italiens, de la Solidarité espagnole – *Solidaridad Española* –, ou du Cercle franco-espagnol aux sonores concerts de flamenco. Les immigrés, légitimés par le sang versé, se présentaient désormais sur un pied d'égalité. Une kermesse du CADI au Théâtre de verdure de la route de Genas rassembla les originaires de Hongrie, de Yougoslavie et de Pologne, les associations grecques, arméniennes ou espagnoles. Dès septembre 1944, une section du Comité italien

407. Charles Hernu, « Historique de l'insurrection », *Le Patriote*, 27 août 1945.
408. La Grèce entrait en 1944 dans une période de guerre civile entre la résistance d'inspiration communiste et l'armée royaliste soutenue par les Britanniques.

de libération nationale et la Fédération des émigrés espagnols tenaient réunions et meetings au Palais du Travail. Mussolini et la royauté mis à bas, les Italiens entendaient « resserrer encore davantage les liens d'amitié qui existent déjà entre nos deux peuples latins ». Les Espagnols, orphelins de la victoire, visaient au renversement de la dictature de l'autre côté des Pyrénées. En avril 1945, les anciens de la guerre civile célébraient le 14e anniversaire de la proclamation de la République et exigeaient la rupture des relations diplomatique avec le régime franquiste. Ils rencontraient attention et sympathie. « Nous n'avons pas dissocié notre travail municipal de notre souci de protester par des vœux contre les crimes commis par Franco contre les antifascistes espagnols », estimait le maire, fier de ses engagements.

S'il y eut des fausses notes dans les célébrations, la plus aiguë, la plus stridente, fut sans doute celle qui ponctua le meeting commun de la CGT et de son homologue espagnol l'UGT [409] au Palais du Travail en mai 1945, devant un parterre français et ibérique. Un orateur espagnol évoqua au détour de son discours les récents événements d'Algérie, qu'il ramassa en une fable fétide, étrangère à la vérité des faits : « Le 1er Mai 1945, du balcon du consulat le consul franquiste d'Oran provoquait la population française et musulmane en criant “Vive Hitler ! vive Franco !”. Quelques jours plus tard, c'étaient les sanglants incidents de Sétif… et l'enquête a révélé qu'on se trouvait en présence d'une action préméditée et dirigée par les agents provocateurs phalangistes [410]. » Il n'est pas précisé si ce représentant d'une « nouvelle internationale syndicale » a été applaudi, mais il est certain qu'il défendait « la ligne ». Sur le thème « l'Empire doit rester uni », *Le Patriote*,

409. *Unión General de Trabajadores.*
410. *Le Patriote*, 22 mai 1945.

quotidien lyonnais du Front national, qui était un honorable mouvement de la Résistance à l'opposé des traditions d'extrême droite, flétrissait les « incidents fascistes du département de Constantine », tandis que *La Voix du Peuple* communiste dénonçait « le complot des provocateurs hitlériens en Afrique du Nord » [411]. Ce n'était pas la répression effroyable déchaînée après une manifestation des partisans de Messali Hadj qui était qualifiée d'« incidents fascistes » ou de « complot hitlérien », mais bel et bien la revendication nationaliste des colonisés d'Algérie. Si un silence de plomb a pesé longtemps sur la tragédie et si tout n'a pas été élucidé des événements de Sétif, ce qu'il advint alors de l'autre côté de la Méditerranée était pourtant une opération de guerre contre des civils qui causa un nombre incalculable de victimes. Entre la métropole et les colonies, un gouffre se creusait.

La destinée n'est pas équitablement distributive. Une nuit d'automne, le cafetier communiste Ouadfel Saïd, qui avait subi tant d'avanies avant guerre, fut agressé chez lui, cours Tolstoï, par des malandrins qui le frappèrent à coups de marteau et lui volèrent cinq mille francs. « C'est sur un homme sans défense que ces brutes se sont acharnées », s'indignaient ses camarades. Ouadfel Saïd, en effet, avait été arrêté en 1941 et interné au camp de Fort-Barraux, en Isère, d'où il revint diminué à cause des mauvais traitements, ayant perdu jusqu'à l'usage de la parole. À l'inverse, le commissaire Romeyer, qui avait matraqué les ouvriers du textile et le maire du Front populaire, obtint de l'avancement, au grand dam du Comité de libération. Romeyer « dont l'arrestation a été demandée par les patriotes » fut nommé sous-directeur de l'École de police qui se trouve aujourd'hui à Saint-Cyr-au-

411. *Le Patriote* et *La Voix du Peuple*, 15 mai 1945.

Mont-d'Or. « Qui, s'interrogeait le Comité de Libération, est intervenu » en sa faveur ? La question demeura sans réponse, car ainsi fonctionnent inéluctablement les cercles insensibles du privilège. Peu à peu revenaient, diaphanes, ceux qui avaient survécu à la déportation, le 1er Mars ou d'autres jours. L'ancienne fabrique de velours et peluches du 303, rue Francis-de-Pressensé, qui avait servi de centre de détention aux Juifs, fut transformée en centre d'accueil pour réfugiés. Le Comité d'entraide des Constructions mécaniques Brondel organisait une grande tombola au profit des prisonniers et déportés. Après quelque temps, des rapatriés des camps de Buchenwald, Mauthausen, Dachau, des *Stalags* et des *Kommandos* « de tous sorts auquels Pétain et son bougnat, qui sans penser à leurs souffrances, ont vendu nos petits gars [412] », fondèrent la Boule de la Libération à la Fine Auberge du cours Tolstoï.

Pour Noël, le Comité d'établissements de Dognin S.A., tulle et dentelle élastiques, offrait la fête rituelle aux enfants du personnel, salle du Palais du Travail, de même que STELA : distribution de jouets et matinée récréative accompagnée au piano. La STELA avait son sporting-club, adhérent à la Fédération sportive gymnique du travail, et Méca-Sports, l'association similaire des Établissements Gendron, s'adonnait au football, volleyball, boules, natation et camping, et possédait en outre un court de tennis. On aurait pu penser, à observer les conditions de la vie ouvrière et à entendre ce qui se passait dans les usines, que peu de choses différenciaient le présent de l'avant-guerre. Toutefois, rien n'était plus trompeur. De l'extérieur, Villeurbanne semblait rester la ville besogneuse et la citadelle rouge qu'elle avait été.

412. Le « bougnat » désigne Pierre Laval, originaire d'Auvergne. Lettre de la Boule de la Libération au maire de Villeurbanne, 3 août 1945 (AMV).

Cela allait de soi pour tout le monde. Qui disait « usines » disait « ouvriers » et qui disait « ouvriers » disait « CGT » ou « PC », car les deux se confondaient en leurs organes dirigeants, pour le meilleur, pensaient leurs partisans, pour le pire, croyaient leurs adversaires. Dans les mentalités, il était à peu près évident qu'il s'agissait du parti naturel des ouvriers et c'est pourquoi le Parti communiste disposait d'une si imposante influence. À ceux qui le combattaient, il faisait peur. Mais ceux qui l'appréciaient le trouvaient bon enfant. La cellule Grandclément se réunissait au Café de Paris du cours Tolstoï, la cellule Luc-Ricci au Café Novelli de la rue Perroncel et la cellule Jean-Pondi au Café Dudu de la route de Vaulx. Le bistrot n'était pas vraiment un lieu de conspiration, ou si peu. La cellule Vaillant-Couturier s'enorgueillissait d'avoir vendu 7 910 *Voix du Peuple* et 5 740 *Huma* au cours de l'année 1945. Le parti constituait une sorte de société à lui tout seul. Il proposait sa vision du monde à partager. Les grands lisaient la *VDP*, les jeunes dévoraient *Vaillant*, le journal le plus captivant, Yves le Loup et Pif le Chien. « Faire une jeunesse saine et heureuse » ; « travailler, s'instruire, se distraire ». L'Union de la jeunesse républicaine de France [413] offrait son billard russe, sa bibliothèque et ses tables de ping-pong avenue Henri-Barbusse, en plein centre-ville. « Notre cercle des Gratte-Ciel a vu doubler son effectif en l'espace de quelques mois », se réjouissait son secrétaire [414] : d'une soixantaine de membres en décembre 1945 il était passé à cent vingt au début mars 1946. Le local fraîchement repeint, affiches aux murs, manquait d'équipement pour accueillir ses nombreuses activités. « Le lundi soir, les jeunes filles peuvent s'initier à l'art de la coupe et de la couture »,

413. Nom donné aux Jeunesses communistes après la guerre.
414. Lettre du secrétaire de l'UJRF, cercle des Gratte-Ciel, 7 mars 1946 (AMV).

soulignait-on, pour donner confiance. Le Parti communiste s'adressait à tous : ouvriers et techniciens, artisans et commerçants, jeunes et vieux. Il tenait réunion au Café Gonachon du Bon Coin, au cinéma Comédia de la rue Courteline, au Restaurant populaire de la rue Bonneterre, dans la salle de l'Harmonie aux Maisons-Neuves : partout où il y avait du monde à rencontrer. Aux Variétés, l'élu Marcel Dutartre introduisait le « beau film français » : *À la conquête du bonheur.* « Ne manquez pas d'aller voir l'admirable film soviétique *Tarass l'Indompté* qui passera du 31 mai au 4 juin au cinéma Étoile, place de la Bascule. » La cellule Pierre-Rigaud programmait au Kursaal du cours Tolstoï *Aventures à Boukhara*, évidemment soviétique, et un documentaire sur la Mongolie « que tous les jeunes curieux des mœurs de l'Asie voudront voir ». La cellule Karl-Marx des Brosses projetait au Régence devant six cents spectateurs un film « sur la lutte héroïque des partisans ». Le Parti évoluait dans un vivier d'associations amies. La Boule Luc-Ricci, ancienne « Boule Cubique » d'avant-guerre qui avait pris le nom du résistant des Poulettes originaire de Roccasecca, organisait au Café Depierre de la rue de Pressensé ses après-midi familiales, « du chant, du rire, de la gaîté », challenge Luc-Ricci et coupe Bob Tassin, « regretté et sympathique champion de boxe ». Les cellules de quartier étaient expertes en fêtes. Au bal-kermesse de la section des Charpennes, Café des Cerisiers, avenue Dutriévoz, on mangeait des frites et suçait des esquimaux en s'essayant au tir à la carabine et à la pêche aux bouteilles. Le PC reliait entre eux les gens modestes. Il incarnait cette « sociabilité ouvrière » dont débattent encore les sociologues aux allures d'entomologistes.

Les grandes mythologies mobilisatrices rencontraient en de singuliers colloques les dures réalités du monde ouvrier pour sublimer le peuple des usines. La cellule de la STELA célébrait au cinéma Impérial le 155e anniversaire de *La Marseillaise*, le chant de Rouget de Lisle, en projetant le film de Jean Renoir et un documentaire sur le fête de *L'Huma*. Aux Établissements Mammouth s'organisait une Amicale du Parti ouvrier français de « communistes, socialistes et sans-parti » qui englobait la moitié du personnel, 250 adhérents sur 500 ouvriers et techniciens. Les femmes encartées de la Manufacture lyonnaise de bonneterie (bas et chaussettes diminuées) envoyaient à Maurice Thorez de chaleureux télégrammes. Aux usines Delle, le reporter de *La Voix du Peuple*, reçu par le Comité d'entreprise, donnait le sentiment d'être chez lui : « J'ai vendu cinq *France nouvelle* ce matin », lançait un ouvrier à son passage, tandis qu'une femme du montage des petits coffrets l'apostrophait : « Il faut des ouvriers au gouvernement... C'est à croire que ça n'a servi à rien de foutre les boches dehors ! » Le journaliste déambulait en liberté dans l'atelier de porcelaine « sombre et sale. On y aspire de l'acide carbonique et on travaille à 50 ou 60 degrés lorsqu'on ouvre les fours. » « Nous avons atteint la production de 1938, en tenant compte du personnel en plus », confiait le représentant du CE comme s'il était le patron. Cantine, stade et colonies de vacances de l'usine étaient gérés par les représentants du personnel. Chez Bally, le Comité s'occupait d'un club sportif et d'une coopérative. L'entreprise produisait 2 300 paires de chaussures par jour : « Nette amélioration par rapport à 1938 », jugeaient les communistes qui appréciaient pourtant peu la holding propriétaire, « monopole suisse » doté de l'outillage américain de la United Shoes Machinery Co : « Tout le personnel connaît aujourd'hui l'histoire de cet obscur fabricant de bretelles du canton de Soleure, dont les descendants, à force d'intrigues, sont devenus les maîtres d'un des plus grands trusts mondiaux [415]. » Tous les patrons, selon qu'ils étaient « progressistes » ou non, ne méritaient pas la même considération. Toutes les entreprises ne bénéficiaient pas d'un égal traitement. Ex-Brondel avait toutes les faveurs du fait qu'il était *ex*. C'était là que l'on produisait dans la joie apparente une assembleuse téléphonique de 60 tonnes : « Les travailleurs des usines Brondel, devenus l'expérience Brondel peuvent être fiers de leurs réalisations. Bravo les gars [416] ! » Gendron, sans se trouver placé sous séquestre, était néanmoins choyé. D'étonnants reportages prenaient la forme d'une distribution de bons et de mauvais points. Les qualités et défauts, vrais ou imaginés, des uns et des autres se voyaient ainsi mis sur la place publique, livrés au débat citoyen. L'entreprise ne semblait pas coupée de la vie et son chef ne régnait plus en monarque absolu. « Dès que nous pénétrons dans les Établissements Gendron, nous nous apercevons des avantages que l'on acquiert dans une usine qui s'est donné pour mot d'ordre : maximum de production dans un esprit d'équipe, dans la propreté et le goût du travail. Ici les machines-outils, méticuleusement nettoyées, reluisent ; là, se trouve la "boîte aux idées" par laquelle les ouvriers spécialisés et manœuvres peuvent soumettre à la direction revendications et projets d'amélioration des méthodes de petits et grands travaux [417]. » Le plus long des articles que publia le jeune Charles Hernu, à cette époque, illustré d'une photo de cheminée fumante, concernait justement l'apprentissage aux usines Gendron : en première année les adolescents étaient placés sur les machines, tour, perceuse ou fraiseuse, suivaient un enseignement théorique et prenaient une douche obligatoire

415. *La Voix du Peuple*, 6 juin 1947.
416. *La Voix du Peuple*, 20 février 1947.
417. *Le Patriote*, 18 mai 1945.

« au moins une fois par semaine ». L'apprenti journaliste abordait la question de ceux qui, pour une raison ou une autre, ne pouvaient pas suivre : « L'État ne pouvait-il pas créer quelques centres de rééducation afin de grouper ces jeunes [418] », demandait-il. Il s'employait aussi à rendre compte de l'élection de la « Reine de beauté de Villeurbanne » dans un bal du cours Tolstoï et à stigmatiser les zazous de la place Grandclément à la « coiffure frisottée », aux vestes longues et aux pantalons étroits.

418. Charles Hernu, « Visite aux établissements Gendron » *Le Patriote*, 23 octobre 1945.

[Chapitre 24]

GUERRE FROIDE

Avec curiosité, des hôtes de marque venaient à Villeurbanne prendre le pouls de la société et ramasser de bonnes idées. C'est ainsi que l'Ambassade de Chine, tout en présentant « ses compliments » à la Mairie communiste, avait « l'honneur de La prier, en Lui exprimant ses remerciements anticipés, de bien vouloir accorder des facilités » de visite aux généraux et officiers de Chiang Kaï-shek membres de la Mission chinoise d'études de la réadaptation du pays à l'économie de paix. Le général Kang Chao-ming et ses officiers chamarrés étudiaient en Europe les vertus de la démocratie sociale pendant un trop bref entre-deux-guerres, après que le Japon impérial eut été vaincu et avant que la Chine devienne populaire sous la poussée des troupes paysannes de Mao Zedong, avant que les alliés des Américains et des Triades se réfugient en catastrophe sur l'île de Taiwan. Il n'est pas dit ce que ces militaires en tournée rapportèrent de positif dans l'Empire du Milieu.

Les ouvriers de Villeurbanne votaient pour la Sécurité sociale, pour gérer les caisses d'assurance maladie et vieillesse créées afin de garantir « à tous les citoyens des moyens d'existence dans tous les cas où ils sont incapables de se les procurer par le travail » et, dans l'esprit des fondateurs, « d'éliminer cette autre atteinte à la dignité humaine qu'est le paternalisme privé ou étatique ». Ce projet ambitieux, financé par les cotisations sociales, nécessitait l'avis des salariés du secteur privé, relevant du régime général. Dans chaque usine était installé un bureau de vote. On votait aux tulles Semanaz, on votait au dérailleur Simplex de la rue Jubin, aux peintures Valentine de la rue Greuze, à la manufacture de bonneterie Wyler du cours Émile-Zola, on votait au Roulement de Lyon, l'usine de la rue Poizat qui avait été sabotée par un commando de Carmagnole quand elle travaillait pour les Allemands. On votait partout où il y avait des travailleurs concernés. La démocratie participative était, de par la loi, entrée dans les ateliers. Elle n'avait pas pour autant effacé les différences de classe. Au tracé des signatures, au modelé de l'écriture se mesurait, dans la correspondance et les procès-verbaux, le fossé qui séparait les patrons des ouvriers. Aux machines Jurine, le délégué ouvrier apposait sur les papiers une signature appliquée et scolaire, détachant toutes les lettres de son nom, tandis que le patron paraphait d'un J dynamique surmonté d'un trait dominateur. Aux constructions électriques Prat du cours Tolstoï, on voyait sans peine que le président du Comité d'entreprise n'avait pas longtemps fréquenté l'école, et c'était la même chose aux établissements Prost, qui fabriquaient les articles de sport *Popula*, et à l'usine Olivier d'équipement automobile, ancien établissement Gauthier & Vicard-Gauthier. La CGT emporta largement le scrutin [419], mais, malgré sa majorité

419. Avec 59,2 % sur le plan national.

absolue en voix, elle se trouva frustrée de sa victoire et la gestion des caisses lui échappa en raison d'un accord entre les représentants patronaux et la CFTC, Confédération française des travailleurs chrétiens [420].

En vérité, cette alliance ne faisait que traduire un refroidissement du climat politique. Bientôt les communistes, qui s'étaient lancés à corps perdu dans la bataille de la production, furent évincés par leurs adversaires de tous les points d'appui institutionnels qu'ils détenaient et maintenus enfermés dans un splendide isolement. À l'unité jurée de la Résistance avait succédé la guerre des Blocs. Tout changea. Les communistes quittèrent le gouvernement, se fâchèrent avec les socialistes et perdirent la municipalité. Ils n'en revenaient pas d'un aussi grand recul en si peu de temps. Six mois ! Cela se passa de manière peu conforme aux canons de la démocratie, mais, pour froide qu'elle était, la guerre se trouva déclarée entre eux et tous les autres. Aux municipales du 19 octobre 1947, la liste du Parti communiste conduite par Camille Joly recueillit 41 % des suffrages, le RPF – Rassemblement du peuple français – gaulliste : 25 %, les radicaux : 15 %, les socialistes SFIO : 11 %, et les démocrates chrétiens du MRP : 7 %. Par une combinaison dont la IVe République se fit une spécialité, Lazare Goujon, membre d'un parti arrivé en avant-dernière position, hérita du fauteuil de maire qu'il avait perdu en 1935. Les élus de droite et les radicaux s'étaient portés sur son nom. Le premier adjoint était RPF : Gaspard Perrin [421].

---

420. Fondée en 1919, la CFTC se réclamait de l'encyclique *Rerum novarum* du pape Léon XIII (1891) qui condamnait la misère, la pauvreté et, avant tout, le socialisme déclaré contraire à la « loi divine ».

421. Gaspard Perrin, adversaire de Lazare Goujon dans les années trente, voir Philippe Videlier, *Gratte-Ciel*, collection Commune Mémoire n° 2, *op. cit.*

Joly, Goujon, Perrin : les mêmes acteurs, les trois mousquetaires des années trente, jouaient une suite. Quinze ans après. Lazare Goujon s'entoura de collaborateurs issus de l'improbable bloc majoritaire : trois RPF aux trois premiers postes, un radical ensuite, enfin, au cinquième rang, un socialiste, Étienne Gagnaire qui avait travaillé à L'Ébénoïd, milité à la CGT en de lointaines années et se voyait un grand avenir.

Les communistes avaient beau s'époumoner, crier fort au rapt et au détournement de la volonté populaire, rien n'y fit. Leur page était tournée. Le passé ne reviendrait pas. Malgré les suffrages dont ils bénéficiaient, ils avaient perdu la Mairie, l'administration de la ville et ils vivaient cela comme une grande injustice. La guerre froide séparait le monde en deux camps irréductibles et, toutes proportions gardées, elle s'invitait dans les villes ouvrières. Le parti suggérait d'écouter Radio Moscou à 19 h sur 240 m (ondes moyennes). La municipalité Goujon montait sur la place de la Libération l'exposition constructive « Le vrai visage de l'Amérique », placée « en tête des autres pays quant à la prospérité individuelle et collective ». Les communistes se sentaient agressés. D'étranges conseils aux militants émaillaient le bulletin de la section Charpennes-Tonkin du parti qui, il y a peu, dirigeait la Mairie : « EN CAS D'ARRESTATION – Devant la police : Répondez seulement à l'interrogatoire d'identité. Refusez de répondre à toute autre question et de signer toute déposition… Prévenez immédiatement votre syndicat et le Secours populaire français [422]. » L'atmosphère légère et fraternelle de la Libération s'était dissipée. Lui succédait la lourdeur d'âpres conflits, des discours parsemés de noms

422. *Notre quartier*, n° 6, novembre-décembre 1947.

d'oiseaux. « Au mois de mai 1947 les ministres communistes étaient écartés du gouvernement sur l'ordre de l'impérialisme américain, expliquait *Notre quartier*, le bulletin des Charpennes. Aux élections municipales d'octobre, la coalition de toute la racaille, des socialistes SFIO au RPF en passant par les radicaux et MRP manœuvre pour enlever à notre parti la direction des administrations municipales. » C'était à leurs yeux le résultat d'une « coalition immorale anti-populaire ». Leurs réactions, la mobilisation de leur base, n'aboutissaient à rien, sinon à faire une démonstration, pour les convaincus, de la collusion des pouvoirs publics avec les forces « réactionnaires » qui était dans la nature des choses. Selon une exemplaire règle de trois, la réunion d'une soixantaine de RPF au Palais du Travail, perturbée par trois cents communistes, fut, paraît-il, protégée par six cents policiers. « Il faut les écraser », exhortait le parti en parlant des candidats au service « de l'impérialisme américain » et des Guicher & Coste, Mathieu, Gendron, « etc. ». Car les patrons, n'avaient plus la cote. Finie l'Amicale du Parti ouvrier de Mammouth. Finie la gestion ouvrière. Finies l'expérience STELA et l'expérience Brondel. Les entrepreneurs étaient rentrés dans leurs murs, en pleine possession de leurs moyens et de leur autorité. Brondel s'était officiellement reconverti en SOREI, Société pour l'organisation, les recherches et les études industrielles. L'usine Gendron, à la suite du décès de Pierre Gendron, grand blessé de guerre, avait glissé dans des mains anonymes pour la somme forfaitaire de 276 millions de francs.

Au Théâtre se produisait en vedette Yves Montand, nouvelle coqueluche du populaire. « *Battling Joe / C'était un peu démesuré / Pour un gosse aux épaules étroites / Mais qui avait une méchante droite...* » Le Parti communiste se voyait réduit par les événements à sa seule « fonction tribunitienne », comme aiment à le constater les diplômés de sciences politiques, au rôle protestataire de défense des ouvriers, de porte-parole des prolétaires, au statut de *tribun de la plèbe* en usage dans la Rome antique. Ce n'était pas négligeable, mais assez limité. Par l'intermédiaire des syndicats, où il était puissant, le Parti communiste conservait les positions acquises dans les fabriques. « Depuis longtemps les gars de l'usine font confiance à notre parti », se satisfaisaient les militants de Fibre & Mica au moment de la remise des cartes. Chez Lacollonge – le caoutchouc –, ils estimaient que les ouvriers étaient « solidement organisés au sein du syndicat ». Le discours se durcissait. La modération de la période de renaissance cédait devant de rudes réalités. Les femmes employées au dérailleur Simplex se démenaient pour un mineur de Firminy condamné à un an de prison lors des grèves de l'hiver. Les fortes musiques revendicatives de jadis remplaçaient l'hymne à la production de naguère. Au Fil Dynamo, chez Lacourbat, etc. Devant les travailleurs de Lacollonge qui n'entendaient pas devenir des « machines humaines inconscientes », on dénonçait les cadences « intolérables dans cette entreprise ». Chez Vulliod-Ancel, les « salaires de famine » et les « conditions de travail exténuantes » étaient mises en cause : « Une piqueuse (rame Picot) toute la journée à la chaleur, gagne 57,90 F de l'heure. » À l'Arsenal de l'Aéronautique, pour partie reconverti dans la machine-outil, le personnel condamnait un blocage des salaires qui avait ramené le pouvoir d'achat d'un technicien au niveau de celui d'un manœuvre du privé. Un temps mise en sourdine, la voix des ateliers se faisait entendre à nouveau. Gillet, même, symbole entre les symboles, revenait au centre des discussions. « Dans le royaume de Gillet… un manœuvre qui travaille aux “barques” (bains d’apprêts), et est constamment mouillé, reçoit une maigre “prime de mouillé” de 4,30 F de l’heure, ajoutée à ses 59,65 F de salaire. L’exploitation des Nord-Africains se fait là sur une grande échelle et même des femmes [423]. » Le ton avait changé, mais le rapport des forces aussi. En juillet 1949, 350 travailleurs se mettaient en grève chez Brondel, l’*ex-expérience Brondel*, contre le renvoi du secrétaire de la section syndicale CGT. À chaque fois qu’elle le pouvait la Centrale ouvrière déployait ses forces, montrait ses muscles, organisait des débrayages, envoyait à l’Hôtel de Ville des délégations. Le relevé d’une journée de grève de 1950 donne quelques indications sur son influence : Bally-Camsat, 1 200 ouvriers, 100 % de grévistes ; Lacourbat, 180 ouvriers, 100 % de grévistes ; Brondel fonderie, 400 ouvriers, et mécanique, 600, 100 % de grévistes ; Bouchet-Lana, 70 ouvriers, Simplex, 44 ouvriers, 100 % de grévistes, Joya-Chabert, l’entreprise du maire de l’Occupation, 55 ouvriers, 100 % de grévistes. Et puis Lacollonge, en grève à 95 %, Gendron à 80 %… Il fallait avoir des convictions ancrées pour cesser le travail car la revendication était composite. Une résolution votée par le personnel des Établissements Bally-Camsat réclamait en vrac un salaire minimum de 15 500 F pour 173 heures de travail (43 heures par semaine) et la fin de la « sale guerre colonialiste du Vietnam » [424]. À leurs revendications, les salariés du dérailleur Simplex liaient la défense du marin Henri Martin qui refusait de combattre en Indochine. Les travailleurs de l’Arsenal de l’Aéronautique demandaient sans barguigner « la mise hors la loi de la bombe atomique » et « l’arrêt des préparatifs de guerre » contre l’Union soviétique. Le personnel du caoutchouc Lacollonge,

423. *La Voix du Peuple*, 17 juin 1949.
424. Résolution du personnel des Établissements Bally-Camsat, 25 janvier 1950 (AMV).

en juin 1950, s'élevait à la fois contre le licenciement brutal de trente-cinq salariés de l'entreprise et contre le Pacte Atlantique. Mais ce n'était pas seulement par engagement idéologique que se mobilisaient les ouvriers. L'ère du consensus était bien close. « Le chômage augmente tous les jours à Villeurbanne, se plaignait le docteur Goujon, et je n'ai pas besoin de cette épine supplémentaire pour administrer normalement [425]. » Il n'était pas aisé, en effet, de gérer une ville ouvrière contre les ouvriers.

Au début de 1954, le magazine *La Vie lyonnaise*, ressuscité sous la direction de Michel Richelmy [426], accorda son attention à Villeurbanne dans un numéro spécial introduit par une lettre autographe de Lazare Goujon et un éditorial de Gustave Desgrandchamps, fidèle entre les fidèles. Le mot du docteur Goujon était mi-chèvre mi-chou, lard ou cochon : « *La Vie lyonnaise* redécouvre Villeurbanne dont elle avait relaté les transformations il y a quelque vingt ans. » Gustave Desgrandchamps, qui avait autrefois décrit la Rize, traçait maintenant « le profil du Villeurbannais ». C'était ambitieux de prétendre dépeindre, fût-ce de profil, « le » Villeurbannais. Les Villeurbannais sont « des gens de Plat pays », commençait-il, ce qui n'était pas aimable pour les gens de Roccasecca (le haut), de Castrocielo ou de la Sierra de Carthagène. Les Villeurbannais, poursuivait-il, flatteur, possèdent une « finesse certaine du jugement », un « délié » dans le propos, une « prudence naturelle » et d'autres qualités qu'il serait trop long d'énumérer. Si la cité pouvait s'enorgueillir de ses Gratte-Ciel, de son Hôtel de Ville et de son théâtre,

425. Lettre de Lazare Goujon au sous-secrétaire d'État au Commerce, 25 juillet 1949 (AMV).

426. Adjoint de Lazare Goujon, élu en 1953 sous l'étiquette « Indépendant », il était lié aux établissements Lavix.

expliquait la revue, elle était « d'abord une importante ville industrielle » : « Mais les usines villeurbannaises sont imbriquées dans le quadrillé des rues et se mêlent aux maisons d'habitation, si bien que Villeurbanne réalise un exemple assez rare d'usines et de maisons que l'histoire a mêlées, sans que le caractère industriel enlève aux divers quartiers leur propre physionomie [427]. » En milieu d'année, le docteur Lazare Goujon, devenu vieux, céda son fauteuil à son bras droit, Étienne Gagnaire. Le conseiller Camille Joly, porte-parole du groupe le plus important du Conseil, exhorta les socialistes à constituer une majorité avec les communistes. « Trop de choses nous séparent sur le plan local comme sur le plan national », rétorqua le nouveau maire porté par la coalition SFIO-RPF-indépendants et radicaux (sans oublier les MRP). La pesanteur du débat fut allégée par un lapsus du docteur Georges Lévy, doyen d'âge, qui appela les benjamins « MM. Richelmy et Mussolini » : « Il rectifia vite pour ce dernier. C'était Micolini qu'il voulait dire, mais le fou-rire avait déjà gagné les bancs de la majorité et du public [428]. »

Une décade après la fin de la guerre, 1954 fut une année de recensement général. Le pays pouvait s'ausculter, se radiographier, s'évaluer. À leur avantage, les résultats du recensement de 1954 se présentaient de façon extrêmement détaillée mais, sachant ce que la statistique a d'incertain derrière l'imposante précision des chiffres, les responsables avaient pris la précaution d'indiquer : « pour être considérés comme seuls authentiques ». De tous ceux qui sont accessibles dans la succession des recensements [429], celui des années cinquante

427. *La Vie lyonnaise*, février 1954.
428. Coupure de presse, juin 1954.
429. Après 1946, les recensement, réalisés tous les cinq ans depuis 1836 abandonnent leur régularité. Aujourd'hui, ils ne sont plus exhaustifs et ont perdu beaucoup de ce qui faisait leurs qualités pour l'histoire du pays.

offre un panorama de la ville des plus complets. Chaque catégorie apparaît sous des aspects variés, si bien qu'au bout du compte, et malgré les marges d'erreur, il est possible d'en dégager structure et lignes de force. La ville comptait alors 80 905 habitants. Sa taille, en quinze ans, c'est-à-dire depuis l'avant-guerre, ne s'était pas modifiée alors que le département enregistrait un accroissement de cinquante mille personnes. Hors de la cité proprement dite se révélaient deux écarts, de l'autre côté du canal qui faisait frontière : le quartier de Saint-Jean (935 habitants dans 192 maisons) et la Feyssine (141 habitants dans 41 maisons). L'administration décomptait à Villeurbanne 28 722 logements dans 7 898 immeubles. Un petit millier de bâtisses s'étaient édifiées depuis la Libération. Les deux tiers des logements n'excédaient pas deux pièces, 9 % seulement des habitations étaient équipées du chauffage central et le téléphone n'était présent que dans 5 %, ce qui était assez normal dans une époque où l'appareil était un attribut de possédant. 8 % des logements restaient encore sans eau courante, moins de la moitié disposaient de W.-C. privatifs. 20 % des « ménages » au sens statistique, c'est-à-dire des personnes occupant le même logement, étaient des individus seuls ; 68 % étaient composés de deux à quatre personnes ; 12,5 % vivaient à cinq ou plus. Les familles gardaient le plus souvent une taille réduite. La moitié de la population avait moins de trente-cinq ans, plus du quart n'avait pas vingt ans. Les enfants au-dessous de dix ans étaient aussi nombreux que l'ensemble des adultes qui avaient passé la soixantaine (15 %). Atteindre un âge avancé semblait encore rare : 1,3 % seulement des habitants avaient plus de quatre-vingts ans (0,4 % des hommes).

La population active, 42 218 personnes (52 %), était répartie selon des critères subtilement élaborés : les « catégories socio-professionnelles » intégrant le métier, le statut et la qualification. Ainsi n'y avait-il plus seulement des ouvriers, mais une échelle distinguant les apprentis, les manœuvres, les ouvriers spécialisés (d'ailleurs rarement dotés d'une spécialité), les ouvriers qualifiés et les contremaîtres, cela dans le secteur public et le secteur privé. Sur cette échelle, se différenciaient chez Gendron ou chez Brondel des M2, des OS1, OS2, P1, P2, P3, autrement dit des manœuvres catégorie 2, des ouvriers spécialisés catégorie 1 et 2, des ouvriers professionnels catégorie 1, 2 et 3. Les OS1 gagnaient 78,70 F chez Gendron et 82,96 F chez Brondel alors que les P3 recevaient 125,30 F chez Gendron et 112,12 F chez Brondel. Chez Fibre & Mica, les rémunérations étaient plus élevées : 90,60 F l'OS1 et 114 F le P2 (il n'y existait pas de P3, en haut, ni de M2, en bas) [430]. Les grilles de salaires et de qualifications n'étaient pas des plus simples et n'avaient de valeur que comparative. Le recensement était plus clair et plus parlant. Il y avait donc à Villeurbanne à ce moment-là 23 918 ouvriers (56,7 % de la population active) dont un peu plus de la moitié déclaraient une qualification. Avec les employés, ces salariés ordinaires constituaient 73 % des actifs. S'y ajoutaient 0,7 % d'industriels, 0,2 % d'agriculteurs, 12 % de commerçants et artisans. La structure professionnelle de la ville était donc d'une singulière stabilité. On en avait fait le tour une fois comptés les 356 instituteurs publics, hussards de la République, et les 261 du privé, les 356 militaires, les 165 membres du clergé et les 94 artistes qui méritaient considération.

La connaissance par les chiffres pouvait aller plus loin : un tiers des ouvriers étaient des ouvrières. Les femmes constituaient

430. Salaires appliqués dans la métallurgie au 1er novembre 1948 (AMV).

près de 40 % des salariés ordinaires (ouvriers et employés) : en fait, pour les femmes, le vocable « employée » était souvent le strict équivalent d'ouvrière. Dans son ensemble, la ville comptait 53 % de femmes. La proportion des étrangers était tombée à 5,4 %. Toujours friand de précision mathématique, l'INSEE dénombrait à Villeurbanne 4 431 étrangers et, dans un autre de ses documents [431], 4 860 naturalisés. L'administration distinguait principalement 2 580 Italiens, auxquels s'adjoignaient 2 080 naturalisés nés en Italie, et 1 740 Espagnols, auxquels s'additionnaient les 420 naturalisés nés en Espagne [432]. Comparés à l'avant-guerre, ces chiffres sous-estimaient la réalité de la présence italienne ou espagnole, du « groupe ancestral », pour reprendre une terminologie américaine, tant l'assimilation réalisée en deux générations empêchait désormais de séparer les uns des autres dans la société française, hormis la sonorité des noms patronymiques, et encore c'était sans compter sur la fluidité des mariages au bonheur des rencontres et du voisinage. Car les unions mêlaient de fait les uns aux autres par une alchimie prodigieuse autant qu'aléatoire : Léon Habéchian, ajusteur, épousait Nita Rodriguez, manutentionnaire ; Nicolas Zaboyarkin, électricien, convolait avec Pierrette Garcia, femme de service ; Antoine Notargiacomo, monteur en chauffage central, se mariait avec Ginette Richard, dévideuse, etc. Les chiffres minoraient aussi considérablement le fait migratoire parce qu'ils ne prenaient pas en compte les immigrés appelés en une périphrase très peu laïque « Musulmans originaires d'Algérie », comme si une religion pouvait tenir lieu de nationalité et comme si une origine géographique

431. Les chiffres diffèrent souvent d'un document à l'autre pour des raisons de méthode. Pour les naturalisés : *Recensement général de la population, 1954, Rhône, sondage au 1/20.*
432. L'origine nationale des *naturalisés nés en France* n'est pas connue.

supposait l'appartenance à une religion. *L'Enquête sociale sur la situation des Musulmans originaires de l'Algérie* effectuée en novembre 1953 et dont les chiffres étaient, de façon notoire, inférieurs à la réalité, estimait les Algériens de Villeurbanne à 1 504, soit presque autant que les Espagnols [433]. 350 logeaient au « Centre nord-africain » de la Doua, 270 au centre d'hébergement de la rue Léon-Blum [434], préfiguration des foyers de travailleurs immigrés. En 1954, les Algériens recensés dans le Rhône étaient au nombre de treize mille et auraient constitué 40 % des étrangers s'ils avaient été considérés comme tels. Mais les immigrés d'Afrique du Nord, ressortissants des colonies, ne possédaient pas de nationalité propre, sans être pour autant considérés comme citoyens. L'Algérie était formée de trois « départements français », Constantine, Alger et Oran, alors que ses populations autochtones n'étaient pas françaises. Cette contradiction était au cœur de la guerre qui se déclencha douloureusement sur l'autre rive de la Méditerranée à la Toussaint 1954.

Continental
LA CHENILLE FRANÇAISE
ETS RICHARD FRÈRES
10, RUE DE LA FILATURE
VILLEURBANNE (RHÔNE)
TÉL. VI. 74-91

433. Enquête sociale sur la situation des Musulmans originaires de l'Algérie, Préfecture du Rhône, 23 novembre 1953 (ADR).
434. Ancienne route de Crémieu.

Pique-nique à Bonneterre.

[Chapitre 25]

UNE ÉPOQUE EN NOIR ET BLANC

« J'ai entendu les coups de feu et crier trois fois "Aï !" Et moi, j'étais partie en courant, j'ai arrivé vers lui. J'ai trouvé Mobylette, elle était par terre, lui, il est tombé là. Je lui ai pris sa tête sur mon bras, j'ai appelé "Amar, Amar, Amar", sa tête était toute rouge et tout d'un coup elle était blanc comme un tissu. Il est mort tout de suite… Il est mort à côté de la maison, parce qu'il y a le canal de Jonage tout à côté, alors juste il sortait de la maison, il a fait le tour, et c'est là qu'il a été tué. Mais j'entendais les coups de feu, j'ai mis ma robe de chambre, je suis sortie [435]. » C'est ainsi qu'une femme kabyle racontait l'assassinat sous ses yeux, route de Crémieu, en octobre 1957, de son mari, manœuvre devenu ouvrier chaudronnier en suivant les cours du soir où il avait appris à lire et écrire le français. Le meurtre faisait quelques lignes dans les journaux. Les registres d'état civil renferment, dans la sécheresse de leur énoncé, les drames insoupçonnables qui se déroulèrent ici en relation avec ce qui se passait là-bas, de l'autre côté de la mer, entre le Djebel et la Mitidja. 1958 :

435. Entretien, femme kabyle, née en 1930, arrivée en 1953.

« Nous avons constaté le décès survenu dans la nuit du 22 au 23 janvier sans indication d'heure, à Villeurbanne, sans indication de lieu, de Abdelaziz S., né à Sidi-R'Ghiss, Constantine… célibataire, domicilié 55, chemin des Buers. » 4 avril 1958 : décès, route de la Sucrerie à Vaulx-en-Velin, de Mohamed A., né à Oled-Abça, Oran…, et de Mohamed A., né à Sidi-Laroussi, commune mixte de Chelif…, domiciliés au Centre nord-africain de la Doua, sans autres renseignements. 21 mai 1958 : « Nous avons constaté le décès remontant à quelques jours de Moktar F., retiré du canal de Jonage », domicilié rue Léon-Fabre. 2 juin 1958 : « Décès paraissant remonter à un mois environ de Allal S., manœuvre, domicilié à Villeurbanne rue Léon-Fabre… Le corps a été retiré du Rhône au pont Vaïsse. » La guerre d'Algérie égrenait ses cadavres. Autrefois réunis autour de Messali Hadj, le MNA historique et sa dissidence FLN se livraient un combat sans merci pour le contrôle de l'immigration, tandis que la police française jouait sa partie [436]. L'agglomération, la banlieue, les quartiers déshérités, Villeurbanne, vivaient de sordides événements semblables aux séquences glauques des films noirs de série B. Une nuit de l'été 1959, un commando en Traction Avant Citroën, tous feux éteints, pénétrait dans le bidonville du chemin des Buers avant que l'aube ne pointe. « Ouvrez ! Police ! » Les occupants d'une cabane de planches étaient alignés contre la paroi par les faux policiers, ligotés avec des cordelettes et abattus au 7,65 sans autre forme de procès. « Horrible tragédie musulmane en pleine nuit à Villeurbanne – 7 militants FLN tués à bout portant par un commando de représailles

436. Le Mouvement national algérien (MNA), fidèle au leader Messali Hadj, et le Front de libération nationale (FLN), à l'origine de la lutte armée pour l'indépendance, étaient les deux principales organisations issues de l'éclatement en tendances hostiles du nationalisme algérien.

MNA [437]. » Un dimanche matin du printemps 1960, le marché aux puces de la place Rivière fut le théâtre d'une bataille rangée meurtrière entre une quinzaine de vendeurs de *La Voix des travailleurs algériens*, messaliste, et une soixantaine de leurs adversaires surgis de nulle part, armés de barres de fer et d'outils ramassés sur un chantier. Un ouvrier de 45 ans, « travailleur consciencieux et dévoué » d'une fonderie rue d'Inkermann, expirait le crâne fendu d'un coup de pelle « faisant jaillir la matière cervicale ». D'Algérie, étaient rapatriés, à la grande douleur des familles, les corps sans vie de jeunes Français envoyés par le gouvernement mener une guerre non déclarée. Maurice M., âgé de 20 ans, plâtrier-peintre, domicilié rue Pierre-Bressat, chasseur de 2e classe au 15 BCA, « décédé au combat sur le territoire de la commune d'Aït-Ahmed, Grande Kabylie. » Lucien A., 2e classe au 8e régiment de spahis algériens, 25 ans, mort à Bordj-bou-Arréridj, Sétif... Le maire Gagnaire recevait en grande pompe les représentants (européens) de la municipalité d'Oran et parrainait une réunion politique de Guy Mollet, l'ancien président du Conseil qui avait embourbé le pays dans le conflit et toléré la torture. « Vous êtes ici les hôtes d'une cité essentiellement industrielle dont les habitants connaissent et partagent vos besoins, vos difficultés, et peut-être parce qu'ils sont gens du peuple, vos espoirs. En leur nom, je puis vous dire que l'Algérie restera française », affirmait Étienne Gagnaire à ses invités oranais lors du banquet offert en salle des mariages sur une table « richement fleurie aux couleurs nationales », en présence de Jacques Soustelle [438]. Les qualités du maire n'incluaient pas la clairvoyance.

437. *L'Écho Liberté*, 25 juin 1959.
438. Jacques Soustelle, député du Rhône, ancien gouverneur général de l'Algérie en 1955, partisan des « ultras ».

De quel côté penchaient les Villeurbannais dans un affrontement très proche mais bien lointain, il n'était pas si commode de le dire. Il y avait les émigrés algériens qui ne pouvaient y échapper, les familles inquiètes des appelés qui attendaient des nouvelles et la quille, les militants des partis qui pensaient avec leur parti et les gens qui tout simplement songeaient à leurs soucis. Rue Descartes, les établissements Redon concevaient les soutiens-gorge, gaines et porte-jarretelles *Fatma* « dont la notoriété s'est affirmée depuis plusieurs années déjà ». Dans leur usine de la rue Anatole-France, les cent vingt-cinq ouvriers et ouvrières de l'entreprise Clément Muffat produisaient sous la marque *CLEM* des frigorifiques en série et des machines à laver de licence allemande à turbine *Compound* brevetée. Comme argument commercial, la direction vantait l'atmosphère de bonne entente et de « complète détente » entre le personnel et l'encadrement que scellaient un banquet du 1er Mai et la distribution de médailles aux anciens. Lavix, la concurrente du boulevard Eugène-Réguillon, établissements Burlaton & Richelmy, mettait sur le marché quatre modèles « dont deux font bouillir » et sa petite dernière à *turbulence souple*, sans batteur, sans palettes, sans aucune usure. « LAVIX devient l'accessoire le plus utile de la maîtresse de maison », assuraient les prospectus. LAVIX 109, LAVIX 209, LAVIX 309, vente à crédit : « 45 000 machines à laver LAVIX fonctionnent déjà en France. » Un camion décoré suivait la course cycliste des Six Provinces, parrainée par *Le Progrès*, et s'arrêtait de village en village : « Laveuse électrique LAVIX lave seule et bien en 10 minutes. » Assise à côté de sa lessiveuse de 70 litres, branchée sur le 110 volts, une ménagère chromo comblée nourrissait un bébé au biberon tandis que, sans y toucher, elle nettoyait son linge : machine à laver avec Turbolaveur, licence *Washing*. Des démonstrateurs en blouse blanche faisaient l'article à des jeunes femmes babas, « après quoi chacun reprenait en chœur la Samba Lavix »... En bordure du boulevard de Stalingrad, ex-Pommerol, Ch. Fournier & Cie fournissait le fameux *Teepol*, « détergent moderne, neutre et concentré », miracle du nettoyage. Rue Michel-Servet s'assemblaient les calorifères *Californie* au mazout domestique, « le plus propre et le plus économique », qui remplaçait avantageusement le salissant charbon en boulets. Chez Plianfer, rue du Docteur-Dolard, on fabriquait, en rêvant aux vacances, du matériel de camping *pliant* et *en fer* : tables pliantes, chaises pliantes, fauteuils pliants, lits de camp pliants – la marque « la plus connue et la plus renommée » : « Comme chez soi ! La cuisinière camping PLIANFER vous donnera la joie de cuisiner sans le moindre effort. » Les femmes n'étaient pas seulement ouvrières, elles devenaient, après l'usine, des ménagères et un objectif de marché, les cibles de la réclame, le premier débouché d'utiles ustensiles. Tout pour le confort ménager : 18, avenue Henri-Barbusse. Machines à laver, frigos, aspirateurs, appareils électroménagers : 32, avenue Henri-Barbusse. Les kiosques affichaient *Elle*, *Femme pratique*, *Femme d'Aujourd'hui*, *Marie-France*, *Marie-Claire*... 700 000 exemplaires, 1 million d'exemplaires. *Intimité*, *Nous deux*... 600 000 exemplaires, 1 million 200 000 exemplaires. *Jeunesse et Beauté*, *Les Doigts agiles*, *La Bonne Cuisine*... La presse féminine, inscrite dans les mythes, atteignait des tirages cumulés faramineux. Conseils, amour, consommation.

Les mâles aussi avaient leurs envies. Bufflier avait oublié ses rudimentaires roulottes pour vélos et ciselait des remorques pour autos, des side-cars pour motos. Le superbe *Hurricane 67* d'une place et demie pour engin de 500 à 1 000 cm^3 était déclaré le plus beau du salon en raison de sa ligne « tendance USA » et de ses chromes étincelants. Des vaniteux auraient pu claironner, à ce moment, qu'à Villeurbanne demain était en vente aujourd'hui. Malheureusement, il ne trouvait pas acheteur. Trois cent cinquante ouvriers de la Société nationale de constructions aéronautiques du Nord, SNCAN, communément appelée l'Arsenal aéronautique, s'échinaient dans l'ancienne usine de schappe à construire non plus des avions, mais des tricycles terrestres d'une incontestable originalité, que leurs concepteurs modestes avaient sobrement baptisés *Inter*. « Le budget d'un scooter, la sécurité d'une voiture, la finesse d'un avion. » Ces véhicules étaient de belle apparence et d'une hardiesse peu commune [439]. Fuselé et aérodynamique, deux roues empattées à l'avant, une à l'arrière, un phare central, deux places façon tandem, sièges en skaï, cockpit basculant sur le côté et commande de direction en demi-lune, semblable à celle d'un avion et décorée en son centre du blason de Lyon, tableau de bord minimaliste et cadran de vitesse susceptible de grimper jusqu'à 100 km/h, ce qui paraissait exagéré, le microcar *Inter* était doté d'un moteur deux temps Ydral de 175 cm^3. L'*Inter* n'était pas sans rappeler, en plus esthétique, la KR Messerschmitt, trois-roues à moteur deux-temps Fichtel & Sachs conçu par Fritz Fend, un ingénieur qui avait œuvré pendant la guerre sur le premier chasseur à réaction Me 262 puis s'était reconverti dans la *Kabinenroller*, la cabine roulante. Il n'était pas sans évoquer non plus dans son intention, quoique la forme fût radicalement différente, l'*Œuf* italien d'Isetta à ouverture frontale, également appelé *Pot de yaourt*. À ceci près que de l'*Inter* ne furent produits que

439. Un exemplaire est exposé au musée de l'Automobile de Rochetaillée.

deux cents exemplaires entre 1953 et 1955, alors que la KR Messerschmitt sortait des chaînes à un rythme de quatre-vingt-dix unités/jour, et que mille Isetta se vendaient en Italie, trois mille au Brésil, cinq mille en France, trente mille en Grande-Bretagne et quatre fois plus en Allemagne. L'Arsenal de l'Aéronautique et l'*Inter* avorté laissèrent donc leur place, rue de la Filature, aux chenilles *Continental* des frères Richard. Hormis des amateurs, un fait pourtant majeur reste méconnu : le centre de Villeurbanne a été l'un des plus gros constructeurs d'automobiles au monde. De tous modèles, de tous types, de toutes couleurs, mais d'une utilité relative, forcément. Étienne Gagnaire, et c'est à son honneur, signa l'autorisation d'installer, 5, rue Millon, d'abord, puis aux 53-63, rue du Quatre-Août , un atelier pour le travail des métaux à froid par choc mécanique, dont il pensait, à juste titre, qu'il n'allait pas compromettre ou « rendre plus onéreux » les futurs projets d'aménagement de Villeurbanne [440]. Il s'agissait de l'établissement Les Jouets de Norev, jouets de nos rêves imaginés par les frères Veron dont c'était l'anagramme et le palindrome. Après avoir produit divers bibelots amusants et des montres factices pour enfants, ils entreprirent de réaliser des autos miniatures au 1/43 en plastique, en *Rhodialite* [441] teintée dans la masse : Aronde, Vedette, Dyna Panhard, 203, 403, 2CV, 4CV, camions de pompiers et voitures de police, dans des boîtes de carton imitation caisse en bois. Ce fut un immense succès. En peu de temps ils s'étaient hissés au premier rang « et de loin » dans leur domaine [442]. Il n'existe pas à la ronde un ancien garçon de moins

440. Lettre au préfet signée « Le Maire, Gagnaire », 16 août 1948 (le maire était encore Lazare Goujon) (AMV).
441. Qui contient la racine *Rho* pour Rhône-Poulenc.
442. *L'Écho Liberté*, 19 avril 1958.

de quinze ans qui n'ait garé, dans un coin perdu de son cerveau, une voiture de Norev. « Quand j'avais été bon à l'école, ma maman m'emmenait par la main au tabac-presse en bas de notre immeuble, chez M. Muller, un vieux radin en blouse grise, gentil mais qui savait compter ses sous... Le gars ouvrait alors ses tiroirs magiques qui coulissaient super bien et qui sentaient bon la cire propre. Dans le premier tiroir, les Norev et les Majorette. Dans le deuxième, les Matchbox et les Dinky Toys... [443] » Les Norev de l'Âge d'or continuent de vivre dans un paradis onirique, cher au cœur et au porte-monnaie, entretenu par les nouvelles technologies et des nostalgies sans frontières. « *Based near Lyon in France, Norev was founded in 1946 by Joseph Veron (Norev spelled backwards)* », explique encore à ses lecteurs le magazine britannique *Model Collector*. Car les Norev s'échangent dans toutes les langues, en Allemagne, en Hollande, en Italie ou en Pologne et jusqu'en Russie : « Фирма Норев (Norev) была основана в 1946 году. »

Il y avait ici et là, de tous côtés, des poussières d'entreprises, un nuage d'usines, une galaxie d'ateliers : la SMEP-Chrôme de Zaffini & Andriani, rue Germain, les accessoires de cycles Vérona, rue Victor-Hugo, la Société Radio-électrique et mécanique, chemin de Château-Gaillard, les établissements ESCIA, redresseurs de courant, rue Jubin, les Petits Moteurs ELGÉ, cours Émile-Zola. On trouvait à Villeurbanne, dans des impasses discrètes, dans des ruelles négligées, des presses à découper de vingt tonnes, des appareils générateurs à acétylène, des ateliers d'emboutissage des métaux, de trempe recuit et revenu des alliages, de produits céramiques avec fours fumivores, de chaudronnerie,

443. Témoignage publié sur Internet, octobre 2005.

tôlerie, serrurerie, fonderie, forge, étamage, électrolyse, mécanique de précision… Le vocabulaire calibré et rituel de l'administration donnait lieu à des correspondances savoureuses : « Il n'apparaît pas que l'autorisation d'installer un laboratoire de produits chimiques et pharmaceutiques avec emploi et dépôt de liquides inflammables soit de nature à compromettre ou rendre plus onéreuse l'exécution du projet d'aménagement de Villeurbanne »… « Il n'apparaît pas que l'autorisation d'installer un atelier pour le travail des métaux à froid et à chaud par choc mécanique soit de nature », etc. [444]. Les Américains de Remington Rand, *Business, Equipment, Machines and Systems*, vinrent implanter leur succursale hexagonale au 69, cours de la République. Au printemps 1955, ils fêtaient la 100 000e machine à écrire fabriquée par l'usine : « Les Villeurbannais peuvent s'enorgueillir d'une réalisation qui, sur le plan national, comme sur le plan international, s'inscrit parmi les plus beaux résultats français du point de vue industriel [445]. » Les usines traditionnelles, celles qui semblaient là de toute éternité, se modernisaient. Par un miracle inexpliqué, les produits chimiques François Brunner sautèrent de l'antirouille *Le Poulpe* et de *L'Émail pétrifiant*, peinture laquée, à la production de *Lactina suisse*, aliment complémentaire pour l'élevage et l'engraissement du jeune bétail. À l'occasion du « Jubilé » de Bally-Camsat, en expansion constante, un repas placé sous le signe de l'escarpin à talons hauts fut offert à l'Hôtel des Quatre-Vallées du Revard, en Savoie, afin de concrétiser l'union féconde lugduno-helvétique : lavaret du lac Belle Meunière, coq au chambertin, fonds d'artichaut Lucullus… « Nous vous remercions

444. Correspondance administrative au sujet des établissements classés 1947-1948 (AMV).
445. Lettre du directeur de l'usine Remington Rand Villeurbanne au maire, 3 juin 1955 (AMV).

d'être avec nous et vous souhaitons bon appétit. » Courbées sur leurs machines en ligne, les femmes de chez Guicher & Coste œuvraient à la réputation exceptionnelle du « bon vêtement » *Bayard*, adoubé « plaque tournante de la mode ». La Maison élevait en critère d'excellence le fait que tous ses vêtements étaient coupés à la main, « c'est-à-dire avec beaucoup plus de précision et de netteté qu'avec les meilleures machines ». Les soixante-dix ingénieurs et les mille cinq cents ouvriers de Delle mettaient au point des disjoncteurs orthojecteurs de 220 000 volts dans leur usine qualifiée de « centre spirituel de la technique française d'appareillage » et son laboratoire de tension à générateur d'ondes de choc « connu dans le monde entier » [446]. Les machines-outils Gendron exposaient à la Foire de Chicago leur nouvelle *Cymatic* à cycle automatique qui épata, paraît-il, les Américains. « Cette firme est parmi l'une des plus importantes de la Cité », expliquait le maire à un collègue des environs de Grenoble où Gendron envisageait une extension. « Sa principale industrie est la construction de machines outils et outillage et, en particulier, la perceuse électrique *Micox*. L'effectif de son personnel varie entre 800 et 1 000 ; il est actuellements de 878 exactement… Sa réputation industrielle n'est plus à faire et la Société exporte dans de nombreux pays étrangers. Sa cote morale et sociale est très élevée [447]. » La réussite reposait sur un éventail de mérites qui n'étaient pas tous quantifiables. Le bon renom valait autant que les produits et contribuait à leur notoriété. Les établissements Gallet & Cie, champions de la manutention mécanique et des tapis roulants, « qualité, célérité », prospéraient sous la marque déposée *Dynor*. À jet continu, Le

446. *La Vie lyonnaise*, 6 mai 1950 et 21 avril 1951.
447. Lettre du maire de Villeurbanne, 29 juin 1954 (AMV).

Fil Dynamo sortait de son matériel flambant neuf des fils moins épais qu'un cheveu, son *Durémail* cuit à haute température dont la production annuelle pouvait faire quarante fois le tour de la terre. Debout dans le vaste hall devant des machines plus grandes qu'elles, des femmes en tablier installaient bobines et matériaux. La Manufacture lyonnaise de caoutchouc, tournée vers le plastique et ses mirifiques possibilités, promouvait le *Gerflex* (car elle avait été absorbée par la Société chimique de Gerland), de minces feuilles pour être posées au sol : Gerflex normal, Gerflex confort, Gerflex silence, uni ou marbré, en blanc, en noir ou en couleurs. « L'ère des plastiques n'en est encore qu'à ses débuts », pronostiquait avec raison la direction et, pour faire fonctionner ses machines à calandrer, à extruder, à boudiner, l'usine du caoutchouc employait six cents ouvriers. Afin d'être au faîte de l'innovation, la société Lacollonge ouvrait un département chlorure de vinyle. Rendu prospère par ses cylindres en papier bakélisé pour les transformateurs EDF, Fibre & Mica, « en bordure du spacieux et coquet stade sportif de l'ASCEM, à la pointe Est de Villeurbanne », s'était converti à son tour au plastique stratifié, utile à tout, et avait lancé la *Célamine*, des panneaux colorés pour mobilier et cuisines qui équipaient, à la grande fierté des promoteurs, les wagons du *Mistral*, le train électrifié Paris-Nice aux voitures inox.

Villeurbanne était une ville qui, pour l'essentiel, se satisfaisait de sa position. Tout au début des années cinquante, les services d'urbanisme du département, avides de connaissances, commandèrent à l'Institut régional de la statistique une étude sur les déplacements journaliers au sein de l'agglomération lyonnaise, prise dans son sens large. L'INSEE, en mal de sources, s'avouait confronté à de « sérieuses difficultés » dont il était dur de se départir faute d'outils appropriés. « Fort heureusement », comme le soulignent les comptes rendus, devaient se dérouler des élections aux Caisses de Sécurité sociale [448] et les listes établies par les employeurs spécifiaient pour chaque électeur domicile et lieu de travail. Les imprimés modèle n° 4 consignaient les indications recherchées. On savait ainsi que, des soixante salariés de la confiserie Lamy, 42 % étaient des femmes, dont les deux tiers mariées, que la moitié du personnel habitait Lyon et l'autre moitié Villeurbanne, et qu'il y avait parmi ces salariés un Arménien d'origine, un Polonais, plusieurs Italiens et un Algérien qui demeurait rue Mercière. Des renseignements analogues étaient disponibles auprès des caisses de Sécurité sociale pour tous les établissements du département. L'observation statistique portait sur 250 000 salariés – il manquait les moins de 18 ans et les étrangers qui n'avaient pas le droit de vote. Les résultats publiés [449] agrégeaient Lyon et Villeurbanne en une seule entité, comme si persistaient les anciennes velléités d'annexion. Toutefois, pour chaque commune avait été établie une fiche sur laquelle étaient décomptés minutieusement et inscrits à la main, sous forme de barres et de points groupés par dix, le nombre de salariés domiciliés à l'extérieur. De la fiche « Lieu de travail : Villeurbanne » il ressortait que 11 120 Lyonnais venaient chaque jour travailler sur son territoire, et des fiches d'arrondissement « Lieu de travail, Lyon » que 10 024 Villeurbannais se rendaient chaque jour dans la ville voisine pour gagner leur pain. Le solde de ces échanges, ces « migrations pendulaires » selon leur appellation scientifique, était excédentaire : Villeurbanne attirait plus de force de travail

448. Le 8 juin 1950.

449. *Bulletin régional de statistique*, n°s 2-3, 1952 et Comité pour l'aménagement et l'expansion économique de la Région lyonnaise, *Lyon et sa Région*, 1955.

qu'elle n'en dispensait à l'extérieur. Bien entendu, la capacité d'attirance était fonction de la densité industrielle et la masse des déplacements proportionnelle à l'éloignement. Près de six mille Villeurbannais travaillaient dans les 3e et 6e arrondissements de Lyon, immédiatement contigus, quelques centaines seulement dans le 1er, le 4e ou le 5e. Pour les communes alentour, Villeurbanne fonctionnait à la manière d'un aimant, son champ magnétique était intense. 868 habitants de Vaulx-en-Velin, 478 de Décines, 371 de Bron, 196 de Caluire venaient chaque jour travailler à Villeurbanne, alors qu'à l'inverse 334 Villeurbannais se rendaient à Vaulx-en-Velin, 47 à Décines, 146 à Bron, 93 à Caluire. La disproportion était flagrante. Le solde positif ne souffrait que deux exceptions : Vénissieux et Saint-Fons, localités dont l'importance industrielle était sans commune mesure avec leur superficie. Vénissieux, siège des gigantesques usines Berliet, recevait donc quotidiennement 337 Villeurbannais et Saint-Fons, centre de la chimie régionale, 117, alors que ne se déplaçaient à Villeurbanne que 108 travailleurs de Vénissieux et 37 de Saint-Fons. Mais, pour le reste, la balance penchait toujours du même côté. 16 Villeurbannais seulement se rendaient à Oullins, de l'autre côté du Rhône, pour leur travail, tandis que 106 Oullinois venaient jusqu'à Villeurbanne. La cité drainait la main-d'œuvre. Elle prenait à la métropole, d'abord, à la grande ville dont elle n'était séparée par rien, à ses banlieues proches, ensuite, et puisait le reste dans les campagnes, à l'est surtout, dans la plaine de l'Isère et de l'Ain, assez loin, donc [450]. Villeurbanne constituait à elle seule un bassin de plus de trente mille emplois salariés, occupés à 53 % par des gens de Villeurbanne.

450. 125 salariés venaient de Meyzieu, 41 de Jonage, 34 de Genas, 19 de Saint-Pierre-de-Chandieu, 87 de Miribel, 48 de Montluel, 18 de Meximieux, 18 de Dagneux.

Agrégées à ce noyau sédentaire majoritaire, quinze mille personnes travaillaient dans la ville sans y demeurer. Tous ces emplois ou presque étaient des emplois ouvriers.

La France, cela commençait à être perceptible, était entrée dans une ère de prospérité. Le pays était saisi d'un appétit de consommation qui se traduisait par une débauche de statistiques. Le département du Rhône, en 1955, enregistrait 71 429 voitures particulières, 257 800 postes de radiodiffusion et 6 431 récepteurs de télévision ; en 1957, deux ans plus tard, 102 381 automobiles, 286 700 radios et 22 836 téléviseurs ; en 1959, après deux ans encore et un changement de république, 132 727 autos, 300 500 radios et 49 502 télés [451]. La courbe grimpait de façon vertigineuse. Les abonnés au téléphone passaient de 57 900 en 1955 à 126 396 en 1959. Le nombre de voitures particulières immatriculées à Villeurbanne était de 12 186 au 1er janvier 1956 et atteignait 22 176 au 1er janvier 1960. Tout l'indiquait, l'expansion glorieuse était là. Les demandeurs d'emploi du département se chiffraient en 1958 à 751 en moyenne mensuelle et les offres de travail non satisfaites à 526. Il suffisait, pour qui voulait, de frapper à la porte à côté pour la voir s'ouvrir. « Il cherche sur le journal une usine qui cherche un chaudronnier, elle va donner tant, c'est-à-dire il va toucher plus, eh bien il va aller se présenter, il va faire un essai un jour, il va donner un avertissement de trois jours à l'usine où il travaille et il part [452]. » Le chômage n'avait jamais été aussi bas. Le pouvoir d'achat n'avait jamais été aussi haut. Le pain était à 0,64 F au kilogramme. Les pommes de terre coûtaient 0,38 F le kilo. La viande de bœuf extra se payait 10,26 F, le porc 6,73 F.

451. INSEE, *Annuaire statistique régional rétrospectif*, 1965, et *Population et économie du département du Rhône*, 1961.
452. Entretien, épouse d'un ouvrier algérien.

Les œufs frais valaient 2,82 F la douzaine, un lapin dépouillé et vidé 6,42 F, un camembert de Normandie à 40 % de matières grasses 1,24 F et un litre de vin rouge 1,18 F. Les prix étaient stables. Il arrivait même qu'ils baissent. La densité commerciale, à peine inférieure à celle de Lyon, dépassait largement celle des communes périphériques. Les quartiers vivaient de leurs magasins. Pour mille habitants, il se trouvait, à Villeurbanne, une boulangerie, deux boucheries-charcuteries, trois épiceries et cinq cafés (le taux le plus élevé de l'agglomération pour cette catégorie après le 2e arrondissement de Lyon).

Les syndicats se préoccupaient davantage du pouvoir d'achat que de l'emploi qui, pour l'essentiel, n'était pas menacé, même si apparaissaient de façon certaine des glissements d'activité. La CGT, dans ses congrès, discutait vivement des moyens de lutter contre « l'exploitation capitaliste », sans obtenir toujours l'approbation de son public. Réunie à la Bourse du Travail de Lyon, l'Union départementale faisait les comptes et enregistrait un fléchissement de son audience, loin des chiffres de 1936 (200 000 adhérents) et de 1947 (180 000) avant la scission de Force ouvrière [453]. Chacun à leur tour, les représentants des différents secteurs s'exprimaient pour faire part de leur expérience et illustrer la ligne. René Desgrand, élu au Bureau de l'Union départementale, représentait les sections de Berliet. Le syndicat des Textiles naturels de Villeurbanne avait à sa tête une ouvrière, Marie Vernet. « Notre syndicat du textile est dirigé en grande partie par des femmes, rappelait-elle à la tribune du congrès. La plus grande partie des délégués

453. *Congrès de l'Union départementale des syndicats confédérés du Rhône, 8 et 9 décembre 1956*, compte rendu dactylographié (Archives privées).

dans les entreprises sont également des femmes, ce qui nous gêne quelque peu dans notre travail en tenant compte du temps limité que les femmes peuvent donner pour la bonne marche de notre syndicat. » L'addition des tâches domestiques au travail salarié, la *double journée* à l'usine et à la maison, réduisaient la disponibilité de ses consœurs pour les activités sociales. La syndicaliste estimait le nombre des salariés du textile à Villeurbanne à cinq mille, sur lesquels seulement cinq cents cotisaient régulièrement au syndicat. Afin de remédier à cette faiblesse, elle conseillait d'améliorer la diffusion d'*Antoinette*, magazine féminin de la CGT qui avait peu de chances, pourtant, d'égaler les revues à la mode. Son discours était peu encourageant : fermeture des Teintureries de la Doua, arrêt définitif de l'usine Bourgeois, avec payement de trois mois de salaire pour les ouvriers non reclassés, réduction d'horaires forcés dans le tissage du velours, chez Boissier ou à France-Amérique, due à un déficit d'exportations, dégradation enfin des conditions de travail chez Wyler où les jeunes filles assujetties à un contrat d'apprentissage de deux ans étaient « astreintes à donner une production analogue à celle des adultes, pour des salaires de 70 à 80 F. de l'heure » [454]. Le textile reculait, le textile cédait du terrain. Au contraire, s'affirmait la métallurgie, quinze mille travailleurs, trois fois plus désormais que dans le textile, et 2 870 cartes syndicales payées. La CGT l'emportait partout aux élections de délégués du personnel : huit élus pour huit postes à pourvoir chez Fibre & Mica, quatre élus sur quatre aux variateurs de vitesse « infiniment variables » PIV, liste entière élue chez Simplex. Marc Lambert, dirigeant

454. Intervention de Marie Vernet au Congrès de l'Union départementale CGT, 8-9 décembre 1956, *op. cit.*

du syndicat des métaux, s'attribuait un satisfecit pour les luttes qui avaient permis « d'arracher aux patrons des usines de Villeurbanne, des augmentations de salaire allant en moyenne de 5 à 30 F de l'heure » et des primes de vacances [455]. La section CGT de *L'Invulnérable*, fabrique de rideaux de fer, avait obtenu cinq mille francs. Au Fil Dynamo, rapportait le syndicaliste, les travailleurs de l'atelier d'émaillage ont refusé de conduire six machines au lieu de quatre « lorsque nous avons démontré que la Direction, avec deux ouvriers voulait faire le travail de trois et gagner ainsi ce qu'elle aurait été obligée de donner comme salaire au troisième ouvrier ». Le secrétaire des Métaux n'y allait pas par quatre chemins : « Il faut montrer aux travailleurs que les patrons, en raison même des profits qu'ils ont accumulés depuis des années par la surexploitation, grâce aussi aux cadeaux qui leur ont été accordés et que l'actuel gouvernement maintient [456], peuvent faire droit aux légitimes revendications, qu'ils peuvent augmenter les salaires, qu'ils peuvent réduire la durée du travail sans diminution de salaire. » Par la force des choses, il fut beaucoup question, dans ce congrès, de la Hongrie de Nagy écrasée par les chars soviétiques, de l'Égypte de Nasser envahie par les parachutistes anglo-français, et de l'Algérie qui, chaque jour un peu plus, s'enfonçait dans la tragédie. Un Comité pour la paix en Algérie s'était constitué dans l'usine Delle à l'initiative de la CGT. Les ouvriers de Gendron débrayèrent une demi-heure pour protester contre la guerre et se rendirent à la Mairie, banderoles en tête. Chez Lavix, une pétition pacifiste reçut 74 signatures sur un effectif total de 78 personnes. Un jour d'automne tomba du ciel sur le

455. Intervention de Marc Lambert au Congrès de l'Union départementale CGT, 8-9 décembre 1956, *op. cit.*
456. Il s'agit du gouvernement de Guy Mollet.

bureau du préfet du Rhône un télégramme inhabituel : « Le Comité d'Entraide des Jouets de Norev informe les pouvoirs publics en la personne de M. le Préfet du Rhône qu'il participe au mouvement de grève en faveur d'une paix négociée en Algérie » – signé : « LES JOUETS DE NOVEV » [457].

457. Télégramme du Comité d'entraide des Jouets de Norev au préfet du Rhône, 27 octobre 1960 (ADR).

MARQUE DÉPOSÉE

NOREV

[CHAPITRE 26]

NOUVELLE ÈRE

Alors que se profilait la grande mutation urbaine, Villeurbanne, 13e ville de France, ne brillait pas par les projets de son équipe municipale. « À l'ombre d'une grande cité, Villeurbanne risque fort de passer inaperçue. On ne sait pas toujours si cette commune constitue un quelconque faubourg ou un arrondissement exceptionnel de Lyon », soulignait une revue dont le directeur était pourtant adjoint au maire [458]. La cité s'enorgueillissait toutefois de posséder le Palais d'Hiver où se produisaient Georges Brassens et Yves Montand, un théâtre des plus réputés où l'on jouait Brecht et Shakespeare, une société omnisports, l'ASVEL, appréciée principalement pour son équipe de basket, et une bibliothèque municipale digne d'intérêt avec cent quarante mille prêts sur l'année et dix-neuf entreprises abonnées. Parce que depuis la Libération la société évoluait dans le bon sens, les ouvriers n'étaient plus considérés comme de simples pièces dans le processus anonyme de production. Leur accession à la culture, condition et signe d'une progression générale,

458. *La Vie lyonnaise*, février-mars 1959, directeur Michel Richelmy.

semblait aller de soi. Les associations Tourisme & Travail, Travail & Culture, agréées par le ministère de l'Éducation nationale, avaient leur siège au Palais du Travail et se dépensaient en activités variées. À l'occasion d'un récital de Léo Ferré au Théâtre de la Cité, elles proposèrent un débat au Café de la Poste, avenue Henri-Barbusse, « avec la participation de l'artiste ».

Lorsque fut structurée la « Bibliothèque des Usines de Villeurbane », dans les années cinquante, les industriels furent conviés à se rendre à une réunion-apéritif. Certains déclinèrent sobrement l'invitation : Chabert, de la société Joya-Chabert ; Bizouard, des tanneries Bizouard-Goubert ; Charel, de Seux & Charel ; le directeur de L'Ébénoïd, « en déplacement à la Foire de Paris » ; Nombret-Gaillard, etc. Pierre Claret, de l'entreprise de pelleterie Lacourbat, Claret & Confavreux, « retenu à Paris », s'excusa. Clément Muffat, des établissements Clément-Muffat, fit part de son intérêt à l'égard des « possibilités d'extension de la lecture publique dans les usines » ; le directeur de Remington Rand demanda à sa secrétaire de transcrire sur son clavier AZERTY son intention de « faciliter au maximum le fonctionnement » de ce nouveau service. « Nous sommes d'accord avec vous sur le principe de la mise à disposition de livres pour le personnel », acquiesçait le responsable des Jouets de Norev dont les ouvriers avaient passé l'âge de jouer aux petites voitures. Le directeur général des véhicules électriques industriels Sovel, rue Léon-Blum, transmettait l'information au Comité d'entreprise pour avis. Le gérant des tuyauteries J.-F. Boccard, route de Vaulx, envisageait une prospection pour savoir si certains membres de son personnel seraient intéressés. Tout à fait favorable, le représentant de la Maison de soieries Henry Bertrand communiqua les observations instructives recueillies par l'assistante sociale de l'usine. « Actuellement, expliquait-elle, nous avons quarante-trois lecteurs – neuf messieurs, dix-huit dames, seize jeunes filles. » Des éléments consignés, il ressortait que les « messieurs » lisaient des romans policiers, de cape et d'épée, d'aventures ou de voyages. Les « dames » se plongeaient dans les « romans faciles genre Delly, Concordia Merrel, Ardel H. ». Elles trouvaient leur plaisir dans *L'Ombre sur le bonheur*, *Le Marchand de miracles* ou *Le Mal d'aimer*. Certaines se tournaient vers Pearl Buck, l'une dévorait Cronin et Frank Slaughter. Des ouvrières, soulignait l'enquête, « n'acceptent pas les livres trop gros ; ayant peu de loisirs, elles désirent des livres vite lus ». Les plus jeunes appréciaient « les livres dont on a tiré un film » – « La grande majorité des jeunes lit plusieurs magazines féminins par semaine qui leur apportent, avec la mode, le courrier du cœur, les nouvelles du cinéma, les romans feuilletons, et l'horoscope auquel elles sont très attentives [459]. » Mais il s'en trouvait aussi pour se nourrir des œuvres de Péguy. Un rélevé effectué chez Brondel, notait pêle-mêle, parmi les livres empruntés, Kessel, Stendhal, Colette ou Frison-Roche, mais ne précisait pas lesquels des quatre cent cinquante métallos lisaient *Autant en emporte le vent*, *Les Misérables* ou *Les Raisins de la colère*. M. Camsat, des chaussures Bally-Camsat, participa par courtoisie à la réunion de la Mairie, tout en remarquant que dans l'établissement fonctionnait déjà « notre propre bibliothèque ». Quant aux Ateliers de constructions électriques de Delle, ils ne voyaient que des avantages au développement des cette « heureuse initiative » et avaient d'ailleurs entrepris, eux aussi, de constituer une bibliothèque d'entreprise de plusieurs milliers d'ouvrages. Sur ses rayons

459. Note sur la lecture, maison H. Bertrand-Clayette, 1955 (AMV).

s'alignaient *Bonjour tristesse* de Françoise Sagan et *Le Quai des brumes* de Pierre Mac Orlan, *Les Conquérants* d'André Malraux et *Le Nœud de vipères* de François Mauriac, Baudelaire, Rabelais et Shakespeare, dont on ne sait s'ils furent lus, et *Le Talon de fer* de Jack London, classique américain de l'universelle condition ouvrière.

La Bibliothèque des Usines de Villeurbanne n'eut pas pour seul effet d'encourager la culture au sein de l'entreprise. La documentation laissée renseigne sur l'état des industries, car les fiches, pour situer les lecteurs, comptaient aussi les salariés. Cent dix lecteurs à Delle pour mille deux cents ouvriers, une soixantaine chez H. Bertrand pour trois cents employés, une centaine sur un total de deux cents aux peintures Valentine, une centaine également aux vêtements Guicher & Coste mais sur mille employés, et quarante-deux lecteurs à l'usine Gillet pour six cents ouvriers. Le Fil Dynamo employait quatre cents ouvriers et l'usine Dognin du 129, rue Louis-Becker, trois cent cinquante. Comme autrefois, les vieux travailleurs recevaient, lors de cérémonies compassées, des médailles d'honneur. Mathilde Desaintjean, guipeuse au Fil Dynamo, Bienvenu De Lazzari, préparateur en solution bakélite chez Fibre & Mica, Félicie Cavaletto, guimpière aux Dorures Mathieu, Anna Bussillet, pinceteuse chez Bertrand & Cie, Jules Bruard, contremaître teinture aux Établissements Picot & Fils de la rue Louis-Braille : médaille d'argent 1958... Silvio Fornasari, ouvrier pressier aux Pâtes Milliat & Vinay, Maurice-Joannès Julliard, confiseur chez Lamy, Auguste Berger, étendeur-surveillant chez Gillet, rue du 1er Mars-1943 [460] : médaille de vermeil... Madeleine Noiray, contremaîtresse à la bonneterie Wyler, médaille d'or...

460. Nom donné à une partie de la rue Flachet en souvenir de la rafle opérée par les nazis.

Pierre Von-Arx, ouvrier en chaussures chez Bally-Camsat, grande médaille d'or… Pour récompenser ses anciens, la manufacture des Ressorts Guillotte aux marchés florissants organisa une fête en présence du directeur de Guillotte-Maroc, le docteur Jean Guillotte, et du directeur de Guillotte-Algérie, car l'avis général était que la Maison devait « son extension rapide à son personnel autant qu'à ses fondateurs [461] ». La longévité dans l'entreprise se voyait récompensée. Faire carrière dans un seul emploi était courant et valorisé. Lorsque la Maison Mille, fabrique de corsets, célébra son cinquantenaire, le directeur offrit le champagne au cours d'un dîner champêtre à Cusset et releva que l'entreprise totalisait cent cinquante-sept médaillés du travail, « ce qui représente un joli pourcentage de fidélité de la part du personnel [462] ». Un adjoint au maire en mal d'inspiration cita le dicton « les bons patrons font les bons ouvriers et réciproquement ». Le cliché d'un grand photographe lyonnais immortalisa l'instant : Eugénie, Pauline, Mélanie, Joséphine, Émilie, Urbain, Rosalie, en habits du dimanche et en rangées sages. Les anciens étaient fêtés pour leur dévouement. Mais les usines ne juraient que par l'avenir.

Les Ateliers de Delle, rivés à l'exportation, représentaient alors 50 % de la production française de gros matériel électrique. Des ministres, des parlementaires, de hauts fonctionnaires sûrs de leur utilité, des invités étrangers de l'Ouest, de l'Est et des Neutres, de l'Espagne de Franco, de la Yougoslavie de Tito et de la Suisse des coffres-forts, assistèrent dans l'après-midi du 1er juin 1959 au gigantesque « coup de foudre » du Centre d'essais et de recherches de Delle-Alsthom, auquel le générateur de choc et l'éclateur à sphères

461. *L'Écho Liberté*, 19 avril 1958.
462. *Bulletin municipal officiel*, septembre 1950.

donnaient l'apparence d'un décor de science-fiction. Après les ministres et plénipotentiaires, les ouvriers et leurs familles purent découvrir les laboratoires prodigieux de Delle-Alsthom. Un universitaire tirait de cet exemple des conclusions sociales : par une telle visite « il est plus fait pour l'entente entre les classes que dans plusieurs exposés dictés par la meilleure foi du monde [463] ». Delle envoyait sa technologie en Argentine. Delle fabriquait des disjoncteurs pneumatiques de 525 000 volts à destination de l'Union soviétique. Delle fabriquait pour les installations exceptionnelles de Hassi Messaoud au Sahara. Le monde était un marché à conquérir, la technologie une arme d'offensive. Gendron, qui avait créé une seconde usine dans l'Isère, travaillait pour un tiers vers l'étranger et vendait ses rectifieuses à contrôle hydraulique dans le Marché commun. Route de Vaulx, Boccard n'était plus une bête tuyauterie mais, dans de nouveaux locaux, l'aménageur-concepteur « pour tous les fluides et sous toutes pressions » de « très importants complexes français et africains » : barrage de Génissiat sur le Rhône [464], raffineries Antar, Shell, Mobiloil et Centre de l'énergie atomique à la pointe du futur. Fibre & Mica, sous le parapluie de Normacem, produisait sa *Célamine*, matériau moderne 100 % français, par traitement à haute pression et température élevée de cellulose imprégnée de résines thermodurcissables, imitation marbre, onyx ou bois (« d'une surprenante réalité »), en cinquante coloris, pour une cuisine propre et gaie, une salle d'eau toujours nette, une salle de séjour attrayante, une chambre à coucher impeccable : « *Célamine*, la vie s'illumine. » La Manufacture lyonnaise de caoutchouc

463. Georges-Paul Menais, *Géographie industrielle de Lyon, op. cit.*, vol. 2, p. 52.
464. Commune d'Injoux dans l'Ain.

débitait en quantité quotidiennement équivalente à la surface de la place Bellecour son *Gerflex*, « de plus en plus en vogue depuis que la mode du *Do it yourself* a donné à chaque ménage la possibilité de rajeunir la maison [465] ». Le *Gerflex* se vendait en Belgique, aux États-Unis, en Turquie et à l'île Maurice. La Manufacture lyonnaise de caoutchouc ajouta à sa gamme le *Gerstyl*, pour les murs, et le *Gertoit*, pour la couverture. Mais elle conservait d'autre part ses activités caoutchoutières. Dans l'atelier de garnissage des cylindres industriels long de cent mètres, les ponts roulants géants déplaçaient des charges de vingt-cinq tonnes, tandis qu'ailleurs sortaient de presses précises les pneus des autos miniatures et les dessus des tourne-disques. « À tout problème de caoutchouc, il y a une solution *MLC* », clamait la publicté. Le directeur général, Jean Courbier, résumait la philosophie de l'entreprise en une pause gaullienne, grandiose et prométhéenne que le temps a altérée : « Nos fabrications n'ont de sens que si elles sont utiles à l'économie nationale, car la recherche d'intérêts privés ne se conçoit que dans une perspective d'intérêt public [466]. » Il se trouvait en effet des patrons pour accompagner les grands desseins du moment.

Chaque jour, grisé par son succès, Lavix battait des records et, au rythme de mille deux cents par mois, dépassait les deux cent mille machines à laver vendues : *Super-Lavix, Ultra-Lavix, Mouette, 709-Séchante* et la petite dernière baptisée *Élysée* à l'heure où le général donnait de nouvelles couleurs à la République. Lavix, appuyé sur un réseau de deux mille cinq cents concessionnaires, enrichissait son catalogue du *Lavylon* pour les bas nylon, « l'ange gardien de votre lingerie,

465. « *Do it yourself* » (« Faites-le vous-même »), *La Vie lyonnaise*, février-mars 1959.
466. Georges-Paul Menais, *Géographie industrielle de Lyon, op. cit.*, vol. 1, p. 66.

quelques gouttes suffisent », et du *climatiseur* LAVIX, « conçu pour répartir, de façon uniforme dans la pièce, l'air chaud ou frais ». Propreté et confort. Aux Gratte-Ciel, les orfèvres Bouillet-Bourdelle inventaient par l'inox une mode pour la table. Le classique *Antinea*, le style *Perles* et le style *Louis XV* en « Royal 13/13 [467] » naissaient dans une banlieue prolétarienne : « Service de table d'avant-garde, cadeau moderne par excellence. » Par alliage d'acier, de chrome et de nickel, l'inox, inaltérable et agréable, s'imposait dans l'aviation, dans la technique sophistiquée et les objets du quotidien. Son aspect « polissage miroir », autant que sa durée de vie et sa facilité d'entretien, faisait son attrait. « Grâce à une campagne publicitaire menée depuis plusieurs années, l'acier inoxydable est aujourd'hui connu de chacun », constataient les experts [468]. Et, après l'exposition de Bruxelles où Bouillet-Bourdelle fut primé, on considérait avec fierté que l'orfèvre entrait « d'une façon active dans l'ère du Marché commun avec des fabrications *uniques au monde* ». Les usines villeurbannaises les plus avancées s'étaient fait un nom si apprécié qu'il était universel. Bayard prétendait allier « aux traditionnelles qualités lyonnaises de travail et de sérieux » les vertus des maisons dynamiques : « audace raisonnée et esprit d'entreprise ». Ce n'était pas un parangon d'intrépidité, loin de là. Bien au contraire un conformisme de bon aloi assoyait la réputation de la marque. « Bayard a le respect du "Juste milieu". Il évite l'extravagance, le ridicule. Il habille avec "Discrétion", sans être en retard. » La maison s'octroyait le titre de « firme sympathique » et augmentait sa capacité de fabrication par l'ouverture d'une seconde usine, à Saint-Chamond dans la Loire.

467. Métal produit par les Aciéries d'Ugine.
468. *La Vie lyonnaise*, septembre 1958.

Bally, avec onze cents ouvriers, produisait deux mille neuf cents paires de chaussures de femme par jour, disponibles dans une chaîne de soixante magasins et sept cents clients indépendants « en France et en Afrique du Nord » [469]. Bally était fier de la complexité admirable de ses fabrications : la création, le dessin, l'atelier de piquage, la chaîne de quarante-quatre postes en deux rangées de vingt-deux ouvrières placées en quinconce, l'œil électrique du tableau qui s'allumait à chaque opération, le bac de distribution automatique, l'atelier de montage, fixation de l'empeigne, cambrure, bout, flancs, soudure de la semelle, fraisage des lisses, l'atelier de finissage du premier étage, le collecteur de poussière des machines aspirant 17 m^3/seconde, et jusqu'aux atomiseurs assurant le taux requis d'humidité. Et Cavagnolo, qui avait acquis pignon sur rue à Paris, était devenu dépositaire des « célèbres bandonéons » argentins (*Marca Registrada*).

les bobinages
CO.RA.LY.
CONSTRUCTION RADIO-ÉLECTRIQUE LYONNAISE
SOCIÉTÉ A RESPONSABILITÉ LIMITÉE AU CAPITAL DE 2.000.000 DE FRANCS
30, Rue Eugène Fournière
VILLEURBANNE

469. Une deuxième usine à Moulins (Allier) exécutait la chaussure homme, une troisième à Chambéry (Savoie) façonnait une gamme inférieure.

GERFLEX
GERFLEX
décor
GERFLEX CLAN

[Chapitre 27]

LE GRAND BOND EN AVANT

En 1960, un géographe publia aux Presses universitaires de France sa lourde thèse *Lyon, ville industrielle.* La métropole urbaine, expliquait-il en guise de justification, est au cœur d'un rassemblement d'environ 440 000 travailleurs dont 55 % vivent directement de l'industrie [470]. » Le géographe explorait les territoires de la soie, des textiles artificiels, de la chimie et de la métallurgie. Au chapitre « Quelques grandes usines lyonnaises (suite) », il abordait conjointement Berliet et les Établissements Richard : « De puissantes ascensions locales ». « C'est tout à fait par hasard, racontait-il, que les frères Richard entreprennent en 1940 la construction d'un tracteur à chenilles », prototype à gazogène exposé à la Foire d'Avignon l'année suivante. La marque *Continental* fut déposée en 1941. La chance des concepteurs surgit des besoins de la Libération dans l'agriculture et les travaux publics, alors que les tracteurs étaient, pour l'essentiel, américains. De l'expansion vertigineuse des Établissements Richard Frères (abrégé en « ERF »), l'universitaire se plaisait,

470. Michel Laferrère, *Lyon, ville industrielle, op. cit.*, p. X.

par penchant scientiste, à mesurer le progrès en termes mathématiques. Un petit atelier de 900 m^2 avant guerre à la Guillotière, une usine de 5 ha ½ à Villeurbanne lorsqu'il écrivait, d'où sortaient 80 engins par mois, dont certains de 20 tonnes. C'était déjà « la plus grande entreprise française de construction de tracteurs à chenilles ». Une visite sur place lui avait permis d'examiner deux grands ateliers. L'un de trois cents machines-outils usinait les pièces de dimensions moyennes. L'autre concentrait trente énormes appareils qui œuvraient, « avec de curieux gémissements, des poutres et des carters d'acier pesant plusieurs centaines de kilos ». Il suivait pas à pas la ligne des postes mécaniques : tours d'usinage, fraiseuses ou taille des engrenages... Richard Frères s'abouchait avec Berliet pour ses moteurs, et la SNAV, également sise à Vénissieux, pour la grosse chaudronnerie. L'entreprise commença à exporter au Brésil, aux Indes et en Syrie son bulldozer CD 7200, alors que ces pays, optimistes, escomptaient un développement rapide. Richard vendait en Algérie ses tracteurs et enregistrait des commandes pour la Chine populaire. Une importante délégation de Chinois en col Mao visita longuement l'usine. L'immense pays plein de possibilités faisait naître les plus grands rêves chez les entrepreneurs audacieux. Mais il y avait, malgré la guerre sans nom, la perspective d'un autre El Dorado, du côté des champs pétrolifères et des bases de fusées, de l'autre côté de la Méditerranée, au sud de la Mitidja. Le rédacteur des Guides bleus n'en doutait pas : « Pour l'équipement du Sahara industriel plein de promesses, les Établissements Richard Frères sont, si j'ose écrire, fin prêts [471]. » Moins de deux ans plus tard, le géographe Laferrère croyait pouvoir

471. Georges-Paul Menais, *Géographie industrielle de Lyon, op. cit.*, vol. 1, p. 132.

conclure : « Il semble que les ERF s'acheminent vers le monopole français de la fabrication de tracteurs à chenilles [472]. » *Continental* – « la Chenille française » – alignait ses grues latérales GL8 « spécialement étudiées pour la pose de pipelines et de feeders », ses tractopelles à commandes hydrauliques TP1100, ses angledozers CD8 de 130 CV. Pierre Richard, diligent directeur, s'en fut vanter ses engins en Amérique du Sud, à la foire de Lima, accompagné d'un général. À son retour, la rue de la Filature devint, pour la partie riveraine des Établissements Richard Frères, la rue du Pérou. Au numéro 10, dans l'annuaire, on lisait : « Établ. Richard Frères "Continental", tracteurs à chenilles. Consulat du Pérou Richard (P.), consul. »

Le nouveau consul du Pérou à Villeurbanne honora de sa présence, au côté d'Étienne Gagnaire et de Mme Soustelle, venue spécialement de Paris, une représentation de *La Famille Hernandez* au Théâtre de la Cité. *La Famille Hernandez*, purée de nous autres, était, comme qui dirait, un peu de Bab el-Oued porté à la scène. Il s'y parlait, pour la grande joie des auditeurs, un pataouet pur jus, la langue de là-bas, mélange original d'arabe, de français et d'espagnol, produit d'une histoire à la syntaxe étrange. Mais un fleuve de sang séparait désormais les autochtones, autrefois « indigènes », des Européens et des Juifs (qui étaient eux aussi des autochtones). Le drame algérien dominait la politique française. L'Armée dominait la politique algérienne. Le coup de force du 13 mai 1958 précipita le retour au pouvoir du général de Gaulle. Villeurbanne approuva sa Constitution, soumise au référendum, à 72 %. Incroyable, alors que la gauche et notamment le Parti communiste appelaient à voter « Non ».

472. Michel Laferrère, *Lyon, ville industrielle*, *op. cit.*, p. 405.

Assez justement, l'hebdomadaire *La Vie lyonnaise* analysait le vote des citoyens moins en faveur d'un texte qu'ils n'avaient probablement pas étudié que d'un recours « pour que ça change », le *ça* étant la situation algérienne [473]. La vague gaulliste emportait tout. Aux législatives du 30 novembre 1958, dans une triangulaire, le communiste Marcel Dutartre (28,5 %) et le socialiste SFIO Étienne Gagnaire (27,9 %), séparés d'un cheveu, étaient écrasés par le RPF Édouard Charret. En septembre 1959, le général-président reconnut dans un discours télévisé les droits des Algériens. Les Pieds-Noirs crièrent à la trahison. L'imprévisible de Gaulle alla de l'avant et limogea ses officiers factieux. De nombreux pays du tiers-monde ou de l'Est européen, suivis par les États-Unis, appuyaient le Gouvernement provisoire de la République algérienne proclamé au Caire sous la conduite de Ferhat Abbas. Par référendum, à nouveau, le général de Gaulle demanda au pays de se prononcer sur l'autodétermination de la colonie algérienne. La réponse fut « Oui » à 71 %.

Villeurbanne tournait la page d'une génération. Le docteur Lazare Goujon, ancien député-maire socialiste, était mort le lundi de Pâques 1960 à l'âge de 91 ans. Il fut enterré au cimetière de Cusset. Ses funérailles furent ponctuées de discours de circonstance : « Côtoyant chaque jour la misère, il comprend qu'elle ne pourra être vaincue que par l'avènement d'une société meilleure, basée sur le travail et non sur le profit [474]. » En mars 1961, le docteur Georges Lévy, ancien député-maire communiste, mourut à son tour et fut inhumé pareillement au cimetière de Cusset. Il avait 87 ans. Camille Joly, Marcel Dutartre, René Desgrand suivirent les

473. *La Vie lyonnaise*, septembre 1958.

474. Discours de Louis Hornung, secrétaire fédéral du Parti socialiste SFIO, aux obsèques de Lazare Goujon, *Bulletin municipal officiel*, mars-avril 1960.

obsèques au cours desquelles fut évoquée l'existence de celui qui « toute sa vie lutta pour la défense de la classe ouvrière sans jamais faillir [475] ». Les Biscuits Ninot existaient encore comme la teinturerie Picot et les vernis Cadot. Le Palais d'Hiver accueillait Dario Moreno et Bob Azzam, promoteur du yé-yé oriental : « *Chérie, je t'aime, chérie je t'adore, como la salsa del pomodoro* [476] ». Le Palais d'Hiver de Roger Lamour, fils de Pierre Lamour, recevait tout le monde : Fernandel au sourire chevalin, Sacha Distel au regard enjôleur, le Franco-Américain Eddy Constantine, l'Italo-Égyptienne Dalida et Édith Piaf qui avait chanté au Théâtre de la Cité déjà en 1942 et en 1945. L'Algérie obtint son indépendance [477]. La paix revint.

La croissance engendra la croissance. Entre les deux recensements, 1954 et 1962, l'un avant, l'autre après la guerre d'Algérie, Villeurbanne avait gagné plus de vingt-cinq mille habitants. La ville s'était accrue de 30 %, moins que Bron (+ 94 %) ou que Vénissieux (+ 43 %), mais sur une plus vaste échelle. Avec retard sur les prévisions d'Étienne Gagnaire, son maire, Villeurbanne avait franchi le seuil des cent mille habitants. La population municipale, celle effectivement identifiée sur les bulletins, s'élevait à 105 156 habitants, une densité de 7 260 au kilomètre carré, très inférieure à Lyon (11 553/km^2) moins pourvue en terrains industriels, très supérieure à Vénissieux (1 894/km^2) ou Vaulx-en-Velin (561/km^2) où n'existaient pas encore de ZUP [478]. La population active s'élevait à un peu moins de cinquante

475. « À Villeurbanne, une foule importante a suivi les funérailles du docteur Georges Lévy », *Le Progrès*, 7 mars 1961.
476. *Ya Mustapha*. Chanteur d'origine égyptienne et d'expression française, Bob Azzam avait également à son palmarès *Fais-moi du couscous, chérie* et *C'est écrit dans le ciel*.
477. Les accords d'Évian mettant fin à la guerre d'Algrérie furent approuvés à 91,8 % par les Villeurbannais lors du référendum du 8 avril 1962.
478. Zone à urbaniser en priorité.

mille personnes. Le taux d'activité (47,3 %) avait baissé de cinq points. Les ouvriers constituaient toujours plus de la moitié de la population active (53,7 %), et avec la catégorie « employés » formaient 70 % des actifs. 38 % de ces salariés ordinaires étaient des femmes. C'était à peine moins qu'en 1954. Artisans et commerçants (9,4 %) connaissaient un certain fléchissement par rapport à la situation huit ans auparavant, les industriels se tenaient à un peu plus de 1 % et les agriculteurs, noyés dans la masse, n'existaient plus que pour 0,08 %. Les effectifs de l'armée et de la police doublaient, le clergé s'étoffait quelque peu. Mais, dans l'ensemble, la stabilité caractérisait la structure de la ville, dominée par sa masse ouvrière.

L'expansion, cependant, avait des à-côtés dont il était malaisé de prévenir les effets. D'insaisissables mutations s'opéraient dans les conditions de la production industrielle. Gendron Frères fut racheté par une entreprise américaine, la Landis Tool Company de Waynesboro en Pennsylvanie. Son président tout-puissant se nommait Milburn A. Hollengreen et la volumineuse correspondance se faisait désormais en anglais. « *November Report. Machine Tool. Shipments of the year should be about $ 180,000 over the forecast*[479]. » Le groupe réorganisé céda au contructeur Black & Decker, de Baltimore dans le Maryland, sa division « outillage électro-portatif » et l'usine de Brezins, dans l'Isère. Landis Tool imprimait sa marque et la fabrication embrassa les normes américaines. Une enquête industrielle menée par l'INSEE en 1963 indiquait que l'usine de machines-outils Landis-Gendron de la rue Colin employait 715 salariés, des hommes à 85 %, tandis que la bonneterie Wyler du cours Émile-Zola faisait

479. Landis-Gendron Villeurbanne, correspondance avec Landis Tool Co., Waynesboro, USA, 14 décembre 1963 (AMV).

travailler 394 salariés dont 88 % de femmes [480]. La métallurgie se construisait au masculin et le textile au féminin. Chez Gendron, les ouvriers qualifiés comptaient pour 49 % et les OS pour 44 %. Chez Wyler, les ouvriers qualifiés représentaient 9 % de l'effectif tandis que les OS et les manœuvres atteignaient 91 %. La reconnaissance d'une qualification masculine tranchait avec la négation des savoir-faire féminins. La vieille usine Dognin rassemblait encore 274 salariés dont 208 ouvriers qui étaient à 70 % des femmes. OS ou manœuvres, aucune n'avait le statut d'OQ réservé aux hommes à 100 %. Dognin employait en sus une centaine de brodeuses à domicile dans un périmètre assez large, de Condrieu à Tarare ou Saint-Laurent-de-Chamousset, de Virieu-le-Grand à Saint-Maurice-l'Exil… Les salariés « soumis à un horaire fixe d'atelier, contrôlé par pointage, et n'ayant eu au cours du mois aucune absence et pas plus de deux retards [481] » touchaient une prime d'assiduité. Il existait dans l'usine un local « avec possibilité de réchauffer les plats », pour le repas de midi, « selon un horaire fixé pour chaque atelier », et un appareil distributeur automatique de casse-croûte. Après un mois de présence, le personnel pouvait bénéficier de la bibliothèque et les femmes avaient droit à un cours de couture les lundis et mardis de 17 à 20 h. À ses activités traditionnelles, la dentelle dite « de Lyon » rebrodée pour les robes et la lingerie, les tulles élastiques pour les gaines et les maillots de bain, l'usine avait ajouté la fabrication de moquettes pour appartement dans le goût et les usages de l'époque.

Parmi les établissements de plus de cinquante salariés, qui étaient assez nombreux, 12 % relevaient alors de la chimie,

480. INSEE, Direction régionale de Lyon, Recensement industriel, 1963.
481. *Brochure d'accueil*, Dognin S.A. Villeurbanne, 1967 (AMV).

24 % du textile et 35 % de la métallurgie. Selon le principe des vases communicants, le textile dépérissait tandis que se consolidait le métal. Il se trouvait en 1963 à Villeurbanne pas moins de deux cent quarante établissements de la métallurgie pour un millier dans le département, soit 23 % de la métallurgie du Rhône [482]. Toutes les spécialités se trouvaient réunies et dispersées : chauffe-eau électriques, sièges télescopiques, sommiers métalliques, machines hydrauliques, matériel d'agitation, ventilateurs industriels hélicoïdes et centrifuges, fonderies sous pression de zamak et de laiton, décolletage, repoussage, emboutissage profond inox, chromage dur et nickelage épais, accouplement engrenages et transmissions… Tout était là, dans les quartiers, entre les maisons. Quarante-trois de ces entreprises employaient entre cent et cinq cents personnes. Des nouvelles et des anciennes. Les tours automatiques AMTEC, les taraudeuses Cincinnati-Chomienne, les appareils de manutention automatique Gallet & Cie et les petits moteurs ELGÉ de Grandvuinet. Les variateurs de vitesse PIV de l'avenue Salengro et les accessoires pour cycles Victor Simon installés rue Olivier-de-Serres. L'orfèvrerie Bouillet-Bourdelle, le camping Plianfer, Fibre & Mica, la Sovel, la S.I.G.M.A., etc. Cinq entreprises occupaient plus de cinq cents salariés et dominaient toutes les autres : les Ateliers de contructions électriques de Delle et Richard Frères, bien sûr, Le Fil Dynamo, la société de tuyaux Boccard et Landis-Gendron. Le Groupement des Industries métallurgiques ajoutait aux puissants la Nordon-Fruhinsholz-Diebold de la route de Genas, siège social à Nancy, qui étendait son réseau à Alger, Casablanca et São-Paulo.

482. Calculs effectués à partir de l'*Annuaire de la métallurgie Rhône-Alpes*, éditions SME, Lyon, 1963.

À ce moment Boissier piqua du nez. Boissier, les velours. L'exportation vers l'Afrique et l'Orient pâtit durement de l'émancipation des colonies. Le chiffre d'affaires cessa d'être bénéficiaire. Les pertes se chiffraient à 87 217 francs lourds [483] en 1960, 327 875 NF en 1961 et 890 177 NF en 1962 [484]. Il ne restait que cinquante salariés pour cent quatre-vingt-quatorze métiers à tisser dans l'entreprise jadis florissante qui approvisionnait Hong-Kong, l'Inde et l'Australie en nouveautés. Les Établissements Pierre Boissier furent mis en liquidation le 26 juin 1963. La Maison Henry Bertrand, également, ferma. À sa place fut édifié le premier magasin de grande surface de la cité à l'enseigne Carrefour. « En moins de deux ans, la Société Carrefour a ouvert quatre magasins appliquant la formule américaine de vente pour tous les besoins courants : alimentation, habillement, équipement ménager. » Devant les vitrines illuminées de la nuit commerciale, sur les places marquées au sol du parking, se rangeaient les 404 Peugeot, voire les DS Citroën des clients pour la grande satisfaction des initiateurs de la formule. « Ce cadre gigantesque et original, commentait la presse, est à la mesure de leurs espoirs et d'une évolution qui ne fait que commencer [485]. » Elle avait raison. Un jour, l'usine Gillet, la vieille usine du chemin Sautin, de la rue Flachet, de la rue du 1er Mars 1943, qui avait symbolisé le grand patronat et les luttes sociales, disparut à son tour. Les fabrications partirent pour Bourgoin et Villefranche. Ils étaient six ou sept cents

483. Le gouvernement du général de Gaulle décida un changement de monnaie, réalisé au 1er janvier 1960. Le nouveau franc « NF » ou « franc lourd », pièce en cupro-nickel, était égal à cent francs anciens, et le centime, pièce en acier inoxydable, à un franc ancien. La pièce de cinq francs était en argent. Malgré le changement, on continua longtemps à s'exprimer en anciens francs.
484. Mémoire dactylographié de Thierry Bosc, *op. cit.*, p. 29 (AMV).
485. *La Vie lyonnaise*, avril 1964.

qui, de ce fait, perdirent leur emploi. Cela se fit petit à petit, si bien que l'on s'en aperçut à peine, lorsque tout fut fini. À la ligne « date de radiation » du registre de la Bibliothèque des Usines est inscrit : « Le 13-VII-1966, liquidation de l'usine de Villeurbanne. » Les vastes terrains, laissés vacants, furent acquis par une société parisienne de construction immobilière qui avait en projet un ensemble appelé « La Perralière ». Les Établissements Wyler, bonneterie du cours Émile-Zola, absorbés par le groupe TSR, furent transférés pour partie en Ardèche, à Annonay, et pour partie au sud des Cévennes, à Ganges, petite ville de tradition textile sur la rive gauche de l'Hérault. Les quatre cents salariés furent progressivement licenciés. La Bibliothèque des Usines enregistrait : « Date de Radiation : 5-VII-1967 – la maison ferme » et, en travers de la page : « N'existe plus à Villeurbanne » [486].

Dans la nuit du 8 au 9 octobre 1962, le Palais d'Hiver flamba. Reconstruit, agrandi, il rouvrit ses portes à Gilbert Bécaud après un an de travaux. Le Palais d'Hiver devint le temple de la nouvelle vague. Il accueillit Richard Anthony et Nancy Holloway, Johnny Hallyday et Sylvie Vartan, Claude François et Sheila, Hector « le Chopin du twist » et ses Médiators. Sur ses planches se produisirent les Beatles, le mardi 22 juin 1965, amenés dans un panier à salade pour être protégés de fans excessifs. *It's been a hard day's night, and I've been working like a dog...* L'agence de publicité de Guicher & Coste avait trouvé un nouveau filon pour rajeunir la marque : « Les Parisiennes préfèrent les hommes qui portent des costumes Bayard réalisés en Terlenka [487]. » On voyait

486. Registre de la Bibliothèque des Usines de Villeurbanne (AMV).
487. Les Parisiennes formaient un groupe yé-yé féminin. Elles avaient à leur *répertoire Il fait trop beau pour travailler* et *L'Argent ne fait pas le bonheur*. Le Terlenka était une fibre polyester hollandaise.

les quatre danseuses yé-yé lever la jambe devant un quatuor de faux James Bond en Bayard « 1re griffe de France ». Des journaux sérieux découvraient que les moins de vingt ans représentaient un marché et une puissance. Johnny Hallyday vendait six millions de disques microsillons, Richard Anthony cinq millions, Sheila et Claude François deux millions. Les adolescents acquéraient un pouvoir d'achat. « On cite le cas de jeunes de milieu ouvrier qui disposent de 200 F d'argent de poche par mois », s'étonnait une revue catholique [488]. Les postes à transistors, les électrophones à piles révolutionnaient l'écoute. Le mensuel *Salut les copains*, calqué sur l'émission d'Europe n° 1, atteignait l'incroyable tirage du million d'exemplaires. Une presse commerciale dans le vent supplantait les magazines militants. Malgré ses couvertures avec Alain Delon, *Nous les garçons et les filles*, qui remplaçait l'*Avant-Garde* des Jeunesses communistes, alignait loin derrière ses trois cent cinquante mille exemplaires – en régression constante. Avec le joli minois de Nathalie Degand, *Rallye*, mensuel lancé par la maison catholique de la Bonne Presse, se situait aux alentours de deux cent quatre-vingt mille avant de bientôt disparaître. *Pilote*, le journal d'Astérix et d'Obélix promu par RTL, la Radio-Télévision du Luxembourg, dépassait *Vaillant*, l'hebdomadaire vieillissant de Pif le Chien. Chez les petits, *Le journal du Manège enchanté*, *Le journal de Nounours* et *Le journal de Saturnin*, issus de la télévision, ébranlaient les traditionnels *Perlin et Pinpin*, vendu aux portes des églises, ou *Riquiqui et Roudoudou*, sur le flanc gauche de la presse enfantine. Les quotidiens n'avaient pas dit leur dernier mot. *Le Progrès* de Lyon, qui annonçait un tirage de 367 941 exemplaires en

488. *Presse-Actualité*, décembre 1963.

avril 1958, montait à 420 775 en mai 1963 en incluant son édition du *Progrès Soir* [489]. *L'Écho Liberté*, autre quotidien publié dans l'agglomération, vendait à 73 000 exemplaires et il fallait ajouter la *Dernière Heure lyonnaise*, extension locale fort prisée du *Dauphiné libéré*. La presse d'opinion n'avait pas perdu ses adeptes. L'organe du Parti communiste *L'Humanité*, à 227 000 exemplaires en 1958, conservait encore un tirage national de 195 000 en 1963 (*Le Monde* était à 249 000). *L'Humanité-Dimanche* dépassait les cinq cent mille ventes et *La Vie ouvrière*, hebdomadaire de la CGT, se diffusait à deux cent quarante mille. Mais la télévision, lucarne magique, imposait inéluctablement son tempo, ses images et son regard sur le monde. Ribet-Desjardin, Ducretet-Thomson, Pathé-Marconi, écrans de 43 ou 54 cm. Électrovision « en plein centre des Gratte-Ciel vous livre immédiatement avec 1 NF ». M. Fiore, 145, cours Tolstoï, agent officiel La Voix de son Maître. Rue Eugène-Fournière, les bobinages CO.RA.LY. fournissaient récepteurs et transistors. Les programmes régionaux en noir et blanc proposaient leurs *Actualités* et leurs variétés en direct *Merci d'être venu*. Les Jouets de Norev ajoutaient à la gamme de voitures au 1/43 sous écrin transparent le « Petit train *Interlude* », « décoratif, attractif, instructif », qui défilait ordinairement sur les écrans pour passer le temps entre deux émissions avant que soit introduite la publicité : « Des rébus supplémentaires sont joints à chaque train, pour remplacer ceux déjà placés sur les côtés des wagons. » Dans l'usine claire de la rue du Quatre-Août, des outilleurs et des graveurs très qualifiés, à l'œil exercé et à la main sûre, exécutaient les moules d'où sortiraient les miniatures. En musique et à la

489. Diffusion utile de 369 098 exemplaires — Presse-Actualité, décembre 1963.

chaîne, des femmes en blouse actionnaient les presses à injecter.

Un nouveau préfet, fort consciencieux, entreprit au début de l'année 1967 une visite guidée de la deuxième ville du département : « M. Gagnaire insista sur le caractère industriel de sa ville (50 000 travailleurs dans 133 entreprises ; près de 62 milliards de francs anciens en salaires annuels [490]. » Mais le maire exposait aussi ses réalisations, « récentes, en cours, ou projetées » : le stade Georges-Lyvet, le lycée Pierre-Brossolette, la Maison des Jeunes et des immeubles en grand nombre. À la Doua « naguère déshéritée, au bout du monde », se mettait en place pour la jeune génération un « prestigieux complexe universitaire », une « cité scientifique ». Là s'implanta l'INSA, Institut national des sciences appliquées, là se construisit la faculté des sciences et, entre les deux, le CNRS, Centre national de la recherche scientifique. Dans cet ensemble rapidement bâti, dix mille étudiants devaient se retrouver. Il était fait grand cas de l'architecte « de la génération des 40 ans », Lyonnais d'origine, fils d'architecte et Premier Grand Prix de Rome, à qui fut confié le projet. Des parallélépipèdes de béton aux minces cloisons s'élevèrent bientôt en bordure du boulevard de ceinture. En vérité, il n'était pas besoin d'être Grand Prix de Rome pour construire des cages à lapins. La ville des Gratte-Ciel avait oublié les belles ambitions de Morice Leroux, qui n'était ni Lyonnais ni primé. Fi des grandes idées, fi de l'utopie, les besoins immédiats effaçaient toute considération urbanistique, la construction allait fort et nécessité faisait loi. Les bidonvilles disparaissaient et c'était un bien. L'un des plus importants naguère s'étendait chemin des Buers sur 30 000 m^2 : quatre cent trente personnes. Un

490. *La Vie lyonnaise*, février 1967.

matin d'hiver, sous la neige, quelques jours avant Noël, une partie du bidonville des Buers fut livrée aux bulldozers. Il ne fut définitivement vidé de ses habitants qu'à l'été 1963. Près de Cusset, derrière des immeubles cubiques neufs de six ou sept étages, se dressaient les cabanes de planches et de carton goudronné : « Il remonte à une trentaine d'années et abrita des Espagnols. Il sert aujourd'hui d'asile à des Musulmans [491]. » Le bidonville des Buers avait son épicerie algérienne, tenue par M. Alliouche. La police recensait, en 1960, les « cafés arabes » des Charpennes, le café-restaurant d'Ali Bouzerd ou celui de Saïd Mehiaoui, avenue Dutriévoz, le café de Mostéfa Chebcheb, Petit Chemin de la Doua, et puis, à « Villeurbanne-Ville », le café-restaurant d'Ali Bibak, au numéro 11 de la rue Persoz. Les garnis proliféraient, tenus par des Algériens, des Français, ou des immigrés d'ancienneté plus marquée. Cours Lafayette, rue Bellecombe, rue Magenta, rue des Charmettes, chemin de Cyprian, rue du Docteur-Frappaz... Café des Lilas, Café de l'Harmonie... Il s'en trouvait une bonne cinquantaine, souvent insalubres [492]. Les garnis étaient une plaie. Un Italien de la rue des Bons-Amis se faisait un salaire de paillasses louées dans ses dépendances à des Nord-Africains. Quarante-quatre Algériens s'entassaient dans le débit de boissons d'un compatriote de l'avenue Marcel-Cerdan. Avenue Galline, plus de soixante autres trouvaient place dans les boxes d'anciennes écuries à chevaux (d'improbables W.-C. avaient été édifiés sur l'emplacement du fumier). C'était ainsi, en réalité, qu'une partie des travailleurs algériens étaient logés. Les usines, parfois, fournissaient une pièce, des locaux où demeurer. L'Oxhydrique

491. *La Vie lyonnaise*, février 1965.

492. Recensement des épiceries-cafés tenus par des Nord-Africains, 15 octobre 1960 (ADR).

française de la rue Émile-Décorps hébergeait dans son périmètre huit immigrés algériens. La plupart, alors, étaient des hommes seuls. Les « Centres nord-africains », sur le mode très encadré des « Foyers-hôtels », étaient dotés d'un strict règlement intérieur. Le Centre nord-africain de la Doua abritait deux cents personnes, le Centre du 43, rue d'Inkermann, cent cinquante, le Centre du 191, rue Léon-Blum, trois cents, le foyer SONACOTRAL de la rue de Pressensé deux cent soixante-dix. Une enquête de 1967, sur l'agglomération lyonnaise, révélait que 83 % des Algériens disposaient de moins de 8 m², 15 % n'avaient pas de fenêtre dans leur logement, 32 % pas d'autre mobilier que leur lit, 65 % pas d'eau dans le logement [493]. Au mitan des glorieuses années soixante, il existait des bidonvilles rue Greuze, rue du Quatre-Août et cours Émile-Zola. Sur un terrain vague appartenant à un propiétaire demeurant à Genève, au niveau des numéros 284-286, cours Émile-Zola, les services de police recensaient quatre cent cinquante personnes, la plupart de nationalité algérienne (mais aussi une trentaine de Tunisiens, treize Portugais et huit Espagnols). « Ces étrangers sont pourvus d'un emploi », notait le commissaire principal, et leurs titres de séjour étaient en règle [494]. Les baraques se vendaient de la main à la main. Un Algérien de 23 ans, après avoir acheté la « sienne » pour l'équivalent de cinq mois de salaire à une famille espagnole « qui quittait les lieux pour aller demeurer en HLM », y avait installé six lits sommaires « à deux places » qu'il louait à des compatriotes célibataires. On comptait donc vingt occupants pour chacune des frêles baraques de bois à toit de tôle, dont l'une fut ravagée par les flammes en août 1966.

493. *La Vie lyonnaise*, Noël 1967.
494. Lettre du commissaire principal de Lyon au maire de Villeurbanne, 26 novembre 1965 (AMV).

Au 175 de la rue du Quatre-Août, la police dénombrait deux cent quatre-vingts personnes (une grosse majorité d'Algériens et des Tunisiens) dans une trentaine de baraques. « Il va sans dire que les premières victimes de cet état de choses qui dure depuis plus de dix ans, écrivait le commissaire principal, sont les misérables migrants qui vivent dans ce bidonville aussi immonde que discret [495]. » Sur la rue Olivier-de Serres, la Compagnie Victor-Simon passa de l'exploitation des accessoires pour cycles à celle des logement d'immigrés [496]. La cité dont elle était propriétaire et qu'elle avait construite sur les anciens terrains de l'usine, barres de huit étages placées en carré, se transforma peu à peu en ghetto malsain vivant en marge de toute règle. Sous les photographies de presse s'inscrivait la légende : « Les murs d'une grande prison inhumaine. » La cité fut qualifiée de « bidonville à étages ». Elle attira les plaintes. Le Conseil municipal et le maire s'en saisirent pour mener une politique urbaine conforme à leurs ambitions.

Étienne Gagnaire dressait pour la presse la liste des foyers, la liste des garnis, et dénonçait ce qu'il appelait « la nouvelle médina du Tonkin ». « Une colonie nord-africaine s'étend et ceinture Villeurbanne », titrait un journal, alarmé [497]. « Il n'est plus possible de se promener dans le quartier du Tonkin après dix heures du soir, il y a une insécurité totale », grondait le maire [498]. Le commissariat des Charpennes entreprit curieusement un recensement de l'origine des habitants du quartier

495. Rapport du commissaire des Charpennes, 26 avril 1967 (AMV).
496. Présente en 1938 au 22, rue Olivier-de-Serres, l'usine d'emboutissage industriel Victor-Simon fabriquait des freins pour cycles, sonnettes de vélos et avertisseurs de motos de marque *Rota*.
497. *Dernière Heure lyonnaise*, 22 septembre 1966.
498. *Bulletin municipal officiel*, septembre-octobre 1966.

et fut étonné du résultat qui ne confortait pas sa perception : Français : 3 703 ; Italiens : 774 ; Algériens : 582 ; Tunisiens : 86 ; Polonais : 43 ; Arméniens : 23 ; Portugais : *idem*. Les chiffres étaient assortis d'une note du cabinet du préfet : « Contrairement à ce qu'il était communément admis, la composition de la population de ce quartier n'est pas à forte proportion nord-africaine. Les Algériens ne viennent qu'en troisième position [499]. » Le quartier était très mélangé, en effet, très populaire aussi et essentiellement ouvrier. Il vivait à son rythme, celui du travail et des loisirs modestes. « Alors ma vie dans le quartier ça consistait à aller au travail, à sortir du travail, et puis le soir on était avenue Dutriévoz. L'avenue Dutriévoz, elle partait de l'avenue de Thiers jusqu'à place Rivière et même un peu au-delà jusqu'au boulevard Stalingrad avec des arbres de chaque côté. Ça c'est un souvenir que j'ai toujours, avec des petites maisons, pas d'immeubles, et puis tous les soirs devant chaque maison il y avait des gens qui sortaient avec leur siège, leur chaise, et puis on se mettait devant les portes, et les gens discutaient ensemble, on rigolait… Moi étant jeune à l'époque j'avais ce mélange puisque j'avais Mme Pagani qui était à côté, j'avais M. Pagani j'allais discuter avec eux, j'avais Mme Brochard qui était l'épicière du coin, donc on a sympathisé. J'avais Mme Orcellet qui était un peu plus loin. Il y avait ce contact entre populations. Ça c'était notre quartier. Notre vie ça consistait à l'époque, je vous dis, à aller tous les soirs, on sortait avec les copains, on allait dans les canis, on buvait un… un… soit un pastis, soit un canon de rouge, et puis on discutait jusqu'à 8 heures, 9 heures, et on rentrait à la maison, on mangeait, et

499. Note du cabinet du préfet du Rhône et Recensement des habitants du quartier du Tonkin par le commissariat de police des Charpennes, août 1967 (ADR). La légalité d'un tel recensement n'est pas établie.

puis le lendemain rebelote [500]. » Mais les jours du vieux Tonkin, de la vaste place Rivière et de son marché aux puces dominical étaient comptés.

Les élections législatives de 1967 opposèrent le maire SFIO de Villeurbanne Étienne Gagnaire et le maire communiste de Vénissieux Marcel Houel à un personnage hors du commun, le gaulliste David Rousset, doté d'un *curriculum vitae* impressionnant : trotskyste dans sa jeunesse, déporté pendant la guerre, auteur en 1946 du témoignage majeur *L'Univers concentrationnaire*, couronné du prix Renaudot. Militant contre les camps de Staline et ardent partisan de la décolonisation, il avait du tempérament. Sans trop de raisons, comme d'autres avant lui et après lui, il vint se présenter à Villeurbanne et, étant parisien, donnait ses interviews à l'Hôtel Terminus de Perrache. « Voulez-vous nous situer vos adversaires ? » lui demandait-on. « Mes adversaires, je m'en fous… », répondait-il. « Mais encore ? » insistait le journaliste. « M. Gagnaire appartient à la droite, jugeait le bouillant David Rousset. Je n'ai pas en lui un compétiteur socialiste, puisqu'il se situe lui-même à la droite de la SFIO, et s'est fait élire par le MRP et les indépendants. » Marcel Houel, le communiste, arriva en tête au premier tour. Étienne Gagnaire refusa d'appliquer les accords de désistement à gauche, maintint sa candidature, perdit l'élection et fut exclu de la SFIO.

500. Entretien, ouvrier algérien habitant le quartier du Tonkin.

OBSESSION

maillots de bain
soutiens-gorge
lingerie

le journal du rhône

Lundi 27 mai 1968 le numero 0.50 f.

pour que nos revendications aboutissent

LA GREVE CONTINUE

Les choses sont claires. Il a fallu la force et hélas la violence pour que les dirigeants politiques et patronaux du régime gaulliste acceptent de discuter avec les représentants des organisations ouvrières.

Ce qui n'avait pu se faire en 10 ans de pouvoir unilatéral en 8 jours l'action dure des étudiants et des travailleurs l'a imposé.
Et non seulement on discute - mais on avance sur des revendications depuis longtemps posées qui auraient pu se règler dans le calme et la discussion permanente. Tout cela l'opinion publique s'en rend bien compte : le SMIG à 520 F., le retour aux 40 heures sans diminution de salaires, l'abaissement de l'âge de la retraite.

Mais tout cela serait vite remis en cause sans un pouvoir syndical dans l'entreprise et dans le pays pour faire pendant au pouvoir économique du gouvernement et du patronat.

Il faut de même, immédiatement remettre en cause les ordonnances anti-sociales sur la Sécurité Sociale
La négociation continue.
L'action doit s'amplifier au cours de la semaine, pour que le résultat final de la négociation soit positif.

Les patrons ont dû négocier. Ils doivent signer des accords valables Reste une semaine dure mais qui doit être efficace. Dès lundi matin il faut intensifier l'action, la grève continue.

Le Journal du Rhône.

TRANSPORTS

Tous renseignements peuvent être obtenus auprès du Ministère de l'Equipement entre 9 et 19 heures en téléphonant au 527 - 52 - 66.

*

CHEMINOTS

Tous les cheminots C.F.D.T. doivent être présents lundi 27 mai pour participer aux piquets de grève et les renforcer.

Les Syndicats posent leurs conditions

La seconde journée des négociations entre les Organisations Syndicales ouvrières, le Patronat et le Gouvernement aura été celle de l'expectative et du durcissement. Après l'euphorie de la première nuit, où l'on avait appris l'augmentation du S.M.I.G., la journée de Dimanche devait s'avérer beaucoup plus tendue, crispée. Il n'est sans doute pas inutile de rappeler qu'il n'y aura d'accord que global, les divers points étudiés seront regroupés à la fin des négociations et l'ensemble fera l'objet du "traité final.

Il semble que chacun des participants a profité du dimanche pour préciser ses positions.

"L'ECHELLE MOBILE"

Monsieur SEGUY devait lire dès le début de la séance un communiqué qui précisait les préalables présentés par la C.G.T. : "La commission administrative a donné un mandat ferme à sa délégation :

* pour exiger l'abrogation des ordonnances ayant mutilé la Sécurité Sociale
* pour obtenir l'indemnisation des journées de grève
* pour que le gouvernement et le Patronat acceptent une clause d'échelle mobile des salaires liée à l'évolution du coût de la vie garantissant l'amélioration du pouvoir d'achat acquise par la lutte.
* pour la garantie du droit syndical dans les entreprises, pour que les négociations dans les secteurs publics et nationalisé soient menées simultanément afin qu'elles se poursuivent dans le secteur privé".

Cette déclaration liminaire du Secrétaire Général de la C.G.T. faisait rebondir la situation.

LA GREVE DOIT SE POURSUIVRE

Peu après, Monsieur Eugène DESCAMPS devait insister également sur la poursuite de la lutte syndicale. Un communiqué de la Confédération déclarait que "les accords nationaux ne pourraient être signés que lorsqu'ils auront été discutés et ratifiés dans les entreprises".

Monsieur Eugène DESCAMPS réaffirmait également l'une des plus importantes revendications, le droit syndical", aucun accord ne pourrait être adopté par la C.F.D.T. s'il ne comportait pas des dispositions sur l'exercice des droits syndicaux dans l'entreprise.

Rencontre intersyndicale

Une réunion s'est tenue Dimanche 26, entre l'AGEL, FEN, CFDT, CGT.

L'AGEL fait deux propositions :
- Organisation lundi d'une manifestation unitaire de l'ensemble des organisations syndicales;
- Ou, dès lundi matin : organisation de débats, réunions, meetings rassemblant, à proximité des lieux de travail, travailleurs, étudiants, enseignants.

A ces deux propositions, la C.G.T. oppose un préalable comportant, sur le fond, des conditions telles que les responsables de l'AGEL n'ont pu les accepter. A ce préalable était jointe une proposition tendant à maintenir lundi les étudiants dans les Facultés pour y discuter de la "réforme démocratique de l'Université".

En ce qui concerne la C.F.D.T., après avoir insisté sur la responsabilité collective des organisations syndicales et désirant poursuivre l'action engagée déjà dans plusieurs entreprises, donnait son accord à l'organisation de rencontres-débats sur le lieu de travail entre étudiants et travailleurs.

La FEN fit alors une proposition en deux points :
1°- Mise en garde contre les dangers que pourrait présenter lundi une éventuelle manifestation de rues.
2°- A partir de mardi, rencontres pour examiner les possibilités d'organiser une "action unitaire contrôlée".

Cette proposition recevait un refus, catégorique de la C.G.T.

La C.F.D.T. ayant fait connaitre clairement ses positions ne peut que regretter ce refus de la C.G.T. tant des propositinns de l'AGEL que de celles de la FEN, refus ne permettant pas une action unitaire de l'ensemble des organisations syndicales présentes.

COURRIER

Le courrier et les télégrammes urgents peuvent être acheminés. Les usagers peuvent se renseigner en ce domaine auprès du Directeur Départemental des P.T.T.-Quai Gailleton

[Chapitre 28]

MAI 68

Si l'année 1968 fut remarquable, ce n'était pas parce que Johnny Hallyday avait fait étape au Palais d'Hiver, pas non plus parce qu'il était arrivé à Lyon dans une luxueuse décapotable rouge « de conception américaine », ni même parce que Graeme Allwright, chanteur de *protest song* d'expression française à l'accent néozélandais, avait gratté sa guitare au Théâtre de la Cité, mais à cause d'événements imprévisibles et curieux survenus au mois de mai. Le pays qui « s'ennuyait », au dire des éditorialistes, voulut, pour quelques semaines, mettre l'imagination au pouvoir – exercice aussi difficile que méritoire. Certains entrevirent, en un moment fugace, des possibles meilleurs et le cours de leur vie changea. D'autres en conçurent de l'amertume, après une immense peur, comme en 1936, comme en 1919, et comme sous la Commune. Selon les avis autorisés, l'agitation étudiante prit sa source le 22 mars à Nanterre, université sans histoire construite au milieu des bidonvilles de la ceinture parisienne, pour s'étendre après une nuit d'émeutes au Quartier latin, le 6 mai. L'occupation des usines débuta à Sud-Aviation de Nantes le 14 mai. De l'enchaînement des événements tout a été dit depuis longtemps : revendications étudiantes, CRS et gardes mobiles exhibant leurs bidules, barricades, voitures incendiées, charges, matraquages, visages en sang, solidarité et, sur le mode de la contagion, la grève générale avec occupation… D'un coup d'un seul, dans une société assoupie, l'histoire mimée des générations passées faisait irruption sur les pavés : drapeaux rouges et drapeaux noirs, revendications extravagantes et insolites puisées dans le tréfonds des insatisfactions existentielles. Mille fleurs s'épanouirent donc, mille écoles rivalisèrent et mille slogans inédits s'affichèrent sur les murs. Le mouvement étudiant de l'agglomération lyonnaise commença sur les campus de la Doua et la grève ouvrière chez Richard-Continental, rue du Pérou. Pris de fièvre subite, le lundi 6 mai 1968, la quasi-totalité des étudiants de l'INSA et de la faculté des sciences désertèrent les cours pour venir à la rescousse de leurs *alter ego* de la capitale privés de facultés par les forces de police. « À Lyon, les étudiants ont décidé de soutenir leurs camarades parisiens, et de développer une action générale de contestation, à partir du mardi 7 mai [501]. » « Libérez la Sorbonne ! Halte à la répression policière ! Diffusons le texte du Mouvement du 22 Mars ! Dénonçons le caractère de classe de l'Université ! », exhortait leur tract. Les revendications n'étaient pas exactement délimitées mais couraient d'une bouche à l'autre à grande vitesse, comme une évidence. Elles étaient dans le tout. Les étudiants lyonnais proclamèrent la grève illimitée et occupèrent la rue en promenant des banderoles solidaires des révoltés de Nanterre. Parti du campus de la Doua, le cortège rejoignit la Bourse du Travail et de là, grossi des étudiants en lettres, gagna la Presqu'île pour

501. Tract de l'Association générale des étudiants lyonnais (AGEL-UNEF), 6 mai 1968 (Archives privées).

défiler jusqu'à l'Hôtel de Ville par la rue de la République, en chantant *L'Internationale* et en conspuant Alain Peyrefitte, le ministre de l'Éducation nationale aux grandes oreilles. Une seconde nuit de violence au Quartier latin, le 9 mai à Paris, fit basculer le pays entier du côté des contestataires. C'en était trop, pour les parents, de voir leur jeunesse grenadée. Ce fut le signal du grand chambardement. Sur toute la largeur de sa Une, *Le Progrès* titrait : « Après la triste nuit des barricades, ordre de grève générale pour lundi [502]. » Le lundi 13 mai fut, comme annoncé, un point d'orgue. De Vaise arrivaient les hommes vêtus de bleus de la Rhodiacéta, du quai Claude-Bernard, les étudiants en lettres propres sur eux. Le cortège des étudiants de la Doua opéra sa jonction avec celui des ouvriers de Villeurbanne place de la Bascule. Et tous se retrouvèrent à la Bourse du Travail pour investir à nouveau la Presqu'île symbolique. « Une mer humaine », que décrivait la presse pauvre en mots [503]. Drapeaux, discours, UNEF, SNESUP, FEN, CGT, CFDT, FO, PCF, PSU, FGDS [504], tous les sigles possibles se déversaient sur la place des Terreaux, en rangs serrés, les étudiants, les enseignants, les ouvriers, et ceux qui n'étaient rien. Par le journal, les gens apprenaient que le Centre démocrate, un peu oublié, se joignait à la manifestation.

Le cinéma Family projetait *La CIA mène la danse* – film « débordant d'action ». Comme à l'accoutumée, L'Éden donnait un film espagnol, *El Rufián*, pour les immigrés de la cité. Le ciné des Iris proposait *007 – Opération Tonnerre* en scope-couleurs et Le Dauphin *Le triomphe des dix mercenaires*.

502. *Le Progrès-soir*, 11 mai 1968.

503. *Dernière Heure lyonnaise*, 15 mai 1968.

504. Union nationale des étudiants de France, Syndicat national de l'enseignement supérieur, Fédération de l'éducation nationale…, Parti socialiste unifié, Fédération de la gauche démocrate et socialiste.

Tout paraissait normal, mais rien ne l'était plus. Mireille Mathieu occupait le Palais d'Hiver bien que le spectacle vrai fût ailleurs. Les étudiants occupaient les facultés du quai Claude-Bernard et, sur le socle de la statue, dans la cour, se détachait à la peinture en spray : « La société bourgeoise tombe… mais il faut la pousser. » Les ouvriers occupaient les usines et hissaient à leur faîte le drapeau rouge. Le maître mot était *occupation*. « C'est aux établissements Richard-Continental (1 700 salariés) qu'a débuté la première grève hier matin », relatait *Le Progrès* du 18 mai. À la rentrée de 7 heures, les ouvriers s'étaient réunis en assemblée générale, avaient écouté leurs représentants syndicaux et décidé de l'occupation pacifique, « évitant de bloquer le standard ou de dégarnir les postes de garde ». Comme des dominos, une usine entraînait l'autre. Richard-Continental d'abord, mille sept cents ouvriers, puis Gendron, quatre cent cinquante, puis Delle, mille neuf cents. « Aux usines Delle, occupées depuis vendredi 15 h, le piquet de grève placé à l'intérieur était ce matin très important » (lundi 20 mai). Grève à la CGEE de la rue Frédéric-Fays, grève aux ascenseurs Gervais-Schindler de l'avenue Paul-Krüger, grève des tapis roulants Gallet & Cie de la rue Paul-Verlaine… Tous partaient en grève. Usines, bureaux, écoles, aucun secteur ne fut épargné. La presse régionale, concentrée entre les mains de la société Province n° 1 et forte de son million d'exemplaires quotidien, cessa inopinément de paraître. Un nouveau titre, *Le Journal du Rhône*, prit sa place pour deux semaines et quinze numéros. « Le journal imprimé jusque-là dans notre région avait la partie belle : seul à être diffusé massivement, il pouvait refuser l'insertion de communiqués gênants pour le gouvernement ou les patrons. Il pouvait présenter les faits à sa manière… *Le Journal du Rhône* sera ainsi quelque chose de nouveau [505]. » Le parfum du Front populaire flottait dans l'air. Parce qu'ils avaient commencé, les travailleurs de Richard-Continental se sentaient à l'avant-garde. « À chaque relève, les locaux sont nettoyés et remis en ordre. Des réunions d'information ont lieu deux fois par jour… Des activités culturelles avec débats-discussions sont organisées (rencontres avec Planchon, ciné-club) [506]. » Roger Planchon, directeur du Théâtre de la Cité, en grève également, se plaça à la tête d'un Comité permanent des directeurs des théâtres populaires et des Maisons de la culture « en totale solidarité avec les étudiants et les travailleurs en lutte ». Quelle que fût sa qualité intrinsèque, la nouvelle pièce de Planchon, jouée peu de semaines auparavant, était prémonitoire : *Dans le vent – Grrr…* la tête du poète beatnik Allen Ginsberg sur l'affiche rose, jaune et mauve au graphisme hippy, et sur scène Pascale Audrey, Jean Bouise, Claude Brasseur. Dans le vent – Grrr… tout le monde, soudain, s'y trouva pour tenir le haut du pavé.

« 70 000 métallos en grève à Lyon », annonçait *Le Journal du Rhône* du 24 mai 1968. « De nombreuses délégations d'entreprises inorganisées viennent s'informer et nous consulter pour savoir comment s'organise une grève », racontaient avec ravissement les délégués du Comité intersyndical de Richard-Contiental. L'usine, ex-Villard et filatures de schappe, ex-Arsenal de l'Aéronautique, avait déjà vu défiler des grévistes dans ses ateliers au cours de sa longue vie : les fileuses de juin 1917 et de juin 1936, les constructeurs de l'*Inter* fuselé des années cinquante. Elle paraissait semblable à elle-même, sauf que devant les deux

505. *Le Journal du Rhône*, 24 mai 1968.

506. Écrit « ciné-bluc » — ce qui allait parfaitement avec l'esprit du temps. *Le Journal du Rhône*, 27 mai 1968.

pavillons symétriques de l'entrée, au lieu des vélos d'antan, se trouvaient maintenant des 2CV, des 4L et des AMI 6. Les comédiens du Théâtre de la Cité tournaient d'usine en usine pour lire des textes de Dickens et de Maupassant que les ouvriers écoutaient religieusement. La société d'un moment se découvrait et, dans ce moment fugace, les gens se regardaient autrement. Mai 68 fonctionna à la manière d'un instantané photographique. « 68, je l'ai vécu vraiment syndicalement parce que je voulais changer les choses. Enfin, dans ma tête il fallait… dans la tête des gens de l'époque, il fallait changer les choses », se souvenait un travailleur algérien de Lacollonge, la vieille usine de caoutchouc. « On a fait une grève d'un mois dans notre entreprise avec l'occupation. Devant la porte, le garde n'existait plus. C'est nous qu'on a pris la relève, avec les femmes qui nous amenaient à manger à un endroit, puisqu'il y avait les piquets de grève à tour de rôle… Bon, à l'époque il n'y avait pas d'essence… Enfin bref, j'avais une Dauphine, je m'en rappellerai toujours : On venait chacun à son tour, ceux qui avaient la voiture, parce qu'on n'avait pas d'essence, donc il fallait faire l'économie d'essence… On demandait des acomptes parce qu'on n'avait rien, au bout d'un mois, vous savez, quand tout est arrêté… J'ai vécu ça vraiment, parce qu'en même temps il y avait la grève, mais en même temps ça nous faisait du bien, je suis parti dans cette vie, vous savez, qui se soude quand il y a un événement. » La grève, le mouvement, l'être et le faire ensemble rapprochaient les gens, abolissaient les différences au-delà de ce qui était permis. « Entre nous, pour vous raconter une anecdote, tellement j'étais intégré dans le mouvement de cette grève, quand ils amenaient à manger de la charcuterie, j'en mangeais… Alors que, moi, j'ai jamais mangé de la charcuterie. Je mangeais de la charcuterie, je buvais du vin… J'étais vraiment intégré comme n'importe quel… Pour moi y'avait aucun problème. D'ailleurs tous les gens qui étaient là, l'ancienne immigration jusqu'aux années 80, il n'y avait pas ce problème qu'on voit aujourd'hui où il y a une connotation un peu de… l'Islam est venu mettre un peu son bec pour ses interdits : l'alcool, la charcuterie… Ça ne me posait pas de problème, la viande *halal*… On mangeait chez n'importe qui, n'importe où, n'importe quelle viande, il n'y avait pas de problème. On n'a pas vécu ce problème de sectarisme, moi j'appelle ça un sectarisme religieux dans lequel "ah ça c'est *halal*, ça c'est pas *halal*, attention ça !" Là, j'étais complètement intégré dans ce phénomène syndicaliste… Donc il y avait une espèce d'intégration qui commençait à se faire très, très naturellement, sans pouvoir se poser des questions. J'ai vécu cette période vraiment syndicalement et je dirais même idéalement, sur le plan idéal. J'étais persuadé qu'on allait changer les choses… [507] »

Avec satisfaction le responsable départemental de la métallurgie CFDT constatait : « Par dizaines, les sections syndicales naissent [508]. » Les syndicats s'entendaient aisément sur les revendications les plus urgentes : SMIG à 520 F, retour aux 40 heures sans diminution de salaire, abaissement de l'âge de la retraite, à quoi s'ajoutait la plus fondamentale : l'institution dans l'entreprise d'un pouvoir syndical « pour faire pendant au pouvoir économique du gouvernement et du patronat ». Tous les acteurs n'étaient pas cependant au même diapason. Les uns donnaient dans le quantitatif, les autres dans le qualitatif, les troisièmes, ailleurs, dans l'utopie. La CGT mettait en avant une échelle mobile des rémunérations garantissant le pouvoir d'achat « acquis par la lutte ». La CFDT

507. Entretien, ouvrier algérien de chez Lacollonge, né en 1945.
508. *Le Journal du Rhône*, 24 mai 1968.

assénait de son côté : « La réduction du temps de travail est possible. » Les plus radicaux des militants de Mai lançaient l'idée d'un pouvoir ouvrier et d'un pouvoir étudiant. L'UNEF, aile marchante de l'Université, croyait en une convergence fusionnelle de tous ces éléments. « Les ouvriers refusent la société qui les exploite et qu'ils subissent, écrivait-elle. Les étudiants refusent une université (un système d'enseignement) qui tend à faire d'eux les cadres dociles d'un système fondé sur l'exploitation [509]. » Les lycéens se raccrochaient à cette perspective et créaient leurs propres Comités d'action. Saint-Just, Marie-Vidalenc, Brossolette... « Au début de la révolte étudiante, un désir d'information sur les leaders, sur les groupuscules, a fait naître la discussion. Elle s'est prolongée en discussion permanente. Le grève des professeurs a permis aux enseignants de se joindre aux élèves... En somme, un CAL c'est d'abord la contestation commune à tous les étudiants : non à l'université de la bourgeoisie [510]. » La CGT appréciait modérément les jeunes incontrôlables et remuants qui venaient piétiner ses plates-bandes. Les communistes se défiaient de ces objets non identifiés qu'étaient les « groupuscules gauchistes ». Ceux-ci n'étaient d'ailleurs pas mieux disposés à leur égard et stigmatisaient le « révisionnisme » du PC [511]. Les jeunes parlaient « révolution », les syndicalistes « revendications ». Les langues délivraient chacune leur message. Au 31 mai 1968, les syndicats saluaient « les trois cent cinquante mille

509. Second tract AGEL-UNEF, 6 mai 1968 (Archives privées).
510. Sigrid A. et Anne G. des Comités d'action lycéens, *Le Journal du Rhône*, 1er juin 1968.
511. C'est-à-dire la « révision » du marxisme et la renonciation à la révolution : les « pro-Chinois » estimaient que « le quartier général de la trahison, c'est le bureau confédéral de la CGT ». La CFDT se plaignait de voir ses affiches « autour et dans les usines occupées » recouvertes par la CGT. Les diffuseurs du *Journal du Rhône*, qualifiés de « diviseurs de la classe ouvrière », se voyaient chassés du marché de Vénissieux par les militants communistes.

grévistes du département du Rhône qui poursuivent la lutte avec l'appui de la population laborieuse ». L'Association syndicale des familles de Villeurbanne nourrissait les enfants de grévistes dans les cantines scolaires. La grève toucha l'ORTF, l'Office de radiodiffusion télévision française, jusque-là sous ferme tutelle gouvernementale. Les frondeurs réclamaient « la liberté de l'information » et conduisaient place Bellecour un Tube Citroën aux flancs placardisés : ORTF – Gala de variétés avec débat – entrée gratuite. « La Radio et la Télévision c'est vous – Son seul but doit être la satisfaction des exigences de tous dans les domaines de l'information, des loisirs, de l'art et du spectacle [512] », soutenaient les journalistes. Mais l'État ne l'entendait pas ainsi et le ministre de l'Information préférait la police à ces chimères. Sur les palissades lyonnaises apparaissaient des affiches impertinentes sérigraphiées par les étudiants des Beaux-Arts : « La police à l'ORTF c'est la police chez vous » (le sigle ORTF était formé de barbelés). Aux yeux des contestataires, les accords de Grenelle, négociés en hâte par le patronat et les syndicats au ministère des Affaires sociales, passaient pour insignifiants, malgré leur contenu : augmentation substantielle des salaires, réduction de la semaine de travail, reconnaissance de la section syndicale d'entreprise. La grève continuait. Les *Enragés* dispensaient en termes crus leur sentiment sur le pouvoir : « Aujourd'hui il recule. Demain il nous encule [513]. »

Le général de Gaulle, président de la République, de retour de Roumanie, parla et dénonça la « chienlit ». De Gaulle occupa le micro. De Gaulle, contesté, mobilisa les siens. De Gaulle, affaibli, amnistia le quarteron de généraux

512. Tract des grévistes de l'ORTF, Lyon, mai 1968 (Archives privées).
513. « Les étudiants dénaturent leurs examens », tract, Lyon, 1968 (Archives privées).

putschistes d'Algérie pour élargir sa base à droite. Ses partisans occupèrent à leur tour la rue aux cris de « Liberté du travail », « La France aux Français », et ils brandissaient des pancartes « Non à l'anarchie ». À Lyon, les événements avaient pris un tour dramatique dans la nuit du 24 mai avec la mort d'un commissaire de police, renversé par un camion lancé sur les forces de l'ordre au pont Lafayette. De Gaulle restait, dissolvait l'Assemblée nationale, appelait à des élections. « Prolongeons et renforçons les succès obtenus en créant les conditions pour l'avènement d'un gouvernement populaire », rétorquait la CGT [514]. La décrue s'amorçait. Le 5 juin, les six cent trente ouvriers de la Manufacture lyonnaise de caoutchouc reprenaient le travail, comme les trois cent trente salariés des Vêtements Lafont. Le 11 juin, les mille sept cents ouvriers de Richard-Continental rentraient à l'usine. Au 14 juin, l'Union locale CGT rapportait que six mille cinq cents travailleurs des usines de Villeurbanne, dans la métallurgie et la maroquinerie, restaient mobilisés « pour l'aboutissement de leurs justes et légitimes revendications que les patrons refusent ». Les quatre semaines de grève pesaient lourd sur leur quotidien et, comme jadis, des collectes sur la voie publique étaient encouragées. Parfois, des usines retardaient l'heure de la reprise. Les militants les plus résolus soufflaient sur les restes de braises. « À la S.I.G.M.A. de Villeurbanne, tous les travailleurs occupent leur usine. Tous les matins, ils repoussent les cadres qui veulent rentrer. Ils refusent le vote, car "le vote, ce n'est pas la méthode des ouvriers". Ils disent : "Plus ça va, plus on est déterminés, plus on veut aller jusqu'au bout" [515]. » Mais le bout était là. Les fleurs

514. *Le Progrès*, 8 juin 1968.
515. « Lyon, bastion de la résistance prolétarienne », tract « pro-Chinois », juin 1968 (Archives privées).

de Mai se fanaient et mille signes annonçaient la fin du printemps. Au 20 juin, Fibre & Mica arrêtait la grève. Les établissements industriels inséraient dans les journaux des petites annonces invitant le personnel à se présenter au travail. Delle-Alsthom, Compagnie générale d'entreprises électrique, S.I.G.M.A., etc. Retour à la normale. *Le Progrès* était revenu dans les kiosques (« Chaque matin un ami fidèle : votre journal »). Le Family mettait à l'affiche *La blonde défie le FBI* et le Fantasio *La Bible* en scope-couleurs (par le réalisateur de *Casino Royale – 007*).

La société avait connu un grand frisson. Le verdict tomba dans les urnes. Le général de Gaulle gagna son pari et la droite l'Assemblée. Avec un tiers des suffrages au premier tour des législatives du mois de juin, un inconnu, Pierre Garnier, directeur de sociétés, arriva en tête de tous les candidats de la circonscription de Villeurbanne sous les couleurs de l'UDR, Union pour la défense de la République, le parti gaulliste. En troisième position arrivait Étienne Gagnaire, candidat du Centre et des Indépendants. « Devancé cette année sur sa droite par M. Garnier, il n'a pu être celui de l'unanimité anti-communiste », relevait *La Vie lyonnaise* : « M. Gagnaire fait un peu figure de Poulidor des courses électorales » – commentaire inexact car le brave Poupou était toujours second [516]. Au deuxième tour, le communiste Marcel Houel et son suppléant René Desgrand sauvèrent leur siège de justesse. Le vendredi 28 juin, aux alentours de 15 h 30, une entreprise spécialisée fit tomber deux cheminées de l'ancienne usine Gillet hautes de 57 mètres, dans l'attente d'une opération immobilière. Une époque était close.

516. *La Vie lyonnaise*, 1er juillet 1968.

SPECIAL Occupation

OBSESSION

EN LUTTE

VILLEURBANNE

n° 1

C.G.T. HABILLEMENT • F.S.M.

« Il n'y avait plus de travail pour eux... »

Obsession:

VILLEURBANNE

HIER

cité industrielle, métallurgie, textile.

AUJOURD'HUI

transferts, fermetures d'entreprises, chômage.

Ni foie gras, ni champagne pour les ouvrières de l'usine « Obsession » qui ont demandé un patron au Père Noël

NON ! à la DESINDUSTRIALISATION
NON ! à L'AUSTERITE

Oui! au plein emploi
et à l'augmentation des salaires.

• Une délégation de quatre usines villeurbannaises

Seules solutions pour la relance économique

PRENEZ LE TEMPS DE LIRE CE JOURNAL. IL VOUS FERA CONNAITRE LA LUTTE D'OUVRIERES VOULANT CONSERVER LEUR OUTIL DE TRAVAIL, LEUR EMPLOI.

[Chapitre 29]

LE CHANT DU CYGNE

L'avenir s'avançait sous le signe du paradoxe. Le conservatisme le plus obtus avait remporté les élections et pourtant le Premier ministre promettait une « Nouvelle Société ». Le général de Gaulle, au travers d'un référendum, fut congédié par les mêmes qui, pris de panique, avaient placé en lui leur salut. L'onde de choc de Mai 68 se propageait inexorablement dans la sphère des idées et dans la sphère des comportements. La contestation gagnait du terrain. Les mœurs se débridaient. Les hommes se laissaient pousser les cheveux, portaient des vêtements colorés et snobaient le costume, ce qui n'avantageait pas la griffe Bayard. Les femmes délaissaient les bas pour les collants, se débarrassaient avec bonheur de leurs soutiens-gorge et la « lingerie » était, d'une manière générale, considérée comme preuve lamentable d'aliénation, ce qui n'était pas pour arranger les affaires des gaines Gilmo-Obsession, des corsets Mille ou des dentelles Dognin. Le théâtre était politisé, le cinéma était politisé, les facultés et les lycées étaient politisés, ce qui, dans le langage d'alors, signifiait « contestataire ». Tout était politique. Sur le campus de la Doua, il n'était pas un centimètre carré de mur qui ne fût recouvert d'affiches ou de slogans révolutionnaires. Aux portes des usines se pressaient les groupuscules diffuseurs de tracts. Drapés dans les oripeaux du passé, ils croyaient préparer le futur. Il n'était pas imaginable, dans ce contexte d'abondance et d'euphorie, que la société industrielle puisse un jour s'écrouler comme un château de cartes : fermetures en chaîne, dépôts de bilan, chômage de masse, renaissance d'une pauvreté sordide, délitement des solidarités, égoïsme forcené, effondrement des idéaux, impuissance du politique, toute-puissance de la télé, fatalisme économique, arrogance des riches et des parvenus, mornes perspectives laissées au générations montantes. Rien de cela n'était écrit sur les tracts ou dans les journaux, et il fallut un peu de temps pour y arriver.

« Et c'est dans cette période-là, où nous étions obligés de revoir notre position, qu'est apparu le collant. Jusqu'alors les femmes portaient des gaines élastiques (dont la gaine *Scandale* et beaucoup d'autres) et notre production de tissu élastique, uni et armuré, a toujours été bénéficiaire. Nous possédions une clientèle très importante et, avec le tissage élastique, nous avions un poste de production très important [517]. » Tels étaient les souvenirs que conservait Laurent Isaac, patron de la maison Dognin. « Quand est arrivée la fabrication fiable du collant, nous avons enregistré une baisse caractéristique dans les ordres de tulle élastique. Et comme mon organisation me permettait un aperçu mensuel des pertes et profits, je n'ai pas eu de difficultés à voir les conclusions que je devais en tirer… Le licenciement de tout le personnel était terminé fin 1970… » Ce fut fait avec méticulosité, comme il sied dans la dentelle. Le 28 janvier, la

517. Entretien avec M. Laurent Isaac conservé aux Archives de Villeurbanne, 27 avril 1995 (AMV).

direction procéda à huit licenciements « par suite de la réduction des commandes dues à la mode ». Le 24 mars, elle congédia quarante salariés – mesure refusée par l'Inspection du travail parce que les délais légaux n'étaient pas respectés. Le 13 avril, elle annonça la fermeture définitive de l'usine, sans engagement de reclassements [518]. « C'était une période difficile quand même, surtout que je représentais la cinquième génération », soupirait le P.d.g. *Exit* Dognin. Cela ne réjouissait pas, évidemment, Étienne Gagnaire qui s'inquiétait du sort des deux cent trente ultimes salariés de la maison voués à la pré-retraite, sans parler des travailleuses à domicile. Les ouvriers de Dognin n'étaient ni les premiers dans la cité ni les derniers à être frappés. « Les Établissements Gamma, 121, rue F.-de-Pressensé, comptant deux cent soixante-huit employés, doivent également fermer leurs portes à la fin de la présente année, soulignait le maire. D'après les renseignements en ma possession, depuis dix ans, deux mille travailleurs de cette industrie ont été licenciés en raison de la fermeture des établissements sur le territoire de notre ville [519]. » Les soucis n'allaient pas cesser. Dans le textile, dans la métallurgie, dans le caoutchouc, partout.

Dès l'automne 1968, les maoïstes du « Comité de base » de Richard-Continental dénonçaient le projet de liquidation de l'usine à laquelle, selon eux, songeait le groupe Renault qui s'en était porté acquéreur. « Voilà bien la "liberté" du travail en régime capitaliste, s'insurgeaient-ils : non seulement le travailleur a la "liberté" de se faire exploiter toute sa vie mais, en prime, il a aussi la "liberté", sous peine de se retrouver à

518. « Analyse sur la situation des travailleurs du textile et plus particulièrement de l'emploi à Villeurbanne », Syndicat CGT des Textiles naturels de Villeurbanne, 24 juillet 1970 (AMV).
519. Lettre du maire de Villeurbanne, 28 juillet 1970 (AMV).

la rue ou déclassé, de se faire expédier comme du bétail d'une entreprise à une autre pour permettre au trust de faire un maximum de profit [520]. » Les ouvriers en congé maladie avaient été renvoyés. Les P2 et P3 de l'atelier Tôlerie, ouvriers qualifiés, se voyaient proposer des postes d'OS sur les chaînes ou des mutations dans d'autres usines. Les maoïstes accusaient les syndicats de mollesse. « À les entendre, tout ce que l'on peut faire, c'est arrondir les angles, quémander de petits arrangements... Quant à nous, Comité de base, notre position est claire : la seule lutte valable, c'est la lutte pour empêcher tout licenciement, tout déclassement, toute mutation... Classe contre classe [521] ! » Ces prochinois étaient nettement moins affables que les officiels de la République populaire venus naguère en visiteurs, ils préconisaient l'action directe à l'ancienne : « Dernièrement, Bouteille, l'envoyé de Renault et chargé des "relations sociales", s'est vu contraint de réintégrer un ouvrier mis à la porte sous peine de passer par la fenêtre de son bureau (d'ailleurs, en homme prudent, il s'est maintenant installé au rez-de-chaussée) [522]. » Les deux mille ouvriers de la société étaient alors engagés dans la fabrication d'engins pour récolter la canne à sucre. Comment se traitaient les marchés internationaux et à quelles conditions ? seuls les technocrates le savent. Toujours est-il que la CGT déplorait la décision gouvernementale de « supprimer de moitié les crédits pour Cuba » qui avait eu pour conséquence des suppressions de postes rue du Pérou. De 1 879 salariés à l'automne 1968, l'effectif tomba en un an à 1 094. Le directeur Pierre Bouteille le reconnaissait volontiers : « La Régie nationale des Usines Renault s'est vue contrainte en 1969

520. Comité de base Richard-Continental, *Front uni*, 15 juin 1969.
521. Tract du Comité de base Richard-Continental, *L'Humanité rouge*, 24 juillet 1969.
522. Comité de base Richard-Continental, *Front uni*, 15 juin 1969.

de cesser, dans les Établissements Richard-Continental dont elle avait pris le contrôle, la fabrication des tracteurs à chenilles. Comme vous le savez, cette décision a malheureusement entraîné pour cette société implantée dans votre commune la perte progressive d'environ un millier d'emplois [523]. » *Exit* Richard-Continental. La SMV prit sa place, la Société mécanique de Villeurbanne. « Ces événements ont pu se dérouler sans trop de problèmes », notait le directeur général, grâce aux indemnités versées aux licenciés. La SMV fabriquait, avec six cents ouvriers maintenant, non plus les chenilles *Continental* de haute réputation, mais des pièces pour tracteurs agricoles et matériel ferroviaire. La poisse semblait aux commandes. « Le volume de fabrications de l'Entreprise n'est hélas pas suffisant pour assurer l'équilibre financier de la Société. » Trois fois hélas ! Il n'avait pas fallu cinq ans pour la voir battre de l'aile. Le directeur espérait néanmoins tirer bénéfice de la situation et mettait entre les mains de la municipalité ce marché trompeur : ou la fermeture de l'entreprise, « ce qui supprimerait les six cents emplois actuels », ou l'abandon du projet urbanistique, qui « pèse sur la décision définitive », d'une prolongation vers le nord de l'avenue Henri-Barbusse, l'artère des Gratte-Ciel, pour une durée d'au moins vingt ans [524]. « Cette demande, bien qu'officielle, possède actuellement le caractère confidentiel que vous imaginez », écrivait encore le directeur au Maire. Le pouvoir politique renonça. L'avenue Henri-Barbusse ne fut pas prolongée. « Dix millions d'automobiles roulent en toute sécurité avec des pièces SMV », s'extasiait la publicité. La SMV cessa cependant d'exister.

523. Lettre du directeur de la Société mécanique de Villeurbanne, 26 mars 1975 (AMV).
524. La prolongation de l'avenue Henri-Barbusse faisait partie du projet urbain initial de l'architecte Morice Leroux. Voir Philippe Videlier, *Gratte-Ciel*, collection Commune Mémoire n° 2, *op. cit.*

Les statistiques établies pour la municipalité laissaient apparaître un fléchissement, encore modéré, de l'industrie à Villeurbanne. Quatre mille cinq cents établissements employaient plus de quarante-six mille salariés en 1966 ; quatre mille trois cents en occupaient autour de quarante-quatre mille en 1970. Le textile régressait fortement : moins mille huit cents emplois en quatre ans, mais l'érosion se faisait sentir, branche par branche, dans tous les secteurs. Métallurgie : moins quatre cents. Cuir : moins trois cents. Imprimerie : moins trois cents… Bien sûr, de grandes usines restaient debout et fonctionnaient, sinon à plein, du moins en confiance. Delle et ses 3 685 salariés réalisaient 341 millions de chiffre d'affaires en 1971, 363 millions en 1972, 397 millions en 1973, 464 en 1974, l'année de la mort de Georges Pompidou et de l'élection de Valéry Giscard d'Estaing. Hausse permanente et impressionnante. Les tuyauteries Boccard, 1 250 salariés, dégageaient un chiffre d'affaires de 96 millions de francs. Bally obtenait 38 millions de chiffre de ses 830 spécialistes en chaussures [525]. Dans la machine-outil, AMTEC avec 700 ouvriers se prévalait d'un chiffre d'affaires en progression approchant les cent millions. Landis-Gendron, plus modeste, conservait 516 salariés et visait les cinquante millions de chiffre. PIV, la mécanique de l'avenue Salengro, en vendant des variateurs de vitesse et des réducteurs voyait son bilan s'envoler de 23 à 30 millions. Francémail réalisait 24 millions en 1971, 40 en 1972, 78 en 1974, avec un effectif en légère croissance de cent soixante ouvriers. Et il restait aussi, pour la joie des petits, Les Jouets de Norev et leurs trois cents pères Noël en vêtements de travail. Il en était cependant qui se sentaient mal à l'aise ou se trouvaient

525. Données INSEE, *Bref Rhône-Alpes*, 1973, 1974, 1975.

brutalement victimes de collapsus. Une étude de la décennie 1964-1974, d'après l'INSEE, donne vingt entreprises fermées, vingt-quatre transférées ailleurs et six « susceptibles de partir ou de disparaître » [526]. Le Fil Dynamo, si performant qu'il faisait sans faiblir quarante fois le tour de la Terre, émigra à Meyzieu, en plus large banlieue, avec ses quatre cents salariés. Bouillet-Bourdelle, l'orfèvre en inox, partit à Tours. J.-B. Martin, héritier de la SALTS rue du Quatre-Août, opta pour Saint-Chamond, laissant aux promoteurs immobiliers à l'appétit aiguisé un vaste terrain et une maison de maître que la population allait leur disputer [527]. Les antiques manufactures de caoutchouc, Gerflex et Lacollonge, regardèrent à leur tour vers l'est et Meyzieu. *Exit*, donc, toutes celles-ci. Mais au moins, pour un temps encore, elles sortaient en vie. D'autres, qui avaient pourtant marqué le paysage et laissé dans les mémoires une profonde empreinte, étaient entrées en agonie. L'effectif de Seux & Charel avait fondu pour se réduire à cent soixante ouvriers. En novembre 1969, l'entreprise se sépara encore de quatorze salariés âgés de plus de 60 ans, dont une déléguée CGT. En avril 1970, elle effectuait vingt-cinq nouveaux licenciements, dont deux délégués. Par grignotages successifs, l'usine se trouva vidée de sa substance. La maison Seux & Charel n'était plus, depuis longtemps, ce qu'elle avait été, son capital s'était expatrié. Au milieu de l'été 1972, le préfet fut appelé à son chevet. « Il est exact, relevait-il, que, le 23 juin dernier, le fondé de pouvoir de la Société, Mlle Cottarel, a notifié au Comité d'Établissement l'intention de fermeture exprimée par la direction générale suisse. » Cela ennnuyait très certainement

526. Marc Bonneville, *Désindustrialisation et rénovation immobilière dans l'agglomération lyonnaise : le cas de Villeurbanne*, Université Lyon 2, décembre 1975.
527. J.-B. Martin à Saint-Chamond ferma à son tour en 1977.

le préfet, surtout en période de vacances. « On ne peut pas se dissimuler l'une des difficultés de cette affaire qui est la suivante : l'entreprise, depuis plusieurs années, est en déclin constant. Il fut un temps, en effet, où elle employait plus de quatre cents salariés, alors que l'effectif actuel n'est que de quatre-vingt-dix personnes. Ceci explique que le personnel de l'entreprise est constitué en très grande partie de gens relativement âgés, dont le reclassement ou la formation professionnelle complémentaire seront difficiles… Mais je ne pense pas que nous devions en déduire que la situation est catastrophique [528]. » Les autorités gardent toujours pour la fin quelques mots de consolation. Des personnages puissants furent sollicités et intervinrent à la manière des médecins de Molière. « Je me suis aussitôt appliqué à faire rechercher les solutions qui permettraient de résoudre ce problème », écrivit Edgar Faure, ministre (entre autres) des Affaires sociales [529]. Il ne les trouva pas. L'usine ferma. *Exit* Seux & Charel. *Exit* Pervilhac, finissage de soieries du Petit Chemin de la Doua. *Exit* l'imprimerie Ramboz, ses chromos, ses lithos, sa typo. Curieusement, il existait en ces jours à Villeurbanne une entreprise spécialisée dans la cheminée d'usines, l'entreprise Jean Réveil – « tous travaux sur hautes cheminées briques et béton » : réparation, cerclage, redressement, démolition, abattement. Et il y avait beaucoup à faire.

Les recensements montraient que la ville avait perdu quatre mille cinq cents emplois dans ses branches d'activité traditionnelles entre 1968 et 1975 : plus de deux mille dans la métallurgie et presque autant dans le textile. La ville avait

528. Lettre du préfet du Rhône, 27 juillet 1972 (AMV).

529. Lettre du ministre Edgar Faure, 1er août 1972 (AMV). Edgar Faure, homme politique de la IVe et de la Ve République, membre de nombreux gouvernements sous diverses étiquettes, président de l'Assemblée nationale et membre de l'Académie française, fut aussi l'auteur de romans policiers sous le pseudonyme d'Edgar Sanday.

aussi perdu des habitants. La population municipale, qui s'élevait à 119 516 habitants en 1968 (plus 13,7 % par rapport à 1962), était retombée à 116 020 en 1975. La part des étrangers augmentait par contre à nouveau, atteignant 14,8 % (dont 40,6 % de « Maghrébins », 15,9 % d'Italiens, 14,7 % d'Espagnols, 9,3 % de Portugais, les derniers venus) [530]. La proportion des salariés ordinaires, ouvriers et employés, dans la population active, qui se montait en 1968 à 67,8 %, c'est-à-dire sensiblement égale à la décennie précédente, marquait un recul de cinq points en 1975. La proportion d'ouvriers proprement dits régressait de sept points et demi, les artisans et commerçants traditionnels s'affaissaient de 2 % tandis que les cadres supérieurs et professions libérales augmentaient de 2,8 %. La ville avait néanmoins gagné des logements : plus de deux mille entre les deux recensements. Un processus net de transformation était en marche. Dans la note préparatoire à un jumelage avec Krefeld, ancienne ville allemande « du velours et de la soie » près de Düsseldorf, la Mairie présentait « Villeurbanne, cité industrielle par origine, également résidentielle par évolution [531] ». Vers la même époque, un prospectus électoral d'Étienne Gagnaire, vantant ses réalisations, la caractérisait ainsi : « Hier banlieue industrielle, aujourd'hui grande ville moderne. » Un tournant était pris. La municipalité avait lancé son opération de rénovation du Tonkin, « 1re tranche 550 logements – 5 000 m² de bureaux ». Il fallut pour cela détruire le vieux Tonkin populaire. « Ce quartier a traversé les deux guerres mondiales sans beaucoup évoluer », se désolait le maire. « Îlot replié sur lui-même, le Tonkin ne pouvait continuer ainsi son existence, face à l'évolution

530. Fiche manuscrite d'après l'INSEE, 1975 (AMV).
531. Note « Villeurbanne », septembre 1971 (AMV).

générale de l'urbanisme et du mode de vie [532]. » La modernité telle qu'il la souhaitait prenait forme. Les hauts immeubles remplaçaient les petites maisons. Les expulsés, « quelque deux mille personnes chassées de leur logement modeste », avaient peine à trouver ailleurs ce qu'elles avaient perdu [533] . Mais il s'avérait que le malheur des uns faisait le bonheur des autres, et que les parcelles industrielles libérées à bon prix arrangeaient les affaires des promoteurs immobiliers. Les usines des grands groupes industriels, relevait un géographe, pouvaient « tirer profit de l'abandon de leurs emplacements [534] ». Et profits ils tiraient parfois.

De nouvelles fermetures s'annonçaient. Guicher & Coste connut sa première alerte en 1974 quand le P.d.g. du holding propriétaire démissionna et que le Tribunal de commerce fut saisi. Les six cents salariés de Bayard fabriquaient alors deux cent vingt mille costumes, vestons ou pardessus par an, mais la marque s'accrochait à une politique commerciale « en contradiction avec l'évolution des marchés [535] ». Un plan de redressement s'appliqua. Le mot « restructuration » imposait partout son corollaire : licenciements. Contre une « rationalisation inter-usines » aux allures de faire-part, la CGT des peintures Valentine travaillait son plan pour sauvegarder l'unité de la rue Greuze, son personnel et ses fabrications : le Val-Bois et le Val-Plomb. Les ouvriers et les ouvrières apposaient leur signature au bas de la pétition : Mohand Ouamar Latrèche et Christiane Lebeau, Salvatore Delitta et Amélie Dutramble, Salah Zidhane et Emerita Martinez...

532. *Villeurbanne notre ville — Bilan d'une action*, 1977.

533. Le Comité de défense du Tonkin : M. Gagnaire ne tient pas ses promesses », Le Progrès, 5 septembre 1973.

534. Marc Bonneville, *Désindustrialisation et rénovation immobilière dans l'agglomération lyonnaise* : le cas de Villeurbanne, op. cit.

535. Mémorandum des cadres et agents de maîtrise, mars 1974 (AMV).

Cent trente sept noms. Gilmo-Obsession, lingerie féminine, cent quarante salariés à Villeurbanne, avançait doucement vers le dépôt de bilan. Le patron se plaignait des conditions que lui imposaient les banques « qui ne cessent de nous harceler malgré une bonne gestion » : « En plus de nous limiter le crédit, le fait de nous le faire payer aussi cher nous semble immoral [536]. » AMTEC, machines-outils, le seul « tour multibroches » français, cinq cents ouvriers sur deux sites, filait à la faillite. AMTEC, oscar 1974 de l'exportation, bénéfices avant impôts multipliés par cinq, propriété du groupe américain Litton, se retrouva dans la panade après la clôture d'un marché avec l'Union soviétique. Les travailleurs occupèrent l'usine, des vigiles envoyés par la direction les délogèrent avec l'appui des CRS. Les discussions, de ce fait, étaient animées. Des élections municipales approchaient et il était devenu manifeste que l'équipe Gagnaire était elle aussi au bout du rouleau. Sous l'effet prolongé de Mai 68, le paysage politique s'était substantiellement modifié. Sous l'effet du choc pétrolier consécutif à la guerre du Kippour [537] et d'une crise économique sans précédent, le paysage social s'était considérablement dégradé. Étienne Gagnaire n'avait pas grand remède à proposer, sinon de mettre avant l'heure les gens à la retraite, et particulièrement les « personnes du sexe féminin ». Il soumettait sa solution au Premier ministre qui lui répondait fort courtoisement : « Monsieur le Député et cher Ami, Vous avez bien voulu me faire part de vos réflexions sur le problème de l'emploi. Je tenais à vous remercier de vos suggestions dans ce domaine. Je vous prie de bien vouloir accepter, Monsieur le Député et cher Ami,

536. Lettre du P.d.g. d'Obsession au maire Étienne Gagnaire, 22 juillet 1974 (AMV).
537. Guerre israélo-arabe d'octobre 1973, dite « guerre du Kippour », jour de la fête juive du jeûne, ou guerre du Ramadan, en raison de la fête musulmane du jeûne.

l'assurance de mes sentiments les meilleurs. Cordialement [mention manuscrite], Jacques Chirac [538]. » Le giscardisme, une droite moins sociale mais plus libérale de mœurs, s'était substitué au gaullisme traditionnel. Après Jacques Chirac, un économiste professoral et sentencieux occupa le poste de Premier ministre. En lieu et place de la vieille SFIO et du très déconsidéré Guy Mollet, un nouveau Parti socialiste se structurait autour de François Mitterrand qui n'était pourtant pas un nouveau venu. Il faisait le choix de l'union avec le Parti communiste encore puissant. Bientôt un programme commun de gouvernement vit le jour, qui suscita de grandes espérances car il devait « changer la vie ». Sur sa gauche se démenaient les groupes gauchistes, non sans audience dans la jeunesse des lycées et des facultés. Les mouvements sociaux, les grèves, les manifestations de rue étaient monnaie courante. « Union-Action, Programme-commun », criaient les uns. « Une seule solution, la Révolution », scandaient les autres. Tous étaient cependant d'accord sur un point : la droite, au pouvoir sans partage depuis plus de quinze ans, devait laisser la place. La droite, au contraire, s'accrochait à ses sièges d'autant plus qu'elle croyait être un rempart contre « l'aventure » et la « soviétisation » du pays.

Étienne Gagnaire, dans son positionnement, croyait avoir « dix ans… d'avance ». « C'était en 1967 au moment des élections législatives, rappelait-il : devant le refus de me soumettre aux mots d'ordre du Parti communiste, j'étais exclu de la SFIO. Puis la SFIO s'est transformée en PS et ce fut la mise sur pied d'un "Programme commun de la gauche" qui devrait donner aux Français le bonheur parfait, amener l'enrichissement des pauvres sans toucher aux riches, l'augmentation de tous les

538. Lettre du Premier ministre au maire de Villeurbanne, 29 septembre 1975 (AMV).

avantages sociaux sans relèvement d'impôts, etc. [539] » Le maire était bilieux. La cité commençait à le bouder. Un petit journal gratuit lui offrit une tribune : « Monsieur Étienne Gagnaire, vous êtes, comme chacun le sait, maire de Villeurbanne, député de Villeurbanne, conseiller général du canton de Villeurbanne Sud, et vice-président de la Courly [540]. Notre première question portera sur la composition de votre liste. De par l'entrée en plus grand nombre de membres du RPR [541], certains disent celle-ci plus à droite que la précédente. Êtes-vous d'accord avec cette affirmation ? Est-ce un défaut, pour vous, d'être de droite ? » Gagnaire répondait qu'il souhaitait, en effet, une liste ouverte à tous en dehors du « Programme commun » – « Vous avez dit que c'était une liste "à droite". Je ne sais pas ce que cela veut dire [542]. » Étienne Gagnaire était dans la politique depuis 1945. Le journal abordait avec assez de franchise la question sociale : « Villeurbanne perd, de jour en jour, des emplois ouvriers. Ce mouvement s'accompagne d'une urbanisation – disons – de bon standing. Les plus démunis des Villeurbannais sont amenés à quitter leur ville pour s'installer dans des banlieues où ils trouvent des loyers plus en concordance avec leurs ressources. » Le maire expliquait qu'il faisait son possible, qu'il avait des moyens « très limités », et se tournait vers les ministères dans la mesure où le problème était à ses yeux « gouvernemental ». La liste d'Étienne Gagnaire s'intitulait « Villeurbanne demain » alors qu'elle tenait entièrement du passé.

Une personnalité du Parti socialiste prétendait lui ravir sa place : Charles Hernu, qui avait fait du chemin depuis ses piges

539. Tract d'Étienne Gagnaire « 10 ans… d'avance » (Archives privées).
540. COURLY : Communauté urbaine de Lyon.
541. Rassemblement pour la République : parti de Jacques Chirac, ancien Premier ministre du président Giscard d'Estaing.
542. « Étienne Gagnaire parle », *Quartiers*, 10 mars 1977.

au *Patriote* de 1945. Âgé maintenant de 53 ans et se présentant comme « journaliste », Charles Hernu avait fait carrière dans les clubs et petits partis de gauche. Initié à la franc-maçonnerie en 1950 dans la loge Khéops, il avait la particularité d'appartenir à deux obédiences rivales : la Grande Loge de France et le Grand Orient de France. Proche de François Mitterrand, il s'était découpé une compétence dans le domaine de la Défense et des amitiés dans l'armée. Les « gauchistes », antimilitaristes par nature et qui impulsaient en ces années des « comités de soldats » illégaux, goûtaient fort peu son penchant pour l'uniforme. Les communistes n'appréciaient pas de le voir prospecter à Villeurbanne alors que, d'après les accords nationaux, la tête de liste leur revenait de droit, en tant que premier parti de la gauche sur la commune (25,7 % des voix aux législatives de 1973, contre 18,7 % au PS). « Cela fait vingt-cinq ans que je milite à Villeurbanne », s'indignait René Desgrand qui ne se laissait pas faire [543]. Il reçut le soutien de Camille Joly, le maire de 1935, retraité et âgé [544].

Charles Hernu présenta sa liste : « Union pour la gestion démocratique de Villeurbanne ». Les communistes associèrent le petit PSU à leur liste : « Union villeurbannaise » sous la conduite de René Desgrand, conseiller général de 55 ans, ancien suppléant de l'ancien député PC. Les gauchistes présentèrent leur liste : « Pour le socialisme et le pouvoir aux travailleurs » qui comportait plus d'une moitié d'enseignants ou d'étudiants, ce qui correspondait à leur base sociale [545]. « Elle réunit des gens qui veulent lutter contre les fermetures d'usines, le chômage, les discriminations », relatait *Le Progrès* [546], ajoutant

543. *Le Dauphiné libéré*, 15 février 1977.

544. Camille Joly, né en 1899, est mort en 1980.

545. La liste incluait également des travailleurs sociaux et animateurs de quartier, dont Jean-Pierre Lachaize, du Centre culturel œcuménique – CCO.

546. *Le Progrès*, 5 mars 1977.

que la moyenne d'âge de cette liste était de 28 ans, très en dessous des listes socialiste (41 ans de moyenne), communiste (42 ans de moyenne), pour ne rien dire de la liste Gagnaire qui n'avait pour elle que l'ancienneté. Dix femmes figuraient dans l'équipe constituée par le Parti socialiste, neuf chez les communistes, contre seulement quatre sur la liste d'Étienne Gagnaire [547]. À la tête de leur liste qui en comptait treize, les gauchistes « Pour le socialisme et le pouvoir aux travailleurs » placèrent une militante du Groupe Femmes de Villeurbanne. Longtemps après les suffragettes, le vœu de 1912 pour l'accession des femmes aux fonctions électives, les « conseillères privées » de 1935, le droit de vote et l'élection régulière de conseillères municipales de 1945, c'était la première fois que, dans la ville, une femme conduisait une liste politique.

Le féminisme était dans l'air et conquérait les esprits. Cela commença timidement. Pour la « Journée internationale des femmes [548] », le 8 mars 1970, « les travailleuses de la S.I.G.M.A. » réclamaient, sous la houlette de la CGT, la construction de haltes-garderies et de crèches. Les féministes radicales, elles, remettaient en cause le modèle féminin imposé par la tradition. Le Groupe Femmes de Villeurbanne couvrait la cité d'affiches bleues illustrées. L'une d'elles, en détournant les personnages des *Peanuts*, bande dessinée à la mode, dénonçait le formatage sexiste de l'éducation : « Dès la petite enfance, l'éducation oriente filles et garçons différemment... » Une autre réclamait le droit à l'avortement libre et gratuit. Une troisième plaidait pour l'égalité dans le

547. La liste Gagnaire de 1965 ne comptait aucune femme.

548. L'institution d'une Journée internationale des femmes a été proposée lors d'une conférence de femmes socialistes à Copenhague, en 1910, par la militante allemande Clara Zetkin, fondatrice de la revue *L'Égalité* (*Die Gleichheit*).

travail : « Qu'offre-t-on aux femmes salariées ? – sous qualifiées, sous-payées, employées aux travaux les plus éprouvants avec des cadences infernales [549]. » Le Groupe Femmes passait sur les ondes des premières radios libres (la radio était monopole d'État) : « Ici Groupe Femmes de Villeurbanne... Ici Groupe Femmes de Villeurbanne... » Indicatif : *Te marie pas, Maryvonne* par Anne Sylvestre. Des chansons coupaient un propos explicatif souligné par des chœurs, comme dans le théâtre d'agit-prop de Prévert. « L'image des femmes est encore et toujours celle de l'épouse confinée à la maison ou celle qui s'étale à moitié nue sur les murs pour les besoins publicitaires de la société de consommation... Dans les périodes de crise économique, comme en ce moment, les femmes sont les premières licenciées (ex-Obsession). Elles sont déjà 1 300 à l'ANPE de Villeurbanne [550]. » Les femmes d'Obsession, cependant, ne soutenaient pas les féministes. Elles apportaient leur caution à la liste du Parti communiste. La cellule d'entreprise portait le nom de Rosa Luxemburg. « Les travailleuses d'Obsession qui occupent leur usine depuis 17 mois appellent les habitants de Villeurbanne à soutenir la liste d'Union villeurbannaise conduite par René Desgrand... pour le redémarrage de l'entreprise et faire appliquer le Programme commun [551]. » Chez AMTEC en difficulté, quatre-vingt-cinq ouvriers signaient pour la liste communiste. À Delle-Alsthom, le parti obtenait huit cents signatures. « Des ateliers, des bureaux entiers ont signé à 99 % », s'enthousiasmaient des militants portés sur l'amplification [552]. Les ouvriers

549. Affiche du Groupe Femmes de Villeurbanne, 1977 (Archives privées).
550. Groupe Femmes de Villeurbanne, intervention dans la campagne électorale (Archives privées).
551. Tract des travailleuses de Gilmo-*Obsession*, 1977 (Archives privées).
552. *Union villeurbannaise*, journal de campagne, n° 4, 5 mars 1977.

se raccrochaient à ceux qui les avaient soutenus, la CGT resserrait ses liens traditionnels sans considération du mélange des genres. « Un maire communiste à Villeurbanne. Et le souffle des revendications populaires entrera à la Mairie [553]. » Leur espoir fut déçu. À l'issue du premier tour, la liste socialiste devançait de mille voix celle du Parti communiste. Au second tour, avec 60 % des voix, Charles Hernu rafla la mise et prit triomphalement la Mairie [554]. Le soir fut une fête pour tous, sauf pour les sortants, et, comme en 1935, *L'Internationale* résonna dans le grand hall de l'Hôtel de Ville. Mais le contexte avait changé.

553. Tract du Parti communiste français, 1977 (Archives privées).
554. Le communiste René Desgrand est décédé en février 1979. Étienne Gagnaire, maire sortant, disparut en septembre 1980. Charles Hernu, ancien ministre de la Défense de François Mitterrand et maire en activité, mourut d'un accident cardiaque au cours d'une réunion de soutien au peuple arménien en janvier 1990.

La chute de la cheminée Bally.

[Chapitre 30]

ON FERME

Ceux qui connaissent la fin de l'histoire savent que les usines ne furent pas sauvées. Le monde ouvrier livra ses dernières batailles en une longue agonie. Après trois Noëls dans leur atelier occupé et des décisions de justice défavorables, les femmes d'Obsession jetèrent l'éponge. Sur la rue Francis-de-Pressensé, AMTEC, portail cadenassé, était enserrée de fils de fer barbelés depuis que les ouvriers avaient, pour la seconde fois, été chassés par des policiers casqués. À la page qui lui était réservée dans le registre de la Bibliothèque des Usines, la main d'un employé municipal inscrivit la mention : « Usine occupée et dissoute – Les livres n'ont jamais été rendus. » L'Émaillerie du Rhône et ses lanternes pour éclairage public, la Sovel et ses véhicules électriques industriels, Dalphi-Métal et ses volants de voiture quittèrent pareillement la scène.

Le capital circulait. Des groupes connus ou des sigles ignorés, français ou étrangers, reprenaient, revendaient, allaient, venaient, sans que quiconque en saisisse la logique. Brondel, repris par EMS Industries (Paris), sombra sans gloire. Le groupe américain Litton, propriétaire de Landis-

Gendron [555], mit à l'encan sa filiale, réduite à trois cents salariés, qui tomba pour peu d'années dans l'escarcelle du groupe Liné en 1978. Après Liné, par fusion aléatoire avec les Constructions de Clichy, filiale de Renault en région parisienne, elle prit le nom de « Société de rectification cylindrique française », SCRF-Gendron, et les Constructions de Clichy furent englouties. « Dans cette valse de millions de francs (lourds), les salariés de l'entreprise ont bien du mal à s'y retrouver, et surtout à comprendre », expliqua-t-on lorsque survint la crise terminale [556]. Gendron avait des commandes pour ses machines-outils : les Français de Peugeot, les Allemands de Volkswagen et le groupe anglais Perkins qui formait le projet d'équiper une usine de moteurs dans l'Iran des ayatollahs. Gendron arriva au dépôt de bilan et, sur le retrait d'un hypothétique repreneur, tomba dans un état comateux. Le 30 septembre 1986, l'usine fut occupée par les militants CGT alors que le tribunal donnait à un liquidateur l'autorisation « d'enlever, au besoin avec la force publique » deux machines d'une valeur de 2,9 millions de francs [557]. L'affaire traîna, repassa devant les juges. Dans la salle d'audience, les « Gendron » entonnèrent non *L'Internationale* de la tradition ouvrière, que les magistrats ne connaissent que par ouï-dire, mais une *Marseillaise* qui cloua de stupeur les gens de robe à la langue ordinairement bien pendue. « La Justice ne doit pas servir contre les salariés », hurla un syndicaliste sans illusions [558]. L'occupation dura vingt-huit mois, jusqu'à ce que, sur instruction du préfet, la police expulse les trois militants CGT « qui tenaient encore leur tour de rôle

555. Litton avait également racheté AMTEC.
556. *L'Humanité*, 8 septembre 1986.
557. *Le Monde*, 19 novembre 1986.
558. *Lyon-Libération*, 5 septembre 1987.

dans l'occupation symbolique de l'entreprise », le jeudi 2 février 1989 à 6 heures du matin [559].

Bayard fut repris par Rhône-Poulenc puis vendu à Vestra Union, holding alsacien florissant. Deux cent trente personnes à Saint-Chamond, dans la Loire, trois cent quarante avenue Condorcet, à Villeurbanne. « Sitôt arrivée, la nouvelle direction nous a parlé d'efficacité, de rationalisation, de restructuration. Le fin mot c'est *nouvelles méthodes de travail* [560]. » Des traceuses automatiques pilotées par ordinateur, acquises à prix d'or aux États-Unis, optimisaient le rendement d'un personnel rendu « polyvalent ». La traçeuse Benson divisait par deux le temps nécessaire aux opérations effectuées manuellement. La machine Gerber de découpe automatique taillait quinze épaisseurs de tissu à la fois. Les publicitaires ajoutaient leur touche : « Bayard, c'est actuel. » Alors que, au temps heureux des yé-yés, Bayard s'était fait le héraut de la ligne *Podium* d'un Claude François clinquant, l'image de Serge Gainsbourg, chanteur double d'une période *destroy* sanglé dans un costume impeccable, s'affichait maintenant dans les magazines : « Un Bayard ça vous change un homme, n'est-ce pas Mr. Gainsbourg ! » Vers le milieu des années quatre-vingt-dix, ce fut le discours qui changea. Parce que, disait-on, des pays exotiques étaient entrés dans le jeu, parce que l'Inde et le Pakistan contournaient les règles de la réciprocité commerciale, parce que la Corée lointaine relevait ses droits de douane, il était devenu impérieux de « délocaliser [561] » les fabrications vers la Tunisie, de fermer Saint-Chamond et de réduire Villeurbanne à vingt-trois heures de

559. *Le Monde*, 5-6 février 1989.
560. *Le Point du Jour*, 6 décembre 1977.
561. À l'automne 1994, le mot est employé.

travail par semaine pour cent cinquante personnes. L'argumentation ne convainquait guère les ouvrières : « Il y a dans les ateliers beaucoup de femmes seules qui élèvent des enfants. En travaillant à mi-temps, elles toucheront à peine 3 000 francs par mois. Comment feront-elles [562] ? » La Direction délivrait en recommandé le contrat révisé à la baisse des ouvrières qu'elle souhaitait conserver : « Les mieux notées, selon un barême de 5 à 25 [563]. » Il fallait se plier ou renoncer. Fabriquer une veste, soutenaient les adminis-trateurs, coûte 267,15 F chez Bayard contre 109 F en Bulgarie, 95 F en Tunisie, 55 F en Égypte, sans parler de l'Asie. Bayard travaillait pour Pierre Cardin, Bayard travaillait pour Georges Rech, le groupe Vestra réalisait un chiffre d'affaires d'un milliard et demi de francs. Des cortèges à nouveau se formaient et parcouraient les rues jusqu'à la Mairie : « CFDT – CGT – Bayard – Unité pour l'emploi contre le temps partiel. » Des tracts expliquaient aux passants ce qui se passait. « Oui, nous le croyons, notre bonheur, celui de notre famille, de nos enfants, ne passe pas par le chômage, par l'ANPE, par des fins de mois sans cesse plus difficiles pour boucler notre budget. Notre bonheur, sa plénitude, c'est de pouvoir exercer notre métier… Ensemble, nous pouvons beaucoup [564] ! » Les lettres de renvoi tombaient. Cent trente salariés demeuraient « dans les locaux aujourd'hui largement surdimensionnés et donc peu rentables ». En juillet, à l'heure des congés, le groupe Vestra annonça la cession de Bayard. Bon nombre d'ouvrières étaient entrées à l'usine dès l'âge de 14 ans. « On ne peut rien faire d'autre… », « Nous sommes inquiètes pour nous et plus encore pour nos enfants, tout le monde ne peut

562. *Le Progrès*, 15 février 1995.
563. *La Tribune-Desfossés*, 13 avril 1995.
564. « À qui profite le crime ? » tract CGT Vêtements Bayard, s.d. (AMV).

pas aller à l'ENA.... », « On meurt petit à petit... On était mille cinq cents dans le groupe autrefois... » [565] Il ne restait plus à l'usine qu'une centaine d'emplois. « Le repreneur a annoncé des licenciements, et le regroupement de toute l'activité à Saint-Chamond », expliquait la secrétaire du syndicat CGT qui se prénommait Rosette. À Saint-Chamond, pays sinistré, le repreneur aurait bénéficié d'aides publiques. Le ministre de l'Industrie, de la Poste et des Télécommunications fut saisi. « Votre courrier a retenu toute mon attention, répondit-il, et je l'ai aussitôt transmis à mes services en demandant qu'une étude minutieuse en soit effectuée [566]. » Le ministre de l'Aménagement du territoire, de la Ville et de l'Intégration fut saisi. « J'ai pris connaissance de votre correspondance avec grand intérêt, répondit-il, et je l'ai aussitôt transmise à la délégation à l'aménagement du territoire et à l'action régionale, afin qu'elle fasse l'objet d'une étude attentive [567]. » Le 11 octobre 1996, le dernier repreneur fit part de sa décision de fermer l'usine Bayard de Villeurbanne et de transférer à Saint-Chamond ce qui pouvait l'être. « Nous espérons réaliser un chiffre d'affaires de 65 millions de francs avec une entreprise qui sera rentable pour son premier exercice », pronostiquait le nouveau P.d.g. [568]. Devant les grilles de l'usine fermée, les femmes procédèrent à un lâcher de ballons. Les ex-Bayard se retrouvèrent au même endroit pour l'ultime journée de travail de la dernière des licenciées. C'était l'hiver, il faisait froid, elles se tenaient debout sur les marches du perron comme pour une photo de classe.

565. Ouvrières citées par *Le Progrès*, 25 juillet 1996.
566. Lettre du ministre de l'Industrie, de la Poste et des Télécommunications, 23 septembre 1996 (AMV).
567. Lettre du ministre de l'Aménagement du territoire, de la Ville et de l'Intégration, 2 octobre 1996 (AMV).
568. *Lyon-Figaro*, 12 octobre 1996.

Un financier « de haut-vol [569] », par la suite en fuite aux Bahamas, rafla le groupe Bally pour le remettre, après quelques mois [570] et moyennant une plus-value de trente millions de francs suisses, dans les mains du consortium Oerlikon-Bührle, spécialisé dans la fabrication d'armement lourd, de systèmes de DCA, de canons et munitions de 20-35 mm, etc. Oerlikon-Bührle, qui attira l'attention de journalistes fureteurs et de commissions parlementaires pour divers trafics d'armes vers l'Afrique du Sud, l'Iran ou l'Irak sous embargo, s'intéressait aussi à la chaussure. Son directeur général était en outre collectionneur d'art et mécène. En avril 1996, Oerlikon-Bührle livra son intention de fermer l'usine de Villeurbanne. L'établissement de la rue du Quatre-Août ne comptait plus, déjà, que deux cent vingt salariés qui se mirent en grève et occupèrent l'usine [571]. Ils n'étaient plus que quarante- huit quand, vingt mois plus tard, une décision judiciaire les autorisa à reprendre l'usine à leur compte sous la raison sociale Manufacture de chaussures villeurbannaise « MCV », financée pour partie avec leurs indemnités de licenciement. Ils s'engagèrent donc, à soixante-dix, comptant traiter pour de grandes marques quatre-vingt-dix mille paires de chaussures. Faute de trésorerie, de facilités bancaires, la MCV fut étranglée en neuf mois. L'usine se vida. Le 18 janvier 1999, à 10 heures, un commissaire-priseur connu procéda à la vente aux enchères du matériel et des stocks. Des sociétés d'Italie et du Maghreb étaient sur les rangs. « Un peu de silence, s'il vous plaît ! Je mets cette piqueuse en vente à 4 000 francs ! » Dans son *Clairon* malpoli, le journaliste

569. *Swissinfo*, 27 juillet 2006.

570. En 1977.

571. Le Comité de soutien aux salariés de Bally-Villeurbanne se constitua, présidé par le maire Gilbert Chabroux.

Albert Agostino tirait la morale : « Dégueulasse. » La marque Bally, elle, fut cédée par ses fossoyeurs suisses à un fonds d'investissement américain, le Texas Pacific Group, qui s'était déjà offert les vespas Piaggio et les motos Ducati. Un jour le feu se déclara dans les bâtiments abandonnés et ravagea le rez-de-chaussée. Les vitres éclatèrent. Les accès furent condamnés.

Bien peu des anciens franchirent le siècle. Ceux qui ne succombaient pas s'en allaient. Quelques-uns poursuivaient ailleurs leurs aventures : les accordéons Cavagnolo chers à Yvette Horner, Marcel Azzola et Juliette Greco, ou les automobiles de Norev, précieuses à tous les enfants. La tuyauterie industrielle Boccard, au profil moins romantique, gardait son siège inchangé, mais fabriquait dans vingt-six nations. Les machines pour carton ondulé Martin migraient vers Bron et travaillaient pour l'export, intégrées au Groupe Bobst (suisse) et Peters (allemand) dont les filiales s'étendaient au Brésil, en Chine, en Inde et dans le Tennessee. Sous l'égide d'un groupe helvéto-suédois présent dans cent pays, L'Ébénoïd de la rue des Fleurs changeait de territoire. Par suite du mariage fécond d'Alsthom [572] avec le britannique GEC Power Systems et d'opérations boursières inaccessibles au commun, Delle-Alsthom de la rue Léon-Blum, 2 700 salariés, devint GEC-Alstom, au personnel divisé par cinq et au nom sans « h » pour le prononcer mieux « à l'international » (à ne pas confondre avec *L'Internationale*). Au Sénat, Gilbert Chabroux s'inquiétait de voir une entreprise ramenée à 600 salariés dans sa nouvelle peau n'en avoir plus bientôt que 393 [573]. Telle était, jurait-on, la loi fatale des restructurations. Alstom, revu et corrigé,

572. Produit de la fusion en 1928 d'*Als*acienne de construction mécanique et de la Compagnie française *Thom*son-Houston.
573. Séance du 20 octobre 1998, question du sénateur-maire de Villeurbanne au secrétaire d'État à l'Industrie.

se scinda en Alstom-Transport, avenue de Bel-Air, et AREVAT T&D, rue Léon-Blum, suivant chacun leur voie.

Des traces demeuraient, dans la ville, de son industrieux passé. Vers la rue du Quatre-Août, on entendait parfois parler espagnol entre gens qui prenaient de l'âge. « On les voit, aux beaux jours, installés sur les trottoirs ou les parkings pour faire la causette, dans une sympathique ambiance, très latine », rapportaient les journaux de la fin de l'ère giscardienne [574]. Mais les traces s'amenuisaient, soit parce que les gens mouraient, soit parce que les lieux se transformaient irrémédiablement. Aux premiers jours de décembre 1985, sous l'œil du maire Charles Hernu, venu assister au bon déroulement des travaux, une pelle mécanique de la société Mialon défonça les châssis vitrés et les murs de l'usine Seux & Charel. « En moins d'une heure plusieurs piliers soutenant l'ouvrage furent brisés, provoquant l'effondrement de l'édifice [575] » dans lequel s'étaient succédé huit décennies durant les ouvriers teinturiers. Le paysage se modifiait. Sur le cours Tolstoï, un malencontreux mouvement de pelleteuse fit choir la facade si jolie de l'imprimerie Arnaud, surmontée de son horloge, qui devait être conservée. Au fond d'une impasse oubliée, derrière les Gratte-Ciel, dormaient huit lourds métiers à tisser la dentelle Dognin, classés par arrêté ministériel du 5 janvier 1996. Envahis de plantes folles, les imposants bâtiments à cour pavée qu'avaient occupés trois Noëls de suite les ouvrières de Gilmo attendaient avenue Roger-Salengro leur démolition. Seule manquait la plaque de l'entrée : « La gaine Obsession-Ets Gilmo SA – Bureaux et usine. » La cheminée solitaire des velours Boissier, puis de

574. « Bonneterre-Perralière : le béton remplace les usines », *Le Progrès*, 2 avril 1981.
575. *Lyon-Matin*, 5 décembre 1985.

l'usine Bourgeois, étêtée et traversée d'un escalier de métal en forme d'arc, est devenue monument : « Vue de la cheminée » signée de Felice Varini, quoiqu'elle fût élevée par des maçons anonymes : « En accédant à l'intérieur de cette cheminée, le visiteur-flâneur par son regard à la verticale emprunte le même trajet que la fumée jadis, embrasse une portion d'infini... [576] » Le 25 septembre 2002, un peu avant 11 heures 30, la cheminée des Établissements Bally, fumant d'un feu artificiel, se fracassa sur le sol devant les photographes. L'entreprise Grapinet, « spécialisée dans ces destructions », avait bien fait les choses. Percée à la base, la cheminée se brisa en six tronçons. Divers cabinets d'études et commissions spécialisées se penchèrent sur la reconversion du site aux « qualités architecturales étonnantes ». Les uns proposaient de « faire de la friche un espace culturel et ludique », les autres « un véritable quartier d'affaires d'envergure internationale avec 27 000 m² de locaux » que, sans peur des mots, l'on baptiserait *Grand Central*, comme la gare de New York City sur la 42e Rue. Il fut finalement décidé d'y caser le Tribunal d'instance. À l'été 2006, l'usine Bayard à l'abandon, couverte de graffitis, fut démolie. Des lambeaux de stores rayés faseyaient sous la brise. L'horloge immobile qui surplombait le perron marquait 7 heures 05. C'était ainsi qu'elle s'était arrêtée. La façade de l'entrée, surmontée des deux sphères, fut épargnée pour être intégrée à une clinique privée. Ce qui restait des Grands Moulins de Strasbourg, derrière l'ancienne ligne des Chemins de fer de l'Est métamorphosée pour le tramway, devait être occupé par des studios de cinéma. À l'occasion des soixante-dix ans du Front populaire, les adolescents du collège des Charpennes réalisèrent un journal

576. *Le Parc du Centre, Lettre d'information*, Ville de Villeurbanne, avril 2001.

et s'en allèrent visiter, rue du Pérou, l'usine ACI, Auto châssis international, qui avait remplacé la SMV de pièces mécaniques, qui avait remplacé Richard-Continental des tracteurs à chenilles, qui avait remplacé la SNCAN de l'*Inter* à troies roues, qui avait remplacé l'Atelier d'études aéronautiques du VB-10, qui avait remplacé la vénérable filature de schappe Villard. Les élèves rapportèrent de cette excursion didactique l'« interview exclusive » d'un salarié doté d'un CAP de fraiseur, ajusteur-mécanicien. Ils lui demandèrent ce qu'il pensait de 1936. « On a gagné des choses, mais depuis on en a perdu », leur fut-il répondu [577].

Du passé et de son legs, des efforts sédimentés par le temps, le siècle nouveau faisait table rase. Le monde avait changé de base. Pas dans le sens, certainement, qu'avaient espéré Frédéric Fays ou Jules Grandclément. Leurs idées n'avaient plus cours depuis fort longtemps. Elles étaient regardées comme des étrangetés. Le progrès, tel qu'ils l'envisageaient, semblait une incongruité, l'égalité une chimère, la fraternité un slogan dominical, et la liberté l'exclusif drapeau des échanges commerciaux. Il fallait se rendre à l'évidence : ceux qui n'étaient pas grand-chose auparavant n'étaient désormais rien et ceux qui avaient déjà tout se découpaient de plus larges parts encore. L'économie était devenue erratique, déconnectée de toute rationalité. Les usines partaient pour la Chine où la maigreur des salaires était sans équivalent. Les décideurs répétaient à l'envi que l'avant était révolu et qu'il ne fallait plus rêver. Les gens regardaient, inquiets, cette implacable réalité et voyaient se désagréger leur univers. *La ville, avec sa fumée et ses bruits de métiers, nous suivait très loin dans les chemins...* Pour sacrifier

577. *Le P'tit populaire*, Collège des Charpennes, 7 avril 2006.

à la modernité, le patronat élut à sa tête une femme aux idées arrêtées. « L'amour est précaire, la vie est précaire, pourquoi le travail échapperait-il à cette loi ? » lançait-elle en manière de défi [578]. Depuis le dix-neuvième siècle on n'avait plus entendu cela. La société demeurait sans projet. Il devenait difficile, dès lors, de tirer une morale à la manière des contes de Grimm édités cours de la République dans la collection de Tobby l'Éléphant : « Tous leurs soucis prirent fin et ils vécurent ensemble dans une joie parfaite [579]. »

Près de l'ancienne mairie, sur son piédestal, Jules Grandclément restait de marbre. Il n'avait laissé à méditer que quelques paroles prononcées en mémoire de Frédéric Fays : « Notre marche en avant affecte la forme d'une chaîne, dont chaque génération est un anneau, qui s'entrelace au précédent [580]. » C'était là son seul héritage.

578. *Le Figaro économie*, 30 août 2005.
579. *Contes de Grimm, illustrés par Bernet*, collection de Tobby l'Éléphant, Société anonyme d'édition, façonnage et impression, Villeurbanne, 1945.
580. *Discours de M. le Docteur Grandclément , maire de Villeurbanne, à l'inauguration du buste de M. Fays*, Villeurbanne, Imprimerie nouvelle J. Dadol, 1910.

La façade de l'imprimerie Arnaud.

[Table des matières]

Conception graphique de la couverture :
Clémentine Breed

Mise en page :
Myriam Chkoundali

Crédits photographiques :
Archives municipales de Villeurbanne
Le Progrès, Gilles Michallet
Collections privées : Christophe Coupaud, Philippe Videlier

Achevé d'imprimer en octobre 2007
sur les presses de
Dumas Titoulet Imprimeurs
42000 Saint-Étienne
N° d'imprimeur : 46136

Imprimé en France